Die Reichsgesetze
über
das Urheberrecht an Werken der Literatur und der Tonkunst
und
das Verlagsrecht

vom 19. Juni 1901.

In der Fassung des Gesetzes vom 22. Mai 1910
zur Ausführung der revidierten Berner Übereinkunft
vom 13. November 1908.

Mit Erläuterungen
von
Dr. Paul Daude,
Geheimem Regierungsrat,
Vorsitzendem der Kgl. Preuß. Sachverständigen-Kammern.

Berlin 1910
J. Guttentag, Verlagsbuchhandlung
G. m. b. H.

Vorwort.

Die Anerkennung, welche der von mir im Jahre 1907 herausgegebenen Sammlung von Gutachten der preußischen Sachverständigenkammern für Werke der Literatur und der Tonkunst zuteil geworden ist, hat mir Veranlassung gegeben, die Grundsätze, welche diese Kammern in nunmehr fast zehnjähriger Praxis bei Anwendung des Urheberrechtsgesetzes vom 19. Juni 1901 in ihren Gutachten vertreten haben, in Gestalt eines praktischen Handkommentars zu diesem Gesetze festzulegen. Der gegenwärtige Zeitpunkt erschien mir hierzu um so geeigneter, als durch das Gesetz vom 22. Mai 1910 zur Ausführung der revidierten Berner Übereinkunft vom 13. November 1908 das Urheberrechtsgesetz vom 19. Juni 1901 in mehreren wichtigen Punkten abgeändert und ergänzt worden ist.

Zweckdienlich erschien es mir ferner, zugleich auch eine gedrängte Erläuterung des Gesetzes über das Verlagsrecht vom 19. Juni 1901 zu geben und in einem Anhange auch die revidierte Berner Übereinkunft zum Schutze von Werken der Literatur und Kunst vom 13. November 1908 sowie die zwischen dem Deutschen Reiche und fremden Staaten bestehenden Literar-Verträge im Wortlaute mit den s. Z. zu ihrer Erläuterung dem Reichstage vorgelegten amtlichen Denkschriften beizufügen.

Das in dieser Gestaltung vorliegende Buch soll kein ausführlicher, jede einzelne Streitfrage erörternder und entscheidender Kommentar, sondern ein aus meiner Praxis als Vorsitzender der preußischen Sachverständigenkammern hervorgegangenes praktisches Handbuch sein, das, wie ich hoffe, seinen Zweck erfüllen wird, dem praktischen Juristen und dem Buchhändler das Verständnis und die Anwendung der deutschen Urheberrechtsgesetze zu erleichtern.

Berlin, im September 1910.

Dr. Paul Daude.

Inhaltsverzeichnis.

I.

Gesetz, betreffend das

Urheberrecht an Werken der Literatur und der Tonkunst.

Vom 19. Juni 1901.

Vorbemerkung.

Auf Grund eingehender Beratungen, welche seitens des Reichs-Justizamtes in den Jahren 1898 und 1899 mit Schriftstellern aus den Gebieten der schönen Literatur und der Wissenschaft, mit Vertretern der Tagespresse, Buch- und Zeitungsverlegern, Komponisten, Musikverlegern und Konzertunternehmern stattgefunden hatten, wurde im Juli 1899 der erste Entwurf des vorliegenden Gesetzes über das Urheberrecht an Werken der Literatur und der Tonkunst aufgestellt und veröffentlicht, um auch den übrigen Volkskreisen Gelegenheit zu bieten, die in Aussicht genommenen Abänderungen des Urheberrechtes vom Standpunkte allgemeiner Interessen zu prüfen. Demnächst wurde dieser Entwurf im Dezember 1900 zusammen mit dem Entwurfe eines Gesetzes über das Verlagsrecht dem Reichstage vorgelegt, einer Kommission von 21 Mitgliedern überwiesen und am 30. April, 1. und 2. Mai 1901 im wesentlichen in der von dieser Kommission vorgeschlagenen Fassung angenommen. Am 19. Juni 1901 wurde sodann das „Gesetz, betreffend das Urheberrecht an Werken der Literatur und der Tonkunst" gleichzeitig mit dem Gesetze über das Verlagsrecht vom Kaiser vollzogen und im Reichsgesetzblatte vom 28. Juni 1901 (Nr. 27 S. 227 ff.) verkündet.

Der Stoff des Gesetzes ist systematisch in fünf Abschnitte gegliedert. Der erste Abschnitt behandelt in den §§ 1 bis 10 die Voraussetzungen des Schutzes. Im § 1 wird der Kreis der geschützten Werke fest bestimmt, in den §§ 2 bis 7 der Begriff des Urhebers und der ihm gleichstehenden physischen und juristischen Personen festgestellt, im § 8 die Vererblichkeit und Übertragbarkeit des Urheberrechtes ausgesprochen, im § 9 die Änderung des Werkes durch den Erwerber verboten und im § 10 die Zwangsvollstreckung in das Recht des Urhebers oder in sein Werk geregelt. Im zweiten Abschnitt werden in den §§ 11 bis 28 die Befugnisse des Urhebers festgestellt, im dritten Abschnitt in den §§ 29 bis 35 die Schutzfristen bestimmt, im vierten Abschnitt in den §§ 36 bis 53 die zivil- und strafrechtlichen Folgen von Eingriffen in das Urheberrecht behandelt und im fünften Abschnitt Bestimmungen über den Schutz ausländischer Staatsangehöriger, über die Führung der Eintragsrolle bei dem Stadtrate zu Leipzig sowie über die Zuständigkeit des Reichsgerichtes getroffen, woran sich dann noch einige Übergangsvorschriften und die Feststellung des Inkrafttretens des Gesetzes vom 1. Januar 1902 schließen.

Die Bestimmungen der revidierten Berner Übereinkunft zum Schutze von Werken der Literatur und Kunst vom 13. November 1908 (Anlage I) über die gegenseitigen Beziehungen der Vertragsstaaten auf dem Gebiete des literarischen und künstlerischen Urheberrechtes haben alsdann verschiedene Änderungen der inneren deutschen Urheberrechtsgesetzgebung erforderlich gemacht, die zum Erlasse des in Anlage II wiedergegebenen Gesetzes vom 22. Mai 1910 zur Ausführung der revidierten Berner Übereinkunft zum Schutze von Werken der Literatur und Kunst vom 13. November 1908 (RGBl. Nr. 29 S. 793) geführt haben. Die Bestimmungen des Artikel I dieses Gesetzes, welche die Abänderungen des Urheberrechtsgesetzes vom 19. Juni 1901 betreffen, sind in dem nachfolgenden Texte dieses Gesetzes verarbeitet und erläutert worden.

Gesetz, betreffend das

Urheberrecht an Werken der Literatur und der Tonkunst.

Vom 19. Juni 1901.

(RGBl. 1901 S. 227.)

In der Fassung der Novelle vom 22. Mai 1910. (RGBl. 1910 S. 793.)

Wir Wilhelm, von Gottes Gnaden Deutscher Kaiser, König von Preußen rc. verordnen im Namen des Reichs, nach erfolgter Zustimmung des Bundesrats und des Reichstags, was folgt:

Erster Abschnitt.

Voraussetzungen des Schutzes.

§ 1.

Nach Maßgabe dieses Gesetzes werden geschützt:

1. die Urheber von Schriftwerken und solchen Vorträgen oder Reden, welche dem Zwecke der Erbauung, der Belehrung oder der Unterhaltung dienen;
2. die Urheber von Werken der Tonkunst;
3. die Urheber von solchen Abbildungen wissenschaftlicher oder technischer Art, welche nicht ihrem Hauptzwecke nach als Kunstwerke zu betrachten sind. Zu den Abbildungen gehören auch plastische Darstellungen.

Choreographische und pantomimische Werke werden auch dann wie Schriftwerke geschützt, wenn der Bühnenvorgang auf andere Weise als schriftlich festgelegt ist.

Im § 1 gibt das Gesetz eine erschöpfende Aufzählung derjenigen Geisteswerke, deren Urheber den gesetzlichen Schutz gegen unbefugte Vervielfältigung (§§ 36 ff.) genießen sollen. Nach Maßgabe des Gesetzes vom 19. Juni 1901 werden also geschützt, und zwar, soweit ihre Urheber deutsche Reichsangehörige sind, gleichviel ob sie erschienen sind oder nicht (§ 54):

1. Schriftwerke.

Eine Begriffsbestimmung des Schriftwerkes hat das Gesetz nicht gegeben. Wissenschaft und Rechtsprechung stimmen aber darin überein, daß hierunter nur solche durch die Schrift (Buchstabenschrift, Stenographie oder sonstige Zeichenschrift, Bilder- oder Blindenschrift: Urt. RG. vom 31. Januar 1891, Entsch. Ziv. Bd. 27 S. 60) mitteilbare literarische Erzeugnisse zu verstehen sind, die sich als das Ergebnis einer eigenen geistigen Tätigkeit ihres Urhebers darstellen. Auf die Art der geistigen Tätigkeit, die zur Schaffung des Werkes aufgewendet werden mußte, kommt es hierbei nicht an. Insbesondere ist es nicht erforderlich, daß es sich um eine wissenschaftliche Tätigkeit im engeren Sinne handelt. Das Gesetz will vielmehr ganz allgemein alle solche literarischen Erzeugnisse schützen, die der Vermittelung der Gedanken und Vorstellungen auf dem Gebiete des allgemeinen geistigen Verkehrs zu dienen bestimmt sind. Es bedarf deshalb auch keineswegs der Hervorbringung eines neuen Stoffes oder der Niederlegung neuer, bisher noch nicht bekannter Forschungsergebnisse; die geistige Tätigkeit kann sich vielmehr auch auf untergeordneten Gebieten und insbesondere auch in der bloßen Auswahl, Anordnung und Verarbeitung bereits vorhandenen Materials oder auch in der eigenartigen Formgestaltung oder methodischen Behandlung älteren Stoffes auf eine durchaus selbständige Weise äußern. Gleichgiltig ist ferner der innere Gehalt und der wissenschaftliche oder literarische Wert des Erzeugnisses. Das Urheberrecht besteht, wie bereits das frühere preußische Obertribunal (Erk. vom 7. November 1846. Just.-Min.-Bl. 1861 S. 288) zutreffend hervorgehoben hat, an den literarischen Erzeugnissen als solchen; schlecht oder ausgezeichnet fallen sie, wenn sie überhaupt ihre Entstehung einer individuellen geistigen Tätigkeit verdanken, gleichmäßig in die Kategorie der schutzberechtigten Schriftwerke, da die rechtliche Beurteilung eines ursprünglichen Geisteserzeugnisses nicht nach subjektiven Gesichtspunkten, sondern nur nach objektiven Merkmalen erfolgen kann.

Ohne Bedeutung für die Schutzberechtigung eines Geistesproduktes ist endlich auch sein Umfang und der Zweck, der mit seiner Herstellung seitens des Urhebers oder seines Rechtsnachfolgers verfolgt wird, so daß es gleichgültig ist, ob die Herstellung Selbstzweck war oder ob sie anderen, namentlich geschäftlichen Zwecken dienen sollte. (Urt. RG. vom 11. Juli 1885, Entsch. Str. Bd. 12 S. 359).

Von diesen Gesichtspunkten aus sind zunächst auch bloße Zusammenstellungen und Bearbeitungen von literarischen Erzeugnissen, die bereits Gemeingut geworden sind, gegen unbefugte Vervielfältigung zu schützen, sobald sich in der Art der Bearbeitung oder Zusammenstellung eine geistige, individuelle schöpferische Tätigkeit zeigt. Dies gilt beispielsweise von der Bearbeitung oder eigentümlichen Anordnung und Zusammenstellung älterer Kirchenlieder zu Gesang- oder Gebetsbüchern u. dergl., sowie von der selbständigen literarischen Gestaltung alter Volkslieder oder Märchen und von dem einem bereits zum Gemeingut gewordenen Werke beigefügten sogenannten kritischen Apparat, der — im Gegensatz zur nicht geschützten bloßen editio princeps — durch eigenartige Textgestaltung, Ergänzung, Zusammenstellung oder Gruppierung eigene Forschung und schaffende Autortätigkeit erkennen läßt (Daude, Gutachten S. 21). „Erläuterungen, die der Herausgeber einem von ihm festgestellten Texte beifügt, sind als solche gegen Abdruck gesichert. Die Tätigkeit der Entzifferung, Prüfung und Feststellung des Textes aber bietet keinen Grund, dem Herausgeber ein ausschließliches Recht an dem Texte selbst beizulegen" (Mot.). Ohne Rücksicht auf den Gegenstand, den sie behandeln, und ohne Rücksicht auf ihren literarischen Wert hat ferner die Praxis Fibeln, Rechenbücher, Kochbücher, Adreßbücher, Telephonadreßbücher (Urt. RG. vom 27. November 1908, D. J.-Z. 14, 268), Kursbücher, Rang- und Quartierlisten, Kalender, Tarife und ähnliche tabellarische Werke für schutzberechtigt erklärt, wenn und soweit ihre Herstellung nicht lediglich auf der mechanischen Tätigkeit des bloßen Zusammenstellens, sondern auf individueller, zweckmäßig und systematisch sichtender und ordnender geistiger Tätigkeit beruhte, und ebenso ist der gesetzliche Schutz gegen unbefugte Vervielfältigung einzelnen Liedern und Kupletversen, Postkartengrüßen in poetischer Form und sonstigen Merkversen gewährt, selbst wenn sie auf wirklich dichterischen Wert keinen Anspruch erheben konnten oder ihrem Inhalt nach wesentlich der geschäftlichen Reklame dienten. (Daude, Gutachten S. 34, 48, 42).

Auch Übersetzungen gehören zu den schutzberechtigten Schriftwerken, sofern in ihnen eine individuelle formgebende schöpferische Tätigkeit zum Ausdruck kommt. Ob dies zutrifft, muß der Beurteilung des Einzelfalles überlassen bleiben. Im allgemeinen wird es zutreffen, daß es, wie Allfeld (Komm. S. 43) bemerkt, sicher eine formgebende und damit schöpferische Tätigkeit erfordert, für den Sinn des Originalwerkes einen möglichst passenden Ausdruck in dem Wortschatze der anderen Sprache zu finden. In einem Spezialfall hat jedoch die preuß. Literar. Sachverständigenkammer in Übereinstimmung mit den im Urteil des Reichsgerichts vom 12. März 1900 (Entsch. Str. Bd. 33 S. 129) niedergelegten Grundsätzen in der wortgetreuen Übersetzung der in einem Preisverzeichnis enthaltenen kurzen deutschen Warenbezeichnungen in die englische Sprache, wie sie mit Hilfe eines Wörterbuchs unschwer von jedem Laien erfolgen konnte, eine geistige Arbeit, die ihr im Sinne des Gesetzes die Eigenschaft eines schutzberechtigten Schriftwerks verleihen könnte, nicht zu erblicken vermocht. (Daube, Gutachten S. 79).

Briefe sind als schutzberechtigte Schriftwerke anzusehen, wenn und soweit sie sich nicht lediglich auf tatsächliche Mitteilungen beschränken, sondern einen individuellen geistigen Gedankeninhalt in eigenartiger literarischer Form zum Ausdruck bringen. Auf die literarische oder sonstige Bedeutung des Verfassers oder auf das etwaige historische oder biographische Interesse, das der Brief im allgemeinen bietet, kommt es hierbei nicht an. Entscheidend ist vielmehr nur der Inhalt der brieflichen Mitteilung selbst, so daß auch Briefe berühmter Persönlichkeiten, die im wesentlichen in der Wiedergabe persönlicher Nachrichten, in der Besprechung familiärer oder geschäftlicher Angelegenheiten oder dergl. bestehen, einen Schutz gegen unbefugte Vervielfältigung nicht genießen, es sei denn, daß auch ihnen trotz des Mangels an originalem Gedankeninhalt „vermöge der besonderen Anmut und Kraft des Stiles ein ästhetischer Reiz und literarischer Wert" beizulegen ist. (Urt. RG. vom 28. Februar 1898, Entsch. Ziv. Bd. 41 S. 43. Urt. RG. vom 7. November 1908, Entsch. Ziv. Bd. 69 S. 401 (Nietzsches Briefe). Heydemann u. Dambach, Gutachten S. 237 (Briefwechsel zwischen Göthe und Schiller). Daube, Gutachten S. 21ff. (Beethovens Briefe). Selbstverständlich kannn sich eine Sammlung brieflicher Mitteilungen eines bestimmten Verfassers, auch wenn diese nur persönlicher oder gleichgültiger Art sind, vermöge der bei der Auswahl, eigenartigen Anordnung oder kritischen Beurteilung der einzelnen Briefe aufgewendeten geistigen Arbeit zu einem selbständigen, schutzberechtigten Schriftwerk gestalten. Das Urheberecht des Herausgebers erstreckt sich in solchem Falle aber immer nur auf die Sammlung als solche, während die einzelnen Briefe, falls sie an sich nicht als Schriftwerke im gesetzlichen Sinne anzusehen sind, keinen Schutz gegen unbefugte Vervielfältigung genießen. Im übrigen steht das Vervielfältigungsrecht an einem Briefe stets nur dem Urheber (Verfasser) desselben zu. Der Adressat erwirbt durch den bloßen Empfang des Briefes kein Vervielfältigungsrecht, wenn ihm solches nicht vom Verfasser besonders eingeräumt worden ist.

Die Verwertungsmöglichkeit des Schriftwerkes im Wege des Verlages (Verlagsfähigkeit) wird zu seiner Schutzberechtigung nicht erfordert, und der Schutz eines ursprünglichen Geisteserzeugnisses gegen unbefugte Vervielfältigung besteht auch dann, wenn der Urheber seinerseits überhaupt nicht beabsichtigt hat, das Erzeugnis seiner geistigen Tätigkeit vermögensrechtlich zu verwerten. (Urt. vom 21. Mai 1880, Entsch. Str. Bd. 2 S. 246. Urt. vom 12. Februar 1895, Entsch. Str. Bd. 27 S. 24. Urt. vom 28. Februar 1898, Entsch. Ziv. Bd. 41 S. 48. Urt. vom 7. November 1908, Entsch. Ziv. Bd. 69 S. 404 .

Der Umstand, daß das Schriftwerk gegen ein Gesetz oder gegen die guten Sitten verstößt, schließt seine Schutzberechtigung nicht aus.

Ausgenommen vom Schutze des Gesetzes sind dagegen alle diejenigen literarischen Erzeugnisse, die lediglich den Charakter mechanisch gefertigter Arbeiten an sich tragen und weder inhaltlich noch in ihrer Formgebung eine schöpferische Tätigkeit erkennen lassen. Bereits der Entwurf des früheren Nachdrucksgesetzes vom 11. Juni 1870 hatte daher amtliche und nichtamtliche öffentliche Anzeigen und Nachrichten aller Art, selbst wenn sie, wie Festprogramme, Theaterzettel, Lektionskataloge usw. eine Reihe von Ereignissen fortlaufend ankündigen, ausdrücklich als nicht schutzberechtigte Erzeugnisse bezeichnet, und auf demselben prinzipiellen Standpunkt steht auch das Gesetz vom 19. Juni 1901. Schutzlos sind deshalb Schriftstücke, deren Inhalt sich im wesentlichen auf die Mitteilung persönlicher Nachrichten, die Besprechung geschäftlicher Angelegenheiten oder dergl. beschränkt (Urt. RG. vom 28. Februar 1898, Entsch. Ziv. Bd. 41 S. 43); schutzlos die gewöhnlichen Anzeigen öffentlicher oder privater Natur, Annoncen und Geschäftsanzeigen, Nachrichten tatsächlichen Inhalts und Mitteilungen von bloßen Tagesneuigkeiten, die „rein objektiven Ankündigungen bestimmter Tatsachen ohne jedes individuelle Gepräge", wie sie z. B. die Theaterzettel in der Regel darstellen (Urt. RG. vom 19. Juni 1907, Entsch. Ziv. Bd. 66 S. 230 und Urt. RG. vom 27. November 1906, Entsch. Str. Bd. 39 S. 282), und namentlich auch die gewöhnlichen Waren- und Preisverzeichnisse, bei denen es sich, wie bei Anzeigen und Ankündigungen aller Art, nur darum handelt, bestimmte Tatsachen zur öffentlichen Kenntnis zu bringen, nämlich dem Publikum mitzuteilen, welche Waren von einem bestimmten Kaufmann oder Fabrikanten bezogen werden können und welche Preise für dieselben verlangt werden. Schutzberechtigt können derartige Preisverzeichnisse nur dann sein, wenn sie außer der Aufstellung von Tatsachen und neben der Aufzählung der Waren auch eingehendere allgemein belehrende Ausführungen enthalten.

Nicht geschützt sind ferner alle solche Druckerzeugnisse, die in ihren einzelnen Exemplaren lediglich als materielle Sachen, als Industrieerzeugnisse oder Muster zu einem materiellen Gebrauche bestimmt sind. Dahin gehören die im geschäftlichen Verkehr in den verschiedenartigsten Gestaltungen vorkommenden Formulare zu Wechseln, Anweisungen, Fakturen, Rechnungen, Quittungen, Frachtbriefen und dergl., deren Form und Inhalt an sich gegeben und nur im einzelnen Falle zweckmäßiger oder gefälliger als bei bereits vorhandenen Formularen eingerichtet ist. Dasselbe gilt von Klageformularen, Normalschreibebüchern mit kalligraphischen Vorschriften, liniierten und vorgedruckten kaufmännischen Kontobüchern und ähnlichen Sachen, zu deren Herstellung lediglich ein gewisses mechanisches Geschick und eine praktische Tätigkeit gehört. (Daude, Lehrbuch S. 16; Daude, Gutachten S. 20.)

Der Titel eines Schriftwerkes dient nur zu dessen Bezeichnung, ist aber selbst kein Schriftwerk. Seine unbefugte Vervielfältigung ist kein Nachdruck und kann weder einen Anspruch auf Entschädigung, noch die Zulässigkeit einer Strafverfolgung auf Grund des Gesetzes vom 19. Juli 1901 begründen (Urt. RG. vom 2. April 1884, Entsch. Ziv. Bd. 12 S. 116. Daude, Gutachten S. 31.) Gegen die mißbräuchliche Benutzung der Bezeichnung, bzw. des Titels einer Druckschrift bietet § 16 des Gesetzes gegen den unlauteren Wettbewerb vom 7. Juni 1909 (RGBl. 1909 S. 499) einen ausreichenden Schutz. Wer im geschäftlichen Verkehr die Bezeichnung einer Druckschrift — und hierunter ist unzweifelhaft auch der Titel eines Schriftwerkes zu verstehen — in einer Weise benutzt, welche geeignet ist, Verwechselungen mit der besonderen Bezeichnung hervorzurufen, deren sich ein anderer befugterweise bedient, kann danach von diesem auf Unterlassung der Benutzung in Anspruch genommen werden. Der Benutzende ist dem Verletzten zum Ersatze des Schadens verpflichtet, wenn er wußte oder wissen mußte, daß die mißbräuchliche Art der Benutzung geeignet war, Verwechselungen hervorzurufen.

2. Vorträge oder Reden, welche dem Zwecke der Erbauung, der Belehrung oder der Unterhaltung dienen.

Grundsätzlich gehören auch sie zu den Schriftwerken. Auch ihre Schutzberechtigung ist daher an die Voraussetzung geknüpft, daß sie den allgemeinen Erfordernissen eines schutzberechtigten Schriftwerkes entsprechen, d. h. sich als das Erzeugnis einer individuellen geistigen Tätigkeit ihres Verfassers darstellen. Auf ihren Umfang, ihren inneren Gehalt oder ihren wissenschaftlichen oder literarischen Wert kommt es hierbei nicht an, jedoch können Vorträge und Reden, die ihrem Inhalt nach lediglich aus dem Anführen und Aneinanderreihen rein tatsächlicher Mitteilungen bestehen, oder, wie Dambach (Urheberrecht S. 59) sich ausdrückt, auch in der Formgebung nicht eigentümliche Konglomerate von Gemeinplätzen sind, für schutzberechtigt nicht erachtet werden. (Daude, Gutachten S. 48.)

Daß der Inhalt des Vortrages oder der Rede zuvor aufgezeichnet ist, oder daß der Verfasser beabsichtigt hat, seinen Vortrag oder seine Rede späterhin durch den Druck zu veröffentlichen und zu verwerten, ist nicht erforderlich (Urt. RG. vom 31. Januar 1891, Entsch. Ziv. Bd. 27 S. 64), und unerheblich ist es endlich auch, ob der Vortragende seinen Vortrag oder seine Rede in Ausübung einer amtlichen Funktion, z. B. als akademischer Dozent, Prediger, Lehrer usw., oder aus privater

Veranlassung gehalten hat. Entscheidend ist nur, daß der Vortrag oder die Rede den Zwecken der Erbauung, der Belehrung oder der Unterhaltung dienen sollte.

Zu den Vorträgen und Reden, welche dem Zwecke der Erbauung dienen, gehören insbesondere Predigten und sonstige geistliche Reden bei kirchlichen Handlungen, Missions- und andere religiöse Vorträge u. dergl. Der Belehrung dienen u. a. wissenschaftliche oder populär belehrende Vorträge, insbesondere die an den Universitäten und anderen Hochschulen gehaltenen akademischen Vorlesungen, die einen unbedingten Schutz gegen unbefugte, d. h. ohne Genehmigung des betreffenden Lehrers erfolgende Vervielfältigung genießen, und das weite Gebiet der der Unterhaltung dienenden Vorträge und Reden umfaßt neben den mündlichen Darstellungen von Reisen und sonstigen Erlebnissen, biographischen, historischen und ähnlichen Vorträgen auch Scherzreden und sonstige humoristische Vorträge, Toaste, Tisch- und sonstige unterhaltende Gelegenheitsreden aller Art.

Reden und Vorträge, die bei gerichtlichen Verhandlungen oder in politischen Versammlungen gehalten werden, um auf die Entscheidung oder Abstimmung einzuwirken und durch ihre Gründe die Zuhörer zu überzeugen, dienen insofern dem Zwecke der Belehrung (Mot.); ihre Vervielfältigung ist jedoch unter den im § 17 Ziff. 2 gegebenen Voraussetzungen zulässig.

Vorträge und Reden, welche keinem der im § 1 des Gesetzes angegebenen Zwecken dienen, insbesondere also bloße Gelegenheitsansprachen und Gespräche sind grundsätzlich schutzlos, es sei denn, daß sie durch ihren Inhalt und ihre eigenartige literarische Formgebung den Erfordernissen eines schutzberechtigten Schriftwerkes entsprechen.

Mit der Veröffentlichung des Vortrages oder der Rede, d. h. mit ihrer Mitteilung an einen individuell nicht bestimmten Zuhörerkreis unterliegt der Vortrag oder die Rede allen den Folgen, die mit der Veröffentlichung eines „Werkes" verbunden sind. Insbesondere kann alsdann der Urheber die öffentliche Mitteilung des wesentlichen Inhalts des Vortrages nicht mehr untersagen (§ 11, Abs. 1, Satz 2) und auch die Anführung einzelner Stellen oder kleinerer Teile desselben in einer selbständigen literarischen Arbeit nicht verbieten (§ 19 Ziff. 1). Vergl. auch §§ 17 Nr. 1, 31, 35, 36, 40. Solange aber der Vortrag oder die Rede noch nicht erschienen, d. h. im Verlagshandel noch nicht in Vervielfältigungen öffentlich angeboten ist, hat der Urheber jedenfalls das ausschließliche Recht, den Vortrag oder die Rede öffentlich anderweit vorzutragen (§ 11 Abs. 3).

3. Werke der Tonkunst.

Als schutzberechtigte Werke der Tonkunst im Sinne des § 1 Ziff. 2 des Gesetzes vom 19. Juni 1901 sind diejenigen musikalischen Formgestaltungen (Kompositionen) anzusehen, die sich als Erzeugnisse einer individuellen Geistestätigkeit ihres Urhebers darstellen. Wie bei Schriftwerken braucht diese Tätigkeit auch bei Werken der Tonkunst nicht unbedingt in der Hervorbringung eines neuen Stoffes zu bestehen oder in dem Sinne original zu sein, daß das betreffende Werk durchaus frei erfunden sein müßte. Sie kann sich vielmehr auch in der bloßen Bearbeitung bereits vorhandener musikalischer Schöpfungen auf eine vollkommen selbständige Weise äußern, sofern nur diese Bearbeitung nicht etwa lediglich in der einfachen Wiedergabe des bereits Vorhandenen besteht, sondern sich als ein unter Aufwendung eigener formgestaltender Arbeit zustande gekommenes eigentümliches Werk der Tonkunst charakterisiert. So kann z. B. ein sogenanntes Potpourri, das im wesentlichen in der Zusammenstellung bereits vorhandener Tonsätze besteht, durch die dabei vorkommende Aufwendung eigener Kompositionskunst, durch Herstellung eigenartiger Übergänge, verbindender Phrasen, Kadenzen usw. den gesetzlichen Schutz gegen unbefugte Wiedergabe erlangen. (Daude, Gutachten S. 243.) Dasselbe gilt von Arrangements, Variationen und Bearbeitungen bereits vorhandener musikalischer Werke, wenn die Bearbeitung auf einer eigenen geistigen Tätigkeit beruht. In der Kunstmusik, so führt die preußische musikalische Sachverständigenkammer in einem Gutachten vom 17. Februar 1901 aus, kann insbesondere allein schon die Harmonisierung eines älteren Tonwerkes eine überaus wertvolle, durchaus selbständige künstlerische Arbeit bedeuten, wie dies Haydns, Beethovens oder Brahms Begleitungen zu gegebenen Melodien zur Genüge beweisen. „Anders liegt die Sache bei Volksliedern, die für den Schulgebrauch zwei- oder dreistimmig bearbeitet werden. Hier ist die Aufgabe des Harmonisierens eine überaus einfache. Jede neuere deutsche Volksmelodie trägt ihre Harmonie in sich, und ein Musiker wird nur in den seltensten Fällen darüber im Zweifel sein können, welche von den begleitenden Tönen, die überhaupt in Frage kommen können, zu verwenden sind, da es sich ja nicht darum handelt, der Harmonie irgend eine selbständige Bedeutung zu geben, sondern nur eine möglichst leichte und natürliche Begleitung bezweckt wird. Ähnlich verhält es sich mit den volkstümlichen Gesängen, d. h. den ursprünglichen Kunstkompositionen, die allmählich eine solche Verbreitung gewonnen haben, daß sie zu Volksliedern geworden sind. Auch sie tragen ihre Harmonie in sich selbst, und ihre harmonische Behandlung für den Schulgebrauch ergibt sich im Einzelfalle meist von selbst, ohne daß es zu einer solchen Bearbeitung einer individuellen geistigen Tätigkeit bedarf." (Daude, Gutachten S. 258.)

Ohne Bedeutung für die Schutzberechtigung eines Werkes der Tonkunst ist ferner sein künstlerischer, musikalischer Wert und der Zweck, dem es dienen soll. Einzelne Lieder, Tänze und Märsche fallen, wenn sie auf eigener geistiger Tätigkeit beruhen, ebenso unter den Begriff eines schutzberechtigten Werkes der Tonkunst wie Oratorien, Opern, Symphonien und Sonaten, und dies gilt auch von denjenigen Tongebilden, die, wie z. B. Übungsstücke für Gesang, Klavier und andere musikalische Instrumente, mehr Lehrzwecken als rein künstlerischen, ästhetischen Zwecken dienen sollen.

Ob das Werk der Tonkunst im Wege des Verlages verwertbar ist, und ob der Urheber eine solche Verwertung überhaupt beabsichtigt hat, ist gleichgültig. Unerheblich ist es endlich, ob das Werk durch Notenzeichen oder sonst bereits fixiert ist. Auch die nur frei vorgetragenen, improvisierten Tonwerke sollen, wenn sie sonst den Erfordernissen eines Werkes der Tonkunst im Sinne des § 1 Ziff. 2 des Gesetzes vom 19. Juni 1901 entsprechen, den uneingeschränkten Schutz gegen unbefugte Wiedergabe genießen.

4. Abbildungen wissenschaftlicher oder technischer Art, welche nicht ihrem Hauptzwecke nach als Kunstwerke zu betrachten sind.

Durch die hier gegebene Begriffsbestimmung der unter den Schutz des Gesetzes vom 19. Juni 1901 gestellten Abbildungen scheiden zunächst alle diejenigen Zeichnungen und Abbildungen aus, welche einen ästhetischen Zweck verfolgen und demgemäß ihrem Hauptzwecke nach als Kunstwerke zu betrachten sind. Dies sind die Werke der zeichnenden und malenden Kunst, deren Schutz durch das Gesetz vom 9. Januar 1907, betreffend das Urheberrecht an Werken der bildenden Künste und der Photographie (RGBl. 1907 S. 7) geregelt ist.

Unter den Schutz des Gesetzes vom 19. Juni 1901 fallen ferner nicht die gemeinhin als „Muster" bezeichneten industriellen Zeichnungen, die nicht als Ausprägung eines individuell geistigen Inhalts, sondern als materielle Sachen in Betracht kommen, die nicht den Zweck haben, zu belehren, sondern in den einzelnen Exemplaren zu einem materiellen Gebrauche bestimmt sind. Zeichnungen und Abbildungen dieser Art werden, falls sie als Geschmacksmuster dazu geeignet sind, den Formen- oder Farbensinn anzuregen, durch das Musterschutzgesetz vom 11. Januar 1876 (RGBl. 1876 S. 00) und, wenn sie sich als Erzeugnisse des Kunstgewerbes im Sinne des Kunstschutzgesetzes vom 9. Januar 1907 darstellen, auch nach Maßgabe dieses Gesetzes gegen unbefugte Nachbildung geschützt. Insbesondere gilt dies auch von zeichnerischen Entwürfen für Erzeugnisse des Kunstgewerbes oder für Bauwerke, die künstlerische Zwecke verfolgen.

Es bleiben demnach nur solche Zeichnungen und Abbildungen dem Schutze des Gesetzes vom 19. Juni 1901 unterstellt, bei denen, wie die Begründung zu dem mit § 1 Abs. 3 inhaltlich übereinstimmenden § 43 des früheren Nachdrucksgesetzes vom 11. Juni 1870 sich ausdrückt, „mehr ein wissenschaftlicher, als ein künstlerischer Zweck obwaltet, welche dazu bestimmt sind, zu belehren, sich aber ihrer inneren Natur nach nicht als Werke der Kunst darstellen," oder welche, wie ein Erkenntnis des preußischen Kammergerichts (Goltdamer, Archiv für Strafrecht, Bd. 5 S. 630) sich ausspricht, „als graphische Versinnlichung wissenschaftlicher Ideen auftreten".

Zu diesen Zeichnungen und Abbildungen gehören nun aber nicht nur solche, die einen wirklichen wissenschaftlichen oder technischen Wert besitzen, sondern ganz allgemein alle solche aus eigener geistiger Tätigkeit ihres Urhebers hervorgegangene Zeichnungen usw., deren Zweck dahin gerichtet ist, der Wissenschaft im weitesten Sinne des Wortes oder der Belehrung zu dienen. Allerdings ist dieser Belehrungszweck, wie das Reichsgericht in seinem Urteil vom 15. November **1906** (Entsch. Str. Bd. 34 S. 431) ausgeführt hat, zur gesetzlichen Voraussetzung des Schutzes gegen unbefugte Vervielfältigung nicht in der Weise zu machen, daß er in jedem Einzelfalle in der Person des Urhebers der betreffenden Abbildung zutreffen müsse, sondern lediglich im Sinne einer der fraglichen Abbildung „ihrer inneren Natur nach" immanenten Eigenschaft, also im Sinne ihrer objektiven Beschaffenheit zu verwerten. Die Abbildungen müssen also jedenfalls die Eigenschaft belehrender Darstellungen an sich tragen. Wenn aber in einer Abbildung eine belehrende Eigenschaft und zugleich eine auf eigener geistig schaffender Tätigkeit beruhende Formgestaltung zu erkennen ist, so wird ihre Schutzberechtigung an sich nicht dadurch beseitigt, daß sie zugleich den Zwecken der gewerblichen Reklame dienen soll. Dies gilt insbesondere für diejenigen Abbildungen technischer Art, die sich in Preisverzeichnissen, Warenkatalogen und anderen gewerblichen Ankündigungen ähnlicher Art vorfinden. Auch sie genießen den Schutz des Gesetzes, wenn sie nicht etwa „nichts weiteres enthalten, als eine der geistigen Bearbeitung entbehrende Darstellung allgemein bekannter und deshalb als Gemeingut der gesamten Industrie zu bezeichnenden Einrichtungen" oder wenn überhaupt ein darstellerischer Gedanke, ein geistiges Schaffen zu ihrer Herstellung nicht erforderlich war. Dies wird allerdings der Regel nach bei den in den gewöhnlichen Warenkatalogen und Preisverzeichnissen enthaltenen Abbildungen zutreffen, die meistens als bildliche Wiedergaben der zum Kaufe angebotenen Gegenstände lediglich den Zweck industrieller Warenanpreisung verfolgen. Es ist aber durchaus nicht ausgeschlossen, daß auch sie als schutzberechtigte technische Abbildungen angesehen werden können, wenn sie dazu bestimmt oder geeignet sind, über Mittel und Verfahren zur Herstellung der betreffenden Waren, Instrumente, Maschinen u. dergl. zu belehren. Ob dies der Fall, kann nur im Einzelfall, evtl. durch sachverständiges Gutachten, entschieden werden. (Daube, Gutachten S. 73ff.)

Im übrigen hat das Gesetz von einer Aufzählung einzelner Arten schutzberechtigter Abbildungen, abweichend von § 43 des früheren Nachdrucksgesetzes (geographische, topographische, naturwissenschaftliche, architektonische, technische und ähnliche Zeichnungen und Abbildungen), Abstand genommen. Daß zu den Abbildungen „wissenschaftlicher Art“ Landkarten, Globuskarten, Stadtpläne, astronomische Karten, medizinische, botanische, mineralogische Abbildungen u. dergl. gehören, versteht sich von selbst. Insbesondere ist die Schutzberechtigung kartographischer Arbeiten als Abbildungen wissenschaftlicher Art unbestritten, wenn sie sich als das Erzeugnis einer eigenen geistigen Tätigkeit ihres Urhebers darstellen. Gerade bei Landkarten und Stadtplänen wird allerdings, wie in einem Gutachten der preußischen Literarischen Sachverständigenkammer vom 30. Januar 1903 ausgeführt wird, eine völlig neue und originelle Schöpfung in den seltensten Fällen vorliegen, da der Umfang der hierzu erforderlichen Tätigkeit ein zu bedeutender ist, als daß er von einem einzelnen Unternehmer immer wieder von neuem bewältigt werden konnte. Der Herausgeber einer neuen Karte, welche ein altes Kulturgebiet darstellen soll, wird stets gezwungen sein, die vorgeleistete Arbeit früherer Kartographen seiner eigenen Karte zugrundezulegen und auf dieser Grundlage weiter zu bauen. Gelingt es ihm aber, aus dem überlieferten Material heraus eine neue Schöpfung zu gestalten, welche von den früheren Arbeiten in wesentlichen Punkten abweicht, sei es in der Hinzufügung neuer wissenschaftlicher Gedanken oder in der Darstellung neuer Gesichtspunkte oder auch nur in der Vervollständigung oder Ergänzung des überlieferten Materials oder in einer verbesserten Darstellungsweise, so wird man seiner geistigen Arbeit ohne Bedenken den Schutz des Gesetzes gegen unbefugte Ausnutzung zubilligen müssen (Daude, Gutachten S. 66).

Abbildungen „technischer Art“ sind solche, die ihrer inneren Natur der Technik, d. h. der Gesamtheit der Mittel und Verfahren zur Herstellung gewerblcher Erzeugnisse, angehören. Sie müssen ihrer inneren Natur nach eine lehrhafte Eigenschaft besitzen und infolgedessen auch in ihrer Darstellungsweise eine dem Lehrzwecke angepaßte eigentümliche Form haben. (Urt. RG. vom 6. Februar 1909, Entsch. Ziv. Bd. 70 S. 270.) Dies trifft insbesondere zu bei Abbildungen von Maschinen und sonstigen technischen Einrichtungen, Instrumenten und Geräten, bei Zeichnungen von Mustern für gewerbliche Arbeiten, bei Modenzeichnungen für Modenzeitungen und bei allen sonstigen Abbildungen, die eine Anleitung zur Anfertigung der dargestellten Objekte bieten können. (Daude, Gutachten S. 53, 59, 73 ff., 84.)

Ausgeschlossen vom Schutze des Gesetzes sind, wie bei Schriftwerken, diejenigen Abbildungen und Zeichnungen, welche, wie z. B. Bilderbogen zum Ausschneiden oder Ausmalen, Modellierbogen, Vorzeichnungen für weibliche Handarbeiten auf dem zu bearbeitenden Stoff u. dergl. nicht den Zweck der Belehrung verfolgen, sondern in ihren einzelnen Exemplaren zu einem materiellen Gebrauche bestimmt sind, wenngleich hier der belehrende Zweck häufig mit der industriellen Bestimmung konkurrieren kann.

Photographische Abbildungen unterstehen als Werke der Photographie dem Kunstschutzgesetz vom 7. Januar 1907, wenn sie lediglich Originalaufnahmen von Gegenständen der Natur, der Industrie, der Gewerbe oder des Handelsverkehrs sind. Dagegen ist es für den Begriff und die Schutzberechtigung der im § 1 Ziff. 3 des Gesetzes vom 19. Juni 1901 angeführten Abbildungen bedeutungslos, ob bei der technischen Herstellung der Abbildungen oder Zeichnungen die Photographie oder ein ihr ähnliches Verfahren als Hilfsmittel verwendet worden ist.

Plastische Darstellungen sind den im § 1 Ziff. 3 aufgeführten Abbildungen gleichgestellt, wenn sie wissenschaftlicher oder technischer Art und ihrem Hauptzwecke nach nicht als Kunstwerke anzusehen sind. Es gehören dahin beispielsweise Reliefkarten, plastische Globuskarten oder Karten der Mondoberfläche und sonstige plastische Darstellungen, die, wie z. B. stereometrische Figuren zu Lehrzwecken zu dienen geeignet sind. Auch hier ist aber zu beachten, daß die Schutzberechtigung derartiger Darstellungen nur dann gegeben ist, wenn sie sich als Erzeugnis einer individuellen formgestaltenden Geistestätigkeit charakterisieren, so daß z. B. bloße Gipsabgüsse alter Büsten, Vasen, Münzen u. dergl., die lediglich einer mechanischen Tätigkeit ihre Herstellung verdanken, auf den Schutz des Gesetzes keinen Anspruch erheben können.

5. Choreographische und pantomimische Werke.

Choreographische und pantomimische Werke, Balletts und sonstige Tänze konnten nach den bisherigen gesetzlichen Vorschriften einen Schutz gegen unbefugte Vervielfältigung nur als Schriftwerke genießen, so daß ihr Schutz davon abhängig war, daß der Bühnenvorgang, wenn auch nur in seinen wesentlichen Grundzügen, schriftlich festgelegt war. Nachdem jedoch im Artikel 2 der revidierten Berner Übereinkunft vom 13. November 1908 namentlich mit Rücksicht auf die Fortschritte der modernen Reproduktionstechnik, insbesondere der Kinematographie und der ihr ähnlichen Verfahren bestimmt ist, daß der gesetzliche Schutz auch solchen choreographischen und pantomimischen Werken zuteil werden soll, deren Inhalt auf anderem als schriftlichen Wege festgelegt ist (les oeuvres chorégraphiques et les pantomimes, dont la mise en scène est fixée par écrit ou autrement), mußte eine entsprechende Vorschrift auch für das innere Recht getroffen werden. Dies ist durch

Einfügung des Absatz 2 in den § 1 des Gesetzes vom 19. Juni 1901 geschehen (Art. I Ziff. 1 des Gesetzes vom 22. Mai 1910 zur Ausführung der revidierten Berner Übereinkunft vom 13. November 1908).

§ 2.

Urheber eines Werkes ist dessen Verfasser. Bei einer Übersetzung gilt der Übersetzer, bei einer sonstigen Bearbeitung der Bearbeiter als Urheber.

Wird ein Werk der Literatur oder der Tonkunst durch einen persönlichen Vortrag auf Vorrichtungen für Instrumente übertragen, die der mechanischen Wiedergabe für das Gehör dienen, so steht die auf diese Weise hergestellte Vorrichtung einer Bearbeitung des Werkes gleich. Das Gleiche gilt, wenn die Übertragung durch Lochen, Stanzen, Anordnung von Stiften oder eine ähnliche Tätigkeit geschieht und die Tätigkeit als eine künstlerische Leistung anzusehen ist. Im Falle des Satz 1 gilt der Vortragende, im Falle des Satz 2 derjenige, welcher die Übertragung bewirkt, als Bearbeiter.

Urheber eines der im § 1 näherbezeichneten Werke ist der Regel nach dessen Verfasser, d. h. derjenige, dessen geistig schaffender Tätigkeit das Werk seine Entstehung und Schutzberechtigung verdankt.

Damit ist zunächst, abgesehen von dem im § 3 vorgesehenen Ausnahmefall, die Annahme eines ursprünglichen Urheberrechtes des Herausgebers oder Verlegers eines Werkes ausgeschlossen, sofern nicht etwa gerade die von ihnen bei der Herstellung des Werkes entwickelte geistige Tätigkeit sich als das wesentlich schaffende Moment darstellt und sie deshalb zu Miturhebern im Sinne des § 6 macht (Urt. RG. vom 8. März 1887. Entsch. Str. Bd. 15 S. 405).

Dasselbe gilt von dem Unternehmer und dem Besteller eines Werkes, der dessen Ausführung und Bearbeitung nach einem gegebenen Plane einem anderen übertragen hat. Auch sie besitzen kein ursprüngliches Urheberrecht an einem solchen Werke, es sei denn, daß dasselbe wesentlich durch ihre geistige Arbeit entstanden ist.

An Werken, die Beamte, Angestellte eines geschäftlichen Betriebes oder sonstige Dienstverpflichtete innerhalb ihres amtlichen oder dienstlichen Wirkungskreises verfassen, haben nur sie selbst ein ursprüngliches Urheberrecht, das aber durch die Anstellungs-

oder Dienstverträge von vornherein oder für den einzelnen Fall, beschränkt oder unbeschränkt (§ 8) auf den Dienstherrn (Staat, Geschäftsherrn usw.) übertragen werden kann. Die Übertragung gewährt in diesen Fällen stets nur ein abgeleitetes, kein ursprüngliches Urheberrecht, was insbesondere für den Umfang des Rechtes (§ 9: Zulässigkeit von Änderungen usw.) und für die Dauer der Schutzfrist (§ 29: Berechnung erst vom Tode des Verfassers) von Bedeutung ist.

Ein ursprüngliches Urheberrecht erlangt der Übersetzer, d. h. derjenige, der ein Werk in eine andere Sprache oder in eine andere Mundart überträgt, an dieser seiner Übersetzung. Dasselbe gilt auch für die Rückübersetzung in die Sprache des Originalwerkes: hier wie dort aber nur insoweit, als die Arbeit des Übersetzers auf geistig schaffender Tätigkeit beruht (s. oben § 1 S. 3). Ob die Übersetzung rechtmäßig, d. h. mit Genehmigung des Verfassers des Originalwerkes entstanden ist oder nicht, ist für ihre Schutzberechtigung an sich gleichgültig. Jedoch werden durch eine unrechtmäßige Übersetzung die Befugnisse des Verfassers des Originalwerkes (§ 12) nicht berührt. Im übrigen ist der Übersetzer lediglich gegen die unbefugte Vervielfältigung seiner Übersetzung in ihrer eigenartigen Formgestaltung, nicht aber gegen die Veranstaltung einer anderweiten selbständigen und eigenartigen Übersetzung des Originalwerkes geschützt.

Dieselben Grundsätze finden auf die sonstigen Bearbeitungen eines bereits vorhandenen Werkes Anwendung, d. h. auf alle die Fälle, in denen das Original unter Wahrung seines wesentlichen Bestandes in eigentümlicher Weise oder zu besonderen Zwecken einer selbständigen Umformung unterzogen ist (Urt. RG. vom 2. Juli 1909. Entsch. Str. Bd. 42 S. 390). Der Bearbeiter erhält auch hier, soweit seine eigene geistige Arbeit reicht, ein ursprüngliches Urheberrecht, ohne daß er jedoch anderweite in eigenartiger Form vorgenommene Bearbeitungen desselben Werkes seinerseits verbieten kann. Die Rechtmäßigkeit der Bearbeitung ist auch hier für ihre Schutzberechtigung Dritten gegenüber ohne Bedeutung. „Der Bearbeiter hat daher in jedem Falle das Recht, Dritten und selbst dem Urheber des Originalwerkes, auch wenn dieser die Einwilligung zur Bearbeitung nicht erteilt hat, die Ausübung der im § 11 dem Urheber beigelegten ausschließlichen Befugnisse, bei einem Bühnenwerke also auch das öffentliche Aufführen (§ 11 Abs. 2), zu untersagen und begangene Rechtsverletzungen mit den Mitteln des Gesetzes zu verfolgen" (Urt. des RG. vom 2. Juli 1909 a. a. O.).

Gegenüber dem erweiterten Schutze, der nach dem neuen internationalen Recht den Urhebern gegen die mechanische Wiedergabe ihrer Werke gewährt wird, ist vonseiten der Industrie der mechanischen Instrumente und Sprechmaschinen der lebhafte Wunsch geäußert, auch ihrerseits einen Schutz für die von ihr hergestellten Walzen, Bänder, Platten usw. gegen unbefugte Nachbildung zu erhalten. Diesem Wunsche hat das Gesetz vom 22. Mai 1910 zur Ausführung der revidierten Berner Übereinkunft vom 13. November 1908 durch Einfügung des Abs. 2 in den § 2 Rechnung getragen. „Bereits in den Verhandlungen der Berliner Urheberrechtskonferenz", so bemerken die Motive, „ist die Frage zur Sprache gekommen, dort aber nicht weiter verfolgt worden, weil sie nicht sowohl dem Gebiete des Urheberrechtes als vielmehr dem des gewerblichen Rechtsschutzes angehöre (vgl. die Denkschrift zur revidierten Berner Übereinkunft Art. 13). Immerhin erscheint es, wenn jetzt das Rechtsverhältnis zwischen den Urhebern und der mechanischen Industrie neu geordnet wird, erwünscht, hierbei, soweit tunlich, auch diese Frage zu regeln. Es entspricht nur der Billigkeit, der Industrie, die sich Beschränkungen ihrer bisherigen Freiheit unterwerfen muß, einen Schutz gegen unberechtigte Nachbildung ihrer oft mit großen Kosten erworbenen Vorrichtungen zu bewilligen. Ein solcher Schutz läßt sich jedenfalls insoweit, als er sich auf einen persönlichen Vortrag des Werkes gründet, ohne Zwang im Rahmen des Urheberrechtes verwirklichen. Denn die individuelle Leistung, die in dem persönlichen Vortrag liegt, kann, wenn sie durch das Herstellen einer Vorrichtung festgelegt ist, sehr wohl einer Bearbeitung des literarischen oder musikalischen Werkes gleichgeachtet werden. Als Urheber schützt das Gesetz (§ 2 Abs. 2 Satz 1, 3) demgemäß nicht den Hersteller der den Vortrag fixierenden Vorrichtung, sondern den Vortragenden, der aber in der Praxis sein Recht regelmäßig dem industriellen Unternehmen übertragen wird. Inhalt und Umfang der hiernach begründeten urheberrechtlichen Befugnisse sowie die Dauer des Schutzes und die Folgen einer Verletzung ergeben sich ohne weiteres daraus, daß der Vortragende in Ansehung der den Vortrag fixierenden Vorrichtung in der gleichen Weise geschützt wird wie der Bearbeiter eines Werkes in Ansehung seiner Bearbeitung (§ 2 Satz 2 des Gesetzes vom 19. Juni 1901).

Aber auch soweit Vorrichtungen zur mechanischen Wiedergabe ohne die Vermittelung eines individuellen künstlerischen Vortrags durch bloßes Lochen, Stanzen, Anordnung von Stiften oder eine andere nach Regeln der Technik geübte Tätigkeit hergestellt werden, kommt in Betracht, daß für eine solche Tätigkeit nicht nur technisches Können, sondern zum Teil auch musikalisch-künstlerisches Verständnis unentbehrlich ist. Freilich wird in vielen der hier in Betracht kommenden Fälle die technische Leistung überwiegen und, soweit dies der Fall ist, fehlen die Voraussetzungen für die Gewährung eines Urheberschutzes. Das schließt aber nicht aus, daß da, wo eine individuelle künstlerische Leistung anzuerkennen ist, demjenigen, der in dieser Art die Übertragung des Werkes zum Zwecke der mechanischen Wiedergabe bewirkt, ein solcher

Schutz in gleicher Weise zuteil wird wie im Falle der Übertragung durch einen persönlichen Vortrag dem Vortragenden (§ 2 Abs. 2 Satz 2). Ob die gedachte Voraussetzung vorliegt, wird von Fall zu Fall zu prüfen sein." Bei der Kommissionsberatung war man in dieser Beziehung darin einig, daß mit den Worten „künstlerische Leistung" zum Ausdruck gebracht werden soll, daß es sich, wie überhaupt beim Urheberrecht, jedenfalls um ein Erzeugnis individueller geistiger Tätigkeit handeln müsse, wobei es hauptsächlich darauf ankommen werde, daß bei der Übertragung auf die Vorrichtung solche Änderungen des Werkes in Frage stehen, wie sie nur eine zu musikalischem Schaffen befähigte Person vornehmen kann (Komm.Ber. S. 6). Einer nur handwerksmäßigen Leistung soll der Schutz des § 2 Abs. 2 nicht zuteil werden.

Der Ausdruck „Vorrichtungen für mechanische Instrumente" umfaßt alle Vorrichtungen, durch welche die Wiedergabe des Werkes der Literatur oder der Tonkunst bewirkt wird, ohne Unterschied, ob sie, wie bei Orchestrions, Drehorgeln, Leierkasten oder Spieldosen, als fest eingefügte Bestandteile mit dem Instrument ein untrennbares Ganze bilden oder ob sie ohne solche Verbindung als Notenbänder, Notenscheiben usw. abwechselnd in das Spielwerk eingesetzt und gesondert in den Verkehr gebracht werden können (Mot. und Komm.Ber.).

Im übrigen ist in beiden Fällen der Übertragung eines Werkes auf Vorrichtungen für mechanische Instrumente, wie sie im § 2 Abs. 2 vorgesehen sind, eine stillschweigende Abtretung des Urheberrechts regelmäßig dann anzunehmen, wenn der Vortrag oder die Übertragung auf Grund einer besonderen Vereinbarung, einer Bestellung oder eines schon bestehenden oder zu diesem Zwecke eingegangenen Dienstverhältnisses erfolgt.

§ 3.

Juristische Personen des öffentlichen Rechtes, die als Herausgeber ein Werk veröffentlichen, dessen Verfasser nicht auf dem Titelblatt, in der Zueignung, in der Vorrede oder am Schlusse genannt wird, werden, wenn nicht ein Anderes vereinbart ist, als Urheber des Werkes angesehen.

Abweichend von dem Grundsatz des § 2 gewährt § 3 unter den von ihm bestimmten Voraussetzungen den juristischen Personen des öffentlichen Rechts, die als Herausgeber ein Werk veröffentlichen, ein abgeleitetes Urheberrecht.

Als juristische Personen des öffentlichen Rechtes kommen neben dem Fiskus (Staat), den Gemeinden und sonstigen

Selbstverwaltungskörpern namentlich die Kirchengesellschaften, die Akademien, Universitäten und Hochschulen sowie alle sonstigen Anstalten, Stiftungen u. dergl. in Betracht, die Rechtsfähigkeit besitzen, und zwar können diese juristischen Personen das im § 3 normierte abgeleitete Urheberrecht auch dann geltend machen, wenn das Werk von einem sie vertretenden Organ, insbesondere von einer staatlichen oder kirchlichen Behörde (Ministerium, Konsistorium, bischöfliches Ordinariat, Statistisches Amt u. dergl.) innerhalb des ihr zugewiesenen Wirkungskreises als Herausgeber veröffentlicht ist.

Juristische Personen des Privatrechts, Handelsgesellschaften, Verlagsanstalten, privatrechtliche Stiftungen ohne Rechtsfähigkeit u. dergl. können ein Urheberrecht nach § 3 nicht erlangen. Geben sie als Verleger ein Werk heraus, so greifen die gleichen Vorschriften Platz, wie wenn das Werk von einem einzelnen Verleger herausgegeben wird.

Im übrigen ist das Urheberrecht der juristischen Personen des öffentlichen Rechts in allen Fällen davon abhängig gemacht, daß

1. das Werk von der betreffenden juristischen Person als Herausgeber veröffentlicht, d. h. durch ihre Vermittelung zum öffentlichen Vertrieb gebracht ist,
2. der wirkliche Verfasser des Werkes nicht auf dem Titelblatt, in der Zueignung, in der Vorrede oder am Schlusse genannt wird (§ 7),
3. der Verfasser selbst sich nicht durch eine besondere Vereinbarung das Urheberrecht an dem Werke vorbehalten hat.

So lange das Werk von der juristischen Person noch nicht veröffentlicht ist, steht das Urheberrecht an sich dem Verfasser zu. Ob die durch die juristische Person bewirkte Veröffentlichung zulässig ist oder einen Eingriff in das Urheberrecht des Verfassers enthält, bestimmt sich nach dem zwischen ihnen bestehenden Rechtsverhältnis (Komm.-Ber.). Im Streitfall muß der Verfasser seinerseits den Beweis dafür erbringen, daß er sich das Urheberrecht vorbehalten, bzw. die Veröffentlichung des Werkes ohne Nennung seines Namens nicht gestattet hat.

Wegen der Schutzfrist der von einer juristischen Person als Herausgeber veröffentlichten Werke s. § 32.

§ 4.

Besteht ein Werk aus den getrennten Beiträgen mehrerer (Sammelwerk), so wird für das Werk als Ganzes der Herausgeber als Urheber angesehen. Ist ein solcher nicht genannt, so gilt der Verleger als Herausgeber.

Sammelwerke im Sinne des § 4 sind solche Werke, in denen mehrere getrennte Arbeiten nach gewissen leitenden Gesichtspunkten zu einem äußerlichen Ganzen zusammengefaßt sind (Enzyklopädien, Konversationslexika, Staatswörterbücher u. dergl.). Sammlungen, die aus Arbeiten verschiedener Urheber in der Weise hergestellt sind, daß jede dieser Arbeiten ein selbständiges, mit den anderen Arbeiten auch nicht einmal äußerlich verbundenes Ganzes bleibt (Reklams Universalbibliothek, Kürschners Bücherschatz u. dergl.), gehören nicht hierher, und dies gilt auch von solchen Werken, die im wesentlichen aus einer Arbeit bestehen und daneben nur noch einige untergeordnete, von anderen Verfassern herrührende Beigaben enthalten. Im übrigen ist es zum Begriffe des Sammelwerkes im Sinne des § 4 nicht erforderlich, daß die Sammlung als solche ein einheitliches Ganzes bildet, so daß auch Zeitungen, Zeitschriften, Taschenbücher, Almanache u. dergl. unter § 4 fallen. Vgl. § 41 des Verlagsrechtsgesetzes, wo Zeitungen und Zeitschriften ausdrücklich unter den Begriff der periodischen Sammelwerke zusammengefaßt sind. Vermöge der geistigen Tätigkeit, welche der Herausgeber (Redakteur bei Zeitungen) eines derartigen Sammelwerkes bei der Prüfung, Auswahl und Durchsicht der einzelnen Beiträge und bei der Anordnung des Ganzen entfaltet, gewährt ihm das Gesetz, da er der wahre Urheber des „Ganzen" ist, für das Sammelwerk als Ganzes ein ursprüngliches Urheberrecht.

Damit ist zugleich ausgesprochen, daß der Herausgeber des Sammelwerkes ein Urheberrecht an den einzelnen in dasselbe aufgenommenen Beiträgen allein durch deren Herausgabe nicht erlangt. Neben und unabhängig von dem Urheberrechte des Herausgebers am Ganzen besteht vielmehr das Urheberrecht der Einzelverfasser an ihren Beiträgen. Der Herausgeber kann deshalb wohl seine Rechte am Ganzen auf andere übertragen, ist aber nicht befugt, die Rechte an den ihm lediglich zum Zwecke der Herausgabe in seinem Sammelwerke überlassenen Einzelbeiträgen ohne Genehmigung der Verfasser weiter zu veräußern. Die Einzelverfasser können vielmehr ihrerseits frei über ihre Beiträge verfügen, soweit nicht die verlagsrechtlichen Bestimmungen des Verlagsrechtsgesetzes (§§ 3, 44) oder besondere Vereinbarungen mit dem Herausgeber entgegenstehen oder der Ausübung ihres Urheberrechtes Beschränkungen auferlegen.

Im übrigen kann das Urheberrecht des Herausgebers nicht nur durch die unbefugte Vervielfältigung des ganzen Sammelwerkes, sondern nach § 41 auch dadurch verletzt werden, daß das Werk zu einem Teil vervielfältigt wird. Allerdings wird man eine solche Verletzung nicht schon ohne weiteres bei Nachdruck eines einzelnen Beitrages annehmen können. Das Urheberrecht des Herausgebers beruht, wie bereits oben hervorgehoben wurde, auf der individuellen geistigen Arbeit, die durch die Auswahl, Durchsicht und Prüfung der einzelnen Beiträge und durch die sachgemäße Anordnung und Zusammenstellung des

Ganzen entwickelt wird. Nur insoweit, als das Ergebnis dieser geistigen Tätigkeit durch teilweisen Abdruck des Sammelwerkes verwertet wird kann ein Eingriff in das Urheberrecht des Herausgebers angenommen werden (Urt. RG. vom 8. Dezember 1905, Entsch. Str. Bd. 38 S. 241).

Die Schutzfrist für das Sammelwerk als Ganzes berechnet sich nach dem Zeitpunkte des Todes des Herausgebers (§§ 29, 30), während sie für die einzelnen Beiträge nach dem Zeitpunkte des Todes ihres Verfassers zu bestimmen ist (§ 29).

Wenn bei einem Sammelwerk ein Herausgeber nicht genannt ist — die Nennung an einer bestimmten Stelle des Werkes ist hier nicht besonders vorgeschrieben (§§ 3, 7) —, so gilt als Herausgeber der Verleger, d. h. derjenige, der die Vervielfältigung und Verbreitung des Sammelwerkes auf eigene Rechnung betreibt (§ 1 Verlagsrechtsgesetz).

§ 5.

Wird ein Schriftwerk mit einem Werke der Tonkunst oder mit Abbildungen verbunden, so gilt für jedes dieser Werke dessen Verfasser auch nach der Verbindung als Urheber.

Der § 5 hat für alle Fälle, in denen die Verbindung eines Schriftwerkes, wozu auch choreographische und pantomimische Werke mit schriftlicher oder anderweiter Fixierung des Bühnenvorgangs gehören, mit einem Werke der Tonkunst oder mit Abbildungen oder mit beiden zugleich stattgefunden hat, den Grundsatz der urheberrechtlichen Selbständigkeit des einzelnen Werkes aufgestellt. Es ist hierbei gleichgültig, ob die Verbindung auf Grund einer Vereinbarung der einzelnen Verfasser oder ohne eine solche (vgl. §§ 20, 23) erfolgt ist, und ohne Bedeutung ist es auch, ob durch die Verbindung des Schriftwerkes mit dem Werke der Tonkunst oder den Abbildungen ein einheitliches Werk geschaffen ist.

Jedem der mehreren Verfasser verbleibt trotz der Verbindung sein selbständiges Urheberrecht an dem von ihm geschaffenen Werke. Er kann dasselbe selbständig durch Vervielfältigung, gewerbsmäßige Verbreitung oder Aufführung seines Werkes ausüben (§ 11) und insbesondere auch beschränkt oder unbeschränkt auf andere übertragen (§ 8). Andererseits darf er aber auch nicht eigenmächtig über das Urheberrecht, das die anderen Verfasser an ihren Werken haben, verfügen. Zur Verfolgung rechtswidriger Eingriffe in das Urheberrecht an den einzelnen verbundenen Werken ist deshalb auch stets nur der Verfasser des betreffenden Einzelwerks berechtigt.

Die Schutzfrist ist für jedes einzelne der verbundenen Werke nach dem Zeitpunkte des Todes seines Verfassers selbständig zu berechnen (§ 29).

Im übrigen kann das durch § 5 bestimmte Rechtsverhältnis durch ausdrückliche oder stillschweigende Vereinbarung der beteiligten Verfasser stets geändert werden, sei es, daß der eine Verfasser sein Urheberrecht auf den anderen überträgt, oder, wie es zwischen dem Dichter des Libretto einer Oper u. dergl. und dem Komponisten häufig der Fall sein wird, der eine dem anderen die ausschließliche Verfügung über das ganze verbundene Werk überläßt. Im letzteren Falle wird allerdings durch die Überlassung weder an der Befugnis des Verfassers, Eingriffe in sein besonderes Urheberrecht gegen Dritte zu verfolgen, noch an der Dauer der Schutzfrist seines Werkes etwas geändert.

§ 6.

Haben mehrere ein Werk gemeinsam in der Weise verfaßt, daß ihre Arbeiten sich nicht trennen lassen, so besteht unter ihnen als Urhebern eine Gemeinschaft nach Bruchteilen im Sinne des Bürgerlichen Gesetzbuchs.

Der § 6 regelt die Miturheberschaft an Werken, die durch ein gemeinsames geistiges Schaffen mehrerer Urheber entstanden sind.

Miturheberschaft im Sinne des § 6 liegt nur dann vor, wenn mehrere Urheber in bewußter Weise zur Hervorbringung eines einheitlichen Werkes gemeinsam in der Weise zusammengewirkt haben, daß ihre Arbeiten sich nicht trennen lassen. Vorausgesetzt wird hierbei, daß alle Zusammenwirkenden eine individuelle geistig schaffende Tätigkeit, die zum Entstehen des Ganzen beiträgt, entfalten. Die bloße Gehilfentätigkeit, die sich lediglich auf die Beschaffung des Materials, die äußere Gestaltung oder sonstige technische Ausführung der schöpferischen Arbeit des eigentlichen Urhebers beschränkt, kann eine Miturheberschaft im Sinne des § 6 nicht begründen.

Im Falle des gemeinsamen Zusammenwirkens mehrerer Urheber zur Schaffung eines Werkes wird ihrem Verhältnisse zu einander meistens ein ausdrücklich oder stillschweigend abgeschlossener Gesellschaftsvertrag oder eine sonstige Vereinbarung zugrunde liegen, die für das Rechtsverhältnis zwischen den einzelnen Miturhebern in erster Linie entscheidend ist. Fehlt es an einer solchen Vereinbarung, so entsteht unter den mehreren Miturhebern eine Gemeinschaft nach Bruchteilen im Sinne des Bürgerlichen Gesetzbuchs. Es finden also dann auf die Miturheberschaft die Vorschriften der §§ 741 bis 758 BGB. entsprechende Anwendung. Danach ist zunächst im Zweifel, d. h. soweit nicht anderweite Vereinbarungen von den Miturhebern getroffen werden oder die Umstände, Verschiedenheit des Umfangs der gelieferten

Beiträge u. dergl. eine anderweite Verteilung erheischen, anzunehmen, daß den Miturhebern gleiche Anteile zustehen. Jedem Miturheber gebührt ein seinem Anteil entsprechender Bruchteil an den Nutzungen (Honorar, Gewinnanteil, Tantieme) des gemeinsamen Werkes, bezüglich dessen die Verwaltung den Miturhebern gemeinschaftlich zusteht. Bei dieser Verwaltung entscheidet Stimmenmehrheit, die nach der Größe der Anteile zu bemessen ist. Es wird dadurch aber nicht die Berechtigung jedes einzelnen Miturhebers ausgeschlossen, die zur Erhaltung des Gegenstandes notwendigen Maßregeln (Eintragungen, Vorbehalte u. dergl.) ohne Zustimmung der übrigen Miturheber selbständig vorzunehmen, insbesondere also auch selbständig unberechtigten Eingriffen in das Urheberrecht gerichtlich entgegentreten. Jeder einzelne Miturheber kann auch verlangen, daß die anderen Miturheber ihre Einwilligung zu solchen Maßregeln im voraus erteilen.

Eine wesentliche Veränderung des gemeinsamen Rechts kann durch Stimmenmehrheit beschlossen oder verlangt werden. Es ist also jedenfalls ausgeschlossen, daß gegen den Widerspruch eines der Miturheber das gemeinsame Werk veröffentlicht oder das Urheberrecht an demselben auf Andere übertragen, insbesondere ein Verlagsvertrag abgeschlossen wird, und ebensowenig kann ohne Zustimmung des einzelnen Miturhebers dessen Recht auf einen seinem Anteil entsprechenden Bruchteil an den Erträgen des Werkes beeinträchtigt werden.

Jeder Miturheber kann über seinen Anteil an dem gemeinschaftlichen Urheberrecht frei verfügen, denselben also auch auf andere übertragen.

Über das gemeinsame Werk im Ganzen können dagegen nur sämtliche Miturheber gemeinschaftlich verfügen. Für die Veröffentlichung des gemeinsamen Werkes, für die Übertragung des Urheberrechtes am Ganzen, für die Einräumung eines Verlagsrechtes, des Aufführungsrechtes, des Rechtes zur Übersetzung oder sonstigen Bearbeitung oder zum öffentlichen Vortrag des Werkes bedarf es deshalb ebenso wie zu einer Verpfändung des Urheberrechtes, zur Gewährung eines Nießbrauches oder zur Veräußerung des Manuskriptes stets der Einstimmigkeit der sämtlichen Miturheber.

Die Aufhebung der Gemeinschaft kann von jedem Miturheber zu jeder Zeit (unverjährbar: § 758 BGB.) verlangt werden und zwar, wenn ein wichtiger Grund vorliegt, auch dann, wenn sie durch Vereinbarung für immer oder auf Zeit ausgeschlossen war. Unter der gleichen Voraussetzung kann, wenn eine Kündigungsfrist bestimmt ist, die Aufhebung selbst ohne Einhaltung der Frist verlangt werden. Haben die Miturheber das Recht, die Aufhebung der Gemeinschaft zu verlangen, auf Zeit ausgeschlossen, so tritt die Vereinbarung im Zweifel mit dem Tode eines Miturhebers außer Kraft.

Der Regel nach soll nach § 752 BGB. die Aufhebung der Gemeinschaft durch Teilung in Natur erfolgen. Bei Geisteserzeugnissen ist eine solche Teilung ausgeschlossen und es wird daher die Aufhebung, falls nicht eine anderweite gütliche Einigung unter den mehreren Miturhebern im Wege der Verteilung der urheberrechtlichen Befugnisse mit örtlicher Begrenzung, Verzicht auf das Miturheberrecht gegen Entschädigung u. dergl. erfolgen kann, nach § 753 BGB. durch einen Verkauf nach den gesetzlichen Vorschriften über den Pfandverkauf bei Grundstücken durch Zwangsversteigerung und durch Teilung des Erlöses geschehen müssen. Ist die Veräußerung an einen Dritten unstatthaft, so ist der Gegenstand unter den Teilhabern zu versteigern.

Der Ablauf der Schutzfrist eines von Mehreren gemeinsam im Sinne des § 6 verfaßten Werkes bestimmt sich, soweit der Zeitpunkt des Todes für die Schutzfrist maßgebend ist, nach dem Tode des letztlebenden Miturhebers (§ 30).

§ 7.

Enthält ein erschienenes Werk auf dem Titelblatt, in der Zueignung, in der Vorrede oder am Schlusse den Namen eines Verfassers, so wird vermutet, daß dieser der Urheber des Werkes sei. Ist das Werk durch Beiträge mehrerer gebildet, so genügt es, wenn der Name an der Spitze oder am Schlusse des Beitrags angegeben ist.

Bei Werken, die unter einem anderen als dem wahren Namen des Verfassers oder ohne den Namen eines Verfassers erschienen sind, ist der Herausgeber, falls aber ein solcher nicht angegeben ist, der Verleger berechtigt, die Rechte des Urhebers wahrzunehmen.

Bei Werken, die vor oder nach dem Erscheinen öffentlich aufgeführt oder vorgetragen sind, wird vermutet, daß derjenige der Urheber sei, welcher bei der Ankündigung der Aufführung oder des Vortrags als Verfasser bezeichnet worden ist.

Um die unter Umständen schwierige Ausmittelung des Verfassers zu erleichtern, hat das Gesetz im § 7 verschiedene Rechtsvermutungen aufgestellt, die nicht nur im Zivilprozeß, sondern auch im Strafverfahren Geltung haben, wenngleich in letzterem selbstverständlich das Recht und unter Umständen auch die Pflicht des Strafrichters bestehen bleibt, gemäß § 243 StrPO. von Amtswegen über die Verfasserschaft selbständige Beweiserhebungen anzustellen (Urt. RG. vom 10. Juni 1897, Entsch. Str. Bd. 30 S. 144).

Im einzelnen ist zu bemerken:

Nach § 7 Abs. 1 gilt der auf dem Titelblatt, in der Zueignung, in der Vorrede oder — bei offenen Briefen, Flugblättern u. dergl. — am Schlusse eines erschienenen, d. h. im Verlagshandel herausgegebenen und in Vervielfältigungen öffentlich angebotenen Werkes mit Namen angegebenen Verfasser bis zum Gegenbeweise als Urheber des Werkes. Diese Vermutung besteht aber nur in dem Sinne, daß angenommen wird, er habe das Werk wirklich verfaßt. Ob das Werk auch objektiv schutzfähig ist, d. h. einer individuellen Tätigkeit der mit Namen als Verfasser bezeichneten Person seine Entstehung verdankt, wird durch die Rechtsvermutung des § 7 nicht entschieden.

Wer wegen unbefugter Vervielfältigung eines Werkes von dem auf ihm angegebenen Verfasser belangt wird und seinerseits behauptet, daß der Anzeigende das Werk nicht selbst verfaßt habe, muß den Beweis hierfür erbringen. So lange dieser Gegenbeweis nicht geführt wird, ist der mit Namen auf dem Werke bezeichnete Verfasser zu allen Verfügungen über das Werk und zur gerichtlichen, zivil- und strafrechtlichen Verfolgung von Eingriffen in das Urheberrecht an letzterem ausschließlich berechtigt.

Ist das — erschienene — Werk durch Beiträge mehrerer gebildet, so genügt es, wenn der Name des Verfassers an der Spitze oder am Schlusse des einzelnen Beitrags angegeben ist, doch wird in diesen Fällen die Rechtsvermutung des § 7 auch dadurch ausreichend begründet, daß die Namen des Verfassers der Einzelbeiträge auf dem Titelblatt, in der Zueignung, in der Vorrede oder am Schlusse des Sammelwerks unter genauer Bezeichnung ihres Einzelbeitrags angegeben werden.

Namensangabe an anderen als den im § 7 angeführten Stellen können die gesetzliche Vermutung der Urheberschaft nicht begründen. Dies gilt auch von der Anmeldung des Namens des Verfassers zur Eintragung in die Eintragsrolle (§ 31), da diese dem Werke nur die längere Schutzfrist sichert, im Falle eines Streites über die Urheberschaft jedoch den besonderen Nachweis der letzteren nicht entbehrlich macht.

Im übrigen entsteht die Rechtsvermutung des § 7 Abs. 1 nur bei Angabe des wahren Namens des Verfassers. Als wahrer Name ist nur der Familienname anzusehen,; die Angabe des Vornamens ist nur erforderlich, wenn zwischen mehreren denselben Familiennamen führenden Personen eine Verwechselung möglich ist. Sogenannte Schriftsteller- oder Künstlernamen können nicht als „wahre" Namen gelten, selbst wenn sie allgemein bekannt sind; ebensowenig der Familienname, den eine verheiratete Verfasserin vor ihrer Verheiratung geführt hat. Wegen der Adoptivnamen s. § 1758 BGB., wegen des Namens der geschiedenen Frau § 1577 und wegen des Familiennamens des unehelichen Kindes § 1706 ebenda.

Die zweite, im § 7 Abs. 3 aufgestellte Rechtsvermutung besteht darin, daß bei öffentlich aufgeführten oder vorgetragenen Werken, mag die Aufführung oder der Vortrag vor oder nach dem Erscheinen des Werkes erfolgt sein, derjenige als Urheber angesehen werden soll, der bei der Ankündigung der Aufführung oder des Vortrages schriftlich oder auch nur mündlich als Verfasser bezeichnet worden ist.

Im Falle einer Änderung in der Angabe des Verfassers bei einer späteren Aufführung oder einem anderweitigen Vortrag wird die gesetzliche Vermutung des § 7 Abs. 3 bedeutungslos, und dies gilt auch für den Fall, daß beim Erscheinen des Werkes im Buchhandel eine andere als die bei der Aufführung oder dem Vortrag als Verfasser bezeichnete Person als solcher auf dem Werke angegeben wird.

Bei Werken, die unter einem anderen als dem wahren Namen des Verfassers oder ohne den Namen eines Verfassers erschienen sind (pseudonyme und anonyme Werke), hat das Gesetz im § 7 Abs. 2 dem Herausgeber des Werkes und, falls ein solcher an den im Abs. 1 bezeichneten Stellen oder sonst an anderer Stelle des Werkes nicht angegeben ist, dem Verleger die Befugnis gegeben, die Rechte des Urhebers wahrzunehmen. Diese Vertretungsbefugnis umfaßt jedoch nur das Recht, Eingriffe in das Urheberrecht des wirklichen Verfassers abzuwehren und zu diesem Zwecke alle Handlungen vorzunehmen, welche zur Verteidigung der Rechte des Verfassers erforderlich sind, insbesondere wegen unbefugter Vervielfältigung usw. die gerichtliche Klage zu erheben oder Strafantrag zu stellen. Sonstige Befugnisse, insbesondere die Verfügung über das Urheberrecht des wirklichen Verfassers durch Veräußerung, Verpfändung usw. können dem Herausgeber oder dem Verleger nicht zugestanden werden (Mot. S. 17). Im übrigen ist der Verfasser befugt, seine Urheberrechte neben und unabhängig vom Herausgeber oder Verleger auch selbständig auszuüben, wenn er seine Urheberschaft nachweist oder bei einer Neuauflage des Werkes in der gesetzlich vorgeschriebenen Weise als Verfasser benannt wird. Im letzteren Falle wird infolge der Rechtsvermutung des § 7 Abs. 1 die Vertretungsbefugnis des Herausgebers als erloschen zu betrachten sein. Vgl. Urt. des RG. vom 23. November 1906. Das Recht, Bd. 11 S. 73.

§ 8.

Das Recht des Urhebers geht auf die Erben über.

Ist der Fiskus oder eine andere juristische Person gesetzlicher Erbe, so erlischt das Recht, soweit es dem Erblasser zusteht, mit dessen Tode.

Das Recht kann beschränkt oder unbeschränkt auf andere übertragen werden; die Übertragung kann auch mit der Begrenzung auf ein bestimmtes Gebiet geschehen.

Das Recht des Urhebers geht seinem ganzen Inhalte nach auf die **Erben** über in demselben Sinne und Umfange, wie es in den Händen des Urhebers selbst bestand (Urt. RG. vom 1. Juli 1884, Entsch. Ziv Bd. 12 S. 50). Der Erbe erwirbt also nicht blos die vermögensrechtlichen Ansprüche, sondern auch die persönlichen Rechte, Individualrechte, seines Erblassers, so daß er z. B. allein über die Veröffentlichung eines hinterlassenen Manuskriptes sowie über Änderungen und sonstige Umarbeitungen des nachgelassenen Werkes zu entscheiden hat, sofern nicht etwa in dieser Beziehung vom Erblasser selbst bestimmte Anordnungen in rechtlich bindender Form getroffen worden sind.

Unter **mehreren Erben** besteht nicht eine Gemeinschaft nach Bruchteilen im Sinne des § 741 BGB., wie sie für die mehreren Miturheber eines gemeinsamen Werkes im § 6 bestimmt ist, sondern eine Erbengemeinschaft im Sinne der §§ 2032 ff. BGB. Das Urheberrecht wird also, wenn nicht vom Erblasser anderweite letztwillige Anordnungen getroffen sind, gemeinschaftliches Vermögen der Erben, über das sie nur gemeinschaftlich verfügen dürfen. Der einzelne Miterbe kann, solange das Urheberrecht noch allen Erben gemeinsam zusteht, über seinen Anteil an diesem Rechte selbständig nicht verfügen Verkauft ein Miterbe seinen Anteil an einen Dritten, so steht den übrigen Miterben ein Vorkaufsrecht zu. Für die Verwaltung des gemeinschaftlichen Urheberrechtes und für die Aufhebung der Erbengemeinschaft gelten im wesentlichen dieselben Grundsätze wie für die Verwaltung und die Aufhebung der Gemeinschaft des § 6 mit den durch die Natur der Erbengemeinschaft bedingten, in den §§ 2038 ff. BGB. bestimmten Modifikationen. Es soll hier nur hervorgehoben werden, daß jeder Miterbe die zur Erhaltung des gemeinschaftlichen Rechtes notwendigen Maßregeln ohne Mitwirkung der anderen Erben treffen, insbesondere also Eingriffe in das Urheberrecht selbständig im Wege der Zivilklage oder im Strafverfahren verfolgen kann.

Selbstverständlich ist es, daß die Erben des Urhebers das Urheberrecht auf ihre demnächstigen Erben weiter vererben, soweit nicht etwa die Schutzfrist des Werkes (§§ 29 ff.) inzwischen abgelaufen ist.

Im übrigen ist es für den Übergang des Urheberrechtes auf den Erben ohne Bedeutung, ob der letztere testamentarisch, durch Erbvertrag oder nach dem Gesetze berufen ist.

Nur für den Fall, daß bei dem Nichtvorhandensein eines Verwandten oder eines Ehegatten des Erblassers zur Zeit des Erbfalls der

Fiskus oder, nach landesgesetzlicher Vorschrift, eine andere juristische Person öffentlichen oder privaten Rechts gesetzlicher Erbe ist (§ 1936 BGB., Art. 138 Einf.-Ges. z. BGB.), hat § 8 Abs. 2 die Ausnahmebestimmung getroffen, daß das Urheberrecht, soweit es dem Erblasser zusteht, also nicht auf einen Dritten übertragen ist, mit dessen Tode erlöschen und damit das hinterlassene Werk gemeinfrei werden soll. Damit scheidet das Urheberrecht des Erblassers aus dessen Nachlaß vollkommen aus, so daß es fortan auch von den Gläubigern des Erblassers im Falle der Nachlaßverwaltung oder des Nachlaßkonkurses als Vermögensstück nicht mehr in Anspruch genommen werden kann.

Die Ausschließung des fiskalischen Erbrechtes tritt auch dann ein, wenn der Fiskus oder eine andere juristische Person nicht den Verfasser, sondern dessen Erben oder einen späteren Erwerber des Urheberrechtes nach dem Gesetze beerbt.

Im Falle der testamentarischen oder vertragsmäßigen Einsetzung des Fiskus oder einer anderen juristischen Person zum Erben des Urheberrechtes findet die Vorschrift des § 8 Abs. 2 keine Anwendung, und zwar selbst dann nicht, wenn der Fiskus der einzige Erbe sein sollte. Auch findet ein Erlöschen des Urheberrechtes in den Fällen nicht statt, wo dieses Recht Gegenstand eines Vermächtnisses ist, mit dem der Fiskus als gesetzlicher Erbe belastet wurde, oder wo der als gesetzlicher Erbe berufene Fiskus einen Nacherben erhalten hat.

Das Urheberrecht kann beschränkt oder unbeschränkt auf andere übertragen werden.

Gegenstand dieser Übertragung kann nicht nur ein bereits vorhandenes, sondern auch ein noch zu schaffendes Werk sein, und ebenso ist auch die Übertragung des Urheberrechtes an allen künftigen Werken eines Urhebers zulässig.

Die Übertragung selbst kann durch Verfügung von Todeswegen, durch Testament oder Vermächtnis und durch Verfügung unter Lebenden mittels Vertrages erfolgen, dessen Form und Inhalt (Kauf, Tausch, Schenkung usw.) sich nach den Bestimmungen des Bürgerlichen Rechtes (§§ 104 ff. BGB.) richtet. Grundsätzlich ist allerdings die Übertragung des Urheberrechtes an die Beobachtung zivilrechtlich gültiger Formen überhaupt nicht geknüpft. Sie kann deshalb auch durch stillschweigende Willenserklärung erfolgen und insbesondere auch aus den obwaltenden Umständen sich ergeben. Letzteres kann z. B. der Fall sein bei Abbildungen wissenschaftlicher oder technischer Art, die der Angestellte eines gewerblichen Betriebes in Ausführung der ihm obliegenden Verpflichtungen anfertigt (Urt. RG. vom 8. März 1887, Entsch. Str. Bd. 15 S. 405), oder bei einem Werke, das von den Mitgliedern einer Gesellschaft für dieselbe gemeinschaftlich verfaßt wird

(Urt. RG. vom 19. Januar 1895, Entsch. Ziv. Bd. 34 S. 104). Dagegen kann darin, daß der Urheber eines Werkes das Eigentum an seinem Manuskript einem anderen überlassen hat, nicht ohne weiteres eine stillschweigende Übertragung des Urheberrechtes gefunden werden, und jedenfalls erlangt der Empfänger eines Briefes mit dem Eigentum an dem Schriftstück nicht auch zugleich das dem Verfasser des Briefes an diesem zustehende Urheberrecht. Nur wenn die Veröffentlichung eines Werkes bis zum Ablaufe von dreißig Jahren seit dem Tode des Urhebers nicht erfolgt ist, wird nach § 29 Abs. 2 vermutet, daß das Urheberrecht dem Eigentümer des Werkes zusteht.

Die Übertragung kann eine unbeschränkte oder eine beschränkte sein.

Die unbeschränkte Übertragung des Urheberrechtes bewirkt an sich den Übergang des letzteren mit allen in ihm enthaltenen vermögensrechtlichen und individualrechtlichen Befugnissen. Eine Einschränkung findet nur insoweit statt, als der Erwerber die im § 14 erwähnten Befugnisse und das Recht, an dem Werke selbst, an dessen Titel und an der Bezeichnung des Urhebers Zusätze, Kürzungen oder sonstige Änderungen vorzunehmen (§ 9), nur auf Grund besonderer Vereinbarung mit dem Urheber erlangen kann.

Die beschränkte Übertragung des Urheberrechtes kann zunächst eine inhaltliche sein, d. h. darin bestehen, daß nur einzelne urheberrechtliche Befugnisse, z. B. das ausschließliche Recht zur Vervielfältigung und Verbreitung oder zur Übersetzung oder zur öffentlichen Aufführung unter Vorbehalt der sonstigen Urheberrechte auf den Erwerber übertragen, oder daß die einzelnen im Urheberrechte liegenden Befugnisse an verschiedene Personen übertragen werden. Bei solchen Gegenständen des literarischen Urheberrechtes, welche, wie wissenschaftliche oder technische Abbildungen, verschiedene Arten der Vervielfältigung zulassen, wird die Beschränkung auch vielfach darin bestehen, daß einer Person das Recht der Vervielfältigung in einem bestimmten Reproduktionsverfahren, dem anderen die Wiedergabe mittels eines anderen Verfahrens übertragen wird.

Die häufigste Form der beschränkten inhaltlichen Übertragung ist bei Werken der Literatur und der Tonkunst der Abschluß eines Verlagsvertrages, durch den der Verfasser sein Werk einem Verleger zur Vervielfältigung und Verbreitung für eigene Rechnung überläßt, wogegen der Verleger die Verpflichtung übernimmt, das Werk zu vervielfältigen und zu verbreiten.

Die aus einem solchen Verlagsvertrage sich ergebenden Rechtsverhältnisse sind durch das Gesetz über das Verlagsrecht vom 19. Juni 1901 (s. unten Teil II) eingehend geregelt.

Die inhaltliche Beschränkung kann sich mit einer zeitlichen oder räumlichen Beschränkung verbinden.

Zeitliche Beschränkung kann z. B. in der Weise erfolgen, daß die Übertragung des Urheberrechtes erst von einem bestimmten Zeitpunkte an in Wirksamkeit treten soll, oder daß das Urheberrecht nur für eine gewisse Zeitdauer übertragen wird, und die räumliche Beschränkung geschieht, namentlich bei Werken der Tonkunst, der Regel nach dadurch, daß das Verlagsrecht an verschiedene Verleger in der Weise übertragen wird, daß dem einen ein bestimmtes territariales Gebiet innerhalb verschiedener Staaten oder innerhalb eines und desselben Staates überwiesen wird, von dem die anderen ausgeschlossen sind (geteiltes Verlagsrecht).

Als beschränkte Übertragung kann ferner die Bestellung eines Nießbrauches oder eines Pfandrechtes am Urheberrecht oder an einzelnen in ihm enthaltenen Befugnissen in Betracht kommen, und selbstverständlich kann auch die Übertragung einzelner urheberrechtlicher Befugnisse ohne Gewährung einer Ausschließlichkeit und unter Feststellung der verschiedenartigsten Einschränkungen des Vervielfältigungs- oder Verbreitungsrechtes erfolgen. Der freien Vereinbarung sind in dieser Beziehung keine Schranken gezogen.

„Hat eine beschränkte Übertragung des Urheberrechtes stattgefunden, so stehen die Befugnisse des Urhebers zum Teil dem Erwerber zu, und es kann dann innerhalb der so gezogenen Grenzen jeder von beiden das Urheberrecht auch gegen den anderen ausüben. Dem Urheber selbst fällt ein Nachdruck oder eine rechtswidrige Aufführung zur Last, wenn die von ihm vorgenommene Vervielfältigung oder Aufführung mit dem ausschließlichen Rechte, das er dem Verleger oder Bühnenleiter übertragen hat, unvereinbar ist. Nicht minder aber macht sich eines Eingriffs in das Urheberrecht der Verleger schuldig, welcher einen Abdruck bewirkt, der außerhalb des Kreises der ihm eingeräumten Befugnisse liegt und zur Verfügung des Urhebers geblieben ist.“ Der Tatbestand des Nachdrucks ist also insbesondere auch in den im § 5 des früheren Urheberrechtsgesetzes besonders erwähnten Fällen gegeben, in welchen der Urheber oder der Verleger dem unter ihnen bestehenden Vertrage zuwider einen neuen Abdruck des Werkes veranstaltet oder der Verleger eine größere Anzahl von Exemplaren eines Werkes anfertigt, als ihm vertragsmäßig oder gesetzlich gestattet ist. „Aus der Natur des in Frage stehenden Verhältnisses ergibt sich schließlich auch von selbst, daß der Urheber, der ein Verlagsrecht eingeräumt hat, befugt bleibt, das Urheberrecht neben dem Verleger auszuüben, sofern die rechtswidrige Vervielfältigung oder Verbreitung seitens eines Dritten in das ihm verbliebene Recht eingreift“ (Mot.).

§ 9.

Im Falle der Übertragung des Urheberrechts hat der Erwerber, soweit nicht ein anderes vereinbart ist, nicht das Recht, an dem Werke selbst, an dessen Titel und an der Bezeichnung des Urhebers Zusätze, Kürzungen oder sonstige Änderungen vorzunehmen.

Zulässig sind Änderungen, für die der Berechtigte seine Einwilligung nach Treu und Glauben nicht versagen kann.

Im § 9 hat das Gesetz den Grundsatz ausgesprochen, daß der Urheber Änderungen des Werkes, welche der Erwerber ohne seine Einwilligung vornimmt, nicht zu dulden braucht. Es macht in dieser Beziehung keinen Unterschied, ob das Urheberrecht beschränkt oder unbeschränkt übertragen ist. Auch durch eine unbeschränkte Übertragung wird das persönliche Interesse des Urhebers an der unveränderten Wiedergabe seines Werkes nicht beseitigt; „er kann zwar nicht mehr die gewerbsmäßige Verbreitung der abgesetzten Exemplare des Werkes untersagen, wohl aber fordern, daß sie unter Wahrung der ursprünglichen Gestalt geschieht, und die Verbreitung des abgeänderten Werkes verbieten" (Urt. des Reichsgerichts vom 16. September 1908, Entsch. Ziv. Bd. 69 S. 242). Das Verbot der Änderung gilt in gleicher Weise für das Originalwerk wie für Übersetzungen und sonstige Bearbeitungen, insbesondere für Auszüge aus Werken der Tonkunst, und es erstreckt sich ferner auf jede Art der Veröffentlichung, also namentlich auch auf die öffentliche Aufführung von Bühnenwerken, Opern und sonstigen Tonwerken, bei denen Streichungen, Zusätze oder Änderungen im Tonsatz usw. ohne Einwilligung des Komponisten nicht vorgenommen werden dürfen.

Darüber, wie die Einwilligung des Urhebers zu Änderungen zu erteilen ist, enthält das Gesetz keine besonderen Vorschriften. Sie braucht nicht ausdrücklich erteilt zu sein, kann vielmehr auch stillschweigend erfolgen und kann auch aus den Umständen gefolgert werden. Sie kann von Fall zu Fall für die einzelne Änderung oder ganz allgemein für jede Änderung im voraus erklärt werden. Änderungen, die der Urheber nicht schon selbst gestattet hat, können nach seinem Tode nur mit Einwilligung der Erben vorgenommen werden.

Ohne Einwilligung des Urhebers oder seines Rechtsnachfolgers können vom Erwerber nur solche Änderungen an dem Werke selbst, an dessen Titel und an der Bezeichnung des Urhebers vorgenommen werden, für die der Berechtigte seine Einwilligung nach „Treu und Glauben" nicht versagen darf. Ob diese Voraussetzung zutrifft, kann nur nach Lage des Einzelfalles entschieden werden. Bei Schriftwerken wird grundsätzlich daran festzuhalten sein, daß jede sachliche Änderung stets der Einwilligung des Berechtigten bedarf, und daß die Befugnis des Erwerbers (Verlegers, Herausgebers) zur Vornahme von Änderungen sich lediglich auf Verbesserungen der Rechtschreibung,

Beseitigung offenbarer Schreibfehler, falscher Daten und Zahlen und ähnlicher Fehler der äußeren Form, durch welche die wirtschaftliche Verwertung des Werkes beeinträchtigt werden kann, zu beschränken hat.

Darin, daß den einzelnen Nummern eines Sammelwerkes (Zeitschrift) Annoncen als Beiblätter beigeheftet werden, deren Färbung und Format sie als fremde Zutaten ohne weiteres kenntlich machen, kann eine unzulässige Änderung des Werkes nicht gefunden werden, da der in bestimmter Form in die äußere Erscheinung tretende Gedankeninhalt des Sammelwerkes hierdurch nicht geändert wird (Urt. des Reichsgerichts vom 16. September 1908, Entsch. Ziv. Bd. 69 S. 242). Im übrigen ist betreffs der in einer Zeitung, einer Zeitschrift oder einem sonstigen periodischen Sammelwerk erscheinenden Beiträge im § 44 des Verlagsrechtsgesetzes vom 19. Juni 1901 dem Verleger (Herausgeber, Redakteur) die Befugnis gegeben, an der Fassung derartiger Beiträge solche Änderungen vorzunehmen, welche bei Zeitungen, Zeitschriften u. dergl. üblich sind. Auch hier ist aber zu beachten, daß lediglich die Vornahme von Fassungsänderungen, d. h. von solchen Änderungen gestattet ist, die sich auf die äußere Form des Beitrages, Verbesserung sprachlicher Ungenauigkeiten, Ausmerzung von Fremdwörtern, Milderung zu starker Ausdrücke u. dergl. beziehen (Mot.). Vergl. die Anmerkungen zu § 44 des Verlagsrechtsgesetzes. Bei musikalischen Werken ist, wie Müller (Kommentar S. 42) zutreffend hervorhebt, jedenfalls die willkürliche Änderung, Auslassung oder Hinzufügung dynamischer oder sonstiger Vortragszeichen, Entstellung der ursprünglichen Phrasierung durch Zusätze oder Abstriche im vokalen Tonsatze oder in der Instrumentierung durch sinnentstellende melodische oder harmonische Korrekturen usw. unzulässig, und was die Aufführung von Bühnenwerken oder Werken der Tonkunst anlangt, so wird hier die Zulässigkeit von Änderungen wesentlich unter Berücksichtigung der besonderen örtlichen oder sonstigen Verhältnisse des Einzelfalles beurteilt werden müssen. Bei der Beratung des Gesetzes ist in dieser Beziehung ausdrücklich hervorgehoben, daß solche Änderungen statthaft sind, ohne die der Aufführungsberechtigte nach Lage der Verhältnisse (unzureichendes Orchester oder nicht genügende Zahl von Mitwirkenden, beschränkte räumliche oder mangelhafte maschinelle Bühneneinrichtungen u. dergl.) die ihm gestattete Aufführung überhaupt nicht hätte bewirken können.

Im Falle der Zuwiderhandlung gegen die Bestimmungen des § 9 tritt Bestrafung gemäß § 38 Absatz 2 und 3 ein.

§ 10.

Die Zwangsvollstreckung in das Recht des Urhebers oder in sein Werk findet gegen den Urheber selbst ohne dessen Einwilligung nicht statt; die Einwilligung kann nicht durch den gesetzlichen Vertreter erteilt werden. Gegen den Erben des Urhebers ist ohne seine Einwilligung die Zwangsvollstreckung nur zulässig, wenn das Werk erschienen ist.

Durch § 10 ist zunächst die Zulässigkeit einer Zwangsvollstreckung jeglicher Art (auch der Ausübung von Pfand- oder Retentionsrechten) in das Recht des Urhebers oder in sein Werk (Handschrift, Notenschrift, Partitur, Originalzeichnung) gegen den Urheber selbst grundsätzlich und ohne Rücksicht darauf ausgeschlossen, ob das Werk bereits erschienen ist oder nicht.

Gegen die Erben des Urhebers ist die Zwangsvollstreckung nur so lange ausgeschlossen, als das Werk, mag es auch sonst durch Vortrag oder öffentliche Aufführung anderen bereits zugänglich gemacht sein, noch nicht erschienen, d. h. noch nicht durch öffentliches Angebot von Vervielfältigungen im Verlagshandel herausgegeben ist.

Für die Fälle endlich, in denen das Urheberrecht auf einen anderen Rechtsnachfolger als den Erben (Singularsukzessor) übergegangen ist, bleibt die Zulässigkeit jeder Art von Zwangsvollstreckung unberührt.

Auch gegen den Urheber selbst oder gegen dessen Erben wird aber die Zwangsvollstreckung zulässig, wenn sie ihre Einwilligung zu derselben erteilt haben.

Diese Einwilligung ist an eine bestimmte Form nicht gebunden; sie kann insbesondere auch stillschweigend geschehen und aus konkludenten Handlungen gefolgert werden; sie kann mit Einwilligung des Erben auch vor dem Erscheinen des Werkes erteilt werden. Immer aber muß sie zur Zeit der Zwangsvollstreckung feststehen und stets muß sie durch den Urheber bzw. Erben selbst oder durch einen Spezialbevollmächtigten geschehen. Die Erteilung der Einwilligung durch einen Generalbevollmächtigten oder durch den gesetzlichen Vertreter (Vater, Vormund, Pfleger) ist unzulässig, woraus sich ergibt, daß gegen einen Geschäftsunfähigen, da seine eigene Einwilligung wirkungslos ist, eine Zwangsvollstreckung in sein Urheberrecht oder in sein Werk überhaupt nicht stattfinden kann.

Im übrigen beschränkt aber § 10 die Zulässigkeit der Zwangsvollstreckung durch das Erfordernis der Einwilligung des Urhebers oder seines Erben nur insoweit, als die allgemeine Befugnis der Gläubiger in Frage steht, das Vermögen des Schuldners behufs ihrer Befriedigung in Anspruch zu nehmen. Die Einwilligung des Urhebers oder seines Erben zur Zwangsvollstreckung ist also, wie in der Begründung des Gesetzes ausdrücklich hervorgehoben wird, nicht erforderlich, wenn es sich darum handelt, ein auf besonderem Titel beruhendes

Recht zwangsweise zu verwirklichen, z. B. Befriedigung aus einem Pfandrechte zu erzielen, dessen Gegenstand das Recht des Urhebers ist (§ 1277 BGB.), oder die Aufhebung einer Gemeinschaft herbeizuführen (§ 753 BGB.).

Unberührt durch § 10 bleibt ferner das Recht des Verlegers, seine Rechte aus dem Verlagsvertrage im Wege der Zwangsvollstreckung gegen den Urheber zu erzwingen, insbesondere die zwangsweise Herausgabe der Handschrift behufs der verlagsmäßigen Veröffentlichung des Werkes zu erwirken, und endlich kann auch seitens der Gläubiger ohne weiteres die Zwangsvollstreckung in die einzelnen Forderungen betrieben werden, die, wie Ansprüche auf Vergütung oder auf Schadensersatz, dem Verfasser aus seinem Urheberrechte erwachsen sind (Mot.).

Die auf dem Wege der Vervielfältigung hergestellten Exemplare des Werkes unterliegen unbeschränkt jeder Art der Zwangsvollstreckung (Pfändung, Retention usw.), auch wenn sie sich noch im Besitze des Urhebers oder seines Erben befinden. Der Ankauf der gepfändeten Exemplare im Zwangsversteigerungsverfahren gewährt dem Erwerber selbstverständlich keine Urheberrechte, schließt aber die Zulässigkeit einer weiteren, auch gewerbsmäßigen, Verbreitung der erworbenen Exemplare durch den Erwerber nicht aus.

Zweiter Abschnitt.

Befugnisse des Urhebers.

§ 11.

Der Urheber hat die ausschließliche Befugnis, das Werk zu vervielfältigen und gewerbsmäßig zu verbreiten; die ausschließliche Befugnis erstreckt sich nicht auf das Verleihen. Der Urheber ist ferner, solange nicht der wesentliche Inhalt des Werkes öffentlich mitgeteilt ist, ausschließlich zu einer solchen Mitteilung befugt.

Das Urheberrecht an einem Bühnenwerk oder an einem Werke der Tonkunst enthält auch die ausschließliche Befugnis, das Werk öffentlich aufzuführen.

Der Urheber eines Schriftwerkes oder eines Vortrags hat, solange nicht das Werk erschienen ist, die ausschließliche Befugnis, das Werk öffentlich vorzutragen.

Im § 11 hat das Gesetz die Befugnisse des Urhebers, die den Inhalt seines Urheberrechtes bilden, einzeln festgestellt.

Der Urheber hat zunächst das ausschließliche Recht der Vervielfältigung seines Werkes.

Ohne seine bzw. seines Rechtsnachfolgers Einwilligung ist jegliche Vervielfältigung seines Werkes unzulässig, mag sie auf dem mechanischen Wege des Druckes, Stiches oder eines sonstigen technischen Reproduktionsverfahrens (Hektographie, Lithographie, Photographie) oder durch Abschreiben mit der Hand oder mit der Schreibmaschine, durch den Phonographen oder durch das Telephon bewirkt werden (§ 15). Es begründet hierbei auch keinen Unterschied, ob das Werk in einem oder in mehreren Exemplaren vervielfältigt wird, und gleichgültig für den Begriff der unzulässigen Vervielfältigung ist es endlich auch, ob sie in gewinnsüchtiger Absicht vorgenommen wird oder nicht (Urt. RG. vom 20. Januar 1905, Entsch. Str. Bd. 37 S. 369).

Zulässig ist nur eine Vervielfältigung zum persönlichen Gebrauch, wenn sie nicht den Zweck hat, eine Einnahme zu erzielen. Das Nähere hierüber s. in der Anmerkung zu § 15 (S. 45).

Der Urheber hat ferner das ausschließliche Recht der gewerbsmäßigen Verbreitung seines Werkes.

Verbreitung eines Werkes im Sinne des Gesetzes ist nicht schon die Mitteilung seines Inhalts an andere Personen (Vorlesen eines Schriftwerkes, Vortrag eines Werkes der Tonkunst), sondern nur die Überlassung von Exemplaren des Werkes an andere als die bei dessen Herstellung beteiligten Personen. Daß durch die Überlassung das Eigentum an den einzelnen Exemplaren auf diese Personen übertragen wird, ist nicht erforderlich; es genügt, wenn ihnen die Exemplare zum vorübergehenden oder dauernden Besitz oder Gewahrsam zugänglich gemacht werden. Eine Verbreitung kann ferner auch schon in der Überlassung an eine Person liegen, wenn dabei die Absicht des Überlassenden vorgelegen hat, daß der Empfänger die Exemplare durch Weitergabe einem größeren Personenkreise zugänglich macht, und endlich kann auch schon das bloße Bereithalten zum Zwecke der Veräußerung, d. h. das Feilhalten den Tatbestand der Verbreitung erfüllen (Urt. RG. vom 21. September 1890, Entsch. Str. Bd. 2 S. 246).

Gewerbsmäßig ist die Verbreitung, wenn sie innerhalb der Sphäre eines Gewerbebetriebes als Ausfluß einer auf fortgesetzten Erwerb gerichteten Tätigkeit erfolgt. Daß der Verbreitende aus dem Vertreiben von nachgedruckten Exemplaren ein besonderes Gewerbe macht, ist nicht erforderlich; auch die Verbreitung gelegentlich des Betriebes eines an sich erlaubten Gewerbes verletzt das ausschließliche gewerbsmäßige Verbreitungsrecht des Urhebers, und eine solche Verletzung kann auch schon in der einmaligen Verbreitung eines Exemplars gefunden werden, sobald der Verbreitende hierbei in Ausübung seines Gewerbes, sei es als Sortimenter, Antiquar, Leihbibliothekar oder in ähnlicher handelsgeschäftlicher Eigenschaft tätig wird (Urteile RG. vom 28. April/3. Mai 1884, Entsch. Str. Bd. 10 S. 401; vom 22. Dezember 1884, ebenda Bd. 11 S. 333; vom 20. Januar 1905, ebenda Bd. 37 S. 369. Vgl. Urt. vom 29. März 1881, ebenda Bd. 4 S. 36). Im übrigen bezieht sich die ausschließliche Befugnis des Urhebers zur gewerbsmäßigen Verbreitung seines Werkes nicht nur auf Exemplare, die den Vorschriften des Gesetzes zuwider angefertigt sind, sondern auch auf die rechtmäßig hergestellten Exemplare. Der Urheber ist also z. B. geschützt gegen die im Inlande stattfindende gewerbsmäßige Verbreitung von im Auslande erlaubterweise hergestellten Exemplaren seines Werkes, und das gleiche gilt für diejenigen Fälle, in denen bei örtlich geteiltem Verlagsrecht die in dem einen Gebiet rechtmäßig hergestellten Exemplare in dem anderen gewerbsmäßig verbreitet werden.

In allen Fällen kann aber der Urheber nur wegen einer ohne seine Genehmigung erfolgten gewerbsmäßigen Verbreitung gegen den Verbreiter straf- oder zivilrechtlich vorgehen. In der Begründung des Gesetzes wird deshalb ausdrücklich hervorgehoben, daß es insbesondere auch bei dem geteilten Verlagsrecht demjenigen, der sich ein Exemplar im Auslande erworben hat, gestattet bleibt, dieses Exemplar im Inlande einem anderen zu überlassen.

Hat der Urheber oder derjenige, dem er mittels Verlagsvertrages oder auf sonstige Weise die Befugnis zur gewerbsmäßigen Verbreitung übertragen hat, eine solche Verbreitung vorgenommen, so ist damit sein ausschließliches Verbreitungsrecht an den von anderen erworbenen Exemplaren erschöpft. Der Erwerber ist alsdann regelmäßig befugt, diese Exemplare seinerseits weiter gewerbsmäßig zu vertreiben; der Urheber oder der Verleger kann ihm „weder die Veräußerung überhaupt, noch die gewerbsmäßige Veräußerung (Verbreitung) untersagen, noch dieses aus dem Eigentum folgende Recht des Dritten (§ 903 BGB.) durch Bestimmung eines Preises, unter dem er nicht soll veräußern dürfen, beschränken (§ 137 Satz 1 BGB.). Nach § 137 Satz 2 BGB. wirkt selbst ein diese Verfügungsbefugnis des Eigentümers ausschließendes oder beschränkendes Rechtsgeschäft nicht dinglich, sondern nur obligatorisch „unter den Kontrahenten" (Urt. RG. vom 16. Juni 1906, Entsch. Ziv. Bd. 63 S. 394).

Die ausschließliche Befugnis des Urhebers zur gewerbsmäßigen Verbreitung seines Werkes erstreckt sich nicht auf das Verleihen. Unabhängig von dem Rechte des Urhebers ist jeder Besitzer eines Exemplars berechtigt, dasselbe unentgeltlich oder gegen Entgelt (Leihbibliothek) einem Dritten zu verleihen. Der ganzen Tendenz des Gesetzes entsprechend muß es sich allerdings immer um ein im übrigen rechtmäßig hergestelltes und verbreitetes Exemplar handeln; das gewerbsmäßige Verleihen widerrechtlich hergestellter oder vertriebener

Exemplare hat nach der richtigen Ansicht (Allfeld, S. 113; Dernburg, Bürgerl. Recht VI S. 62) das Gesetz offenbar nicht gestatten wollen.

Der Urheber hat ferner das ausschließliche Recht der ersten Veröffentlichung seines Werkes.

Er ist deshalb ausschließlich zur öffentlichen Mitteilung des wesentlichen Inhalts seines Werkes befugt, so lange eine solche Mitteilung nicht von ihm selbst oder mit seiner Einwilligung von anderer Seite erfolgt ist. Ob der wesentliche Inhalt des Werkes bereits früher öffentlich mitgeteilt ist, kann nur nach Lage des Einzelfalles entschieden werden. Jedenfalls ist es nicht erforderlich, daß das Werk genau in seiner eigentümlichen Form wiedergegeben ist. Entscheidend ist vielmehr, wie die Motive zutreffend hervorheben, ob die Wiedergabe sachlich mit dem Werke übereinstimmt.

Das Urheberrecht an einem Bühnenwerke oder an einem Werke der Tonkunst enthält auch die ausschließliche Befugnis, das Werk öffentlich aufzuführen.

Unter Bühnenwerken sind im Sinne des Gesetzes nur die dramatischen und dramatisch-musikalischen Werke zu verstehen, die einer Aufführung fähig sind. Zu ihnen gehören selbverständlich auch choreographische und pantomimische Werke, sofern bei ihnen der Bühnenvorgang schriftlich oder auf andere Weise festgelegt ist (§ 1 Abs. 2). Über den Begriff der Werke der Tonkunst, s. oben Anm. 3 zu § 1 (S. 7).

Als Aufführung ist bei Werken der Tonkunst jede Darstellung anzusehen, durch welche der Inhalt des Werkes, durch Singstimmen oder durch Instrumente, zu Gehör gebracht wird; bei Bühnenwerken die Darstellung, welche das Werk mit verteilten Rollen und mit szenischer Handlung, wenn auch ohne Kostümierung, Dekorationen und sonstigen theatralischen Apparat, vorführt, und bei dramatisch-musikalischen Werken wird es zur Annahme einer Aufführung genügen, wenn lediglich die Musik des Werkes wiedergegeben wird.

Die Aufführung ist eine öffentliche, wenn der Zutritt zu derselben, sei es gegen Bezahlung oder unentgeltlich, einem individuell nicht bestimmten Personenkreis, also im wesentlichen jedermann freisteht. Wie die Motive zum Urheberrechtsgesetz vom 11. Juni 1870 hervorheben, werden deshalb auch sogenannte Abonnementsvorstellungen in der Regel den öffentlichen Aufführungen gleichzustellen sein, obwohl sie vor einer geschlossenen, aber oft sehr großen Anzahl von Personen vor sich gehen; und auch Aufführungen vor den zuhörenden Mitgliedern eines musikalischen Vereins stehen meistens den öffentlichen Aufführungen gleich, wie dies auch von den Aufführungen auf den sogenannten Liebhabertheatern gelten muß, sobald der Zutritt zu demselben einer unbegrenzten Anzahl von Personen ermöglicht ist. (Daude, Urheberrecht S. 95).

Eine unbefugte öffentliche Aufführung eines Bühnenwerkes oder eines Werkes der Tonkunst liegt auch dann vor, wenn nur einzelne Teile des Werkes ohne Einwilligung des Urhebers zur Aufführung gelangen. Vgl. § 41.

Das bloße Vorlesen eines dramatischen Werkes kann, selbst wenn es in einem bühnenmäßigen Rahmen geschieht, als Aufführung nicht gelten, sondern fällt unter § 11 Abs. 3.

Im übrigen umfaßt das ausschließliche Aufführungsrecht des Urhebers auch die Bearbeitungen seines Werkes, wie dies im § 37 Satz 2 und im § 38 Abs. 1 und 2 ausdrücklich hervorgehoben ist.

Wegen der Zulässigkeit der öffentlichen Aufführung eines Werkes der Tonkunst in gewissen Ausnahmefällen (Volksfeste, Wohltätigkeitsveranstaltungen usw.), s. § 27.

Der Urheber eines Schriftwerkes oder eines Vortrages hat endlich die ausschließliche Befugnis, sein Werk öffentlich vorzutragen, solange es noch nicht erschienen, d. h. noch nicht durch öffentliches Angebot von Vervielfältigungen verlagsmäßig herausgegeben ist. Erschienene Werke können dagegen von jedermann auch öffentlich vorgetragen werden.

Die zivil- und strafrechtlichen Folgen einer Verletzung der im § 11 festgestellten ausschließlichen Befugnisse des Urhebers sind in den §§ 36—38 geregelt.

§ 12.

Die ausschließlichen Befugnisse, die dem Urheber nach § 11 in Ansehung des Werkes selbst zustehen, erstrecken sich auch auf die Bearbeitungen des Werkes.

Die Befugnisse des Urhebers erstrecken sich insbesondere auf:

1. die Übersetzung in eine andere Sprache oder in eine andere Mundart derselben Sprache, auch wenn die Übersetzung in gebundener Form abgefaßt ist;
2. die Rückübersetzung in die Sprache des Originalwerkes;
3. die Wiedergabe einer Erzählung in dramatischer Form oder eines Bühnenwerkes in der Form einer Erzählung;
4. die Herstellung von Auszügen aus Werken der Tonkunst sowie von Einrichtungen solcher Werke für einzelne oder mehrere Instrumente oder Stimmen;
5. die Übertragung des Werkes auf Vorrichtungen für Instrumente, die der mechanischen Wiedergabe für das Gehör

dienen, insbesondere auf auswechselbare Scheiben, Platten, Walzen, Bänder und sonstige Zubehörstücke solcher Instrumente;

6. die Benutzung eines Schriftwerkes zu einer bildlichen Darstellung, welche das Originalwerk seinem Inhalt nach im Wege der Kinematographie oder eines ihr ähnlichen Verfahrens wiedergibt.

Die im § 11 festgestellten ausschließlichen Befugnisse des Urhebers eines Werkes zur Vervielfältigung und gewerbsmäßigen Verbreitung, zur ersten öffentlichen Mitteilung des wesentlichen Inhalts des Werkes, zur öffentlichen Aufführung und zum öffentlichen Vortrag erstrecken sich auch auf die **Bearbeitungen des Werkes**. Der Urheber des Originalwerkes kann also jedem anderen auch untersagen, eine Bearbeitung dieses Werkes, mag sie von ihm, dem Urheber selbst oder von einem anderen herrühren, zu vervielfältigen, gewerbsmäßig zu verbreiten und öffentlich ihrem wesentlichen Inhalte nach mitzuteilen oder sie öffentlich aufzuführen oder vorzutragen.

Eine Bearbeitung im Sinne des § 12 liegt vor, wenn das Original nur mit unwesentlichen Abänderungen, Zusätzen oder Abkürzungen und ohne daß im übrigen seine Identität berührt wird, in gleicher oder anderer Form seinem wesentlichen Bestande nach wiedergegeben wird.

Durch diese Unselbständigkeit unterscheidet sich die Bearbeitung von der im § 13 für zulässig erklärten freien Benutzung eines Werkes, durch die eine eigentümliche Schöpfung hervorgebracht wird (Urt. RG. vom 11. April 1906, Entsch. Ziv. Bd. 63 S. 158).

Als besondere Arten der dem Urheber vorbehaltenen Bearbeitungen hat das Gesetz in den Ziffern 1—6 des § 12 die Übersetzung einschließlich der Rückübersetzung, die Dramatisierung und ihr Gegenstück (Wiedergabe eines Bühnenwerks in erzählender Form), die musikalische Adaptation, die Benutzung des Werkes zum Zwecke der mechanischen Wiedergabe für das Gehör und die Benutzung eines Schriftwerkes zum Zwecke der kinematographischen Wiedergabe ausdrücklich hervorgehoben.

Die ausschließlichen Befugnisse des Urhebers erstrecken sich demgemäß insbesondere:

1. auf die **Übersetzung** seines Werkes in eine andere, lebende oder tote Sprache oder in eine andere Mundart derselben Sprache (Dialekt), auch wenn die Übersetzung in gebundener Form abgefaßt ist oder ein in gebundener Form verfaßtes Original in Prosa übersetzt wird, sofern nur das ursprüngliche Werk im wesentlichen identisch wiedergegeben wird;

2. auf die *Rückübersetzung* aus der fremden Sprache oder anderen Mundart in die Sprache des Originalwerkes;

3. auf die *Wiedergabe einer Erzählung in dramatischer Form oder umgekehrt eines Bühnenwerkes in der Form einer Erzählung.*

Es kommen hier nicht nur diejenigen Fälle in Betracht, in denen der Bearbeiter den Hergang der Erzählung oder des Bühnenwerkes vollständig beibehält, insbesondere eine Erzählung lediglich dramatisiert oder ein Bühnenwerk rein mechanisch unter Beseitigung der dialogischen Darstellung zur Erzählung umwandelt; das Verbot greift vielmehr auch dann Platz, wenn die Dramatisierung oder Entdramatisierung auf einer selbständigen geistigen Tätigkeit beruht. Entscheidend ist aber in allen Fällen, daß eine Wiedergabe des benutzten Schriftwerkes, also eine Bearbeitung vorgenommen ist, bei der die eigentümliche literarische Leistung des Dichters in unzulässiger Weise ausgenutzt wird. Die bloße Benutzung des rohen Stoffes einer Erzählung oder eines Bühnenwerkes, die Verwendung des bloßen Vorwurfs oder der sogenannten Fabel genügt nicht, wenn nicht auch zugleich die Einzelausführung des fremden Werkes, die einzelnen Vorgänge, Charaktere und Handlungen des Originals und ihre Motivierung im wesentlichen identisch wiedergegeben werden.

Unter einer Erzählung ist übrigens nicht nur ein in Prosa verfaßtes Schriftwerk, sondern auch ein Epos von der Art wie Goethes „Hermann und Dorothea" oder „Luise" von Voß zu verstehen (KommBer. S. 16), und als Bühnenwerk muß auch der Text zu einer Oper oder einem Musikdrama angesehen werden, sodaß auch die Umarbeitung einer Erzählung zu einem solchen Text und umgekehrt die Umwandlung eines Opernlibrettos in eine Erzählung ohne Einwilligung des Urhebers verboten ist, wie denn auch die Umarbeitung eines Schauspiels zum Texte einer Oper mit den Rechten des Urhebers zur ausschließlichen Bearbeitung seines Werkes unvereinbar ist (Mot.).

4. auf die *Herstellung von Auszügen aus Werken der Tonkunst* sowie von *Einrichtungen* solcher Werke für einzelne oder mehrere Instrumente oder Stimmen.

Unter „Auszügen" sind hier die Reduktionen auf weniger Klangmittel, z. B. Klavierauszüge aus einem für volles Orchester gesetzten Tonwerke zu verstehen, und unter den Begriff der „Einrichtung" fallen alle diejenigen Veränderungen, die in bezug auf die Klangmittel des Originals bei unverändertem Tonsatz vorgenommen werden (Transskriptionen, Adaptationen, Vokalisation, Orchestrierung usw.). Auch hierbei ist es gleichgültig, ob der Auszug oder die Einrichtung lediglich auf einer mechanischen Tätigkeit beruht oder eine individuelle musikalische Gestaltungsfähigkeit des Bearbeiters erforderte.

5. auf die **Übertragung des Werkes auf Vorrichtungen für Instrumente, die der mechanischen Wiedergabe für das Gehör dienen,** insbesondere auch auf auswechselbare Scheiben, Platten, Walzen, Bänder und sonstige Zubehörstücke solcher Instrumente.

Der mechanischen Wiedergabe von Werken — der Literatur oder der Tonkunst — für das Gehör dient ein Instrument, wenn von Menschenhand oder durch elektrische Kraft oder dgl. ein Mechanismus vorübergehend durch Auslösen eines Hebels und dgl. oder dauernd durch Drehen oder eine ähnliche Kraftanwendung, in Bewegung gesetzt werden muß, damit das Instrument von selbst das Schriftwerk, den Vortrag, die Rede oder das Werk der Tonkunst zu Gehör bringt. Ob bei dem Instrument die das Werk wiedergebenden Teile, wie bei Leierkasten, Orchestrions, Drehorgeln oder Spieldosen, fest eingefügt sind oder, wie die Scheiben, Platten, Walzen und Bänder eines Ariston-Leierkastens, eines Grammophons oder eines Phonographen, ausgewechselt werden können, ist hierbei von keiner Bedeutung.

Daß auch Sprechmaschinen, und zwar ohne Unterschied des Grades ihrer Vollkommenheit, zu den Instrumenten gehören, die im Sinne des Gesetzes zur mechanischen Wiedergabe dienen, ist in der Begründung des Gesetzes vom 22. Mai 1910 ausdrücklich hervorgehoben. Vom Standpunkt des Gesetzes ist der gegenteiligen Auffassung der Boden schon durch die Vorschrift des § 2 Abs. 2 entzogen, „da hier der persönliche Vortrag ausdrücklich als ein Mittel der zum Zwecke der mechanischen Wiedergabe erfolgenden Übertragung des Originalwerkes gekennzeichnet und zugleich klargestellt wird, daß das Gesetz die durch persönlichen Vortrag hergestellte Vorrichtung nur als eine Bearbeitung des Originalwerkes, nicht etwa als eine eigentümliche Schöpfung betrachtet, deren Vervielfältigung von der Einwilligung des Urhebers des Originalwerkes unabhängig ist."

Vgl. § 14 Ziff. 4 dieses Gesetzes und § 2 Abs. 2 Ziff. 4 des Gesetzes über das Verlagsrecht vom 19. Juni 1901.

6. auf die **Benutzung eines Schriftwerkes zu einer bildlichen Darstellung,** welche das Originalwerk seinem Inhalt nach im Wege der **Kinematographie** oder eines ihr ähnlichen Verfahrens wiedergibt.

Nach Art. 14 Abs. 1 der revidierten Berner Übereinkunft haben die Urheber von Werken der Literatur, der Wissenschaft oder der Kunst das ausschließliche Recht, die Wiedergabe und die öffentliche Aufführung ihrer Werke durch die Kinematographie oder ein ihr ähnliches Verfahren (Abs. 4) zu gestatten. Dementsprechend ist jetzt durch § 12 Ziff. 6 auch in Deutschland der Urheber eines literarischen Werkes, wie einer Erzählung oder eines Dramas, gegen die Übertragung eines solchen Werkes in eine kinematographische Darstellung geschützt.

Vgl. § 14 Ziff. 5 dieses Gesetzes und § 2 Abs. 2 Ziff. 5 des Gesetzes über das Verlagsrecht vom 19. Juni 1901.

Im übrigen sind durch die in den Ziffern 1—6 getroffenen Einzelbestimmungen die verschiedenen Arten der unzulässigen Bearbeitung eines Werkes der Literatur und der Tonkunst nicht erschöpft. Das Gesetz hat, wie in der Begründung ausdrücklich hervorgehoben wird, nur einige praktisch wichtige Fragen besonders geregelt, sonst aber die Entscheidung der Frage, ob eine unzulässige Bearbeitung eines fremden Werkes im Sinne des § 12 Abs. 1 vorliegt, der Beurteilung des einzelnen Falles überlassen. Mit Recht hebt Dernburg (Bürgerl. Recht VI S. 81) hervor, daß z. B. auch die Wiedergabe eines Gedichtes in Prosa, die Ausgestaltung eines frei gehaltenen Vortrages zu einer Flugschrift, die Umwandlung einer Tanzmusik in einen Trauermarsch, soweit sie ohne Genehmigung des Urhebers geschieht, eine unerlaubte Bearbeitung bilden kann.

Im allgemeinen ist endlich zu den Vorschriften des § 12 noch zu bemerken, daß auch die Bearbeitungen eines fremden Werkes, die ohne Einwilligung des Urhebers hergestellt sind, ihrerseits einen selbständigen Schutz gegen unbefugte weitere Vervielfältigung usw., und zwar auch gegen den Urheber des Originalwerkes genießen können, wenn und insoweit sie sich als das Ergebnis einer eigenen formgestaltenden Geistestätigkeit des Bearbeiters darstellen.

§ 13.

Unbeschadet der ausschließlichen Befugnisse, die dem Urheber nach § 12 Abs. 2 zustehen, ist die freie Benutzung seines Werkes zulässig, wenn dadurch eine eigentümliche Schöpfung hervorgebracht wird.

Bei einem Werke der Tonkunst ist jede Benutzung unzulässig, durch welche eine Melodie erkennbar dem Werke entnommen und einer neuen Arbeit zugrunde gelegt wird.

Der § 13 regelt die Zulässigkeit der freien Benutzung schutzberechtigter Werke. Durch die Eingangsworte „unbeschadet der ausschließlichen Befugnisse, die dem Urheber nach § 12 Abs. 2 zustehen" soll ausgedrückt werden, daß die im § 12 Abs. 2 erwähnten Bearbeitungen eines fremden Werkes, soweit sie ohne Einwilligung des Urhebers vorgenommen werden, unter allen Umständen als Eingriffe in das Recht des Urhebers anzusehen sind, gleichviel ob an und für sich in der neuen Form und Fassung des Originals (Übersetzung, Dramatisierung und Entdramatisierung, Auszug aus einem Tonwerke oder

Einrichtung desselben, Übertragung des Werkes auf mechanische Instrumente oder Benutzung desselben zur kinematographischen Darstellung) eine eigentümliche Schöpfung zu finden ist oder nicht (Komm. Ber.). In allen anderen, im § 12 Abs. 2 nicht genannten Fällen soll die freie Benutzung eines fremden Werkes auch ohne Einwilligung seines Urhebers zulässig sein, wenn dadurch eine eigentümliche Schöpfung hervorgebracht wird. Eine Begriffsbestimmung der „freien Benutzung zur Hervorbringung einer eigentümlichen Schöpfung" hat das Gesetz nicht gegeben. Es kann jedoch einem Bedenken nicht unterliegen, daß hierunter nur eine solche Benutzung eines Werkes verstanden werden kann, die unter Verwertung des Gedankeninhalts des letzteren eine auf eigener geistiger Tätigkeit beruhende selbständige Verarbeitung des vorhandenen Materials in individueller Formgebung dokumentiert. Daude, Gutachten S. 101). Dies gilt selbstverständlich für die Benutzung aller Schriftwerke, Reden und Vorträge, wie sie im § 1 als schutzberechtigt erklärt sind, und ebenso für die Benutzung von Abbildungen wissenschaftlicher oder technischer Art, Landkarten, Modebildern usw. (Daude, Gutachten S. 61, 68); und was insbesondere die Benutzung vorhandener Bühnenwerke anlangt, so ist zu beachten, daß die Annahme einer freien Benutzung hier durch die bloße Benutzung der Idee eines anderen Werkes, die gleichartige Durchführung dieser Idee sowie auch durch die Beibehaltung des Ganges der Handlung im ganzen und der allgemeinen Charakterisierung der einzelnen handelnden Personen nicht ausgeschlossen wird, sofern nur im übrigen der Inhalt des benutzten Stückes nicht etwa ganz oder teilweise wortgetreu oder mit nur unwesentlichen Änderungen, Zusätzen oder Weglassungen in einer im wesentlichen identischen Fassung wiedergegeben, sondern ein eigenartiges, selbstständig ausgestattetes Bühnenwerk geschaffen ist (Daude, Gutachten S. 228. Urt. des RG. vom 11. April 1906, Entsch. Ziv. Bd. 63 S. 158).

Auch bei den Werken der Tonkunst besteht grundsätzlich die Zulässigkeit der freien Benutzung zur Hervorbringung einer eigentümlichen Schöpfung. Das Gesetz hat sie aber hier dadurch wesentlich eingeschränkt, daß jede Benutzung eines fremden Werkes der Tonkunst für unzulässig erklärt ist, durch welche eine Melodie, d. h. eine in bestimmten Intervallen fortschreitende geschlossene Aufeinanderfolge von Tönen, erkennbar dem Originalwerke entnommen und einer neuen Arbeit zugrunde gelegt wird. Ob dies zutrifft, kann nur im Einzelfall entschieden werden. Zu beachten ist aber hierbei stets, daß eine bewußte Entnahme der fremden Melodie vorliegen muß, die unbewußte musikalische Erinnerung also nicht unter das Verbot des § 13 Abs. 2 fällt, daß ferner die aus dem fremden Werke entnommene Melodie auch in dem neuen Werke als fremde Melodie erkennbar bleiben, und daß die fremde Melodie dem neuen Werke zugrunde gelegt d. h. als Grundlage des harmonischen und thematischen Aufbaues des letzteren benutzt sein muß.

Kompositionen, die zu den Satiren oder Parodien gehören, bei denen z. B. ein musikalisches Thema in einer Reihe von Variationen vorgeführt wird, deren jede in humoristischer Weise ein anderes Volk, eine andere Gesellschaftsklasse oder einen anderen Komponisten charakterisiert, werden von der Vorschrift des § 13 Abs. 2 nicht berührt. Bei ihnen wird, wie in der Begründung des Gesetzes zutreffend hervorgehoben ist, der fremde Gedanke nicht als Thema für eine weitere Ausführung zugrunde gelegt, sondern nur zum Ausgangspunkte für eine Neuschöpfung gewählt, die vermöge ihres humoristischen Zweckes auf ganz andere Wirkungen als das benutzte Werk abzielt (Daude, Gutachten S. 271).

§ 14.

Im Falle der Übertragung des Urheberrechts verbleiben, soweit nicht ein anderes vereinbart ist, dem Urheber seine ausschließlichen Befugnisse:

1. für die Übersetzung eines Werkes in eine andere Sprache oder in eine andere Mundart;
2. für die Wiedergabe einer Erzählung in dramatischer Form oder eines Bühnenwerkes in der Form einer Erzählung;
3. für die Bearbeitung eines Werkes der Tonkunst, soweit sie nicht bloß ein Auszug oder eine Übertragung in eine andere Tonart oder Stimmlage ist;
4. für die Benutzung des Werkes zum Zwecke der mechanischen Wiedergabe für das Gehör (§ 12 Abs. 2 Nr. 5);
5. für die Benutzung eines Schriftwerkes zum Zwecke der kinematographischen Wiedergabe (§ 12 Abs. 2 Nr. 6).

Durch die Übertragung des Urheberrechtes begibt sich der Urheber grundsätzlich auch der Befugnis, Bearbeitungen seines Werkes vorzunehmen. Andererseits ist es aber nach § 9 auch dem Erwerber nicht ohne weiteres gestattet, Änderungen an dem von ihm erworbenen Werk, insbesondere eine Bearbeitung desselben vorzunehmen, so daß im allgemeinen der Grundsatz gilt, daß weder der Veräußerer noch der Erwerber des Urheberrechtes ohne Einwilligung des anderen das Werk bearbeiten darf. Von dieser Regel hat § 14 mit Rücksicht auf das praktische Bedürfnis und den vermutlichen Willen der Beteiligten bezüglich der in den Ziffern 1—5 aufgeführten Arten der Bearbeitung eine Ausnahme gemacht.

Falls also nicht ein anderes ausdrücklich oder stillschweigend vereinbart ist, kann der Urheber trotz der Übertragung des Urheberrechtes die ihm nach § 11 zustehenden Befugnisse ausüben:

1. in bezug auf jede Art der Übersetzung seines Werkes in eine andere lebende oder tote Sprache oder in eine andere Mundart, insbesondere auch in bezug auf eine in gebundener Form abgefaßte Übersetzung, nicht aber in bezug auf die Rückübersetzung in die Sprache des Originals, zu der er nach erfolgter Übertragung des Urheberrechtes nicht mehr befugt ist;
2. in bezug auf die Wiedergabe einer Erzählung in dramatischer Form oder eines Bühnenwerkes in der Form einer Erzählung, nicht aber in bezug auf sonstige Arten der Wiedergabe eines in Prosa geschriebenen Werkes in Versen und umgekehrt;
3. in bezug auf die Bearbeitung eines Werkes der Tonkunst, soweit diese Bearbeitung nicht lediglich in einem Auszuge oder in einer Übertragung in eine andere Tonart oder Stimmlage besteht;
4. in bezug auf die Benutzung des Werkes zum Zwecke der mechanischen Wiedergabe für das Gehör;
5. in bezug auf die Benutzung eines Schriftwerkes zum Zwecke der kinematographischen Wiedergabe,

zu 4. und 5. Befugnisse, bei denen in Ermangelung einer besonderen Vereinbarung davon ausgegangen werden muß, daß es nicht im Willen des Übertragenden gelegen hat, sie mit dem Urheberrecht als solchem zugleich zu übertragen.

Im Falle des Abschlusses eines Verlagsvertrages gelten die mit § 14 im wesentlichen übereinstimmenden Vorschriften des § 2 des Gesetzes über das Verlagsrecht vom 19. Juni 1901. Bei der Kommissionsberatung des Gesetzes vom 22. Mai 1910 zur Ausführung der revidierten Berner Übereinkunft vom 13. November 1908 wurde die Frage angeregt, ob der dem § 14 neu zugefügten Ziff. 4 rückwirkende Kraft beizumessen sei. Die Kommission war einhellig der Ansicht, daß eine solche Rückwirkung bezüglich der vor dem Inkrafttreten des Gesetzes vom 22. Mai 1910 abgeschlossenen Verträge über Übertragung des Urheberrechtes nicht eintreten soll.

§ 15.

Eine Vervielfältigung ohne Einwilligung des Berechtigten ist unzulässig, gleichviel durch welches Verfahren sie bewirkt wird; auch begründet es keinen Unterschied, ob das Werk in einem oder in mehreren Exemplaren vervielfältigt wird.

Eine Vervielfältigung zum persönlichen Gebrauch ist zulässig, wenn sie nicht den Zweck hat, aus dem Werke eine Einnahme zu erzielen.

Unter der Vervielfältigung eines bereits vorhandenen Schriftwerkes ist im Sinne des Gesetzes jede im wesentlichen identische Wiedergabe des Werkes zu verstehen. Das Original muß seinem wesentlichen Bestande nach wiedergegeben sein, wobei es gleichgültig ist, ob diese Wiedergabe in einer wörtlich genauen Übernahme des Originals besteht, oder ob im Texte desselben unerhebliche, die Identität des Werkes nicht berührende Umgestaltungen, Weglassungen oder Zusätze vorgenommen sind. Auch bei Abbildungen wissenschaftlicher oder technischer Art kommt es nur auf die im wesentlichen identische Wiedergabe der Originalabbildung an ohne Rücksicht darauf, ob im einzelnen kleine, das Gesamtbild nicht berührende Änderungen am Original festgestellt werden können, und die gleichen Grundsätze sind auch für die Feststellung der Vervielfältigung eines Werkes der Tonkunst maßgebend (Daude, Gutachten S. 189, 61, 68, 241 ff.).

Auch die Vervielfältigung eines noch nicht veröffentlichten Werkes oder eines mündlichen Vortrages oder einer der Erbauung, der Belehrung oder der Unterhaltung dienenden Rede oder eines choreographischen oder pantomimischen Werkes im Sinne des § 1 Abs. 2 fällt unter das Verbot des § 15, und auch der Umstand, daß nicht das Originalwerk, sondern ein unberechtigter Nachdruck desselben die Grundlage einer weiteren Vervielfältigung gebildet hat (Nachdruck vom Nachdruck) schließt, sofern letztere ohne Einwilligung des Berechtigten erfolgt, die Annahme einer unzulässigen Vervielfältigung nicht aus (Urt. RG. vom 1. April 1882, Entsch. Str. Bd. 14 S. 67).

Gleichgültig ist es, durch welches Verfahren die Vervielfältigung bewirkt wird, ob also die Wiedergabe des Originals mit der Hand oder mit der Schreibmaschine, durch Druck oder ein sonstiges mechanisches Verfahren (Hektographie, Lithographie, Photographie oder dgl.) oder durch Übertragung auf Instrumente erfolgt, die der mechanischen Wiedergabe für das Gehör dienen. Bei Werken der Tonkunst insbesondere muß jede den Tonsatz des Originals wiedergebende Aufzeichnung irgendwelcher Art als Vervielfältigung angesehen werden, selbst wenn zur Bezeichnung der einzelnen Töne solche Zeichen verwendet werden, die, wie es auf den Notenblättern der Guitarrzither der Fall ist, von dem üblichen Fünfliniensystem abweichen und als Noten im herkömmlichen technischen Sinne nicht bezeichnet werden können (Urt. RG. vom 14. Mai 1904, Das Recht Bd. 9 S. 948). Ohne

Bedeutung ist es ferner, ob das Original nur in einem oder in mehreren Exemplaren wiedergegeben wird, und gleichgültig ist es endlich, abgesehen von der Absicht eines nur persönlichen Gebrauchs (§ 15 Abs. 2), ob die Vervielfältigung in gewinnsüchtiger Absicht vorgenommen wird oder nicht (Urt. RG. vom 20. Januar 1905, Entsch. Str. Bd. 37 S. 369).

Die Einwilligung des Berechtigten ist an eine bestimmte Form nicht gebunden; sie kann ausdrücklich, schriftlich oder mündlich, oder auch nur stillschweigend erfolgen, und eine stillschweigende Einwilligung ist anzunehmen, wenn aus den obwaltenden Umständen das Einverständnis des Berechtigten mit der Vervielfältigung seines Werkes durch einen anderen gefolgert werden kann. Auch die nachträgliche Einwilligung (Genehmigung) kann die an sich unzulässige Vervielfältigung zu einer erlaubten machen.

Wer als Berechtigter anzusehen ist, der Urheber selbst oder sein Rechtsnachfolger (Verleger), der Herausgeber eines Sammelwerkes oder mehrere Miturheber, läßt sich nur nach der tatsächlichen Lage des Einzelfalles entscheiden.

Der Einwilligung des Berechtigten bedarf es nicht, wenn es sich um die Vervielfältigung eines — bereits erschienenen oder noch nicht veröffentlichten — Werkes zum persönlichen Gebrauch handelt, und diese Vervielfältigung nicht den Zweck hat, aus dem Werke eine Einnahme zu erzielen.

Eine *Vervielfältigung zum persönlichen Gebrauch* liegt nur dann vor, wenn sie lediglich dem eigenen Privatgebrauch des Vervielfältigers und des ihm häuslich, verwandtschaftlich oder gesellschaftlich nahestehenden Personenkreises, nicht aber weiteren Kreisen, also der Öffentlichkeit dienen soll. Zulässig ist also z. B. die Vervielfältigung eines Werkes zum Zwecke des Selbstunterrichtes oder der Unterweisung von Familienangehörigen; unzulässig dagegen die Vervielfältigung eines Werkes der Tonkunst für eine nicht auf Familienangehörige oder einen sonstigen geschlossenen Kreis von Personen (Verein) beschränkte öffentliche, d. h. jedermann gegen Entgelt oder unentgeltlich zugängliche Aufführung.

Als *Einnahme aus dem Werke* kommt nur die Einnahme aus der wirtschaftlichen Nutzung des Werkes selbst durch weiteren Vertrieb der Vervielfältigung, öffentlichen Vortrag, Aufführung u. dgl., nicht aber schon die bloße Ersparung von Ausgaben durch die Vervielfältigung oder die Einnahme aus der Vervielfältigungstätigkeit des Abschreibers, Druckers usw. in Betracht.

Wegen der *teilweisen Vervielfältigung* eines Werkes s. § 41.

§ 16.

Zulässig ist der Abdruck von Gesetzbüchern, Gesetzen, Verordnungen, amtlichen Erlassen und Entscheidungen sowie von anderen zum amtlichen Gebrauche hergestellten amtlichen Schriften.

Gesetzbücher, Gesetze und Verordnungen sind nur als solche dem Abdruck freigegeben, nicht aber Sammlungen von Gesetzen usw., die in selbständiger Weise zusammengestellt und bearbeitet, insbesondere mit Anmerkungen versehen sind, die durch Anführen von Urteilen und durch Hinweise auf andere einschlagende Gesetze, Verordnungen usw. der richtigen Auslegung und Anwendung der Gesetze zuhilfekommen. An einer derartigen Zusammenstellung (Kommentar u. dgl.) erwirbt der Verfasser ein selbständiges Urheberrecht, das ihn gegen unbefugten Abdruck seiner Sammlung schützt, wenngleich er seinerseits nicht verbieten kann, daß andere Personen dieselben Gesetze, Verordnungen usw. ebenfalls abdrucken und mit Anmerkungen versehen.

Amtliche Erlasse sind nicht nur Schriftstücke staatlicher Behörden, sondern auch solche, die von anderen, namentlich kirchlichen, kommunalen oder sonstigen Selbstverwaltungs-Behörden oder von den Organen juristischer Personen des öffentlichen Rechtes ausgehen. Reglements usw., die lediglich aus den Verhandlungen eines privaten, keine staatliche Einrichtung bildenden Vereins, z. B. des Verbandes der deutschen Architekten- und Ingenieurvereine hervorgegangen sind, können dagegen als amtliche Erlasse i. S. des § 16 nicht angesehen werden (Urt. RG. v. 19. Januar 1905, Entsch. Ziv. Bd. 34 S. 104). Im übrigen macht es keinen Unterschied, ob die Erlasse für die Öffentlichkeit bestimmt sind oder einen vertraulichen Charakter haben; ihr Abdruck kann dadurch, daß eine Verletzung der Amtspflicht oder eine Zuwiderhandlung gegen die allgemeinen Strafvorschriften (§ 92 Ziffer 1 StGB.) zugrunde liegt, nicht zu einer unzulässigen Vervielfältigung werden.

Unter den Entscheidungen im Sinne des § 16 sind nicht nur richterliche oder verwaltungsrechtliche Urteile, sondern auch rein administrative Entscheidungen und Verfügungen staatlicher, kirchlicher oder sonstiger öffentlich-rechtlicher Behörden zu verstehen. Auch sie unterliegen nur als solche dem freien Abdruck; eigenartige Zusammenstellungen und Bearbeitungen derselben erlangen einen selbständigen Schutz gegen unbefugte Vervielfältigung.

Andere zum amtlichen Gebrauch hergestellte Schriften sind nur solche Schriftwerke oder Abbildungen wissenschaftlicher oder technischer Art, die einen amtlichen Gegenstand betreffen und von einer öffentlichen Behörde oder von einem öffentlichen Beamten vermöge amtlicher Verpflichtung lediglich zum amtlichen Gebrauch hergestellt und zu den Akten gebracht worden sind. Schriften usw., die zwar von einer Behörde oder auf ihre Veranlassung herausgegeben sind, sich aber nicht lediglich an die Adresse einer Behörde, sondern auch an das Publikum wenden und auch diesem im literarischen Verkehr zugänglich sind, fallen nicht unter § 16, sondern genießen wie jedes andere Schriftwerk den Schutz gegen unzulässige Vervielfältigung, falls und insoweit sie überhaupt als schutzfähige Objekte im Sinne des § 1 angesehen werden können. (Daude, Gutachten S. 144.) Zu diesen schutzberechtigten Schriften gehören beispielsweise Schulbücher, deren Abfassung von der Schulbehörde veranlaßt ist, die wissenschaftlichen Publikationen, die in Schulprogramme aufgenommen oder von öffentlichen Behörden, Kunst- oder Lehranstalten erfolgt sind (Museumskataloge mit wissenschaftlichen Beschreibungen der ausgestellten Gegenstände, Veröffentlichungen des Statistischen Amts oder des Großen Generalstabes u. dgl.), und ebenso auch die von der Geheimen Kriegskanzlei nur amtlich redigierte, buchhändlerisch vertriebene Rang- und Quartierliste der Königl. Preuß. Armee (Dambach, Gutachten II, S. 78) und das im Kursbureau des Reichspostamts herausgegebene, allgemein käufliche Reichskursbuch.

Die amtliche Patenterteilungsurkunde ist eine amtliche Schrift im Sinne des § 16 und dies gilt auch von den vom Patentamt im Druck veröffentlichten Patentschriften. Ob letztere vor dieser Veröffentlichung einen Schutz gegen unbefugte Vervielfältigung genießen, hängt davon ab, ob sie im einzelnen Fall den an ein schutzberechtigtes Schriftwerk im Sinne des § 1 zu stellenden Anforderungen entsprechen (KommBer. S. 69).

Im übrigen bleibt der Abdruck von Gesetzen, Entscheidungen usw. und anderen amtlichen Schriften nicht nur dann zulässig, wenn er aus den offiziellen Publikationsorganen (Gesetzsammlungen usw.), sondern auch dann, wenn er aus einem zu einem selbständigen Zwecke hergestellten größeren Ganzen erfolgt ist, an dem der Herausgeber als an einem Gesamtwerk ein selbständiges Urheberrecht hat (Urt. d. RG. v. 2. April 1884, Entsch. Ziv. Bd. 12 S. 113).

§ 17.

Zulässig ist:

1. die Wiedergabe eines Vortrags oder einer Rede in Zeitungen oder Zeitschriften, sofern der Vortrag oder die Rede Bestandteil einer öffentlichen Verhandlung ist;

2. die Vervielfältigung von Vorträgen oder Reden, die bei den Verhandlungen der Gerichte, der politischen, kommunalen und kirchlichen Vertretungen gehalten werden.

Die Vervielfältigung ist jedoch unzulässig, wenn sie in einer Sammlung erfolgt, die der Hauptsache nach Reden desselben Verfassers enthält.

Der § 17 Ziff. 1 erklärt es für zulässig, Vorträge oder Reden, die Bestandteile einer öffentlichen Verhandlung gewesen sind, in Zeitungen oder Zeitschriften ohne Einwilligung ihres Urhebers abzudrucken. Es kommt hierbei nicht in Betracht, auf welchen Gegenstand sich die Verhandlung, der Vortrag oder die Rede bezieht, ob sie politischer, wissenschaftlicher, künstlerischer, technischer, volkswirtschaftlicher Art oder dgl. sind. Notwendig ist nur, daß der Vortrag oder die Rede Bestandteil einer öffentlichen, d. h. jedermann zugänglichen Verhandlung gewesen ist, daß also über seinen Inhalt im äußerlich formalen Rahmen einer solchen Veranstaltung in Rede und Gegenrede gesprochen ist. Freigegeben für die Vervielfältigung ist immer nur der in öffentlicher Verhandlung gehaltene Vortrag dergestalt, daß nur die unmittelbare Wiedergabe dieses Vortrages von der Ausnahmebestimmung getroffen wird. Eine Ausdehnung der Vorschrift auf die Vervielfältigung von Vorträgen, welche, wenn auch über den gleichen Stoff und mit dem gleichen Gedankeninhalt, bei anderen Gelegenheiten als in öffentlichen Verhandlungen gehalten sind, findet im Gesetz keinen Anhalt (Urt. RG. v. 28. November 1902, Entsch. Str. Bd. 36 S. 8). Die Vorschrift des § 17 Abs. 1 erstreckt sich deshalb auch nicht auf akademische Reden und Vorlesungen, die nur für die studentischen Hörer bestimmt sind, und ebensowenig auf die Reden von Monarchen oder Ministern, die bei feierlichen Akten, wie Rekrutenbeeidigungen, Einweihungen, Grundsteinlegungen, Festessen und ähnlichen Veranstaltungen, die nicht als öffentliche Verhandlungen gelten können, gehalten werden. Soweit solche Reden überhaupt den Erfordernissen des § 1 entsprechen, genießen auch sie einen unbedingten Schutz gegen unbefugte Vervielfältigung.

Die Wiedergabe der im § 17 Abs. 1 bezeichneten Vorträge und Reden darf nur in einer Zeitung oder in einer Zeitschrift, d. h. in einer periodisch, in bestimmten oder unregelmäßigen Zwischenräumen erscheinenden, aus mehreren nicht zusammenhängenden Artikeln verschiedenen Inhalts bestehenden Druckschrift erfolgen; eine Wiedergabe in allen anderen Druckschriften, z. B. in einer einmal erscheinenden Flugschrift oder Broschüre ist unzulässig, und unzulässig würde es auch sein, wenn eine Zeitung oder Zeitschrift einen Sonderabdruck der betreffenden Verhandlung, deren Bestandteil der Vortrag oder die Rede war, veranstalten würde.

Im übrigen erstreckt sich die Vorschrift des § 17 Abs. 1 nur auf Mitteilungen, durch die der Vortrag oder die Rede als solche wiedergegeben wird, nicht auf solche, welche lediglich über deren Inhalt berichten. Inwieweit derartige, nur ein Referat über den Vortrag oder die Rede enthaltende Mitteilungen zulässig sind, ist nach den Vorschriften der §§ 12 und 13 zu beurteilen.

Unbeschränkt, d. h. nicht nur für den Abdruck in Zeitungen oder Zeitschriften, sondern auch für jede andere Art der Vervielfältigung freigegeben hat § 17 Ziff. 2 die Vorträge und Reden, die bei den öffentlichen oder nicht öffentlichen Verhandlungen der Gerichte, der politischen, kommunalen und kirchlichen Vertretungen gehalten werden. Als Gerichte im Sinne dieser Vorschrift sind alle zur Entscheidung streitiger Rechtsangelegenheiten gesetzlich berufenen Behörden, also neben den ordentlichen Zivil- und Strafgerichten auch die Verwaltungs-, Kaufmanns- und Gewerbegerichte, das Patentamt, die Reichs- und Landesversicherungsämter u. a. anzusehen, und unter den politischen, kommunalen und kirchlichen Vertretungen sind nur die amtlichen, offiziellen Vertretungen, nicht aber auch Privatvereinigungen zu verstehen, die sich die Vertretung politischer, kommunaler oder kirchlicher Interessen zur Aufgabe gemacht haben.

Auch die im § 17 Ziff. 2 erwähnten Vorträge und Reden müssen übrigens, um ohne Genehmigung ihres Urhebers vervielfältigt werden zu können, Bestandteile der betreffenden Verhandlungen gewesen, d. h. im Rahmen derselben gehalten sein. Andererseits dürfen sie aber auch nur in ihrer mündlich vorgetragenen Form frei vervielfältigt werden; abgekürzte Bearbeitungen von Verhandlungen, Vorträgen oder Reden, wie sie namentlich in den Parlamentsausgaben der Zeitungen enthalten sind, werden, sofern sie sich überhaupt als schutzberechtigte Schriftwerke im Sinne des Gesetzes darstellen, durch die Vorschriften des § 17 nicht getroffen, genießen vielmehr wie alle sonstigen schutzberechtigten Schriftwerke den allgemeinen Schutz gegen Nachdruck (Mot.).

Unzulässig ist nach § 17 Abs. 2 die ohne Einwilligung des Urhebers erfolgende Vervielfältigung sämtlicher in Ziff. 1 und 2 des § 17 erwähnten Arten von Vorträgen und Reden in Sammlungen, die der Hauptsache nach Vorträge oder Reden eines und desselben Verfassers enthalten. Vorausgesetzt wird aber auch hier, daß die Vorträge oder Reden überhaupt gemäß § 1 Ziff. 1 den gesetzlichen Urheberrechtsschutz für sich in Anspruch nehmen können.

§ 18.

Zulässig ist der Abdruck einzelner Artikel aus Zeitungen in anderen Zeitungen, soweit die Artikel nicht mit einem Vorbehalte der Rechte versehen sind; jedoch ist nur ein Abdruck gestattet, durch den der Sinn nicht entstellt wird. Bei dem Abdruck ist die Quelle deutlich anzugeben.

Der Abdruck von Ausarbeitungen wissenschaftlichen, technischen oder unterhaltenden Inhalts ist, auch wenn ein Vorbehalt der Rechte fehlt, unzulässig.

Vermischte Nachrichten tatsächlichen Inhalts und Tagesneuigkeiten dürfen aus Zeitungen oder Zeitschriften stets abgedruckt werden.

Der §18 hat den Inhalt von Zeitungen und Zeitschriften hinsichtlich der Zulässigkeit seiner Vervielfältigung in drei Gruppen geschieden:

1. Der Abdruck von Ausarbeitungen wissenschaftlichen, technischen oder unterhaltenden Inhalts aus Zeitungen und Zeitschriften ist unbedingt verboten, selbst wenn ein Vorbehalt der Rechte fehlt und selbst wenn bei dem Abdruck die Quelle angegeben wird (Abs. 2).

Die Eigenschaft einer Ausarbeitung wissenschaftlichen Inhalts ist einem Artikel dann beizulegen, wenn sein Gegenstand sich zur wissenschaftlichen Bearbeitung eignet und der Verfasser eine solche dadurch unternommen hat, daß er den Stoff in systematischer, nach durchgreifenden Hauptgedanken geordneter Darstellung wesentlich zum Zwecke der Belehrung in eigenartiger und selbständiger Weise bearbeitet hat. Falls diese Voraussetzungen zutreffen, kommt es nicht darauf an, ob die Arbeit gut oder schlecht ist, und ob die Wissenschaft von ihr Gewinn zieht oder nicht, und es ist dann auch der Umstand nicht entscheidend, daß der Artikel eigene Gedanken und Untersuchungen des Verfassers nicht enthält, sondern lediglich in einer geschickten Kompilation und Zusammenstellung bereits vorhandenen Materials besteht und nur durch die Art der Darstellung und die Formgebung eine gewisse Bedeutung beanspruchen kann (vgl. Daude, Gutachten S. 50, 149, 153, 157, 163 u. a.).

Von diesen Gesichtspunkten aus können z. B. auch Kritiken und Besprechungen neu erschienener Werke der Literatur, der Tonkunst oder der bildenden Künste sich als Ausarbeitungen wissenschaftlichen Inhalts darstellen, wenn sie sich nicht auf die tatsächliche Mitteilung von dem Erscheinen des Werkes und eine gedrängte Wiedergabe seines Inhaltes beschränken, sondern das Streben erkennen lassen, die einzelne Leistung nach allgemeinen wissenschaftlichen, insbesondere ästhetischen Grundsätzen zu beurteilen und diese auf den Einzelfall anzuwenden. (S. Allfeld, Komm. S. 163; vgl. Daude, Gutachten S. 167). Auch die Abfassung von Auszügen aus gerichtlichen Entscheidungen kann den Erfordernissen einer Ausarbeitung wissenschaftlichen Inhalts entsprechen, „wenn die gewählte Form der auszugsweisen Wiedergabe eine bewußte Sichtung des gesamten Begründungsmaterials zu dem Zwecke erkennen läßt, den richtigen Sinn des Urteils in seiner Begründung, die rechtliche Bedeutung und Tragweite der Urteilsbegründung mit besonderer Deutlichkeit hervorzuheben und auf diese Weise dem Verständnis, namentlich des Laienpublikums leichter faßlich zu machen" (Urt. des RG. vom 3. Mai 1906. Goltdammer, Archiv Bd. 53 S. 281). Bei den gewöhnlichen Gerichtsreferaten der Zeitungen, die sich meistens nur auf einen Bericht über den Gang und Ausfall eines Prozesses oder einer einzelnen Gerichtsverhandlung beschränken, wird dies allerdings nur in den seltensten Fällen zutreffen.

Dieselben Voraussetzungen müssen im wesentlichen auch bei Ausarbeitungen technischen Inhalts vorliegen. Auch sie müssen eine wesentlich dem Zwecke der Belehrung dienende wissenschaftlich-technische Behandlung eines technischen Stoffes in systematischer, eigenartiger Form enthalten, wobei zu beachten ist, daß die Bezeichnung „technischen Inhalts" sich nicht nur auf rein gewerbliche Dinge bezieht, sondern im weiteren Sinne gefaßt werden muß und demnach alles in sich schließt, was zwar nicht „wissenschaftlich" oder „unterhaltend" ist, aber als Ausfluß einer selbständigen Tätigkeit auf dem weiten Gebiete menschlicher, materielle Werte schaffender Arbeit erscheint (Daude, Gutachten S. 176).

Als Ausarbeitungen unterhaltenden Inhalts können endlich nur diejenigen literarischen Erzeugnisse angesehen werden, die entweder sich als auf einer eigenen geistigen Schöpfung beruhende Werke erzählender Dichtung charakterisieren oder einen tatsächlichen oder frei erfundenen Vorgang in mehr oder weniger künstlerischer und eigentümlicher literarischer Gestaltung zum Gegenstand einer der Unterhaltung dienenden Darstellung machen. Zu diesen Ausarbeitungen sind neben den novellistischen Erzeugnissen, denen bereits in dem früheren Nachdrucksgesetze vom 11. Juni 1870 ein unbedingter Schutz gegen Abdruck gewährt war, namentlich Reiseberichte, Schilderungen von Erlebnissen, Plaudereien im Feuilleton, Gedichte und ähnliche Werke der schönen Literatur zu rechnen (Daude, Gutachten S. 149, 153, 212, 221).

2. Der Abdruck von vermischten Nachrichten tatsächlichen Inhalts und Tagesneuigkeiten aus Zeitungen oder Zeitschriften ist ohne jede Beschränkung gestattet, selbst wenn diese Nachrichten mit einem Vorbehalte der Rechte versehen sein sollten. Der Begriff der „Tagesneuigkeiten" bedarf keiner näheren Erläuterung, und was die „vermischten Nachrichten" anlangt, so ist zu beachten, daß sie, wie die Fassung des Gesetzes zum Ausdruck bringt, nur dann und insoweit dem Abdruck freigegeben sind, als ihr Inhalt rein tatsächlicher Natur ist. In der Begründung des Gesetzes ist deshalb zutreffend hervorgehoben, daß sich die Befugnis zum freien Abdruck nicht auf Anekdoten, Aphorismen und sonstige kleine Artikel bezieht, die zwar nach dem Sprachgebrauche zuweilen unter den vermischten Nachrichten einbegriffen werden, inhaltlich aber doch nicht rein tatsächlicher Natur sind. Auch die Mitteilung tatsächlicher Ereignisse kann durch die Hinzufügung eigener belehrender Erörterungen und Betrachtungen oder durch eigenartige Einkleidung in eine künstlerisch-literarische Form zu einer Ausarbeitung wissenschaftlichen, technischen oder unterhaltenden Inhalts oder wenigstens zu einem der im § 18 Abs. 1 erwähnten Artikel werden, worüber im Einzelfall sachverständiges Urteil zu entscheiden haben wird.

3. Der Abdruck aller sonstigen, insbesondere auch der politischen Artikel, die sich nicht als Ausarbeitungen wissenschaftlichen, technischen oder unterhaltenden Inhalts darstellen, aus Zeitungen in anderen Zeitungen ist unter deutlicher Quellenangabe zulässig, wenn sie nicht mit einem Vorbehalte der Rechte versehen sind und ihr Sinn durch den Abdruck nicht entstellt wird.

Im einzelnen ist hierzu zu bemerken: Es dürfen, wenn der Vorbehalt fehlt, stets nur einzelne Artikel abgedruckt werden. Die Zeitung als Ganzes darf nicht frei nachgedruckt werden, da der Redakteur bzw. Herausgeber durch die Auswahl, Ordnung und Zusammenstellung der einzelnen Artikel ein Urheberrecht am Ganzen erworben hat. Im übrigen ist es gleichgültig, ob die Artikel im sogenannten redaktionellen Teile oder im Inseratenteile der Zeitung enthalten sind. Der Abdruck darf nur aus Zeitungen, nicht auch aus Zeitschriften erfolgen. Die einzelnen Artikel einer Zeitschrift sind also auch ohne Vorbehalt gegen unbefugten Abdruck schlechthin geschützt, soweit sie nicht etwa nur vermischte Nachrichten tatsächlichen Inhalts oder Tagesneuigkeiten im Sinne des § 18 Abs. 3 enthalten.

Ob ein Druckwerk als Zeitung oder als Zeitschrift aufzufassen ist, muß im Einzelfalle unter Berücksichtigung seines wesentlichen Zweckes und der Art seines Erscheinens entschieden werden. Als Zeitungen werden im allgemeinen die Druckwerke anzusehen sein, die in kürzeren Zwischenräumen, meistens täglich, erscheinen und vorwiegend den Bedürfnissen der Tageslektüre dienen, während die Zeitschriften „auf dieses wachsende Bedürfnis weniger Rücksicht nehmen, sondern in ihren Aufsätzen vorwiegend Fragen von bleibendem Interesse behandeln" (Allfeld, Komm. S. 159).

Der Abdruck der einzelnen Zeitungsartikel ist ferner nicht allgemein freizugeben, sondern darf stets nur wiederum in einer Zeitung erfolgen. Die Worte des § 18 Abs. 1 „in anderen Zeitungen" sind erst durch das Gesetz vom 22. Mai 1910 zur Ausführung der revidierten Berner Übereinkunft vom 13. November 1908 eingefügt. Die revidierte Übereinkunft (Art. 9 Abs. 2) hatte durch ihre Fassung jeden Zweifel darüber ausgeschlossen, daß im Verhältnisse zwischen den Verbandsstaaten die für den Abdruck der Zeitungsartikel vorgesehene Ausnahme von den allgemeinen Grundsätzen nur für den Abdruck in anderen Zeitungen gilt. Hiernach ist denn auch die frühere Fassung des § 18 Abs. 1, wie geschehen, geändert. Für die Benutzung von Zeitungsartikeln in anderen Fällen, z. B. in Büchern oder Broschüren, sind die Bestimmungen des § 19 Ziff. 1 und 2 maßgebend.

Für den Vorbehalt der Rechte, der die im § 18 Abs. 1 bezeichneten Artikel gegen unbefugten Abdruck schützt, ist eine besondere Form oder eine besondere Stelle nicht vorgeschrieben. Er muß sich selbstverständlich auf sämtlichen Vervielfältigungsexemplaren befinden und muß deutlich erkennen lassen, daß der Urheber des Artikels sich das Urheberrecht (Vervielfältigungsrecht) an demselben vorbehalte. Ob dieser Vorbehalt an die Spitze oder an den Schluß des Artikels gesetzt wird, ist gleichgültig; er muß aber stets sich auf den einzelnen Artikel speziell beziehen, so daß ein allgemeiner an die Spitze der betreffenden Zeitungsnummer gesetzter Vorbehalt für alle in dieser Nummer enthaltenen Artikel nicht genügt. Ebensowenig genügt, wenn ein Artikel sich durch mehrere Nummern einer Zeitung hinzieht, der erst bei der Fortsetzung oder am Schlusse hinzugefügte Vorbehalt, um auch die schon erschienenen Artikel gegen Abdruck zu schützen.

Der Abdruck der ohne Vorbehalt der Rechte erschienenen Zeitungsartikel in anderen Zeitungen ist sodann nach § 18 Abs. 1 nur gestattet, wenn dabei der Sinn des abgedruckten Artikels nicht entstellt d. h. nicht anders, als er vom Verfasser zum Ausdruck gebracht ist, wiedergegeben wird. Als Beispiel einer unzulässigen, die Abdrucksfreiheit aufhebenden Entstellung wurde bei der Beratung des Gesetzes der Fall erwähnt, daß ein einer Zeitung entnommener Artikel absichtlich dazu verwendet wird, um dem Leser die Meinung beizubringen, daß in dem benutzten Blatte etwas ganz anderes, als tatsächlich der Fall, enthalten sei (StenogrBer. S. 2184B). Nur versehentliche, auf Fahrlässigkeit beruhende Entstellungen kommen nicht in Betracht. Änderungen und Kürzungen des entlehnten Artikels, durch welche der Sinn desselben nicht absichtlich entstellt wird, müssen für zulässig erachtet werden, da § 24 sich auf die Fälle des § 18 nicht bezieht.

Bei jedem Abdruck eines der im § 18 Abs. 1 erwähnten Artikel muß endlich die Quelle deutlich, d. h. derart, daß sie dem Leser, wenn auch in der gebräuchlichen Abkürzung (Tägl. Rdsch., Kreuzz., Voss. Z.), erkennbar und verständlich ist, angegeben werden. Als Quelle ist zunächst diejenige Zeitung anzusehen, aus welcher der Artikel unmittelbar abgedruckt ist. Falls diese Zeitung als Quelle des Artikels eine andere Zeitung bezeichnet, muß auch die letztere angegeben werden, und falls der Artikel mit dem Namen des Verfassers gezeichnet war, muß sich die Quellenangabe auch auf die Benennung dieses Urhebers erstrecken (KommBer. S. 30).

Über die internationalen Verhältnisse bezüglich der Quellenangabe s. Art. 9 Abs. 2 der revidierten Berner Übereinkunft vom 13. November 1908 und Art. IV § 1 des Gesetzes vom 22. Mai 1910 zur Ausführung dieser Übereinkunft.

Die Unterlassung der Quellenangabe wird als Übertretung nach § 44 bestraft (Art. IV § 1 des Gesetzes vom 22. Mai 1910 zur Ausführung des Berner Übereinkunft vom 13. November 1908).

§ 19.

Zulässig ist die Vervielfältigung:

1. wenn einzelne Stellen oder kleinere Teile eines Schriftwerkes, eines Vortrags oder einer Rede nach der Veröffentlichung in einer selbständigen literarischen Arbeit angeführt werden;
2. wenn einzelne Aufsätze von geringem Umfang oder einzelne Gedichte nach dem Erscheinen in eine selbständige wissenschaftliche Arbeit aufgenommen werden;
3. wenn einzelne Gedichte nach dem Erscheinen in eine Sammlung aufgenommen werden, die Werke einer größeren Zahl von Schriftstellern vereinigt und ihrer Beschaffenheit nach zur Benutzung bei Gesangsvorträgen bestimmt ist;
4. wenn einzelne Aufsätze von geringem Umfang, einzelne Gedichte oder kleinere Teile eines Schriftwerkes nach dem Erscheinen in eine Sammlung aufgenommen werden, die Werke einer größeren Zahl von Schriftstellern vereinigt und

ihrer Beschaffenheit nach für den Kirchen-, Schul- oder Unterrichtsgebrauch oder zu einem eigentümlichen literarischen Zwecke bestimmt ist. Bei einer Sammlung zu einem eigentümlichen literarischen Zwecke bedarf es, solange der Urheber lebt, seiner persönlichen Einwilligung.

Die Einwilligung gilt als erteilt, wenn der Urheber nicht innerhalb eines Monats, nachdem ihm von der Absicht des Verfassers Mitteilung gemacht ist, Widerspruch erhebt.

Der § 19 enthält die im Interesse der freien wissenschaftlichen Forschung, der Fortentwickelung der Literatur und der Erziehung und Bildung des Volkes (Dambach, Urheberrecht S. 78) gesetzlich festgelegten Beschränkungen des ausschließlichen Vervielfältigungsrechtes des Urhebers. Zu den einzelnen unter den Ziffern 1—4 aufgeführten Beschränkungen ist zu bemerken:

1. Das nach § 19 Ziff. 1 zulässige „Anführen" bedeutet im Gegensatz zu der im § 19 Ziff. 2 gestatteten „Aufnahme" die äußerliche Einfügung der zitierten Stellen oder der — im Verhältnis zu dem übrigen Inhalte des benutzten Werkes — kleineren Teile zum Zwecke ihrer wissenschaftlichen oder kritischen Beleuchtung oder zum Beweise eigener Ausführungen (Zitat im engeren Sinne). Ob das Anführen einzelner Stellen oder kleinerer Teile über die Grenzen der erlaubten Benutzung hinausgeht und zur unzulässigen teilweisen Vervielfältigung des benutzten Werkes wird, kann nicht lediglich nach dem Umfange der Zitate beurteilt werden. „Die Grenze zwischen teilweisem Nachdruck und erlaubter Entlehnung bestimmt sich nicht nur nach räumlichen Grenzen, sondern zunächst nach den Umständen, insbesondere nach dem Zwecke der Anführung, die entweder in einer wissenschaftlichen oder kritischen Aufgabe begründet sein kann oder als bloße Ausbeutung des benutzten Schriftwerkes erscheint. Letztere wird immer dann vorliegen, wenn Bruchstücke oder Auszüge des fremden Werkes ohne irgend welche erhebliche Zutat herausgegeben werden" (Urt. des RG. vom 21. November 1887, Entsch. Str. Bd. 16 S. 355).

Das Anführen einzelner Stellen oder kleinerer Teile eines der im § 19 Ziff. 1 erwähnten Werke ist nur zulässig, wenn bereits eine Veröffentlichung des Werkes durch den Berechtigten, Urheber oder dessen Rechtsnachfolger, bewirkt, d. h. das Werk vervielfältigt und gewerbsmäßig verbreitet, seinem wesentlichen Inhalte nach öffentlich mitgeteilt, öffentlich aufgeführt oder öffentlich vorgetragen ist (§ 35). Das Anführen aus noch nicht veröffentlichten Manuskripten ist unzulässig.

Das Anführen muß ferner in einer selbständigen literarischen Arbeit geschehen. Eine solche Arbeit hat, wie das Reichsgericht in einem Urteil vom 7. November 1904 (Entsch. Str. Bd. 37 S. 296) ausführt, zur Voraussetzung, daß der Verfasser ein eigenes Werk, welches auf eigener Geistestätigkeit beruht, schaffen will und schafft, daß er dabei die Teile des fremden Werkes nur wiedergibt, weil und insoweit sie der eigenen Besprechung dienen sollen, daß der Zweck und der Gegenstand der Arbeit nicht der ist, jenes fremde Werk selbst zur Kenntnis anderer zu bringen, zu vervielfältigen oder zu veröffentlichen, sondern der, eigene Gedanken auszusprechen, mögen sich dieselben auch gerade auf das fremde Werk beziehen, insbesondere sich mit einer Besprechung oder einer Kritik des letzteren befassen.

2. Zum Begriffe des „Aufnehmens" eines fremden Aufsatzes oder Gedichtes im Sinne des § 19 Ziff. 2 genügt deren äußerliche An- oder Einfügung in die selbständige wissenschaftliche Arbeit nicht; es muß vielmehr eine innere Verbindung beider Schriftwerke geschaffen werden dergestalt, daß die fremde Schrift zu einem innerlich zusammenhängenden Bestandteile des Ganzen gemacht wird. (Vgl. die Urteile des Reichsgerichts vom 25. März 1886, Rechtspr., Bd. 8 S. 223 und vom 29. April 1909, Das Recht, Bd. 13 Nr. 1908.)

Ob ein „Aufsatz von geringem Umfang" vorliegt, ist nicht nach dem Verhältnis seines Umfanges zu der Arbeit, in die er aufgenommen wird, sondern nach seiner absoluten Ausdehnung zu beurteilen. Auf den Umfang des aufzunehmenden Gedichtes kommt es nicht an.

Die Aufnahme ist nur zulässig, wenn der Aufsatz oder das Gedicht bereits erschienen, d. h. in Vervielfältigungen im Buchhandel herausgegeben ist. Die Aufnahme von Manuskripten ist unzulässig.

Das Werk, in das die Aufnahme erfolgt, muß seiner Natur nach eine selbständige wissenschaftliche Arbeit sein, d. h. sich nicht bloß als eine Wiederholung und Ausbeutung fremder Geistesarbeit darstellen, sondern nach seinem Inhalte und nach der Art und Weise der gegebenen Erörterungen und Darstellungen seine Bestimmung bekunden, einem wissenschaftlichen Zwecke zu dienen. (Vgl. Urt. des Reichsoberhandelsger. vom 24. Mai 1872, Entsch. Bd. 6 S. 173 und Urt. des Reichsger. vom 29. April 1909, Das Recht, Bd. 13 Nr. 1908.) Welchem wissenschaftlichen Gebiete das aufnehmende Werk angehört und ob es überhaupt einen wissenschaftlichen Wert besitzt oder nicht, ist ohne Bedeutung.

3. Im § 19 Ziff. 3 wird zunächst eine Sammlung erfordert, die nicht bloß Gedichte eines einzigen Schriftstellers, sondern Werke einer größeren Zahl verschiedener Schriftsteller vereinigt. Wie groß diese Zahl sein muß, ist im Gesetze nicht bestimmt. Das Gesetz vom

11. Juni 1870 erforderte im § 7 nur die Benutzung von Werken „mehrerer“ Schriftsteller; bei der schärferen Fassung des § 19 Ziff. 3 und 4 wird mindestens eine Benutzung von drei verschiedenen Schriftstellern verlangt werden müssen. Alsdann muß die Sammlung, wenn auch nicht ausschließlich, so doch ihrer gesamten Beschaffenheit nach zur Benutzung bei Gesangsvorträgen bestimmt sein, d. h. die einzelnen in ihr aufgenommenen Gedichte müssen entweder bereits in Musik gesetzt sein oder doch wenigstens einen Hinweis darauf enthalten, daß und nach welcher passenden Melodie sie gesungen werden können. Als Beispiele solcher Sammlungen sind namentlich Kommersbücher, Liederbücher für Veranstaltungen geselliger Art u. dergl. hervorzuheben. Wie im § 19 Ziff. 2 ist auch hier nur die Aufnahme einzelner Gedichte und auch diese nur dann gestattet, wenn die Gedichte bereits im Buchhandel vertrieben sind. Im übrigen unterscheidet sich die Bestimmung des § 19 Ziff. 3 von der des § 19 Ziff. 4 nur dadurch, daß erstere die Einwilligung der noch lebenden Urheber zur Aufnahme der einzelnen Gedichte nicht erfordert.

4. Wegen der Bemessung des „geringen Umfangs“ der nach § 19 Ziff. 4 der freien Aufnahme unterliegenden Aufsätze, s. oben zu 2, und wegen der „kleineren Teile“ oben zu 1. Auch die im § 19 Ziff. 4 erwähnten Sammlungen dürfen nicht bloß Werke eines einzigen Schriftstellers enthalten und sie müssen, wenn auch nicht ausschließlich, so doch ihrem gesamten inneren Charakter nach wesentlich für den Kirchen-, Schul- oder Unterrichtsgebrauch oder zu einem eigentümlichen literarischen Zwecke bestimmt sein. Die bloße äußerliche, auf dem Titel oder im Vorwort erfolgte Angabe einer solchen Bestimmung genügt nicht.

Als für den Kirchengebrauch bestimmt kommen nur solche Sammlungen in Betracht, die, wie Gesang- oder Gebetbücher, beim Gottesdienst gebraucht zu werden pflegen, nicht auch Sammlungen von Predigten oder sonstige Erbauungsschriften; und für den Schul- oder Unterrichtsgebrauch bestimmt sind diejenigen Werke, welche vom Lehrer oder von den Schülern beim Unterricht gebraucht werden. Als Unterrichtsgebrauch ist hier auch der Gebrauch der Sammlungen zum Privat- oder Selbststudium außerhalb des öffentlichen Unterrichtes anzusehen.

Unter Sammlungen zu einem eigentümlichen literarischen Zwecke sind solche Sammelwerke zu verstehen, die, wie Anthologien, Chrestomathien, Märchensammlungen und ähnliche Kompilationen, einzelne kleinere Arbeiten verschiedener Schriftsteller oder Dichter nach einem bestimmten System und für einen bestimmten Gebrauchszweck zu einem Bande zusammenfassen. Der Zweck der Sammlung muß nicht nur ein literarischer, sondern auch ein eigentümlicher, d. h. darauf gerichtet sein, eine eigentümliche Gattung geistiger Tätigkeit im Gebiete der Literatur zu schaffen, und endlich muß stets auch dem für jeden gesetzlichen Schutz vorausgesetzten Erfordernis einer eigenen geistigen Tätigkeit genügt sein, die sich bei derartigen Sammlungen in einer eigenartigen Sichtung, Ordnung oder Bearbeitung der aufgenommenen Gedichte oder kleineren Teile der fremden Werke äußern muß (vgl. Urt. RG. vom 21. November 1887, Entsch. Str. Bd. 16 S. 352).

Auf Sammlungen zu einem eigentümlichen künstlerischen Zwecke findet die Ausnahmebestimmung des § 19 Ziff. 4 keine Anwendung.

In allen Fällen bedarf es zu der Aufnahme fremder Werke in eine zu einem eigentümlichen literarischen Zwecke bestimmte Sammlung, solange der Urheber noch lebt, seiner persönlichen Einwilligung. Die Einwilligung des gesetzlichen Vertreters oder der Rechtsnachfolger des Urhebers, insbesondere also auch des Verlegers, ist nicht erforderlich. An eine bestimmte Form ist die Einwilligung des Urhebers auch hier nicht gebunden; sie gilt als erteilt, wenn der Urheber nicht innerhalb eines Monats, nachdem ihm von der Absicht des Verfassers der Sammlung, den Aufsatz usw. in diese aufzunehmen, Mitteilung gemacht ist, gegen die Aufnahme in unzweideutiger Weise Widerspruch erhebt.

Zur Aufnahme einzelner Aufsätze usw. in eine für den Kirchen-, Schul- oder Unterrichtsgebrauch bestimmten Sammlung bedarf es der Einwilligung des Urhebers nicht.

Wegen der Zulässigkeit von Abänderungen an den wiedergegebenen Teilen eines fremden Werkes bzw. an den aufgenommenen Gedichten und kleineren Aufsätzen vgl. § 24; wegen der Verpflichtung zur Quellenangabe § 25 und wegen der Befugnis zur Verbreitung und zum öffentlichen Vortrag § 26.

§ 20.

Zulässig ist die Vervielfältigung, wenn kleinere Teile einer Dichtung oder Gedichte von geringem Umfange nach ihrem Erscheinen als Text zu einem neuen Werke der Tonkunst in Verbindung mit diesem wiedergegeben werden. Für eine Aufführung des Werkes darf die Dichtung auch allein wiedergegeben werden, sofern der Abdruck ausschließlich zum Gebrauche der Hörer bestimmt ist.

Unzulässig ist die Vervielfältigung von Dichtungen, die ihrer Gattung nach zur Komposition bestimmt sind.

Die Vorschriften des Abs. 1 finden keine Anwendung, soweit der Text in Verbindung mit der mechanischen Wiedergabe eines Werkes der Tonkunst (§ 12 Abs. 2 Nr. 5) vervielfältigt werden soll.

Nach § 20 ist es zulässig, Gedichte von — absolut betrachtet — geringem Umfange sowie im Verhältnis zum Reste kleinere Teile einer Dichtung ohne Einwilligung des Dichters als Text zu einem neuen Werke der Tonkunst in Verbindung mit diesem wiederzugeben. Hieraus ergibt sich zunächst, daß größere Dichtungen, insbesondere ein größeres Epos oder ein ganzes Schauspiel als Text für ein Werk der Tonkunst ohne Einwilligung des Dichters nicht benutzt bzw. wiedergegeben werden dürfen. Voraussetzung der Zulässigkeit der Wiedergabe ist sodann, daß die fremde Dichtung bereits erschienen ist, und es wird ferner erfordert, daß ihr Text als Grundlage einer neuen eigentümlichen musikalischen Schöpfung benutzt wird, so daß also ein noch geschützter Text in Verbindung mit einer bereits vorhandenen, insbesondere einer gemeinfreien Melodie nicht abgedruckt werden darf. Notwendige Voraussetzung der erlaubten Wiedergabe ist endlich, daß der fremde Text in Verbindung mit dem neuen Werke der Tonkunst, d. h. in strengem Anschluß an die Notenfolge desselben abgedruckt wird.

Die Wiedergabe des Textes einer fremden Dichtung ohne das Tonwerk darf ohne Einwilligung des Dichters nur dann erfolgen, wenn der Abdruck ausschließlich zum Gebrauche der Hörer bei einer Aufführung des Tonwerkes in einem Konzertprogramm, Textbuch u. dgl. bestimmt ist. Die ausdrückliche Angabe dieser Zweckbestimmung auf dem Programm ist nicht erforderlich.

Unzulässig ist, und zwar für die in beiden Sätzen des Absatz 1 bezeichneten Fälle, die Vervielfältigung von Dichtungen, die ihrer Gattung nach zur Komposition bestimmt sind. Hierher gehören nicht bloß Texte, die nur für den Zweck der Komposition von Bedeutung und Wert sind, sondern auch Kuplets, Texte zu Opern, Oratorien, Melodramen, Kantaten usw. und alle sonstige Dichtungen, die schon als literarische Werke Bedeutung haben können, ihre volle Wirkung aber erst in Verbindung mit der Musik äußern (Mot.). Lieder und sonstige lyrische Dichtungen sind nicht zu den ihrer Gattung nach zur Komposition bestimmten Dichtungen zu rechnen; die Zulässigkeit ihrer Benutzung als Text zu einem neuen Werke der Tonkunst richtet sich nach den im § 20 Abs. 1 gegebenen Vorschriften.

Die Bestimmung des § 20 Abs. 3 ist durch das Gesetz vom 22. Mai 1910 auf Grund der Erwägung eingefügt, daß die Rücksicht auf die schöpferische Tätigkeit des Komponisten, die für die Vorschriften des Absatz 1 ausschlaggebend ist, auf die Verwertung fremder Dichtungen zur Wiedergabe durch mechanische Instrumente nicht zutrifft. Bei der Kommissionsberatung wurde von einem Kommissionsmitglied ausgeführt, daß es nach seiner Auslegung des § 20 Abs. 3 auch nicht gestattet sei, etwa bei Vorträgen eines Grammophons Texte der zum Vortrag kommenden Lieder ohne Einwilligung des Urhebers auszugeben. Gegen diese Auslegung wurde von keiner Seite Widerspruch erhoben.

Wegen der Zulässigkeit von Abänderungen der als Text zu einer Komposition benutzten fremden Dichtungen vgl. § 24; wegen des Erfordernisses der Quellenangabe § 25 und wegen der Befugnis zur Verbreitung, öffentlichen Aufführung und zum öffentlichen Vortrag § 26.

§ 21.

Zulässig ist die Vervielfältigung:

1. wenn einzelne Stellen eines bereits erschienenen Werkes der Tonkunst in einer selbständigen literarischen Arbeit angeführt werden;
2. wenn kleinere Kompositionen nach dem Erscheinen in eine selbständige wissenschaftliche Arbeit aufgenommen werden;
3. wenn kleinere Kompositionen nach dem Erscheinen in eine Sammlung aufgenommen werden, die Werke einer größeren Zahl von Komponisten vereinigt und ihrer Beschaffenheit nach für den Unterricht in Schulen mit Ausschluß der Musikschulen bestimmt ist.

Der § 21 hat im Interesse der Pflege der Musik und der Musikwissenschaft die Befugnis, Stellen aus Werken der Tonkunst ohne Genehmigung des Komponisten anzuführen oder solche Werke in selbständige Arbeiten sowie in Sammlungen aufzunehmen, im wesentlichen in gleicher Weise geregelt, wie dies hinsichtlich der Befugnis, Stellen aus Schriftwerken usw. anzuführen oder solche Werke in neue literarische Schöpfungen aufzunehmen, im § 19 geschehen ist. Im einzelnen ist zu bemerken:

1. Auch die Zulässigkeit jeder Anführung oder Aufnahme von Werken der Tonkunst ist an die Voraussetzung geknüpft, daß die

letzteren bereits erschienen sind. Manuskripte musikalischer Kompositionen dürfen weder in einzelnen Stellen angeführt, noch sonst in fremde Arbeiten oder Sammlungen aufgenommen werden.

2. Angeführt werden (§ 21 Ziff. 1) dürfen nur „einzelne Stellen" eines bereits erschienenen Tonwerkes, nicht auch „kleinere Teile" (§ 19 Ziff. 1) desselben, also z. B nicht ganze Arien oder sonstige formell abgeschlossene, für sich verwendbare Teile einer Oper u. dgl.

3. Über den Begriff der selbständigen literarischen und der selbständigen wissenschaftlichen Arbeit sind im allgemeinen die zu § 19 Ziff. 3 und 4 gemachten Bemerkungen zu vergleichen. Hervorzuheben ist hier nur, daß die Anführung einzelner Stellen eines Tonwerkes nur in einer selbständigen literarischen Arbeit erfolgen darf, also in einer Arbeit, in welcher die angeführten Stellen des Werkes der Tonkunst nicht lediglich zusammengestellt, sondern in Beziehung zu kritisch-ästhetischen, historisch vergleichenden oder ähnlichen sprachlichen Gedankenäußerungen gesetzt werden. Zu den wissenschaftlichen Arbeiten im Sinne des § 21 Ziff. 2 sind nicht nur musikwissenschaftliche Werke im engeren Sinne, sondern auch andere Werke, insbesondere auch wissenschaftliche Zeitschriften, zu rechnen, die nach ihrem Inhalt und nach der Art und Weise ihrer Darstellung ihre Bestimmung bekunden, einem wissenschaftlichen Zwecke zu dienen, vorausgesetzt, daß bei ihnen die aufgenommene Komposition mit dem wissenschaftlichen Inhalt in eine innere Verbindung gebracht wird.

4. Zur Entscheidung der Frage, ob eine die Werke einer größeren Zahl verschiedener Komponisten vereinigende Sammlung kleinerer Kompositionen im Sinne des § 19 Ziff. 3 ihrer Beschaffenheit nach für den Unterricht in Schulen bestimmt ist, wird im einzelnen Falle zu prüfen sein, ob überall auf den Stimmumfang von Schülern erkennbare Rücksicht genommen, der Stoff in der Weise angeordnet ist, daß planmäßig vom Leichteren zum Schwereren fortgeschritten wird, und ob die Texte geeignet ausgewählt und nach pädagogischen Grundsätzen zusammengestellt sind (Mot.). Daß auf dem Titelblatt oder im Vorwort als Zweck der Sammlung der Gebrauch in Schulen angegeben wird, ist selbstverständlich von keiner entscheidenden Bedeutung. Andererseits ist es aber auch nicht erforderlich, daß die Sammlung ausschließlich zu Schulzwecken oder unmittelbar zum Musikunterricht dienen soll. „Die Sammlung muß nur so angelegt sein, daß ihr hauptsächliches, nächstliegendes Verwendungsgebiet der Schulunterricht ist." (Allfeld, Komm. S. 180.)

Nur in Sammlungen, welche für den Unterricht in Musikschulen d. h. in technischen Fachschulen für angehende Musiker bestimmt sind, dürfen kleinere Kompositionen ohne Einwilligung des Komponisten nicht aufgenommen werden. Die Lehrerbildungsanstalten

(Schullehrerseminare) sind, da bei ihnen der Musikunterricht nicht zu einer Fachbildung führen soll, den Musikschulen nicht gleichgestellt.

5. Der § 21 enthält eine erschöpfende Aufzählung der dem Urheber eines Tonwerkes auferlegten Beschränkungen. Eine Vervielfältigung fremder musikalischer Kompositionen in anderen als den hier erwähnten Arbeiten und Sammlungen, z. B. in Gesangbüchern für den Kirchengebrauch, in Kommersbüchern oder in Sammlungen zu einem „eigentümlichen musikalischen Zweck“ darf stets nur mit Einwilligung des Komponisten erfolgen.

6. Wegen der Zulässigkeit von Abänderungen vgl. § 24; wegen der Verpflichtung zur Quellenangabe § 25 und wegen der Befugnis zur Verbreitung, öffentlichen Aufführung und zum öffentlichen Vortrag § 26.

§ 22.

Gestattet der Urheber eines Werkes der Tonkunst einem anderen, das Werk zum Zwecke der mechanischen Wiedergabe (§ 12 Abs. 2 Nr. 5) gewerbsmäßig zu vervielfältigen, so kann, nachdem das Werk erschienen ist, jeder Dritte, der im Inland eine gewerbliche Hauptniederlassung oder den Wohnsitz hat, verlangen, daß ihm der Urheber gegen eine angemessene Vergütung gleichfalls eine solche Erlaubnis erteile; für die Entstehung des Anspruchs begründet es keinen Unterschied, ob der Urheber dem anderen die Vervielfältigung mit oder ohne Übertragung der ausschließlichen Befugnis gestattet. Die Erlaubnis wirkt nur in bezug auf die Verbreitung im Inland und die Ausfuhr nach solchen Staaten, in denen der Urheber keinen Schutz gegen die mechanische Wiedergabe des Werkes genießt. Der Reichskanzler kann durch Bekanntmachung im Reichs-Gesetzblatt für das Verhältnis zu einem Staate, in dem er die Gegenseitigkeit für verbürgt erachtet, bestimmen, inwieweit ein Dritter, auch wenn er im Inland weder eine gewerbliche Niederlassung noch den Wohnsitz hat, die Erlaubnis verlangen darf und daß die Erlaubnis auch für die Ausfuhr nach jenem Staate wirkt.

Gehört als Text zu dem Werke der Tonkunst ein geschütztes Schriftwerk, dessen Urheber einem anderen gestattet hat, es zum

Zwecke der mechanischen Wiedergabe gewerbsmäßig zu vervielfältigen, so finden die Vorschriften des Abs. 1 auch auf den Text Anwendung. An Stelle des Urhebers des Textes ist jedoch der Urheber des Werkes der Tonkunst berechtigt und verpflichtet, die Erlaubnis zu erteilen; er hat, wenn er die Erlaubnis erteilt, dem Urheber des Textes einen angemessenen Teil der Vergütung auszuzahlen.

Der § 22, der die sogenannte Zwangslizenz einführt, ist durch das Gesetz vom 22. Mai 1910 zur Ausführung der revidierten Berner Übereinkunft vom 13. November 1908 eingefügt. In den Motiven dieses Gesetzes wird zur Begründung der Vorschriften des § 22 folgendes ausgeführt: „Wenn künftig auch bei Werken der Tonkunst die Benutzung zur mechanischen Wiedergabe in den Kreis der ausschließlichen Befugnisse des Urhebers und seiner Rechtsnachfolger fällt, so kann ein anderer zu einer solchen Verwertung des Werkes nur auf Grund einer Erlaubnis berechtigt sein, die ihm der Urheber erteilt. Soweit hierüber eine Vereinbarung zustande kommt, ist sie für das Verhältnis der Vertragsteile maßgebend. Kommt ein Vertrag nicht zustande, so eröffnet, wie schon hervorgehoben, das Gesetz in Ansehung der Werke der Tonkunst und auch in Ansehung der als Text zu einem Werke der Tonkunst gehörenden Schriftwerke die Möglichkeit, die Erteilung der Erlaubnis zu solcher Benutzung zu erzwingen.

Voraussetzung für die Zwangslizenz ist, daß der Urheber einem anderen gegen Entgelt gestattet hat, das Werk zum Zwecke der mechanischen Wiedergabe zu vervielfältigen, und daß das Werk erschienen ist. Andernfalls verbietet es die Rücksicht auf das persönliche Recht des Urhebers und sein Interesse an der Bestimmung über Art und Zeit des Hinaustretens seines Werkes in die Öffentlichkeit, ihm eine Pflicht zur Lizenzerteilung aufzuerlegen; nur wenn er selbst dazu geschritten ist, seine Schöpfung durch die entgeltliche Überlassung an andere zur mechanischen Wiedergabe zu verwerten, erscheint es gerechtfertigt, in der vorgeschlagenen Weise in sein grundsätzlich anerkanntes Recht einzugreifen. Solange das Werk nicht erschienen ist, kann, selbst wenn der Urheber zu einem bestimmten privaten Zwecke, etwa aus Anlaß eines Familienfestes, die Übertragung auf ein mechanisches Instrument gestattet haben sollte, ein berechtigtes Interesse der Industrie, die Hingabe der Werkes zur allgemeinen Benutzung zu verlangen, nicht anerkannt werden. Als „erschienen" ist das Werk aber selbstverständlich auch dann anzusehen, wenn, ohne daß die

Noten im Verlagshandel herausgegeben sind, ein Vertrieb des Instruments oder der Vorrichtungen, auf welche die Übertragung erfolgt ist, stattfindet. Wird das Werk von dem Urheber selbst zur mechanischen Wiedergabe benutzt, so steht dies der unentgeltlichen Überlassung an andere nicht gleich. Dagegen begründet es keinen Unterschied, ob der Urheber die mechanische Wiedergabe im Wege der Einzelerlaubnis oder durch Übertragung der ausschließlichen Befugnis selbst, sei es allein, sei es in Verbindung mit dem Abschluß eines Verlagsvertrages, anderen gegen Entgelt gestattet.

Die Verpflichtung, die der Entwurf dem Urheber auferlegt, wird an die Gegenleistung einer angemessenen Vergütung geknüpft. Über die Frage, was im einzelnen Falle als angemessen erscheint, lassen sich gesetzliche Normen nicht aufstellen. Sowohl gegen die zahlenmäßige Bestimmung eines Vergütungssatzes als gegen die Festlegung allgemeiner Regeln über die Bemessung der Vergütung sprechen bei der Verschiedenartigkeit der Verhältnisse, mit denen gerechnet werden muß, erhebliche Bedenken. Die dabei unvermeidliche Schematisierung würde von vornherein eine zutreffende Bewertung der Güte und Bedeutung eines Tonwerkes unmöglich machen; auch könnte eine Festsetzung der Gebühren nur den Verhältnissen, wie sie jetzt liegen, Rechnung tragen, und müßte zu einer Verletzung der Interessen auf der einen oder der anderen Seite führen, sobald sich im Laufe der Zeit jene Verhältnisse ändern. Entsteht im einzelnen Falle Streit über die Höhe der Vergütung, so muß dieser von den Gerichten nach freiem Ermessen, erforderlichenfalls nach Anhörung von Sachverständigen, entschieden werden.

Den Anspruch auf die Erlaubnis soll nur geltend machen dürfen, wer im Inlande eine gewerbliche Hauptniederlassung oder den Wohnsitz hat. Es handelt sich um einen im Interesse der heimischen Industrie für notwendig erachteten Eingriff in das Recht des Urhebers. Damit rechtfertigt es sich, den Kreis der Personen, denen die Vergünstigung zugute kommt, in der bezeichneten Weise zu beschränken. Sie soll namentlich nicht zugunsten der Industrie von Staaten Platz greifen, die ihren Urhebern die Erteilung der Erlaubnis freistellen oder überhaupt keinen Urheberschutz gewähren. Für das Verhältnis zu solchen Staaten, welche zu einer der deutschen Gesetzgebung entsprechenden Regelung der Lizenzpflicht übergehen und die Gegenseitigkeit gewähren, muß allerdings die Möglichkeit bestehen, von der Beschränkung abzusehen. Die zu diesem Zwecke aufgenommene Vorschrift (§ 22 Abs. 1 Satz 3) findet in anderen Reichsgesetzen einen Vorgang (§ 23 Abs. 1 Gesetz zum Schutze der Warenbezeichnungen vom 12. Mai 1894, § 28 Gesetz gegen den unlauteren Wettbewerb vom 7. Juni 1909).

Hinsichtlich des räumlichen Gebietes, innerhalb dessen eine deutsche Zwangslizenz den Urheber in der Geltendmachung seines ausschließlichen Rechtes beschränkt, indem es den Lizenznehmer berechtigt, das Werk zur mechanischen Wiedergabe zu benutzen, ist das Gesetz an die durch den Art. 13 Abs. 2 der revidierten Berner Übereinkunft gezogenen Schranken gebunden. Die Übereinkunft bestimmt, daß die Wirkung von Einschränkungen und Vorbehalten, die sich auf den unionsrechtlichen Grundsatz des unbedingten Schutzes des Komponisten beziehen, ausschließlich auf das Gebiet des Landes begrenzt ist, welches sie angeordnet hat. Außer diesem Gebiete kommen für die Ausübung der zwangsweise gewährten Erlaubnis solche außerhalb der Union stehende Länder in Betracht, in denen entweder die Komponisten gegen mechanische Wiedergabe ihrer Werke nicht geschützt werden oder mit denen besondere Abmachungen über den Gegenstand bestehen oder zustande kommen. Nach Art. 20 der revidierten Übereinkunft besteht die Möglichkeit solcher Abmachungen auch mit Unionsstaaten, die ihrerseits dazu gelangen, die Materie nach ähnlichen Gesichtspunkten zu regeln wie Deutschland. Demgemäß bestimmt § 22 Abs. 1 Satz 2 den Inhalt der deutschen Zwangslizenz in Ansehung ihres örtlichen Bereiches dahin, daß sie nur in bezug auf die Verbreitung im Inlande und auf die Ausfuhr nach solchen Staaten wirkt, in denen der Urheber keinen Schutz gegen die mechanische Wiedergabe des Werkes genießt. Außerdem wird (Satz 2) ebenso, wie hinsichtlich des Kreises der zu dem Anspruch auf die Lizenz berechtigten Personen, für das Verhältnis zu Staaten, in denen die Gegenseitigkeit verbürgt ist, auch hinsichtlich des örtlichen Bereiches der Zwangslizenz die Möglichkeit einer Erweiterung vorbehalten.

Bei der Anwendung der Vorschriften über die Zwangslizenz auf den zu einem Werke der Tonkunst gehörenden Text würde es zu Schwierigkeiten führen, wenn die Verhandlungen hinsichtlich der Komposition und des Textes mit jedem Berechtigten besonders geführt werden müßten. Von der gleichen Erwägung ausgehend bestimmt schon das Gesetz vom 19. Juni 1901 im § 28 Abs. 2, daß für die öffentliche Aufführung von Opern und sonstigen Werken der Tonkunst zu denen ein Text gehört, der Veranstalter nur der Einwilligung desjenigen bedarf, welchem das Urheberrecht an dem musikalischen Teile zusteht. Dem schließt sich Abs. 2 des § 22 für den hier zu regelnden Fall an, daß zu einem Werke der Tonkunst, dessen Vervielfältigung der Urheber nach § 22 Abs. 1 Satz 1 zu erlauben verpflichtet ist, ein geschütztes Schriftwerk gehört, dessen Urheber einem anderen gestattet hat, es zum Zwecke der mechanischen Wiedergabe gewerbsmäßig zu vervielfältigen. Der § 22 gibt aber dem Grundsatze noch eine etwas weitergehende Bedeutung. An Stelle des Urhebers des Textes soll der Urheber des

Werkes der Tonkunst berechtigt und auf Verlangen des Dritten verpflichtet sein, die Lizenz zu erteilen. Aus dieser Verpflichtung des Tonsetzers folgt ohne weiteres, daß, abweichend vom § 28 Abs. 2, eine Willensmeinung des Textdichters, die mit der Erlaubnis im Widerspruche steht, nicht nur dem Dritten, sondern auch dem Tonsetzer gegenüber ohne Bedeutung ist. Das materielle Interesse des Dichters wird durch die Vorschrift gewahrt, daß der Komponist, wenn er an Stelle des Dichters die Erlaubnis erteilt, diesem einen angemessenen Teil der Vergütung auszuzahlen hat."

Im einzelnen ist zu § 22 noch folgendes hervorzuheben:

Die Zwangslizenz tritt ein, sobald das Werk erschienen ist. Ob ein Werk der gewerbsmäßigen mechanischen Wiedergabe zugänglich gemacht werden soll, steht in der freien persönlichen Entschließung des Komponisten. Hat er sich dafür entschieden, diese Art der Wiedergabe einem anderen zu gestatten, so erwächst unter der weiteren Voraussetzung, daß das Werk überhaupt der Öffentlichkeit übergeben, also im gewöhnlichen Sinne des Wortes erschienen ist, der Anspruch auf die Zwangslizenz. Die Entschließung des Komponisten zur Gestattung der gewerbsmäßigen mechanischen Wiedergabe seines Werkes ist aber mit der Übertragung des vollen Urheberrechtes an den Verleger bereits erfolgt.

Ein Anspruch auf die Zwangslizenz soll nur dann nicht erwachsen, wenn der Urheber sein Werk selbst mechanisch vervielfältigt. Dagegen soll die mechanische Vervielfältigung durch den Verleger, dem der Urheber seine ausschließliche Befugnis übertragen hat, den Anspruch auf die Zwangslizenz ohne weiteres begründen.

Der Anspruch auf Erteilung der Zwangslizenz ist an die Gewährung einer angemessenen Vergütung als Gegenleistung in dem Sinne geknüpft, der diesem Begriffe bei gegenseitigen Schuldverhältnissen nach allgemeinen Rechtsgrundsätzen zukommt. Für die Festsetzung der angemessenen Vergütung ist deshalb zunächst der Weg der Vereinbarung gegeben und nur dann erst, wenn eine solche sich nicht erzielen läßt, soll die richterliche Entscheidung eintreten. Für diesen letzteren Fall hat § 22c Abs. 2 einstweilige Verfügungen des Gerichtes ohne Rücksicht auf die für solche Verfügungen nach der Zivilprozeßordnung im allgemeinen erforderlichen Voraussetzungen zugelassen und damit dem Bedürfnisse der Industrie, auch im Falle von Streitigkeiten über den Lizenzanspruch möglichst rasch die Fabrikation aufnehmen zu können, besonders Rechnung getragen.

Auf eine bei der Kommissionsberatung angeregte Frage, ob etwa die Vergütung im Sinne des § 22 als Entgelt für die von dem Dritten in Verkehr gebrachte einzelne Platte oder Rolle aufzufassen und beim Mangel einer Einigung in diesem Sinne festzustellen sei, wurde von den Regierungsvertretern unter Hinweis auf den § 23 des Verlagsrechtsgesetzes erwidert, daß die Übertragung eines Tonwerkes auf die phonographische Walze oder Platte rechtlich nicht anders wie eine Vervielfältigung durch den Verleger aufzufassen sei. Die Vergütung sei dementsprechend ein Entgelt für die Erlaubnis der Vervielfältigung, das bei der Erteilung der Erlaubnis, gegebenenfalls bei der Ausführung der Vervielfältigung gezahlt werden müsse.

Der Ausdruck „gewerbliche Niederlassung" im Abs. 1 Satz 3 ist gegenüber dem Ausdruck „gewerbliche Hauptniederlassung" im Satz 1 als der weitere gewählt, weil es sich im Satz 3 darum handelt, zum Ausdruck zu bringen, daß der Reichskanzler, wenn er die Gegenseitigkeit in dem anderen Staate für verbürgt erachtet, in keiner Weise an die im Satz 1 hinsichtlich der Niederlassung bestimmte Voraussetzung gebunden ist.

§ 22a.

Vorrichtungen, die auf Grund einer gemäß § 22 erteilten Erlaubnis hergestellt sind, dürfen mit der im § 22 Abs. 1 Satz 2 festgesetzten Beschränkung ohne eine weitere Erlaubnis zu öffentlichen Aufführungen benutzt werden. Hat der Urheber vor oder nach dem Inkrafttreten dieser Vorschrift die ausschließliche Befugnis zur Aufführung einem anderen übertragen, so hat er dem anderen einen angemessenen Teil der Vergütung auszuzahlen.

Die Vorschriften des Abs. 1 finden auch dann Anwendung, wenn der Urheber freiwillig einem anderen die Erlaubnis erteilt, das Werk zum Zwecke der mechanischen Wiedergabe zu vervielfältigen.

§ 22b.

Hat der Urheber die ausschließliche Befugnis zur mechanischen Wiedergabe einem anderen in beschränktem Umfang übertragen, so ist die im § 22 bestimmte Erlaubnis gleichwohl nur von ihm zu erteilen. Im Falle einer unbeschränkten Übertragung ist die Erlaubnis von dem Rechtsnachfolger zu erteilen.

Die Motive bemerken zu § 22b, daß auch die ausschließliche Befugnis zur mechanischen Wiedergabe eines Werkes wie jede andere im

Urheberrecht enthaltene Befugnis beschränkt oder unbeschränkt auf andere übertragen werden, und daß die Übertragung auch mit Begrenzung auf ein bestimmtes Gebiet geschehen kann. „Im Falle einer beschränkten Übertragung würden an sich in dem Umfange, in dem sie erfolgt ist, auch die Verpflichtung und Berechtigung zur Erteilung von Zwangslizenzen vom Urheber auf den Rechtsnachfolger übergehen. Es liegt aber auf der Hand, daß dies zu erheblichen Verwickelungen führen und die Rechtslage des Lizenznehmers sehr erschweren würde. Mit Rücksicht hierauf bestimmt der § 22b, daß in dem bezeichneten Falle, unbeschadet der im übrigen durch die beschränkte Übertragung geschaffenen Rechtslage der Urheber allein die Zwangslizenz zu erteilen hat. Im Falle einer unbeschränkten Übertragung der ausschließlichen Befugnis ist, wie § 22b im folgenden Satze besonders hervorhebt, die Erlaubnis von dem Rechtsnachfolger zu erteilen."

§ 22 c.

Für Klagen, durch die ein Anspruch auf Erteilung der Erlaubnis geltend gemacht wird, sind, sofern der Urheber im Inland keinen allgemeinen Gerichtsstand hat, die Gerichte der Stadt Leipzig zuständig.

Einstweilige Verfügungen können erlassen werden, auch wenn die in den §§ 935, 940 der Zivilprozeßordnung bezeichneten Voraussetzungen nicht zutreffen.

Bei der auf das Inland beschränkten Geltung der Vorschriften des § 22 würde der Anspruch auf Erteilung der Zwangslizenz in den Fällen, in denen der Urheber im Inlande keinen allgemeinen Gerichtsstand hat, durch den Mangel eines für die Klage auf Erteilung der Erlaubnis zuständigen Gerichtes in der Regel wertlos sein. Um die Durchführung hier zu sichern, sind in den bezeichneten Fällen die Gerichte der Stadt Leipzig für zuständig erklärt.

Der Abs. 2 will dem Bedürfnisse der Industrie entgegenkommen, auch im Falle von Streitigkeiten über den Lizenzanspruch möglichst bald die Fabrikation aufnehmen zu können. Dieser Absicht entspricht es, wenn in Übereinstimmung mit anderen Reichsgesetzen (vgl. § 25 Wettbewerbsges. vom 7. Juni 1909) neben dem § 940 auch § 935 erwähnt ist.

Die §§ 935 und 940 der Zivilprozeßordnung lauten:

§ 935: Einstweilige Verfügungen in Beziehung auf den Streitgegenstand sind zulässig, wenn zu besorgen ist, daß durch eine Veränderung des bestehenden Zustandes die Verwirklichung des Rechtes einer Partei vereitelt oder wesentlich erschwert werden könnte.

§ 940: Einstweilige Verfügungen sind auch zum Zwecke der Regelung eines einstweiligen Zustandes in bezug auf ein streitiges Rechtsverhältnis zulässig, sofern diese Regelung, insbesondere bei dauernden Rechtsverhältnissen zur Abwendung wesentlicher Nachteile oder zur Verhinderung drohender Gewalt oder aus anderen Gründen nötig erscheint.

§ 23.

Zulässig ist die Vervielfältigung, wenn einem Schriftwerk ausschließlich zur Erläuterung des Inhalts einzelne Abbildungen aus einem erschienenen Werke beigefügt werden.

Abbildungen im Sinne des § 23 sind nur die im § 1 Ziff. 3 bezeichneten Abbildungen wissenschaftlicher oder technischer Art, welche nicht ihrem Hauptzwecke nach als Kunstwerke anzusehen sind. Über die Zulässigkeit der Beifügung von bildlichen Darstellungen, die sich wegen ihrer ästhetischen Zweckbestimmung als Werke der bildenden Künste darstellen, und von photographischen Werken ist im § 19 des Gesetzes, betreffend das Urheberrecht an Werken der bildenden Künste und der Photographie vom 19. Januar 1907 Bestimmung getroffen.

Die Abbildungen müssen *einem bereits erschienenen Werke* (Schrift- oder Bildwerk) entnommen sein. Selbständig erschienene Abbildungen, z. B. eine selbständig erschienene Landkarte, dürfen ohne Genehmigung des Urhebers einem Schriftwerke, z. B. einem Reiseführer nicht beigefügt werden.

Nur die Beifügung *einzelner Abbildungen* aus einem erschienenen Werke ist ohne Einwilligung des Urhebers zulässig. Eine Beschränkung auf eine bestimmte Zahl ist im Gesetze nicht ausgesprochen. Der Umfang der Befugnis ist vielmehr von Fall zu Fall nach dem Verhältnisse der entnommenen Abbildungen zu der Zahl der Abbildungen, die das benutzte Werk überhaupt enthält, festzustellen. Jedenfalls dürfen nicht sämtliche Abbildungen des letzteren oder auch nur die größere Mehrzahl derselben zur Beifügung in ein anderes Werk benutzt werden (KommBer. S. 49).

Das Werk, in welches einzelne Abbildungen eines fremden Werkes aufgenommen werden, muß ein *Schriftwerk* sein d. h. im wesentlichen aus einem Texte bestehen. Die Aufnahme einzelner fremder Abbildungen in Werke, die lediglich oder im wesentlichen selbst aus Abbildungen bestehen, ist ohne Genehmigung der Urheber nicht zulässig. Nicht erforderlich dagegen ist es, daß das Schriftwerk, das einzelne fremde Abbildungen aufnimmt, ein selbständiges wissenschaftliches Werk ist. Es ist also insbesondere auch zulässig, Werke, die über bestimmte Gebiete nur einen Überblick in der Form eines Berichtes geben wollen, ohne Einwilligung der einzelnen Urheber mit Abbildungen zu versehen (Komm. Ber. S. 48).

Die einzelnen fremden Abbildungen dürfen endlich dem Schriftwerke nur ausschließlich zur Erläuterung des Inhaltes beigefügt werden. Sie müssen also in eine innere und äußere Verbindung mit dem Inhalte des Schriftwerkes gebracht werden, innerlich dadurch, daß sie den sprachlichen Gedankeninhalt durch seine Veranschaulichung im Bilde vervollständigen und damit gewissermaßen zum Bestandteile des Textes gemacht werden, und äußerlich in der Weise, daß sie mit dem Schriftwerke, sei es durch Einfügung an den betreffenden Stellen des Textes, sei es durch Wiedergabe in einem besonderen Anhang, eine körperliche Einheit bilden, ohne zum Gegenstande eines selbständigen buchhändlerischen Verkehrs gemacht werden zu können.

Änderungen der beigefügten Abbildungen sind nach § 24 unzulässig, und durch § 25 ist auch für die Fälle des § 23 die deutliche Quellenangabe vorgeschrieben.

§ 24.

Auf Grund der §§ 19 bis 23 ist die Vervielfältigung eines fremden Werkes nur zulässig, wenn an den wiedergegebenen Teilen keine Änderung vorgenommen wird. Jedoch sind, soweit der Zweck der Wiedergabe es erfordert, Übersetzungen eines Schriftwerkes und solche Bearbeitungen eines Werkes der Tonkunst gestattet, die nur Auszüge oder Übertragungen in eine andere Tonart oder Stimmlage oder Einrichtungen für die im § 12 bezeichneten Instrumente darstellen. Werden einzelne Aufsätze, einzelne Gedichte oder kleinere Teile eines Schriftwerkes in eine Sammlung zum Schulgebrauch aufgenommen, so sind die für diesen Gebrauch erforderlichen Änderungen gestattet, jedoch bedarf es, solange der Urheber lebt, seiner persönlichen Einwilligung. Die Einwilligung gilt als erteilt, wenn der Urheber nicht innerhalb eines Monats, nachdem ihm von der beabsichtigten Änderung Mitteilung gemacht ist, Widerspruch erhebt.

Das Verbot des § 24, an den wiedergegebenen Teilen eines fremden Schriftwerkes ohne Genehmigung des Urhebers Änderungen vorzunehmen, bezieht sich lediglich auf diejenigen Vervielfältigungen, die in den §§ 19—23 für zulässig erklärt sind. Für die in den §§ 16—18 als zulässig bezeichneten Vervielfältigungen ist, abgesehen von dem im § 18 Abs. 1 enthaltenen Verbote eines sinnentstellenden Abdruckes, ein solches Änderungsverbot nicht aufgestellt.

Auch das für die Fälle der §§ 19—23 gegebene Änderungsverbot erleidet aber dadurch wesentliche Einschränkungen, daß das Gesetz, soweit der Zweck der Wiedergabe es erfordert, für gestattet erklärt:

1. Übersetzungen eines Schriftwerkes;
2. solche Bearbeitungen eines Werkes der Tonkunst, die nur Auszüge oder Übertragungen in eine andere Tonart oder Stimmlage oder Einrichtungen für die im § 12 bezeichneten Instrumente darstellen.

Ob der Zweck der Wiedergabe eine Übersetzung oder Bearbeitung der vorgedachten Art erforderte, muß im einzelnen Falle unter Berücksichtigung des persönlichen Interesses des Urhebers an der unveränderten Wiedergabe seines Werkes einer strengen Prüfung unterzogen werden. Zulässig wird es z. B. sein, in einem wissenschaftlichen Werke Proben aus der spanischen oder portugiesischen Literatur in deutscher Übersetzung wiederzugeben, und was die Zulässigkeit der Bearbeitung von Tonwerken anlangt, so werden hier allerdings bei der Einrichtung für mechanische Musikinstrumente nicht selten weitgehende Änderungen, Weglassungen und Zusätze erforderlich sein, um den Zweck der Wiedergabe namentlich auf kleineren Instrumenten (Drehorgeln, Spieldosen u. dgl.) überhaupt zu ermöglichen. Die Entscheidung über die Notwendigkeit derartiger Änderungen wird wesentlich dem Urteile der Sachverständigen überlassen bleiben müssen (KommBer. S. 53).

In *Sammlungen zum Schulgebrauch* können einzelne Aufsätze, einzelne Gedichte oder kleinere Teile eines Schriftwerkes geändert werden unter der Voraussetzung, daß

1. die Änderungen für diesen Gebrauch erforderlich sind, und
2. die persönliche Einwilligung des Urhebers zu den Änderungen eingeholt ist.

Ob die vorgenommenen Änderungen für den Schulgebrauch erforderlich waren, muß auch hier unter möglichster Rücksichtnahme auf das persönliche Interesse des Urhebers an der unverkürzten Wiedergabe seiner Geistesarbeit beurteilt werden, während andererseits auch die notwendigen Rücksichten auf die pädagogischen Zwecke der Schule, insbesondere das Verständnis der Schüler genommen werden müssen. Jedenfalls sind, wie bei der Beratung des Gesetzes zutreffend hervorgehoben wurde (KommBer. S. 54), nur solche Änderungen zulässig, die tatsächlich für den Schulgebrauch *erforderlich* sind, nicht auch schon solche, die dem Herausgeber der Sammlung nach seiner persönlichen Geschmacksrichtung für diesen Gebrauch wünschenswert erscheinen.

Zur Vornahme von Änderungen an den einzelnen in eine Sammlung zum Schulgebrauch aufgenommenen Aufsätzen usw. ist stets, so lange der Urheber lebt, dessen persönliche Einwilligung erforderlich. Der Einwilligung des gesetzlichen Vertreters des Urhebers, seiner Rechtsnachfolger oder seines Verlegers bedarf es nicht, so daß es für Änderungen, deren Urheber verstorben ist, einer Einwilligung überhaupt nicht bedarf. Im übrigen ist die Einwilligung an eine bestimmte Form nicht gebunden; sie gilt auch hier, wie im § 19 Ziff. 4, als stillschweigend erteilt, wenn der Urheber nicht innerhalb eines Monats, nachdem ihm von der beabsichtigten Änderung Mitteilung gemacht ist, in unzweideutiger Weise Widerspruch erhebt.

Durch Vornahme einer nach § 24 unzulässigen Änderung wird die ganze Wiedergabe unzulässig und unterliegt dann der im § 38 Abs. 2 enthaltenen Strafbestimmung.

War eine aus den Werken mehrerer Schriftsteller zum Schulgebrauch veranstaltete, den Bestimmungen des § 24 nicht entsprechende Sammlung zum Schulgebrauch ganz oder zum Teil noch unter der Herrschaft des Nachdrucksgesetzes vom 11. Juni 1870 erschienen, so bleibt die Befugnis des Herausgebers (Bearbeiters) zur weiteren Vervielfältigung und Verbreitung unberührt (§ 62).

§ 25.

Wer ein fremdes Werk nach Maßgabe der §§ 19 bis 23 benutzt, hat die Quelle deutlich anzugeben.

Dem Erfordernis der Quellenangabe wird nur dann genügt, wenn die Quelle deutlich, d. h. dem Leser erkennbar und verständlich angegeben wird. Die Quellenangabe muß also in räumliche Beziehung zu der entlehnten Stelle des fremden Werkes gesetzt werden und darf zu Mißverständnissen keine Veranlassung geben, was namentlich bei Abkürzungen zu beachten ist. Bei Entlehnung von Liedertexten, einzelnen Gedichten oder selbständigen kleineren Aufsätzen wird der Regel nach die Anführung des Namens des Urhebers als Quellenangabe genügen (KommBer. S. 57), während bei Anführungen aus Büchern, wissenschaftlichen Werken u. dgl., sowie bei der Beifügung von Abbildungen aus fremden Werken zur Erreichung der Deutlichkeit der Quellenangabe auch die Bezeichnung des benutzten Werkes gefordert werden muß.

Die Verletzung der Pflicht zur deutlichen Quellenangabe wird nicht als Nachdruck, sondern nach § 44 als Übertretung mit Geldstrafe bis zu 150 M. bestraft. Über Vernichtung, Entschädigungspflicht und Buße s. Anm. zu § 44.

§ 26.

Soweit ein Werk nach den §§ 16 bis 21, 23, 24 ohne Einwilligung des Berechtigten vervielfältigt werden darf, ist auch die Verbreitung, die öffentliche Aufführung sowie der öffentliche Vortrag zulässig.

Die jetzige Fassung des § 26 beruht auf Art. 1 Ziff. 8 des Gesetzes vom 22. Mai 1910 betr. die Ausführung der revidierten Berner Übereinkunft vom 13. November 1908. Die Erwägungen, auf Grund deren durch die Bestimmungen der §§ 16, 21, 23 und 24 die ausschließliche Befugnis des Urhebers zur Vervielfältigung eingeschränkt ist, führen von selbst dahin, daß unter den gleichen Voraussetzungen es auch ermöglicht sein muß, das Werk ohne Einwilligung des Urhebers zu verwerten, also es zu verbreiten, öffentlich aufzuführen oder öffentlich vorzutragen. Mit der durch Art. 1 Ziff. 7 erfolgten Änderung des § 22 ist die Benutzung von Werken der Tonkunst zur mechanischen Wiedergabe aus der Zahl der Fälle ausgeschieden, in denen eine Vervielfältigung ohne Einwilligung des Berechtigten stattfinden darf. Der § 22 ist daher jetzt im § 26 nicht mehr erwähnt.

§ 27.

Für öffentliche Aufführungen eines erschienenen Werkes der Tonkunst bedarf es der Einwilligung des Berechtigten nicht, wenn sie keinem gewerblichen Zwecke dienen und die Hörer ohne Entgelt zugelassen werden. Im übrigen sind solche Aufführungen ohne Einwilligung des Berechtigten zulässig:

1. wenn sie bei Volksfesten, mit Ausnahme der Musikfeste, stattfinden;
2. wenn der Ertrag ausschließlich für wohltätige Zwecke bestimmt ist und die Mitwirkenden keine Vergütung für ihre Tätigkeit erhalten;
3. wenn sie von Vereinen veranstaltet werden und nur die Mitglieder sowie die zu ihrem Hausstande gehörigen Personen als Hörer zugelassen werden.

Auf die bühnenmäßige Aufführung einer Oper oder eines

sonstigen Werkes der Tonkunst, zu welchem ein Text gehört, finden diese Vorschriften keine Anwendung.

Im § 27 hat das Gesetz „zur Schonung hergebrachter Gewohnheiten" die ausschließliche Befugnis des Komponisten zur öffentlichen Aufführung seines — bereits im Verlagshandel erschienenen — Werkes in folgenden Fällen beschränkt:

1. Die öffentliche Aufführung ist ohne Einwilligung des Berechtigten zulässig, wenn sie keinem gewerblichen Zwecke dient und die Hörer ohne Entgelt zugelassen werden.

Zu den öffentlichen Aufführungen, die keinem gewerblichen Zwecke dienen, gehören insbesondere die öffentlichen Aufführungen für dienstliche Veranstaltungen der Militär- und Marine-, der Kirchen- und Schulverwaltung, also z. B. die dienstlich angeordneten militärischen Promenadenkonzerte auf öffentlichen Plätzen, die Aufführungen beim Gottesdienste in der Kirche, bei Begräbnissen oder Prozessionen und die Aufführungen bei Schulfesten oder dgl., sowie auch Aufführungen, die von einer Gemeindeverwaltung bei Festzügen, patriotischen Festen usw. veranstaltet werden (KommBer. S. 59). Im Gegensatze hierzu stehen die Aufführungen in Gastwirtschaften, die direkt oder auch nur indirekt zur Förderung des Wirtschaftsbetriebes gewerbliche Zwecke verfolgen, und nicht minder auch die Aufführungen der Kurkapellen in Badeorten, die von dem Besitzer des Bades, der an dem Badebetriebe finanziell beteiligt ist und eine Kurtaxe erhebt, veranstaltet werden, um damit ein Mittel zu schaffen, die Annehmlichkeiten des Badelebens zu erhöhen und den Besuch des Bades zu steigern (Urt. der RG. vom 18. Oktober 1909, Das Recht 13 Nr. 3508).

Die Form, in welcher ein Entgelt für die Aufführung von den Hörern erhoben wird, ob durch direkten Verkauf von Eintrittskarten oder indirekt durch Erhebung einer höheren Garderoben- oder Programmgebühr oder auch durch Ausstellung von Mitgliedskarten an Stelle von Eintrittskarten, ist gleichgültig.

2. Ohne Einwilligung des Berechtigten ist ferner die öffentliche Aufführung zulässig, wenn sie bei Volksfesten, mit Ausnahme der Musikfeste, stattfindet.

Volksfeste im Sinne des § 28 sind die nicht dem geschäftlichen Interesse einzelner Veranstalter, sondern dem allgemeinen Interesse und der allgemeinen Unterhaltung dienenden, grundsätzlich jedermann zugänglichen Feste. Es gehören dahin namentlich allgemeine patriotische Feste, Kirchweihfeste, lokale Schützenfeste u. dgl., nicht aber die von einzelnen privaten Unternehmern, Wirten, Vereinen, Kurverwaltungen u. dgl. unter dem bloßen Namen eines Volksfestes arrangierten Festlichkeiten. Musikalische Aufführungen, die im Rahmen eines Volksfestes veranstaltet werden, bedürfen der Einwilligung des Berechtigten nicht, und dies gilt insbesondere auch für Straßenumzüge mit Musik und von Tanzlustbarkeiten, die gelegentlich eines solchen Festes stattfinden.

Anders liegt die Sache bei den Musikfesten, die ohne speziell volkstümliche Bedeutung vorwiegend musikalischen, künstlerischen Zwecken dienen. Zu allen musikalischen Aufführungen eines solchen Festes ist die Einwilligung des Berechtigten erforderlich.

Ob im einzelnen Falle ein Sängerfest als Volksfest oder als Musikfest anzusehen ist, muß nach dem Zwecke und der Art der Veranstaltung des Festes entschieden werden (KommBer. S. 59). Es wird hier wesentlich darauf ankommen, ob gesellschaftliche und unterhaltende Zwecke oder musikalische Interessen vorwiegen.

3. Der Einwilligung des Berechtigten bedarf es weiterhin nicht, wenn der Ertrag der Aufführung ausschließlich für wohltätige Zwecke bestimmt ist und die Mitwirkenden keine Vergütung für ihre Tätigkeit erhalten.

Der Begriff des wohltätigen Zweckes ist eng zu begrenzen; er umfaßt jedenfalls nur die beabsichtigte Unterstützung einzelner oder, wie bei Überschwemmungen, Erdbeben, Bränden usw., einer unbestimmten Anzahl hilfsbedürftiger Personen oder die Unterstützung eines Krankenhauses oder einer sonstigen Wohltätigkeitsanstalt.

Unter dem Ertrage der Aufführung ist nur der Reinertrag zu verstehen. Die durch Saalmiete, Anzeigen, Billetverkauf u. dgl. entstehenden Kosten der Veranstaltung können von der Gesamteinnahme in Abzug gebracht werden.

Als Mitwirkende sind nur die bei der musikalischen Aufführung mitwirkenden Personen, zu denen übrigens auch der Veranstalter gehört, anzusehen, nicht auch andere Personen, die bei einer mit der musikalischen Aufführung verbundenen rein dramatischen Aufführung (Vorträge usw.) mitwirken, und auch nicht diejenigen Personen, die zur Verwirklichung der Aufführung durch Hergabe des Lokals, Verkauf von Eintrittskarten oder sonstige mechanische Arbeiten beitragen.

Die Mitwirkenden dürfen, wenn die Aufführung ohne Genehmigung des Berechtigten stattfinden soll, unter keinen Umständen eine Vergütung irgend welcher Art, insbesondere also auch nicht einen Ersatz für Reisekosten erhalten. Dies gilt auch für den Fall, daß an Stelle des Künstlers, dessen unentgeltliche Mitwirkung in Aussicht genommen war, unvorhergesehen ein anderer, dem aber Vergütung zu zahlen ist, eintritt (KommBer. S. 59; StenBer. S. 2157, 2160, 2168, 2171, 2454).

Engste Auslegung verlangt endlich auch die Bestimmung, daß es der Einwilligung des Berechtigten nicht bedarf:

3. wenn die Aufführung von Vereinen veranstaltet wird und nur die Mitglieder sowie die zu ihrem Hausstande gehörigen Personen als Hörer zugelassen werden.

Nach den in den Motiven des Gesetzes (S. 33) zur Begründung dieser Vorschrift gemachten Ausführungen kommen hier nur solche Vereine (Gesangvereine, Orchestervereine, Liedertafeln u. dgl.) in Betracht, „deren Mitglieder sich in der Hauptsache zu dauernder, gemeinsamer aktiver Musikpflege verbunden haben" (Allfeld, Komm. S. 198), nicht auch solche Vereine, die lediglich zum Zwecke der ein- oder mehrmaligen freien Aufführung eines Werkes der Tonkunst begründet sind. Daß der Verein auch bloße zuhörende, passive Mitglieder aufnimmt, ist ohne Bedeutung; eine unstatthafte Umgehung des Gesetzes würde aber vorliegen, wenn bei den einzelnen Aufführungen fremde Personen gegen ein Eintrittsgeld zugelassen werden, das der Verein in der Form eines Mitgliedsbeitrages erhebt.

Zum Hausstande eines Mitgliedes gehören alle Personen, die mit ihm in häuslicher Gemeinschaft dauernd oder vorübergehend verbunden sind. Ob die Zulassung dieser Personen gegen Entgelt oder unentgeltlich geschieht, ist gleichgültig.

Die im § 27 vorgesehenen Ausnahmen vom ausschließlichen Aufführungsrechte des Komponisten erstrecken sich, wie das Gesetz im Abs. 2 klarstellt, nicht auf die bühnenmäßige d. h. mit szenischen Darstellungsmitteln und dramatischer Handlung veranstaltete Aufführung einer Oper oder eines sonstigen Werkes der Tonkunst, zu welchem ein Text gehört. Demgemäß ist insbesondere auch der Komponist eines Liedertextes unter allen Umständen dagegen geschützt, daß das Lied in einer bühnenmäßigen Opernvorstellung ohne seine Einwilligung als Einlage zum Vortrage kommt. Pantomimen mit musikalischer Begleitung sind zu den im Abs. 2 erwähnten bühnenmäßigen Aufführungen nicht zu rechnen (KommBer. S. 60).

§ 28.

Zur Veranstaltung einer öffentlichen Aufführung ist, wenn mehrere Berechtigte vorhanden sind, die Einwilligung eines jeden erforderlich.

Bei einer Oper oder einem sonstigen Werke der Tonkunst, zu welchem ein Text gehört, bedarf der Veranstalter der Aufführung nur der Einwilligung desjenigen, welchem das Urheberrecht an dem musikalischen Teile zusteht.

Der § 28 stellt im Abs. 1 als Regel den Grundsatz auf, daß zur Veranstaltung einer öffentlichen Aufführung eines Bühnenwerkes oder eines Werkes der Tonkunst, wenn mehrere Berechtigte vorhanden sind, die Einwilligung eines jeden Berechtigten beschafft werden muß.

Dagegen soll es nach Abs. 2 bei Opern oder sonstigen Werken der Tonkunst, zu welchen ein Text gehört, ausnahmsweise genügen, wenn der Komponist oder sein Rechtsnachfolger seine Einwilligung zur Aufführung erteilt. Selbstverständlich bleibt aber der Komponist, wenn er nach dem zwischen ihm und dem Verfasser des Textes bestehenden Rechtsverhältnisse verpflichtet ist, sich seinerseits der Zustimmung des Textdichters zur Aufführung zu versichern, dem letzteren für die Erfüllung dieser Pflicht haftbar (Mot. S. 34). Andererseits wird sich auch der Dritte, der den Mangel der alleinigen Verfügungsberechtigung des Komponisten kennt und trotzdem die Einwilligung des Textdichters nicht einholt, letzterem gegenüber schadensersatzpflichtig und evtl. strafbar machen (§§ 37, 38 Abs. 2).

Im übrigen ist durch Abs. 2 das Urheberrecht des Textdichters nur für die Dauer des Bestehens beider Urheberrechte, des Textdichters und des Komponisten, eingeschränkt; es äußert wieder seine volle uneingeschränkte Wirkung, wenn es noch fortbesteht, während das Urheberrecht des Komponisten an dem musikalischen Teile infolge Ablaufes der Schutzfrist erloschen ist (Urt. des RG. vom 3. Januar 1908. Das Recht Bd. 12 Nr. 916 und betreffs der Fortdauer des Urheberrechtes des Übersetzers des Textes nach Erlöschen des Urheberrechtes des Komponisten: Urt. vom 13. November 1907. Entsch. Ziv. Bd. 67 S. 84).

Als Werke der Tonkunst, zu denen ein Text gehört, sind Ballets, Possen mit Kuplets, Melodramen und ähnliche Werke, bei denen die Musik nur Einleitungs- oder Zwischenaktsmusik ist oder nur einzelne Stellen begleitet und hinter dem Text zurücktritt, nicht anzusehen. Für solche Werke bewendet es bei der Vorschrift des Abs. 1, die den Veranstalter ihrer Aufführung zur Einholung der Einwilligung des Textdichters und des Komponisten verpflichtet.

Dritter Abschnitt.

Dauer des Schutzes.

§ 29.

Der Schutz des Urheberrechts endigt, wenn seit dem Tode des Urhebers dreißig Jahre und außerdem seit der ersten Veröffentlichung des Werkes zehn Jahre abgelaufen sind. Ist die Veröffentlichung bis zum Ablaufe von dreißig Jahren seit dem Tode des Urhebers nicht erfolgt, so wird vermutet, daß das Urheberrecht dem Eigentümer des Werkes zustehe.

Nach § 29 endigt der Schutz des Urheberrechtes bei einem Werke, dessen Veröffentlichung vom Urheber oder einer ihm gesetzlich (§§ 2 ff.) gleichgestellten Person noch bei ihren Lebzeiten unter ihrem wahren Namen bewirkt ist (§ 35), mit dem Ablaufe von dreißig Jahren seit dem Tode des Urhebers.

Wird das Werk erst nach dem Tode des Urhebers veröffentlicht, so endigt sein urheberrechtlicher Schutz jedenfalls erst mit Ablauf einer eigenen Frist von zehn Jahren seit der ersten Veröffentlichung, auch wenn bereits dreißig Jahre seit dem Tode des Urhebers verstrichen sind.

Die Schutzfrist für ein nachgelassenes Werk beträgt also entweder dreißig Jahre seit dem Tode des Urhebers oder zehn Jahre von der ersten Veröffentlichung an, je nachdem aus der einen oder der anderen Berechnung sich eine längere Dauer ergibt (Mot. S. 34).

Ob die Veröffentlichung innerhalb des Deutschen Reiches oder im Auslande erfolgt, ist gleichgültig.

Wenn ein Werk nicht binnen dreißig Jahren seit dem Tode des Urhebers veröffentlicht ist, so tritt zugunsten desjenigen, in dessen Eigentum sich die Handschrift des Werkes befindet, die Vermutung ein, daß ihm auch das Urheberrecht an dem Werke zustehe. Diese Vermutung kann jedoch selbstverständlich durch Tatsachen, welche das Gegenteil dartun, z. B. durch den Nachweis, daß der Besitzer die Handschrift auf unredliche Weise durch Diebstahl, Unterschlagung usw. erhalten habe, entkräftet werden.

Auf Schriften, die schon in früherer Zeit veröffentlicht waren, demnächst aber verloren gegangen und erst später wieder aufgefunden sind, sowie auf Urkunden, Inschriften und ähnliche Gegenstände erstrecken sich die im § 29 vorgesehenen Schutzfristen überhaupt nicht. Die hierher gehörigen Stücke, an denen ein Urheberrecht von Anfang an nicht bestand, unterliegen der freien Verwertung seitens der Wissenschaft. Erläuterungen, die der Herausgeber dem von ihm festgestellten Texte beifügt, sind zwar als solche gegen unbefugte Vervielfältigung geschützt; dagegen kann die bloße Tätigkeit der Entzifferung, Prüfung und Feststellung des Textes für den Herausgeber kein ausschließliches Recht an dem Texte selbst und deshalb auch keinen Schutz gegen Nachdruck desselben begründen (Mot.).

Werke, die noch nicht veröffentlicht sind, können den Urheberrechtsschutz durch Zeitablauf überhaupt nicht verlieren.

Einem nachgelassenen Werke, das bei dem Inkrafttreten des Gesetzes (1. Januar 1902) noch nicht veröffentlicht ist, wird die im § 29 vorgesehene Schutzfrist auch dann zuteil, wenn die bisherige Schutzfrist bereits abgelaufen ist (§ 60).

Wegen der Berechnung der im § 29 bestimmten Schutzfristen s. § 34.

§ 30.

Steht das Urheberrecht an einem Werke mehreren gemeinschaftlich zu, so bestimmt sich, soweit der Zeitpunkt des Todes für die Schutzfrist maßgebend ist, deren Ablauf nach dem Tode des Letztlebenden.

Die Vorschrift des § 30 findet nicht nur dann Anwendung, wenn mehrere ein Werk gemäß § 6 gemeinsam in der Weise verfaßt haben, daß ihre Arbeiten sich nicht trennen lassen, sondern auch dann, wenn auf Grund des § 4 mehreren Herausgebern oder Verlegern das Urheberrecht an einem Sammelwerke gemeinschaftlich zusteht. Im letzteren Falle gilt dies aber nur für das Sammelwerk als Ganzes, nicht auch für die einzelnen Beiträge, aus denen es gebildet ist. Für diese Beiträge wird der Schutz des Urheberrechtes, falls die Urheber genannt sind, für die Lebensdauer der letzteren und dreißig Jahre nach ihrem Tode (§ 29), und wenn die Urheber nicht genannt sind, nur für dreißig Jahre von der ersten Veröffentlichung an (§ 31) gewährt.

Im übrigen kommt, soweit in Ansehung des verstorbenen Miturhebers eine Verlängerung der an sich durch § 29 bestimmten Schutzfrist eintritt, diese Verlängerung stets seinem Rechtsnachfolger und nicht etwa dem überlebenden Miturheber zugute (Mot. S. 35). Nur für den Fall, daß ein Rechtsnachfolger des verstorbenen Miturhebers nicht vorhanden ist, wächst das Recht des letzteren dem Rechte des überlebenden Miturhebers zu.

Keine Anwendung findet § 30 auf diejenigen Fälle, in denen ein Schriftwerk gemäß § 5 mit einem Werke der Tonkunst oder mit Abbildungen verbunden wird. Hier ist die Schutzfrist für jedes einzelne der verbundenen Werke nach der Lebensdauer seines Urhebers besonders zu berechnen.

Für die Berechnung des Schutzfrist ist auch in den Fällen des § 30 die Vorschrift des § 34 maßgebend.

§ 31.

Ist der wahre Name des Urhebers nicht bei der ersten Veröffentlichung gemäß § 7 Abs. 1, 3 angegeben worden, so endigt der Schutz mit dem Ablaufe von dreißig Jahren seit der Veröffentlichung.

Wird der wahre Name des Urhebers binnen der dreißigjährigen Frist gemäß § 7 Abs. 1, 3 angegeben oder von dem Berechtigten zur Eintragung in die Eintragsrolle (§ 56) angemeldet, so finden die Vorschriften des § 29 Anwendung. Das gleiche gilt, wenn das Werk erst nach dem Tode des Urhebers veröffentlicht wird.

Wenn der wahre Name des Urhebers (s. oben S. 23) nicht bei der ersten vom Berechtigten bewirkten (§ 35) Veröffentlichung eines Werkes auf dem Titelblatt, in der Zueignung, in der Vorrede oder am Schlusse (§ 7 Abs. 1) oder, wenn es sich um ein Werk handelt, das öffentlich aufgeführt oder vorgetragen ist, bei der Ankündigung der Aufführung oder des Vortrages (§ 7 Abs. 3) angegeben ist, so endigt der urheberrechtliche Schutz des Werkes mit dem Ablaufe von dreißig Jahren seit der Veröffentlichung. Die längere Frist des § 29 kann aber dadurch gewahrt werden,

1. daß der wahre Name des Urhebers innerhalb der seit der ersten Veröffentlichung laufenden dreißigjährigen Frist bei einer anderweiten Veröffentlichung des Werkes z. B. bei einer neuen Auflage oder bei einer Wiederholung der öffentlichen Aufführung gemäß § 7 Abs. 1, 3 angegeben wird, oder

2. daß der Berechtigte innerhalb der dreißigjährigen Frist seinen wahren Namen zur Eintragung in die bei dem Stadtrat in Leipzig geführte Eintragsrolle (§ 56) anmeldet.

Berechtigt zur Anmeldung sind der Urheber, sein Erbe und derjenige, dem das unbeschränkte Urheberrecht abgetreten ist, der Verleger also nur dann, wenn dies bei ihm zutrifft.

Zur Erlangung der im § 29 bestimmten Schutzdauer bedarf es nur der Anmeldung des wahren Namens, die wirkliche Eintragung ist hierzu nicht erforderlich.

Das nähere über die Eintragsrolle s. bei § 56.

Wenn ein Werk erst nach dem Tode des Urhebers ohne Angabe des wahren Urhebers veröffentlicht wird, so erlischt nach Abs. 2 Satz 2 der urheberrechtliche Schutz desselben nicht erst mit dem Ablaufe von dreißig Jahren nach der Veröffentlichung, sondern mit dem Ablaufe von dreißig Jahren nach dem Tode des Urhebers oder, wenn sich hieraus eine längere Dauer ergibt, mit dem Ablaufe von zehn Jahren nach der ersten Veröffentlichung.

Wegen der Berechnung der Schutzfristen s. § 34.

§ 32.

Steht einer juristischen Person nach den §§ 3, 4 das Urheberrecht zu, so endigt der Schutz mit dem Ablaufe von dreißig Jahren seit der Veröffentlichung. Jedoch endigt der Schutz mit dem Ablaufe der im § 29 bestimmten Fristen, wenn das Werk erst nach dem Tode des Verfassers veröffentlicht wird.

Der urheberrechtliche Schutz eines Werkes, das von einer juristischen Person des öffentlichen oder privaten Rechtes (auch von Aktiengesellschaften, Handelsgesellschaften usw.) herausgegeben wird (§§ 3, 4), endigt im allgemeinen mit dem Ablaufe von dreißig Jahren seit der ersten vom Berechtigten (§ 35) bewirkten Veröffentlichung. Jedoch kann sich der Verfasser des Werkes durch besondere Vereinbarung mit der juristischen Person auch einen längeren Schutz sichern und durch Anmeldung seines wahren Namens zur Eintragsrolle (§ 31 Abs. 2) den Eintritt der Schutzfristen des § 29 erwirken.

Wenn die Veröffentlichung des Werkes erst nach dem Tode des Verfassers erfolgt, so endigt nach Abs. 2 der urheberechtliche Schutz des Werkes mit dem Ablaufe von dreißig Jahren nach dem Tode des Verfassers oder, wenn dies günstiger ist, mit dem Ablaufe von zehn Jahren nach der Veröffentlichung (§ 29).

Über die Berechnung der Schutzfristen s. § 34.

§ 33.

Bei Werken, die aus mehreren in Zwischenräumen veröffentlichten Bänden bestehen, sowie bei fortlaufenden Berichten oder Heften wird jeder Band, jeder Bericht oder jedes Heft für die Berechnung der Schutzfristen als ein besonderes Werk angesehen.

Bei den in Lieferungen veröffentlichten Werken wird die Schutzfrist erst von der Veröffentlichung der letzten Lieferung an berechnet.

Bände sind in sich abgeschlossene größere Teile eines Werkes, fortlaufende Berichte oder Hefte dagegen kleinere in sich abgeschlossene Werkteile im Gegensatz zu den Lieferungen, d. h. solchen Teilen eines in Fortsetzungen erscheinenden Werkes, die für sich keine abgeschlossenen Publikationen bilden, sondern erst zusammen ein Ganzes ausmachen, so daß beim Fehlen einer einzelnen Lieferung das ganze Werk unvollständig sein würde. Wenn allerdings ein in einem Hefte einer Zeitschrift nur zum Teil abgedruckter Aufsatz in späteren Heften fortgesetzt ist, so wird die Schutzfrist ebenso wie bei den in Lieferungen veröffentlichten Werken auch erst von der Veröffentlichung des letzten Heftes, in welchem der Abdruck beendet wird, zu berechnen sein.

Über die Berechnung der Schutzfrist s. § 34.

§ 34.

Die Schutzfristen beginnen mit dem Ablaufe des Kalenderjahrs, in welchem der Urheber gestorben oder das Werk veröffentlicht worden ist.

Das Todesjahr des Urhebers bzw. das Kalenderjahr der ersten Veröffentlichung des Werkes wird also in den Zeitraum der gesetzlichen Schutzfristen (§§ 29—33) nicht mit eingerechnet. Dem Tode des Urhebers steht die Todeserklärung des letzteren (§§ 13—20 BGB.) gleich. Im Falle der Todeserklärung beginnt die Schutzfrist mit dem Ablaufe des Jahres, in welches der im Todeserklärungsurteil (§ 18 BGB. und § 930 ZPO.) festgestellte Zeitpunkt des vermuteten Todes fällt.

Die Beweislast bei der Klage wegen unzulässiger Vervielfältigung usw., d. h. der Nachweis, daß die Schutzfrist zur Zeit der behaupteten Vervielfältigung usw. noch nicht abgelaufen ist, liegt zunächst dem Kläger ob.

§ 35.

Soweit der in diesem Gesetze gewährte Schutz davon abhängt, ob ein Werk erschienen oder anderweit veröffentlicht oder ob der wesentliche Inhalt eines Werkes öffentlich mitgeteilt worden ist, kommt nur eine Veröffentlichung oder Mitteilung in Betracht, die der Berechtigte bewirkt hat.

Nach § 35 sollen alle Vorschriften des Gesetzes, nach denen für die Wirksamkeit des Urheberrechtes die Veröffentlichung, die öffentliche Mitteilung des wesentlichen Inhaltes oder das Erscheinen eines Werkes von Bedeutung ist, nur Platz greifen gegenüber einer Veröffentlichung oder Mitteilung, die durch den Berechtigten bewirkt ist. Es kommen hier die Vorschriften der §§ 10, 11 Abs. 1, 3, §§ 19 bis 23, 27, 29, 31, 32, 38, 39, 53, 55, 60 und 62 des Gesetzes in Betracht. Wer der Berechtigte ist, ergibt sich aus den §§ 1—10; von ihm bewirkt ist die Veröffentlichung usw., wenn sie mit seinem Wissen und Willen erfolgt ist. Eine Handlung, durch die das Werk ohne Erlaubnis des Berechtigten veröffentlicht oder seinem wesentlichen Inhalte nach öffentlich mitgeteilt worden ist, bleibt für den Schutz des Berechtigten außer Betracht.

Vierter Abschnitt.

Rechtsverletzungen.

In den §§ 36 und 37 hat das Gesetz über die Verpflichtung zum Schadensersatz wegen Verletzung des Urheberrechtes, in den §§ 38—41 über die strafrechtlichen Folgen einer solchen Verletzung und die Festsetzung einer Buße und in den §§ 42 und 43 über die Sicherungsmaßregeln zum Schutze des Urheberrechtes Bestimmung getroffen. Der § 44 enthält sodann eine besondere Strafandrohung wegen Unterlassung der Quellenangabe und hieran schließen sich in den §§ 45—53 Vorschriften über den Strafantrag, das Verfahren, die Tätigkeit der Sachverständigenkammern und die Verjährung.

Die zivilrechtlichen Folgen von Eingriffen in das Recht des Urhebers hat das Gesetz nicht erschöpfend geregelt. Soweit sich also aus den allgemeinen Vorschriften des bürgerlichen Rechtes sonstige Ansprüche aus einer Verletzung des Urheberrechtes begründen lassen, bleiben diese unberührt. Dies gilt zunächst von der Zulässigkeit der abwehrenden (negatorischen) Klage, die auf Beseitigung einer bereits vorhandenen Verletzung des Urheberrechtes oder auf Unterlassung künftiger rechtswidriger Eingriffe in das Urheberrecht (§ 1004 BGB.) gerichtet ist. Unberührt bleibt ferner die Zulässigkeit der gemäß § 256 ZPO. auf Feststellung des Bestehens oder Nichtbestehens eines Urheberrechtes gerichteten positiven oder negativen Feststellungsklage, wenn der Kläger ein rechtliches Interesse daran hat, daß dieses Bestehen oder

Nichtbestehen durch richterliche Entscheidung alsbald festgestellt werde, und nicht berührt ist endlich auch in denjenigen Fällen, in denen die Voraussetzungen der Schadensersatzklage nicht gegeben sind, der Anspruch des Berechtigten auf Herausgabe der durch die Urheberrechtsverletzung erzielten ungerechtfertigten Bereicherung (§§ 812 ff. BGB.).

§ 36.

Wer vorsätzlich oder fahrlässig unter Verletzung der ausschließlichen Befugnis des Urhebers ein Werk vervielfältigt, gewerbsmäßig verbreitet oder den wesentlichen Inhalt eines Werkes öffentlich mitteilt, ist dem Berechtigten zum Ersatze des daraus entstehenden Schadens verpflichtet.

Über die Begriffe der Vervielfältigung, der gewerbsmäßigen Verbreitung und der Mitteilung des wesentlichen Inhaltes s. d. Anmerkungen zu § 11.

Vorsätzlich erfolgt die Vervielfältigung usw., wenn sie der Täter mit Willen und mit dem Bewußtsein vornimmt, daß er durch seine Handlung die ausschließliche Befugnis des Urhebers oder seines Rechtsnachfolgers verletzt.

Auch der eventuelle Vorsatz genügt. Dem vorsätzlichen Vervielfältiger usw. steht derjenige gleich, der sich der Möglichkeit eines Eingriffes in ein fremdes Urheberrecht bewußt ist und trotzdem die Vervielfältigung usw. bewirkt. (Vgl. Urt. des RG. vom 15. April 1887, Entsch. Str. Bd. 15 S. 419.)

Auf die Beweggründe und die Absicht des Vervielfältigers usw. kommt es hierbei nicht an; insbesondere bedarf es einer gewinnsüchtigen Absicht oder bei der Vervielfältigung der Absicht der gewerbsmäßigen Verbreitung nicht.

Fahrlässig handelt der Täter, wenn er zwar nicht weiß, daß die Vervielfältigung usw. eine unzulässige ist, aber bei Anwendung der im Geschäftsleben und nach der konkreten Sachlage gebotenen Aufmerksamkeit wissen konnte, daß er durch seine Handlung die ausschließlichen urheberrechtlichen Befugnisse eines anderen verletze.

Als Beispiele solcher Fahrlässigkeit führt Dambach (Urheberrecht S. 133) an: wenn der Nachdrucker das von ihm vervielfältigte Werk überhaupt nicht für ein schutzberechtigtes Original angesehen; wenn er geglaubt hat, daß der Verfasser des Originals bereits vor mehr als dreißig Jahren verstorben sei; wenn er irrtümlich geglaubt hat, daß der Urheber oder der rechtmäßige Verleger zu der Vervielfältigung ihre Einwilligung gegeben hätten usw. „In allen diesen Fällen kann den

Täter der Vorwurf treffen, daß er die schuldige Vorsicht außer Acht gelassen habe, durch deren gehörige Beobachtung er es vermieden haben würde, die bestehenden Urheberrechte anderer zu verletzen." Bei Prüfung und Feststellung der Frage, ob eine Fahrlässigkeit im Sinne des Gesetzes vorliegt, wird jedenfalls ein strenger Maßstab angelegt werden müssen; es muß, wie bereits der Preußische Literarische Sachverständigen-Verein in einem Gutachten vom 31. Dezember 1879 (Dambach, Gutachten II S. 210) zutreffend ausgeführt hat, von den Schriftstellern und Buchhändlern verlangt werden, daß sie sich mit den in ihre literarische bzw. gewerbliche Tätigkeit einschlagenden Verhältnissen und gesetzlichen Bestimmungen genau vertraut machen und bei der Produktion und Publikation eines Schriftwerkes jede Verletzung anderer Autoren und Verleger vermeiden. Dem Verleger wird allerdings der Vorwurf der Fahrlässigkeit daraus allein noch nicht gemacht werden können, daß er ein später sich als Nachdruck ergebendes Werk hat vervielfältigen und verbreiten lassen, das ihm von einem ihm bekannten Autor in Verlag gegeben ist, der bereits anderweit schriftstellerisch tätig war und bei dem er nicht ohne Weiteres voraussetzen konnte, daß er in seinem Werke die Werke anderer Schriftsteller reproduzieren würde (vgl. Dambach, Gutachten II S. 279). Dasselbe gilt, wenn der Verleger die Leitung seines Geschäftes einem geeigneten Vertreter übertragen hat, der dann ohne sein Wissen einen Nachdruck veranstaltet (Urt. des ROHG. vom 28. März 1878, Bd. 24 S. 38), und insbesondere wird auch bei dem Verleger einer Fachzeitschrift die Fahrlässigkeitsschuld nicht lediglich dadurch begründet werden können, daß er die Vorprüfung der gesetzlichen Zulässigkeit des Abdruckes einzelner Artikel aus anderen Zeitschriften nicht persönlich vorgenommen, sondern dem von ihm für sachkundiger gehaltenen, fachwissenschaftlich gebildeten Redakteur überlassen hat (Urt. des RG. vom 11. Oktober 1894, Entsch. Str. Bd. 26 S. 123). Anders liegt die Sache in dem Falle, wo der Verleger einer periodischen Zeitschrift selbst den von ihm gesammelten Stoff dem von ihm bestellten Redakteur zum Abdruck übergeben hat, ohne bei der Auswahl der einzelnen Artikel pflichtmäßig eine Prüfung der gesetzlichen Zulässigkeit ihres Abdruckes vorzunehmen. (Urt. des RG. vom 6. Juni 1890, Entsch. Str. Bd. 20 S. 430.) Der Sortimentsbuchhändler handelt nach den Anschauungen des Verkehrs nicht fahrlässig, wenn er es unterläßt, über die Berechtigung der Verleger, die ihm die bei ihnen erschienenen Werke zum buchhändlerischen Vertriebe überlassen, Erkundigungen einzuziehen (Mot. S. 38). „Bei der mannigfaltigen Ausstattung unseres Büchermarktes mit den verschiedenartigsten literarischen Erzeugnissen ist es für den Sortimentsbuchhändler unmöglich, zu wissen oder zu erfahren, ob ein Werk ganz oder teilweise Nachdruck eines anderen sei, und das ganze, schon ohnehin zeitraubende Geschäft des Sortimentsbuchhändlers würde schwer belastet und darum kostspieliger werden, wenn demselben für jeden Artikel seines Vertriebes eine Erkundigungspflicht inbetreff der Nachdrucksqualität auferlegt würde" (Dambach, Gutachten II S. 86). Wie Allfeld (Komm. S. 226) zutreffend hervorhebt, wird man übrigens regelmäßig auch dem Drucker, der von einem ihm als reell bekannten Verleger den Auftrag zur Drucklegung eines Werkes erhält, eine nähere Prüfung der Berechtigung des Verlegers nicht zumuten können.

Wer vorsätzlich oder fahrlässig eine unzulässige Vervielfältigung usw. eines Werkes vornimmt, ist dem Berechtigten zum Ersatze des daraus entstehenden Schadens verpflichtet.

Als Berechtigter ist derjenige anzusehen, dessen Urheberrechte durch die unzulässige Vervielfältigung usw. verletzt werden. Dies ist zunächst, so lange er seine Urheberrechte noch nicht auf andere Personen übertragen hat, der Urheber selbst und sodann seine Erben oder sonstigen Rechtsnachfolger, auf die seine urheberechtlichen Befugnisse übergegangen sind. Bei einer Übertragung des Urheberrechtes durch Verlagsvertrag können je nach dem Inhalt der in diesem Vertrage getroffenen Vereinbarungen Urheber und Verleger nebeneinander Berechtigte im Sinne des § 36 sein, insbesondere, wenn der Verleger das Urheberrecht nur in einem zeitlich oder örtlich beschränkten Umfange oder mit gegenständlichen Beschränkungen z. B. nur für eine Auflage, nur für eine oder mehrere Sprachen oder bei einem Werke der Tonkunst nur für die Einrichtung für ein bestimmtes Instrument u. dgl. erworben hat.

Wenn mehrere Berechtigte vorhanden sind, kann jeder von ihnen unabhängig von dem anderen seinen Anspruch auf Ersatz des ihm entstandenen Schadens geltend machen.

Darüber, ob durch die vorsätzliche oder fahrlässige unzulässige Vervielfältigung usw. ein Schaden entstanden ist und wie hoch sich der Schaden beläuft, hat nach § 287 ZPO. das Gericht unter Würdigung aller Umstände nach freier Überzeugung zu entscheiden. Ob es hierbei seine eigene Sachkunde verwerten oder Beweismittel der Parteien aufnehmen oder von Amtswegen die Begutachtung durch Sachverständige (Sachverständigenkammer § 49) anordnen will, bleibt seinem Ermessen überlassen; es kann auch anordnen, daß der Beweisführer (Kläger) den Schaden eidlich schätze, in welchem Falle das Gericht jedoch zugleich den Betrag zu bestimmen hat, welchen die eidliche Schätzung nicht übersteigen darf. Im allgemeinen wird allerdings der Verletzte selbst fast nie imstande sein, zahlenmäßig darzutun, welchen Schaden er durch die unzulässige Vervielfältigung usw. erlitten hat, oder welchen Gewinn er gehabt haben würde, wenn der Nachdruck nicht erschienen wäre. Dem Richter wird deshalb gerade hier das Gutachten der Sachverständigen ratend zur Seite stehen müssen.

Die Preußische Literarische Sachverständigenkammer hat sich in Fällen, in denen es sich um den Nachdruck eines in Buchform herausgegebenen Werkes handelt, stets dahin ausgesprochen, daß die von dem Nachdrucker zu leistende Entschädigung im allgemeinen auf den Verkaufswert einer dem wirklichen Absatze des Nachdruckes gleichen Anzahl von Exemplaren des Originalwerkes festzusetzen ist, und daß sich, wenn es sich um einen Nachdruck aus einer Zeitschrift oder aus anderen öffentlichen Blättern (Zeitungen usw.) handelt, die Höhe der Entschädigung nur nach einem gewissen freien Ermessen bestimmen läßt, für dessen Leitung die besonderen Verhältnisse des einzelnen Falles, der Ruf des Verfassers des nachgedruckten Artikels, der Inhalt und Umfang des Artikels, die sonst von dem Verleger der Zeitschrift gezahlten Honorarsätze und ähnliche Umstände maßgebend sein müssen (Daude, Gutachten S. 215, 216, 217, 222). Jedenfalls ist bei Bemessung der Entschädigung neben dem positiven Schaden, der dem Berechtigten durch den Nachdruck usw. entstanden ist, auch der ihm entgangene Gewinn zu berücksichtigen, d. h. der Gewinn, der nach dem gewöhnlichen Laufe der Dinge oder nach den besonderen Umständen, insbesondere nach den getroffenen Anstalten und Vorkehrungen, mit Wahrscheinlichkeit erwartet werden konnte (§ 252 BGB.).

Im Strafverfahren kann der Berechtigte Entschädigung in Form einer an ihn zu erlegenden Buße verlangen. Eine erkannte Buße schließt die Geltendmachung eines weiteren Anspruches auf Schadensersatz aus (§ 40).

Wegen der Verjährung des Anspruchs auf Schadensersatz s. § 51.

§ 37.

Wer vorsätzlich oder fahrlässig unter Verletzung der ausschließlichen Befugnis des Urhebers ein Werk öffentlich aufführt oder öffentlich vorträgt, ist dem Berechtigten zum Ersatze des daraus entstehenden Schadens verpflichtet. Die gleiche Verpflichtung trifft denjenigen, welcher vorsätzlich oder fahrlässig eine dramatische Bearbeitung, die nach § 12 unzulässig ist, öffentlich aufführt oder eine bildliche Darstellung, die nach § 12 unzulässig ist, öffentlich vorführt.

Über die Begriffe des Vorsatzes und der Fahrlässigkeit s. Anm. zu § 36; über die öffentliche Aufführung und den öffentlichen Vortrag Anm. zu § 11 und über die Person des zum Anspruch auf Schadensersatz Berechtigten Anm. zu § 36.

Der Schlußsatz des § 37 verbis „oder eine bildliche Darstellung, die nach § 12 unzulässig ist, öffentlich verführt“, ist durch Art. I Ziff. 9 des Gesetzes vom 22. Mai 1910 zur Ausführung der revidierten Berner Übereinkunft vom 13. November 1908 eingefügt.

Inbetreff der Höhe des wegen einer unzulässigen öffentlichen Aufführung dem Berechtigten zu leistenden Entschädigung hatte das frühere Nachdrucksgesetz vom 11. Juni 1870 im § 55 die ausdrückliche Bestimmung getroffen, daß sie in dem ganzen Betrage der Einnahme von jeder Aufführung ohne Abzug der auf dieselbe verwendeten Kosten bestehen solle, daß ferner, wenn das Werk in Verbindung mit anderen Werken aufgeführt worden, unter Berücksichtigung der Verhältnisse ein entsprechender Teil der Einnahme als Entschädigung festgesetzt und endlich, wenn die Einnahme nicht zu ermitteln oder eine solche nicht vorhanden gewesen, der Betrag der Entschädigung vom Richter nach freiem Ermessen festgestellt werden solle. Das Gesetz vom 19. Juni 1901 hat dagegen davon abgesehen, für die Berechnung des Schadens bestimmte Grundsätze aufzustellen, die Entscheidung über die Höhe der Entschädigung vielmehr auch hier dem freien Ermessen des Gerichtes überlassen. Das Gericht wird hierbei stets die besonderen Verhältnisse des einzelnen Falles, den Ort, an welchem die Aufführung stattgefunden hat, die Frage, ob das Bühnenwerk ganz oder nur zum Teil, allein oder in Verbindung mit anderen Werken zur Aufführung gebracht ist, und ähnliche Momente berücksichtigen müssen, im allgemeinen aber bei seiner freien Schadenswürdigung nicht fehlgreifen, wenn es in der Regel von der Einnahme aus der unbefugten Aufführung und davon ausgeht, daß der Urheber, wenn seine Einwilligung zur öffentlichen Aufführung erbeten und erteilt worden wäre, den üblichen Prozentsatz aus der Einnahme als Tantieme erhalten haben würde (Daude, Gutachten S. 227).

Im Strafverfahren kann der Berechtigte Entschädigung in Form einer Buße verlangen, deren Zuerkennung alsdann die Geltendmachung eines weiteren Anspruches auf Schadensersatz ausschließt (§ 40).

§ 38.

Mit Geldstrafe bis zu dreitausend Mark wird bestraft:

1. wer in anderen als den gesetzlich zugelassenen Fällen vorsätzlich ohne Einwilligung des Berechtigten ein Werk vervielfältigt oder gewerbsmäßig verbreitet;
2. wer in anderen als den gesetzlich zugelassenen Fällen vorsätzlich ohne Einwilligung des Berechtigten ein Bühnenwerk, ein Werk der Tonkunst oder eine dramatische Bearbeitung,

die nach § 12 unzulässig ist, öffentlich aufführt oder eine bildliche Darstellung, die nach § 12 unzulässig ist, öffentlich vorführt oder ein Werk, bevor es erschienen ist, öffentlich vorträgt.

War die Einwilligung des Berechtigten nur deshalb erforderlich, weil an dem Werke selbst, an dessen Titel oder an der Bezeichnung des Urhebers Änderungen vorgekommen sind, so tritt Geldstrafe bis zu dreihundert Mark ein.

Soll eine nicht beizutreibende Geldstrafe in Gefängnisstrafe umgewandelt werden, so darf deren Dauer in den Fällen des Abs. 1 sechs Monate, in den Fällen des Abs. 2 einen Monat nicht übersteigen.

Im Gegensatz zum früheren Nachdrucksgesetz vom 11. Juui 1870 hat das Gesetz vom 19. Juni 1901 die fahrlässigen Verletzungen des Urheberrechtes aus dem Kreise der strafbaren Handlungen ausgeschieden mit Rücksicht auf das gleiche Vorgehen verschiedener ausländischer Gesetzgebungen und den Umstand, daß auch im Deutschen Reiche auf den verwandten Gebieten des Patentrechtes, des Gebrauchsmusterschutzes und des Schutzes der Warenzeichen nur die vorsätzliche Rechtsverletzung mit Strafe bedroht wird.

Wegen der Begriffe der Vervielfältigung, der gewerbsmäßigen Verbreitung, der öffentlichen Aufführung und Vorführung sowie des öffentlichen Vortrages s. die Anm. zu den §§ 11 ff. und wegen der Vorsätzlichkeit Anm. zu § 36.

Die vorsätzliche unbefugte Vervielfältigung ist vollendet, sobald ein Exemplar des Nachdruckes des ganzen Werkes oder eines Teiles desselben, also auch eines einzelnen Druckbogens oder einer einzelnen Lieferung in der zur Verbreitung bestimmten verkehrsfähigen Gestalt ohne Einwilligung des Berechtigten hergestellt ist. Die Herstellung eines bloßen Probedruckes (Korrekturbogens) genügt nicht.

Der Ort der begangenen Vervielfältigung ist der Ort der Herstellung der Nachdrucksexemplare, in der Regel also der Ort, an welchem der Druck erfolgt, jedoch ist in dem Falle, daß der Druck von einem anderen Orte aus, z. B. vom Wohnsitze des Verlegers aus angeordnet wird, auch dieser Ort als Begehungsort anzusehen. Der Ort der Verbreitung kommt nicht in Betracht.

Täter der vorsätzlichen unbefugten Vervielfältigung ist derjenige, der die Nachdrucksexemplare mit Willen und mit dem Bewußtsein der Rechtswidrigkeit seiner Handlungsweise entweder selbst herstellt oder, wie es bei dem Verleger regelmäßig der Fall sein wird, durch einen anderen herstellen läßt. Als Täter können demnach auch der Besitzer oder der Leiter der Druckerei, in welcher die Vervielfältigung erfolgt, in Betracht kommen, wenn bei ihnen das Bewußtsein, in ein fremdes Urheberrecht einzugreifen, festgestellt werden kann. Bei dem in der Druckerei beschäftigten, an der Herstellung der Vervielfältigungen beteiligten Hilfspersonal wird der zu ihrer strafrechtlichen Verfolgung erforderliche Vorsatz nur in den seltensten Fällen nachgewiesen werden können.

Inbetreff der Teilnahme an der unbefugten Vervielfältigung (Mittäterschaft, Anstiftung und Beihilfe) finden ebenso wie hinsichtlich der Begünstigung die allgemeinen Grundsätze des Strafgesetzbuches (§§ 47, 48, 49 und 257) Anwendung.

Die vorsätzliche unbefugte gewerbsmäßige Verbreitung ist vollendet, sobald auch nur ein Exemplar des Nachdruckes aus dem Kreise der bei der Herstellung beteiligten Personen hinaus zu dem seiner Bestimmung entsprechenden Gebrauch an andere Personen gelangt.

Als Ort der begangenen Verbreitung ist sowohl der Ort anzusehen, an welchem ein Verbreitungsakt vorgenommen wird, als auch der, wo die Nachbildung anderen als den bei der Herstellung beteiligten Personen wirklich zugänglich wird (vgl. Urt. RG. vom 17. Juni 1892, Entsch. Str. Bd. 23 S. 156; s. ebenda, Bd. 20 S. 146, 169; Bd. 19 S. 147 u. a. m.).

Als Täter der vorsätzlichen unbefugten gewerbsmäßigen Verbreitung kommen der Verleger, die Sortimentsbuchhändler, Musikalienhändler, Kolportagebuchhändler u. dgl. in Betracht, wenn sie mit Willen und mit dem Bewußtsein von der Nachdruckseigenschaft der betreffenden Exemplare die gewerbsmäßige Verbreitung vornehmen oder durch andere vornehmen lassen. Für die Mittäterschaft, Anstiftung und Teilnahme finden auch hier die diesbezüglichen allgemeinen strafrechtlichen Grundsätze Anwendung.

Die strafbaren Handlungen der vorsätzlichen unbefugten öffentlichen Aufführung eines Bühnenwerkes, eines Tonwerkes oder einer nach § 12 unzulässigen dramatischen Bearbeitung sowie der vorsätzlichen Vorführung einer nach § 12 unzulässigen bildlichen Darstellung und des vorsätzlichen unbefugten Vortrages eines noch nicht erschienenen Werkes sind mit der tatsächlich erfolgten gänzlichen oder teilweisen Aufführung, Vorführung usw. vollendet.

Ort der Begehung ist der Ort der öffentlichen Aufführung usw., und was den Täter bei öffentlichen Aufführungen und Vorführungen anlangt, so ist zu beachten, daß als solcher regelmäßig nur der Leiter der Bühne, des Konzertunternehmens, Kinematographentheaters u. dgl. anzusehen ist, der die Auswahl der aufzuführenden

Bühnenwerke und Musikstücke oder der vorzuführenden kinematographischen Bilder zu treffen hat und die Aufführung oder Vorführung tatsächlich ins Werk setzt. (Vgl. Urt. RG. vom 7. November 1896, Entsch. Ziv. Bd. 38 S. 22, Kapellmeister.) In einem Urteil vom 18. Juni 1909 (Sörgel, Jahrbuch 1909 S. 260) hat das Reichsgericht ausgesprochen, daß ein Kurdirektor, der dem Badekapellmeister die selbständige Aufstellung des Programmes übertragen und die Verpflichtung auferlegt hat, keine tantiemepflichtigen Stücke zu spielen, nicht verpflichtet ist, die Gesetzmäßigkeit der Programme in jedem einzelnen Falle zu prüfen und die Ausscheidung tantiemepflichtiger Stücke herbeizuführen, selbst wenn ihm durch den Verletzten bekannt wird, daß eine gesetzwidrige Aufführung von Stücken stattgefunden hat, daß er vielmehr in diesem Falle nur dem Kapellmeister das Spielen tantiemepflichtiger Stücke nachdrücklich zu verbieten hat. Ob der Leiter der Aufführung usw. die in der Gewerbeordnung für Schauspiel-Unternehmer vorgesehene Erlaubnis besitzt oder nicht, und ob oder von wem der Ortspolizeibehörde die etwa erforderliche Anzeige der Aufführung erstattet wurde, ist gleichgültig (vgl. Urt. RG. vom 22. November 1887, Entsch. Str. Bd. 30 S. 339), und ebensowenig kommt es darauf an, ob der Leiter selbst Eigentümer des Theaters usw. ist. Die bei der Aufführung oder Vorführung mitwirkenden Schauspieler, Sänger und Musiker oder die technischen Hilfsbeamten des Leiters (Regisseur, Souffleur usw.) können als Täter, Mittäter oder Gehilfen nur dann strafrechtlich verfolgt werden, wenn sie vorsätzlich und mit dem Bewußtsein der Rechtswidrigkeit der Aufführung usw. bei derselben mitgewirkt haben (vgl. Urt. RG. vom 15. Oktober 1908, Das Recht, Bd. 12 Nr. 3506).

In Übereinstimmung mit den allgemeinen Grundsätzen des Strafrechtes legt das Gesetz vom 19. Juni 1901 bei den im § 38 mit Strafe bedrohten Urheberrechtsverletzungen dem Irrtum des Täters über das Strafgesetz keine Bedeutung bei. Dies gilt namentlich von dem Irrtum des Täters über die gesetzlichen Befugnisse des Urhebers und deren Einschränkungen, die Begriffe der Ausarbeitungen wissenschaftlichen, technischen oder unterhaltenden Inhaltes, die im § 19 enthaltenen Rechtsbegriffe des Anführens und Aufnehmens, die Grenzen der freien Benutzung usw. So hat das Reichsgericht in einem Urteil vom 23. Februar 1905 (Daude, Gutachten S. 165) ausdrücklich ausgesprochen, daß der Begriff der Ausarbeitung wissenschaftlichen Inhalts im Sinne des § 18 Abs. 2 des Gesetzes ein Tatbestandsmerkmal ist und ein Irrtum hinsichtlich dieses Begriffes als Irrtum über das Strafgesetz die Strafbarkeit nicht ausschließt. Derselbe Grundsatz ist in den Urteilen des Reichsgerichts vom 28. November 1902 und vom 30. November 1908 (Entsch. Str. Bd. 36 S. 8 und Bd. 42 S. 83) sowie in dem Urteil vom 29. April 1909 (Das Recht, Bd. 13 Nr. 1834) niedergelegt.

Dagegen steht der Irrtum des Täters über Zivilrechtsverhältnisse dem tatsächlichen Irrtum gleich, bezüglich dessen § 59 Abs. 1 des Strafgesetzbuches bestimmt: „Wenn jemand bei Begehung einer strafbaren Handlung das Vorhandensein von Tatumständen nicht kannte, welche zum gesetzlichen Tatbestande gehören oder die Strafbarkeit erhöhen, so sind ihm diese Umstände nicht zuzurechnen."

Zum Absatz 2 bemerken die Motive: „Der §38 Abs. 2 berücksichtigt den besonderen Fall, daß zwar die Voraussetzungen, unter denen nach Abs. 1 eine Bestrafung eintreten soll, sämtlich zutreffen, daß aber die hiernach strafbare Handlung nur insofern in die ausschließlichen Befugnisse des Urhebers eingreift, als an dem Werke unzulässige Änderungen vorgenommen sind. Diese Möglichkeit ist zunächst dann gegeben, wenn der Urheber die Befugnis, das Urheberrecht zu verwerten, einem anderen einräumt. Im Zweifel gilt der andere nicht als ermächtigt, das Werk auch mit Änderungen wiederzugeben. Ob er eine bloße Erlaubnis zur Benutzung des Werkes erhalten oder ein begrenztes ausschließliches Recht, insbesondere ein Verlagsrecht erlangt hat, oder ob ihm das Urheberrecht ohne Vorbehalt übertragen ist, begründet dabei keinen Unterschied. Ferner gehören dahin die Fälle, in denen das Gesetz einem jeden gestattet, ein geschütztes Werk, ohne daß es überhaupt einer Erlaubnis des Berechtigten bedarf, innerhalb bestimmter Grenzen zu benutzen. Auch hier dürfen, abgesehen von Ausnahmen, wie sie namentlich der § 24 zuläßt, eigenmächtige Änderungen nicht vorgenommen werden. Im allgemeinen muß also, wenn die Benutzung eines fremden Werkes nicht einen Eingriff in das Urheberrecht enthalten soll, das Werk unverändert wiedergegeben werden.

Wer an sich befugt ist, ein fremdes Werk zu vervielfältigen, begeht gleichwohl einen Nachdruck, wenn er in anderen als den gesetzlich zugelassenen Fällen das Werk mit Änderungen abdruckt, in die der Urheber nicht eingewilligt hat. Wer ein so abgeändertes Werk gewerbsmäßig verbreitet, öffentlich aufführt oder, bevor es erschienen ist, öffentlich vorträgt, verletzt gleichfalls die ausschließlichen Befugnisse des Urhebers. Hat er in gutem Glauben gehandelt, so tritt freilich eine Bestrafung nicht ein; dies trifft namentlich dann zu, wenn er über die Grenzen eines ihm vertragsmäßig eingeräumten Rechtes im Irrtum war und sich infolge davon für befugt hielt, die Änderungen vorzunehmen. Ist dagegen die Handlung vorsätzlich begangen, so liegt der Tatbestand des § 38 Abs. 1 vor. Da indessen eine weitaus mildere Beurteilung am Platze ist, wenn es an der erforderlichen Einwilligung des Berechtigten nur für die Änderungen fehlt, so setzt das Gesetz als höchstes Strafmaß dreihundert Mark fest."

Zu den Änderungen gehören gemäß dem Sprachgebrauche des Gesetzes auch Übersetzungen und sonstige Bearbeitungen eines Werkes, sowie selbstverständlich auch Kürzungen und Zusätze im Sinne des § 9, nicht aber Entstellungen des Sinnes eines an sich zulässigerweise (§ 18 Abs. 1) abgedruckten Zeitungsartikels. Der Abdruck eines Zeitungsartikels unter vorsätzlicher Entstellung seines Sinnes ist unzulässig und deshalb nach § 38 Abs. 1 Ziff. 1 strafbar (Allfeld, Kommentar, S. 248).

Die Umwandlung der Geldstrafe erfolgt nach den Vorschriften der §§ 28, 29 StGB. Die Geldstrafe ist also in Gefängnis umzuwandeln, kann aber auch in Haft umgewandelt werden, wenn sie nicht den Betrag von 600 Mark und die an ihre Stelle tretende Freiheitsstrafe nicht die Dauer von sechs Wochen übersteigt. Der Betrag von 3 bis 15 Mark ist einer eintägigen Gefängnisstrafe gleichzuachten. Auf den nach § 29 StGB. möglichen Höchstbetrag der Gefängnisstrafe von einem Jahr darf nicht umgewandelt werden, vielmehr darf die Dauer der Gefängnisstrafe in den Fällen des Abs. 1 sechs Monate, in den Fällen des Abs. 2 einen Monat nicht übersteigen. In den letzteren Fällen kann also stets auf Haft erkannt werden.

Die Strafverfolgung tritt sowohl in den Fällen des Abs. 1 wie in denen des Abs. 2 nur auf Antrag ein. Die Zurücknahme des Strafantrages ist zulässig (§ 45). Wegen der Buße s. § 40.

Die nach § 38 Abs. 6 strafbaren Verletzungen des Urheberrechtes sind Vergehen; ihre Aburteilung gehört zur Zuständigkeit der Strafkammern. Zuwiderhandlungen gegen Abs. 2 sind von den Schöffengerichten abzuurteilen.

Wegen der Verjährung der Strafverfolgung wegen widerrechtlicher Verbreitung oder Aufführung sowie wegen widerrechtlichen Vortrages, s. § 51.

§ 39.

Wer den wesentlichen Inhalt eines Werkes, bevor der Inhalt öffentlich mitgeteilt ist, vorsätzlich ohne Einwilligung des Berechtigten öffentlich mitteilt, wird mit Geldstrafe bis zu eintausendfünfhundert Mark bestraft. Soll eine nicht beizutreibende Geldstrafe in Gefängnisstrafe umgewandelt werden, so darf deren Dauer drei Monate nicht übersteigen.

Die im § 39 mit Strafe bedrohte öffentliche Mitteilung des wesentlichen Inhaltes eines Werkes ist vollendet, sobald die Mitteilung an einen individuell nicht bestimmten Kreis von

Zuhörern erfolgt ist. Ort der Begehung ist derjenige, an welchem die Mitteilung gemacht ist, und als Täter ist anzusehen, wer vorsätzlich, d. h. mit Willen und mit dem Bewußtsein des Eingriffes in die ausschließliche Befugnis des Urhebers die öffentliche Mitteilung bewirkt.

Die Strafverfolgung tritt nur auf Antrag ein. Die Zurücknahme des Antrages ist zulässig (§ 45).

Die nach § 39 strafbare Handlung ist ein Vergehen; ihre Aburteilung gehört zur Zuständigkeit der Strafkammern.

Neben der Strafe kann auf Verlangen des Berechtigten auf eine an ihn zu erlegende Buße bis zum Betrage von 6000 Mark erkannt werden (§ 40).

Wegen der Verjährung der Strafverfolgung s. § 51.

§ 40.

Auf Verlangen des Berechtigten kann neben der Strafe auf eine an ihn zu erlegende Buße bis zum Betrage von sechstausend Mark erkannt werden. Die zu dieser Buße Verurteilten haften als Gesamtschuldner.

Eine erkannte Buße schließt die Geltendmachung eines weiteren Anspruchs auf Schadensersatz aus.

Auf eine Buße kann nur im Strafverfahren und nur auf Verlangen des Berechtigten erkannt werden. Der Berechtigte muß sich, um eine Buße zu erlangen, der öffentlichen Klage als Nebenkläger anschließen (§§ 443 bis 446 StPO.). Der Anschluß muß stets durch Einreichung einer schriftlichen Anschlußerklärung bei dem Gerichte erfolgen (Urt. RG. vom 18. Mai 1903, Entsch. Str. Bd. 36 S. 246); Anträge auf Zuerkennung einer Buße, welche vor erfolgtem Anschluß bei der Staatsanwaltschaft angebracht und später bei dem Gerichte nicht erneuert sind, finden keine Berücksichtigung (Urt. RG. vom 7. November 1890, Entsch. Str. Bd. 21 S. 156). Im übrigen kann der Antrag auf Zuerkennung einer Buße bis zur Verkündung des Urteils erster Instanz gestellt werden; er ist an eine bestimmte Form nicht gebunden, kann also auch mündlich in der Hauptverhandlung (vor der Hauptverhandlung: Urt. RG. vom 7. November 1899, Entsch. Str. Bd. 32 S. 346) gestellt werden, aber nur dann, wenn zugleich den Vorschriften über die Anschlußerklärung (§ 436 Abs. 1 StPO.) entsprochen ist (Urt. RG. vom 18. Mai 1903, Entsch. Str. Bd. 36 S. 246). Der Antrag kann auch mit der Anschlußerklärung verbunden werden (Urt. RG. vom 8. Dezember 1885, Entsch. Str. Bd. 13 S. 186); er kann bis zur Verkündung des Urteils zurückgenommen, nach erfolgter Zurücknahme aber nicht erneuert werden. Wird der Angeklagte freigesprochen oder das Verfahren eingestellt oder die Sache ohne Urteil erledigt, so gilt auch der Antrag ohne weitere Entscheidung für erledigt Von den Erben des Verletzten kann der Anspruch auf Buße nicht erhoben oder fortgesetzt werden (§ 444 Abs. 4 StPO.); sie können einen Entschädigungsanspruch ihres Erblassers nur im Wege des Zivilprozesses verfolgen.

Nach dem Wortlaute des § 40 Abs. 1 kann auf eine Buße erkannt werden. Der Strafrichter ist also nicht verpflichtet, auf eine Buße zu erkennen, und ist zweifellos befugt, dem Berechtigten die Geltendmachung des Entschädigungsanspruches vor dem Zivilgerichte zu überlassen, wenn der Antrag oder die Verhandlung ihm gar keine Anhaltspunkte für das bei Feststellung des Betrages der Buße evtl. eintretende freie Ermessen gewährt. Allein aus dem Grunde, weil die Höhe des wirklich entstandenen Schadens sich nicht mit Sicherheit feststellen läßt, darf allerdings von der Zuerkennung einer Buße nicht abgesehen werden, da dieselbe von einem strikten Nachweise im Gesetze selbst nicht abhängig gemacht worden ist. Nach § 445 Abs. 1 StPO. soll der Nebenkläger allerdings den Betrag, welchen er als Buße verlangt, angeben und ziffernmäßig begrenzen, jedoch kann der ursprünglich angegebene Betrag der verlangten Buße bis zur Verkündung des Urteils erster Instanz erhöht werden (Urteile RG. vom 12. Juli 1886 und 28. September 1881, Rechtspr. RG. in Str. Bd. 8 S. 532 und Bd. 3 S. 544). Auf einen höheren Betrag der Buße als den solchergestalt beantragten darf der Strafrichter allerdings nicht erkennen (§ 445 Abs. 2 StPO.); im übrigen unterliegt aber die Festsetzung der Höhe der Buße lediglich seinem freien Ermessen. In allen Fällen, in welchen dem Urheber eines Schriftwerkes nicht durch Verkauf, sondern durch bloßes Feilhalten von Nachdrucksexemplaren ein Schaden erwächst, wird sich die Höhe des letzteren kaum anders als durch eine Schätzung ermitteln lassen, der eine auf mehr oder weniger schwankenden Unterlagen aufzustellende Wahrscheinlichkeitsberechnung zugrunde liegt, und die gleiche Unsicherheit wird sich regelmäßig auch in allen anderen Fällen einer Verletzung des Urheberrechtes herausstellen, sofern nicht der Angeklagte den Umfang seines rechtswidrigen Geschäftsbetriebes durch seine Buchführung oder sein Geständnis klar legt. Mängel in der strikten Beweisführung werden hier stets vorhanden sein, dieselben sollen aber der Zuerkennung einer Buße nach den Intentionen des Gesetzes grundsätzlich nicht entgegenstehen, zumal das Gericht hier gerade durch die Anhörung von Sachverständigen, insbesondere der Sachverständigenkammern (§ 49) sich ausreichende Grundlagen für die Bemessung der Höhe der Buße verschaffen kann (Urt. RG. vom 9. März 1888, Entsch. Str. Bd. 17 S. 190; 18. März 1880 und 20. Juni 1882, Entsch. Str. Bd. 1 S. 28 und Bd. 6 S. 398).

Daß bei der Bemessung der Buße neben dem dem Berechtigten entstandenen Vermögensschaden auch der ihm durch die Verletzung seiner persönlichen Interessen zugefügte ideelle Schaden berücksichtigt werden kann, unterliegt keinem Bedenken.

Im übrigen darf auf eine Buße stets nur gleichzeitig mit einer wegen derselben Verletzung des Urheberrechtes erkannten kriminellen Strafe („neben der Strafe") erkannt werden. Wird der Angeklagte freigesprochen oder das Verfahren wegen mangelnden Strafantrages eingestellt, so gilt der Antrag auf Buße ohne weitere Entscheidung für erledigt und zwar selbst dann, wenn gemäß § 47 Abs. 2 auf Vernichtung erkannt ist. (Vgl. Goltdammer Archiv, Bd. 35 S. 327.) Das freisprechende strafgerichtliche Urteil steht jedoch der Geltendmachung eines Entschädigungsanspruches im Wege des Zivilprozesses nicht entgegen (vgl. § 14 Abs. 2 Ziff. 1, Einf.-Ges. zur ZPO.).

Wenn mehrere Berechtigte vorhanden sind, so kann jeder von ihnen selbständig den Anspruch auf Zuerkennung einer Buße verfolgen. Der Gesamtbetrag der Buße darf aber auch in solchem Falle den Betrag von 6000 Mark nicht übersteigen.

Mehrere wegen einer und derselben Urheberrechtsverletzung zu einer Buße Verurteilte haften als Gesamtschuldner nach den Bestimmungen der §§ 421 bis 426 BGB.

Die Vollstreckung der Entscheidung auf Buße erfolgt nach § 495 StPO.

Durch die Zuerkennung einer Buße wird die Geltendmachung eines weiteren Entschädigungsanspruches ausgeschlossen, und zwar auch dann, wenn nur ein Teil der verlangten Buße zuerkannt ist. Dagegen schließt ein auf Entschädigung lautendes Zivilurteil die Zuerkennung einer noch weiter gehenden Buße im Strafverfahren nicht aus; jedoch ist die im Zivilprozeß erstrittene Entschädigung bei der Bemessung der Buße zu berücksichtigen.

Durch die Verjährung des Entschädigungsanspruches wird die Zuerkennung einer Buße nicht ausgeschlossen.

§ 41.

Die in den §§ 36 bis 39 bezeichneten Handlungen sind auch dann rechtswidrig, wenn das Werk nur zu einem Teile vervielfältigt, verbreitet, öffentlich mitgeteilt, aufgeführt, vorgeführt oder vorgetragen wird.

Die in den §§ 36 bis 39 angesehenen zivilrechtlichen und strafrechtlichen Folgen einer Verletzung der dem Urheber eines Werkes zustehenden ausschließlichen Befugnisse treten auch dann ein, wenn nur eine teilweise Vervielfältigung usw. des Werkes stattgefunden hat. Vor allem ist also auch der teilweise Nachdruck eines Werkes rechtswidrig. Zu seiner Feststellung und Strafbarkeit ist jedoch in jedem einzelnen Falle eine besondere Prüfung erforderlich, in welchem Verhältnis die aus dem Originalwerke entnommene Masse zu dem ganzen Umfange dieses Werkes steht. An sich genügt allerdings die Wiedergabe des kleinsten Teiles des Originals zum Tatbestande einer partiellen Urheberrechtsverletzung, wenn nur in demselben die Individualität des Werkes sich offenbart (Allfeld, Kommentar S. 253; Gierke, Deutsches Privatrecht I S. 794). Das Reichsgericht hat jedoch stets daran festgehalten, daß ein strafbarer teilweiser Nachdruck im Sinne des Gesetzes jedenfalls dann nicht als vorliegend erachtet werden kann, wenn das quantitative und qualitative Verhältnis des Entlohnten zum Originalwerk ein so unbedeutendes ist, daß eine im wesentlichen identische Wiedergabe des letzteren und damit eine Beeinträchtigung der persönlichen oder vermögensrechtlichen Interessen des Berechtigten nicht angenommen werden kann. Ein teilweiser Nachdruck ist also nur dann anzunehmen, wenn ein irgendwie erheblicher Teil eines fremden Schriftwerkes unbefugt vervielfältigt ist, und die Erheblichkeit des vervielfältigten Teiles ist hierbei nach dem quantitativen und qualitativen Verhältnis zu dem ganzen Schriftwerke zu bemessen (vgl. Urt. RG. vom 2. April 1884, Entsch. Ziv. Bd. 12 S. 113 und Entsch. Str. Bd. 8 S. 430, Bd. 16 S. 352). Die Grenze zwischen der Zulässigkeit wörtlicher Entlehnungen und dem Vorhandensein eines teilweisen Nachdruckes ist nur im Einzelfalle zu ziehen (vgl. Daude, Gutachten S. 45, 129 ff., 132).

Dasselbe gilt für die Feststellung der teilweisen Aufführung eines Werkes der Tonkunst, wo auch nur im Einzelfalle nach den konkreten Umständen, dem Umfang und der Bedeutung des vorgetragenen Teiles des Tonwerkes u. dgl. eine Entscheidung darüber getroffen werden kann, ob eine teilweise Aufführung anzunehmen ist. Für den Begriff der teilweisen öffentlichen Mitteilung, der teilweisen Vorführung und des teilweisen Vortrages sind die gleichen Gesichtspunkte maßgebend, und was die teilweise Aufführung eines Bühnenwerkes anlangt, so ist es zur Erfüllung ihres Tatbestandes nicht erforderlich, daß eine oder mehrere vollständige Scenen oder Akte des Werkes zur Aufführung gelangen. Grundsätzlich muß es hier vielmehr genügen, wenn einzelne Rollen des Werkes ohne Einwilligung des Berechtigten gespielt werden. Ob einer einzigen Rolle eine solche Bedeutung beigemessen werden kann, daß sie als ein wesentlich charakteristischer Teil des ganzen Bühnenwerkes anzusehen ist, muß allerdings auch hier in jedem einzelnen Falle einer besonderen Prüfung unterzogen werden (Daude, Gutachten S. 225).

Wegen der Vernichtung bei nur teilweiser Vervielfältigung s. § 42.

§ 42.

Die widerrechtlich hergestellten oder verbreiteten Exemplare und die zur widerrechtlichen Vervielfältigung ausschließlich bestimmten Vorrichtungen, wie Formen, Platten, Steine, Stereotypen, unterliegen der Vernichtung. Ist nur ein Teil des Werkes widerrechtlich hergestellt oder verbreitet, so ist auf Vernichtung dieses Teiles und der entsprechenden Vorrichtungen zu erkennen.

Gegenstand der Vernichtung sind alle Exemplare und Vorrichtungen, welche sich im Eigentume der an der Herstellung oder der Verbreitung Beteiligten sowie der Erben dieser Personen befinden.

Auf die Vernichtung ist auch dann zu erkennen, wenn die Herstellung oder die Verbreitung weder vorsätzlich noch fahrlässig erfolgt. Das Gleiche gilt, wenn die Herstellung noch nicht vollendet ist.

Die Vernichtung hat zu erfolgen, nachdem dem Eigentümer gegenüber rechtskräftig darauf erkannt ist. Soweit die Exemplare oder die Vorrichtungen in anderer Weise als durch Vernichtung unschädlich gemacht werden können, hat dies zu geschehen, falls der Eigentümer die Kosten übernimmt.

Die im § 42 vorgesehene Vernichtung hat nicht den Charakter einer Strafe, sondern ist eine selbständige Sicherheitsmaßregel zugunsten des Berechtigten.

Um die Vernichtung aussprechen zu können, ist deshalb ein subjektives Verschulden nicht erforderlich; es genügt, daß objektiv ein rechtswidriger Nachdruck oder eine widerrechtliche Verbreitung festgestellt wird, ohne daß es darauf ankommt, ob die Herstellung oder Verbreitung vorsätzlich oder fahrlässig erfolgt ist.

Gegenstand der Vernichtung sind zunächst die rechtswidrig, d. h. unter Verletzung der ausschließlichen Befugnisse des Urhebers hergestellten oder verbreiteten Nachdrucksexemplare, sofern sie sich im Eigentume der an der Herstellung oder der Verbreitung Beteiligten sowie der Erben dieser Personen befinden.

Die Herstellung der Nachdrucksexemplare braucht noch nicht vollendet zu sein; es muß aber mit der Herstellung durch Inangriffnahme des Drucksatzes u. dgl. tatsächlich wenigstens begonnen sein. Bloße Vorbereitungshandlungen, Anschaffung des Papiers usw. können den Antrag auf Vernichtung nicht rechtfertigen.

Die zu vernichtenden Exemplare müssen sich im zivilrechtlichen Eigentume der an der Herstellung oder der Verbreitung faktisch beteiligten Personen, zu denen insbesondere der Drucker und der Verleger gehören, oder der Erben dieser Personen befinden. Der bloße Besitz von Nachdrucksexemplaren, die einem anderen gehören, kann die Vernichtung nicht rechtfertigen.

Ein subjektives Verschulden der Beteiligten ist nicht erforderlich; im übrigen finden die Vorschriften über die Vernichtung auch auf Exemplare Anwendung, die zwar rechtmäßig hergestellt, aber widerrechtlich verbreitet sind; es ist dies, wie die Motive (S. 41) hervorheben, eine Folge der Erweiterung, welche das Recht des Urhebers dem früheren Rechte gegenüber durch die Anerkennung der ausschließlichen Befugnis zur Verbreitung erfahren hat.

Gegenstand der Vernichtung sind ferner die zu der konkreten widerrechtlichen Vervielfältigung ausschließlich bestimmten Vorrichtungen, von denen das Gesetz nur beispielsweise Formen, Platten, Steine und Stereotypen besonders hervorhebt. Die bereits wieder zerlegten Lettern des gewöhnlichen Drucksatzes unterliegen, soweit sie zu jedem anderen Drucke wieder benutzt werden können, nicht der Vernichtung. Ob die Vorrichtungen wirklich bereits benutzt sind oder erst zur Herstellung des Nachdruckes verwendet werden sollen, ist gleichgültig; immer aber müssen auch sie sich im Eigentume der an der Herstellung oder der Verbreitung Beteiligten, sowie der Erben dieser Personen befinden. Subjektives Verschulden der Beteiligten ist auch hier nicht erforderlich.

Die Vernichtung der widerrechtlich hergestellten oder verbreiteten Exemplare ist auch dann noch zulässig, wenn zurzeit des Urteils der Schutz des Werkes gegen unbefugte Vervielfältigung bereits aufgehört hat (Urt. RG. vom 12. Februar 1895, Entsch. Str. Bd. 27 S. 22). Dagegen unterliegen die zur widerrechtlichen Vervielfältigung bestimmten Vorrichtungen nach Erlöschen des Schutzes nicht mehr der Vernichtung.

Ist nur ein Teil des Werkes widerrechtlich hergestellt oder verbreitet, so soll grundsätzlich auch nur auf Vernichtung dieses Teiles und der entsprechenden Vorrichtungen erkannt werden, und zwar auch dann, wenn infolge Aussonderung des betreffenden Teiles der organische Zusammenhang des Werkes zerrissen wird und dieses sich nun als ein wesentlich anderes darstellt. Eine, wenn auch im Gesetze nicht zum

Ausdruck gebrachte, so doch selbstverständliche Einschränkung erleidet dieser Grundsatz insofern, als auch bei nur teilweisem Nachdruck die Vernichtung des ganzen Werkes erfolgen muß, wenn aus äußeren mechanischen Gründen der als Nachdruck erkannte Teil sich von den übrigen Teilen des Werkes nicht trennen läßt, die Ausscheidung also unmöglich ist (Urt. RG. vom 15. Mai 1885, Entsch. Str. Bd. 12 S. 198).

Über das Verfahren zur Herbeiführung der Vernichtung vgl. §§ 46, 47. Für den Vollzug ist im § 42 Abs. 4 die Bestimmung getroffen, daß die Vernichtung von der mit der Vollstreckung betrauten Behörde in der milderen Form der Unbrauchbarmachung vollzogen werden soll, falls der Eigentümer sich zur Übernahme der dadurch entstehenden Kosten verpflichtet.

Wegen der Befugnis der Sachverständigenkammern, über die Vernichtung von Exemplaren und Vorrichtungen auf Anrufen der Beteiligten als Schiedsrichter zu verhandeln und zu entscheiden, s. § 49 Abs. 2.

§ 43.

Der Berechtigte kann statt der Vernichtung verlangen, daß ihm das Recht zuerkannt wird, die Exemplare und Vorrichtungen ganz oder teilweise gegen eine angemessene, höchstens dem Betrage der Herstellungskosten gleichkommende Vergütung zu übernehmen.

Der Berechtigte muß stets einen besonderen Antrag auf Zuerkennung des Rechtes zur Übernahme stellen; in dem Antrage auf Vernichtung ist der Übernahmeantrag nicht ohne weiteres enthalten. In dem Antrage braucht die Höhe der evtl. zu zahlenden Vergütung nicht angegeben zu werden. Das Gericht hat den Betrag der Vergütung, der aber keinenfalls den Betrag der Herstellungskosten übersteigen darf, selbständig nach freiem Ermessen, evtl. nach Anhörung von Sachverständigen zu bestimmen; in dem Urteil ist der Betrag der Vergütung zahlenmäßig festzusetzen.

Im übrigen erwirbt der Berechtigte durch die Zuerkennung des Rechtes auf Übernahme nicht das Eigentum an den widerrechtlich hergestellten usw. Exemplaren oder den zur Vervielfältigung bestimmten Vorrichtungen, sondern nur einen obligatorischen Anspruch auf Übertragung des Eigentumes gegen die vom Gerichte festgestellte Vergütung. Das Eigentum selbst wird erst durch Übergabe Zug um Zug mit der Zahlung erworben.

Wegen des Verfahrens s. §§ 46, 47, die nach § 48 auf die Verfolgung des Übernahmerechtes entsprechende Anwendung finden, und wegen der Befugnis der Sachverständigenkammern, über die Zuerkennung des Übernahmerechtes auf Anrufen der Beteiligten als Schiedsrichter zu verhandeln und zu entscheiden, § 49 Abs. 2.

§ 44.

Wer den Vorschriften des § 18 Abs. 1 oder des § 25 zuwider unterläßt, die benutzte Quelle anzugeben, wird mit Geldstrafe bis zu einhundertfünfzig Mark bestraft.

Nach den Vorschriften der §§ 18 Abs. 1 und 25 ist eine deutliche Quellenangabe erforderlich. Nicht jede beliebige, sondern nur die deutliche Quellenangabe (s. Anm. zu 25 oben S. 72) kann also vor einer Bestrafung nach § 44 schützen.

Die Unterlassung der deutlichen Quellenangabe ist eine Übertretung, für deren Aburteilung das Schöffengericht zuständig ist.

Die Verfolgung tritt nur auf Antrag ein (§ 45). Voraussetzung der Strafbarkeit ist Vorsatz oder Fahrlässigkeit; die Übertretung ist vollendet, sobald ein Exemplar des Werkes (Sammelwerk, Tonwerk, mechanisches Musikinstrument) in oder auf dem die Quellenangabe erfolgen mußte, ohne diese Angabe hergestellt ist. Wegen der Verjährung s. § 53.

Das Mindestmaß der Geldstrafe ist eine Mark; die erkannte Geldstrafe ist für den Fall der Nichtbeitreibung gemäß §§ 28, 29 StGB. in Haft umzuwandeln.

Vernichtung und Entschädigungspflicht ist für die Fälle des § 44 nicht vorgesehen; jedoch kann der Berechtigte, wenn ihm durch die Unterlassung der Quellenangabe ein nachweisbarer Schaden entstanden ist, nach den allgemeinen Grundsätzen der §§ 823, 827 ff. BGB. Ersatz dieses Schadens beanspruchen.

Ein Anspruch auf Buße besteht nicht.

§ 45.

Die Strafverfolgung in den Fällen der §§ 38, 39, 44 tritt nur auf Antrag ein. Die Zurücknahme des Antrags ist zulässig.

Auf den Strafantrag finden die allgemeinen Bestimmungen der §§ 61 ff. StGB. Anwendung. Zum Strafantrage ist danach jeder

Verletzte befugt, und als Verletzter ist derjenige anzusehen, dem zur Zeit der Begehung der rechtswidrigen Handlung diejenige ausschließliche Befugnis zustand, die durch die Handlung verletzt wurde. Wird ein in Verlag gegebenes Werk nachgedruckt, so ist zunächst der Verleger während der Dauer des Vertragsverhältnisses strafantragsberechtigt. Neben ihm ist aber auch der Urheber selbst verletzt, da sein Recht durch den Verlagsvertrag nur nach bestimmten Richtungen und nur zugunsten des Verlegers beschränkt ist, im übrigen aber fortbesteht (Mot. S. 41). Diejenigen, denen lediglich einzelne im Urheberrecht liegende Befugnisse ohne Ausschließlichkeit vertragsmäßig übertragen sind, sind nicht antragsberechtigt. Dasselbe gilt von dritten Personen, deren Vermögenslage durch Eingriff in ein irgendwem zustehendes Urheberrecht benachteiligt wird. (Urt. des RG. vom 9. November 1905, Das Recht Bd. 5 S. 685.) Auf die Erben geht das Antragsrecht nicht über. Sie können also als solche strafbare Eingriffe in das Urheberrecht ihres Erblassers, sofern sie zu Lebzeiten des letzteren geschehen und nicht verfolgt sind, ihrerseits nicht verfolgen (vgl. Urt. des RG. vom 9. Juni 1884, Entsch. Str. Bd. 11 S. 54).

Steht die ausschließliche Befugnis, die durch die rechtswidrige Handlung verletzt wurde, mehreren Personen zu (Miturheber usw.), so ist jede von ihnen zur selbständigen Stellung des Strafantrages berechtigt. Juristische Personen des öffentlichen Rechtes (Akademien, Universitäten usw.), die nach § 5 als Urheber anzusehen sind, haben ihr Strafantragsrecht durch die nach ihren Satzungen zu ihrer Vertretung berufenen Personen auszuüben.

Über die Form des Strafantrages bestimmt § 156 Abs. 2 StPO., daß der Antrag bei einem Gerichte oder bei der Staatsanwaltschaft schriftlich oder zu Protokoll, bei einer anderen Behörde (Behörden und Beamten des Polizei- und Sicherheitsdienstes) schriftlich anzubringen ist. Er kann auch durch einen Bevollmächtigten gestellt werden.

Die Antragsfrist beträgt drei Monate; sie beginnt mit dem Tage, seit welchem der Antragsberechtigte von der Handlung und der Person des Täters Kenntnis gehabt hat (§ 61 StGB.). Der Tag der Kenntniserlangung ist in die dreimonatliche Frist einzurechnen, und letztere selbst endigt also mit dem Anfang des dieselbe Zahl tragenden Tages des dritten Monats. Bei fortgesetzten Verletzungen des Urheberrechtes beginnt die Antragsfrist mit dem Tage des letzten Begehungsaktes der einheitlichen Handlung.

Wenn von mehreren zum Strafantrage Berechtigten einer die dreimonatliche Frist versäumt, so wird dadurch das Recht der übrigen nicht ausgeschlossen (§ 62 StGB.). Der Strafantrag kann nicht geteilt werden; das gerichtliche Verfahren findet gegen sämtliche an der Verletzung des

Urheberrechtes Beteiligte (Täter, Teilnehmer, Anstifter, Begünstiger) statt, auch wenn nur gegen eine dieser Personen auf Bestrafung angetragen ist (§ 63 StGB.). Dies gilt aber nur gegenüber den an einer Urheberrechtsverletzung (Herstellung oder gewerbsmäßigen Verbreitung) Beteiligten. Der Verbreiter von Nachdrucksexemplaren ist nicht als ein an der Herstellung dieser Exemplare Beteiligter anzusehen; der gegen den Hersteller (Nachdrucker) gestellte Strafantrag ergreift also nicht ohne weiteres auch den Verbreiter (Urt. des RG. vom 17. Februar 1886, Entsch. Str. Bd. 28 S. 175).

Durch einen von dem Verletzten ausgesprochenen Verzicht auf den Strafantrag wird die nachherige Stellung dieses Antrages innerhalb der dreimonatlichen Antragsfrist nicht ausgeschlossen (Urt. des RG. vom 31. Januar 1881, Entsch. Str. Bd. 3 S. 221). Im übrigen ist aus dem Verzichte auf den Strafantrag die Einwilligung des Berechtigten zur Vervielfältigung usw. nicht zu folgern.

Die Zurücknahme des Strafantrages ist bis zur Verkündung eines auf Strafe lautenden Urteils zulässig (§ 64 Abs. 1 StGB.); sie ist an eine bestimmte Form nicht gebunden und kann insbesondere auch mündlich bei derjenigen Polizeibehörde erfolgen, bei welcher der Strafantrag gestellt war. Eine nur bedingt ausgesprochene Zurücknahme z. B. für den Fall, daß der Täter die entstehenden Kosten übernimmt, ist wirkungslos. Das Recht zur Zurücknahme erlischt durch die Urteilsverkündung vollständig und lebt nicht wieder auf, wenn das Urteil etwa in der höheren Instanz aufgehoben und die Sache zur anderweiten Verhandlung und Entscheidung in die Instanz zurückgewiesen wird. (Urt. des RG. vom 12. November 1880, Entsch. Str. Bd. 2 S. 420.) Im übrigen ist auch in der Zurücknahme des Strafantrages keine Genehmigung der widerrechtlichen Vervielfältigung usw. zu finden; der Verletzte kann trotz der Zurücknahme auf Schadensersatz klagen und den Antrag auf Vernichtung stellen.

Die rechtzeitige Zurücknahme des Antrages gegen eine als Täter, Teilnehmer oder Begünstiger bei der Urheberrechtsverletzung beteiligte Person hat die Einstellung des Verfahrens auch gegen die anderen Beteiligten zur Folge (§ 64 Abs. 2 StGB.). Durch die Zurücknahme des Antrages gegen den Nachdrucker wird jedoch der auch gegen den gewerbsmäßigen Vertreiber gestellte Strafantrag nicht berührt.

§ 46.

Die Vernichtung der widerrechtlich hergestellten oder verbreiteten Exemplare und der zur widerrechtlichen Vervielfältigung ausschließlich bestimmten Vorrichtungen kann im Wege des bürgerlichen Rechtsstreits oder im Strafverfahren verfolgt werden.

Im Wege des bürgerlichen Rechtsstreites kann die Vernichtung sowohl durch eine selbständige Klage als auch in Verbindung mit einer Entschädigungsklage oder der Unterlassungsklage oder der Feststellungsklage verfolgt werden. Auch kann zum Zwecke der Verfolgung des Anspruches auf Vernichtung einstweilige Verfügung nach §§ 935, 940 ZPO. erlassen und der Arrest angeordnet werden.

Im Strafverfahren kann die Verfolgung der Vernichtung mit der Strafverfolgung verbunden oder selbständig betrieben werden. S. hierüber § 47. Für die Legitimation des den Antrag auf Vernichtung im Strafverfahren stellenden Rechtsanwaltes genügt eine auf den letzteren vom Verletzten ausgestellte gewöhnliche Zivilprozeßvollmacht (Urt. des RG. vom 23. April 1891, Entsch. Str. Bd. 22 S. 258).

Nach § 42 Abs. 4 kann die Vernichtung nur erfolgen, wenn dem Eigentümer gegenüber darauf erkannt ist. Falls also das Strafverfahren nicht gegen den Eigentümer der Exemplare oder Vorrichtungen gerichtet ist, muß dieser zum Verfahren zugezogen und gemäß § 478 Abs. 2 StPO. zur Hauptverhandlung geladen werden.

Der Antrag auf Vernichtung ist an keine Frist gebunden (§ 52).

Wegen der Befugnis der Sachverständigenkammern, auf Anrufen der Beteiligten über die Vernichtung von Exemplaren oder Vorrichtungen als Schiedsrichter zu verhandeln und zu entscheiden s. § 49 Abs. 2.

§ 47.

Auf die Vernichtung von Exemplaren oder Vorrichtungen kann auch im Strafverfahren nur auf besonderen Antrag des Berechtigten erkannt werden. Die Zurücknahme des Antrags ist bis zur erfolgten Vernichtung zulässig.

Der Berechtigte kann die Vernichtung von Exemplaren oder Vorrichtungen selbständig verfolgen. In diesem Falle finden die §§ 477 bis 479 der Strafprozeßordnung mit der Maßgabe Anwendung, daß der Berechtigte als Privatkläger auftreten kann.

Das Gesetz verlangt auch im Strafverfahren stets einen besonderen auf Vernichtung gerichteten Antrag des Berechtigten; in dem Antrage auf Strafverfolgung ist der Antrag auf Vernichtung nicht ohne weiteres mitenthalten.

Der Antrag auf Vernichtung ist an eine Frist nicht gebunden; er ist so lange zulässig, als widerrechtlich hergestellte oder verbreitete Exemplare oder zur widerrechtlichen Vervielfältigung ausdrücklich bestimmte Vorrichtungen vorhanden sind (§ 52). Eine besondere Form ist für den Antrag auf Vernichtung nicht vorgeschrieben; er kann insbesondere auch von vornherein mit dem Antrage auf Strafverfolgung verbunden werden. Die Zurücknahme des Antrages kann nicht nur, wie der Antrag auf Strafverfolgung (§ 64 Abs. 1 StGB.) bis zur Verkündung eines auf Strafe lautenden Urteils, sondern bis zur erfolgten Vernichtung, also auch noch nach eingetretener Rechtskraft des Urteils im Vollstreckungsverfahren erfolgen.

Der Berechtigte kann die Vernichtung von Exemplaren oder Vorrichtungen auch selbständig, d. h. in dem in den §§ 477 bis 479 StPO. geordneten besonderen Verfahren, dem sog. objektiven Strafverfahren verfolgen, wenn die Verurteilung einer bestimmten Person nicht möglich ist. Der Antrag ist alsdann seitens der Staatsanwaltschaft oder des als Privatkläger auftretenden Berechtigten bei demjenigen Gerichte zu stellen, welches für den Fall der Verfolgung einer bestimmten Person zuständig sein würde. Die Verhandlung und Entscheidung erfolgt in einem Termine, auf welchen die Bestimmungen der StPO. über die Hauptverhandlung (§§ 225 ff.) entsprechende Anwendung finden. Personen, welche einen rechtlichen Anspruch auf den Gegenstand der Vernichtung haben, sind, soweit dies ausführbar ist, zum Termine zu laden. Dieselben können alle Befugnisse ausüben, welche einem Angeklagten zustehen, sich auch durch einen mit schriftlicher Vollmacht (gewöhnliche Zivilprozeßvollmacht: oben Anm. zu § 46) versehenen Rechtsanwalt vertreten lassen. Durch ihr Nichterscheinen wird jedoch das Verfahren und die Urteilsfällung nicht aufgehalten. Die Rechtsmittel gegen das Urteil stehen sowohl diesen Personen, als auch der Staatsanwaltschaft und dem als Privatkläger auftretenden Berechtigten zu.

Wenn die Staatsanwaltschaft die öffentliche Klage erhebt, kann sich der Berechtigte dem Verfahren als Nebenkläger anschließen.

§ 48.

Die §§ 46, 47 finden auf die Verfolgung des im § 43 bezeichneten Rechtes entsprechende Anwendung.

Das Recht auf Übernahme der widerrechtlich hergestellten oder verbreiteten Exemplare und der zur widerrechtlichen Vervielfältigung ausschließlich bestimmten Vorrichtungen kann also sowohl im Wege des bürgerlichen Rechtsstreites als im Strafverfahren selbständig oder in Verbindung mit dem auf Strafverfolgung gerichteten Verfahren erfolgt werden. Wie bei der Vernichtung ist aber auch hier stets ein besonderer auf Zuerkennung des Übernahmerechtes gerichteter Antrag erforderlich, der bis zur erfolgten Übernahme der Exemplare oder Vorrichtungen zurückgenommen werden kann.

Im Falle einer selbständigen Verfolgung des Übernahmerechtes finden die §§ 477 bis 479 StPO. mit der Maßgabe Anwendung, daß der Berechtigte als Privatkläger auftreten kann.

Wegen der Befugnis der Sachverständigenkammern, auf Anrufen der Beteiligten über die Zuerkennung des Übernahmerechtes als Schiedsrichter zu verhandeln und zu entscheiden s. § 49 Abs. 2.

§ 49.

Für sämtliche Bundesstaaten sollen Sachverständigenkammern bestehen, die verpflichtet sind, auf Erfordern der Gerichte und der Staatsanwaltschaften Gutachten über die an sie gerichteten Fragen abzugeben.

Die Sachverständigenkammern sind befugt, auf Anrufen der Beteiligten über Schadensersatzansprüche, über die Vernichtung von Exemplaren oder Vorrichtungen sowie über die Zuerkennung des im § 43 bezeichneten Rechtes, ferner in den Fällen des § 22 über den Anspruch auf die Erteilung der Erlaubnis als Schiedsrichter zu verhandeln und zu entscheiden.

Der Reichskanzler erläßt die Bestimmungen über die Zusammensetzung und den Geschäftsbetrieb der Sachverständigenkammern.

Die einzelnen Mitglieder der Sachverständigenkammern sollen nicht ohne ihre Zustimmung und nicht ohne Genehmigung des Vorsitzenden von den Gerichten als Sachverständige vernommen werden.

Die Sachverständigenkammern sind verpflichtet, über die ihnen von den Gerichten und den Staatsanwaltschaften vorgelegten Fragen Gutachten abzugeben. Unter den Gerichten sind nicht nur die ordentlichen, Zivil- oder Strafgerichte, sondern auch Verwaltungsgerichte, Militärgerichte und Disziplinargerichte zu verstehen.

Ein Zwang zur Anhörung der Sachverständigenkammern besteht für die Gerichte und Staatsanwaltschaften nicht; jedoch wird, wenn überhaupt bei Verletzungen des Urheberrechtes die Anhörung von Sachverständigen erforderlich wird, das Gericht schon auf Grund der im § 73 Abs. 2 StPO. und im § 404 Abs. 2 ZPO. gegebenen Vorschriften der Regel nach das Gutachten der Sachverständigenkammer einholen müssen, da dieselbe zu den öffentlich bestellten Sachverständigen im Sinne der vorangeführten Bestimmungen gehört (Urt. des RG. vom 28. Oktober 18881 und 23. November 1891, Entsch. Str. Bd. 5 S. 79 und Bd. 22 S. 258).

In Preußen ist den Justizbehörden durch die Allgemeine Verfügung des Justizministers vom 5. Juli 1882, betr. die Einholung von Gutachten der auf Grund gesetzlicher Vorschriften bestehenden Sachverständigenvereine (JMBl. S. 199) die Einholung der Gutachten der Sachverständigenkammer in Nachdrucksfällen besonders empfohlen. Die Verfügung lautet: „Die hierselbst bestehenden Sachverständigenvereine (jetzt: Sachverständigenkammern), welche auf Grund der gesetzlichen Vorschriften behufs der Begutachtung technischer Fragen in Nachdrucks- und Nachbildungsfällen gebildet sind, werden von den Justizbehörden nicht in dem Maße, wie erwartet werden dürfte, in Anspruch genommen. Namentlich ist es vielfach vorgekommen, daß Gerichte und Staatsanwaltschaften zunächst nicht das Gutachten der Sachverständigenvereine erfordert, sondern einzelne Fabrikanten, Industrielle, Künstler, Handwerker usw. als Sachverständige gehört und erst später, wenn diese Personen ungenügende oder sich widersprechende Gutachten abgegeben hatten, ein Obergutachten der Sachverständigenvereine eingeholt haben.

Ein solches Verfahren, dem die irrige Meinung zugrunde gelegen zu haben scheint, daß die Sachverständigenvereine nur zur Abgabe von Obergutachten berufen seien, ist geeignet, die Tätigkeit dieser Vereine erheblich zu beeinträchtigen, wenn nicht ganz aufzuheben. Es gereicht dies aber nicht minder den Sachen als auch den Parteien zum Schaden, da die als Sachverständige zugezogenen Einzelpersonen häufig die für die Begutachtung erforderliche Erfahrung nicht besitzen, ihnen auch die Urheberrechts-Gesetzgebung überhaupt nicht oder nur in ungenügender Weise bekannt ist, und sie mit den bereits vorhandenen Erscheinungen auf dem literarischen, künstlerischen oder industriellen Gebiete nicht hinreichend vertraut sind, so daß sie vielfach materiell unrichtige Gutachten abgeben.

Ich nehme hieraus Veranlassung, die Justizbehörden auf die angeführten gesetzlichen Vorschriften hinzuweisen und ihnen zu empfehlen, die Gutachten in Nachdrucks- und Nachbildungsfällen von den Sachverständigenvereinen zu erfordern, sofern nicht besondere

Umstände, wie namentlich die durch eine vorläufige Beschlagnahme bedingte Dringlichkeit der Sache, eine Ausnahme erheischen."

Gegenstand der Begutachtung sind, obwohl dies im Gesetz nicht ausdrücklich ausgesprochen ist, grundsätzlich nur technische Fragen, d. h. solche Fragen, welche sich auf die für die Entscheidung des einzelnen Falles erheblichen tatsächlichen Verhältnisse beziehen. Dahin gehört vor allem die technische Prüfung der Übereinstimmung der angeblichen widerrechtlichen Vervielfältigung mit dem Originalwerke, die gutachtliche Äußerung über Einrichtungen und Gebräuche des Buch- oder Musikalienhandels oder über die für die Bemessung der Entschädigung in Betracht kommenden tatsächlichen Verhältnisse usw. Die Beurteilung reiner Rechtsfragen gehört nicht zur Zuständigkeit der Sachverständigenkammern, wodurch jedoch keineswegs ausgeschlossen ist, daß die Kammern bei Beantwortung der ihnen vorgelegten technischen Fragen auch die in Betracht kommenden rechtlichen Umstände in den Kreis ihrer Erörterung ziehen. Hierhin gehört namentlich die Begutachtung der Schutzfähigkeit des Originalwerkes als Schriftwerk, insbesondere als Ausarbeitung wissenschaftlichen, technischen oder unterhaltenden Inhaltes, als eigentümliches Werk der Tonkunst usw., sowie unter Umständen auch die Beurteilung der Frage, ob der Täter vom Standpunkte des buchhändlerischen Verkehrs vorsätzlich oder fahrlässig gehandelt hat.

Die von den Sachverständigenkammern auf Erfordern der Gerichte und der Staatsanwaltschaften erstatteten schriftlichen Gutachten können in der Hauptverhandlung verlesen werden (Urt. des RG. vom 23. November 1891 und vom 29. Januar 1881, Entsch. Str. Bd. 22 S. 258 und Bd. 3 S. 326). Behufs mündlicher Erläuterung des schriftlichen Gutachtens kann das Gericht den Vorsitzenden der Sachverständigenkammer ersuchen, ein Mitglied derselben mit der Vertretung des Gutachtens in der Hauptverhandlung zu beauftragen und dem Gericht zu bezeichnen. (§ 255 Abs. 2 StPO.) Für den Vertreter des Gutachtens genügt die Verweisung bzw. Berufung auf den von ihm als Mitglied der Sachverständigenkammer geleisteten Eid. (Urt. des RG. vom 29. Januar 1881, Entsch. Str. Bd. 3 S. 326).

Zur Erstattung von Gutachten auf Ansuchen von Privatpersonen sind die Sachverständigenkammern nicht befugt, auch sind sie nicht verpflichtet, auf Verlangen anderer Behörden als der Gerichte oder der Staatsanwaltschaften Gutachten abzugeben.

Dagegen sind die Sachverständigenkammern befugt, aber nicht verpflichtet, auf Anrufen der Beteiligten, also nicht blos eines Beteiligten, das Schiedsrichteramt auszuüben, soweit es sich um Schadensersatzansprüche, um die Vernichtung von Exemplaren oder Vorrichtungen, um die Zuerkennung des im § 43 bezeichneten Übernahmerechtes oder in den Fällen des § 22 um die Entscheidung über den Anspruch auf die Erteilung der Erlaubnis handelt.

Für das schiedsrichterliche Verfahren gelten die Vorschriften der §§ 4 bis 9 der unten wiedergegebenen Bestimmungen des Reichskanzlers vom 13. September 1901 in Verbindung mit den §§ 1025 bis 1049 ZPO.

Zur Verhängung von Strafen oder zur Zuerkennung einer Buße sind die Sachverständigenkammern nicht befugt.

Die Bestimmungen des Reichskanzlers über die Zusammensetzung und den Geschäftsbetrieb der Sachverständigenkammern für Werke der Literatur und der Tonkunst vom 13. September 1901 sind im Zentralblatt für das Deutsche Reich 1901 S. 237 abgedruckt und lauten wie folgt:

Auf Grund des § 49 Abs. 3 des Gesetzes, betreffend das Urheberrecht an Werken der Literatur und der Tonkunst, vom 19. Juni 1901 (RGBl. S. 227) wird bestimmt:

§ 1. Für Werke der Literatur und für Werke der Tonkunst werden gesonderte Sachverständigenkammern gebildet. In keinem Bundesstaate soll von solchen Kammern mehr als je eine bestehen.

§ 2. Jede Kammer besteht aus sieben Mitgliedern und aus der erforderlichen Anzahl von Stellvertretern.

§ 3. Die einer Kammer angehörenden Sachverständigen (Mitglieder und Stellvertreter) werden von der Landeszentralbehörde ernannt. Diese ernennt auch den Vorsitzenden und dessen Stellvertreter aus der Zahl der Mitglieder.

Die Sachverständigen werden gerichtlich beeidigt.

§ 4. Auf Erfordern der Gerichte und der Staatsanwaltschaften haben die Kammern ein Gutachten nur abzugeben, wenn

1. in dem Ersuchungsschreiben die zu begutachtenden Fragen einzeln aufgeführt,
2. die Akten und die zu vergleichenden Gegenstände übersandt werden.

§ 5. Der Vorsitzende der Kammer bestellt, sobald der Antrag auf Erstattung eines Gutachtens an ihn gelangt ist, nach seinem Ermessen einen oder zwei Berichterstatter. Diese legen dem Vorsitzenden eine schriftliche Bearbeitung der Sache vor. Die Beschlußfassung der Kammer erfolgt auf Grund mündlicher Beratung in einer von dem Vorsitzenden anzuberaumenden Sitzung nach Stimmenmehrheit; bei Stimmengleichheit gibt die Stimme des Vorsitzenden den Ausschlag.

§ 6. An jedem Beschlusse müssen mindestens fünf Sachverständige mit Einschluß des Vorsitzenden teilnehmen. Mehr als sieben Sachverständige dürfen an dem Beschlusse nicht teilnehmen.

§ 7. Die beschlossenen Gutachten werden ausgefertigt, von den Sachverständigen, die an dem Beschlusse teilgenommen haben, unterschrieben und mit dem Siegel der Kammer versehen.

§ 8. Die Kammer ist befugt, Gebühren für das Gutachten im Betrage von dreißig bis dreihundert Mark zu erheben. Die Gebühren sind von der ersuchenden Behörde der Kammer sofort nach Eingang des Gutachtens kostenfrei zu übersenden.

§ 9. Anträge, durch welche eine Kammer gemäß § 49 Abs. 2 des Gesetzes vom 19. Juni 1901 als Schiedsrichter angerufen wird, sind in beglaubigter Form einzureichen. Auf die Erledigung solcher Anträge finden die Vorschriften der §§ 4 bis 8 entsprechende Anwendung.

§ 50.

Der Anspruch auf Schadensersatz und die Strafverfolgung wegen Nachdrucks verjähren in drei Jahren.

Die Verjährung beginnt mit dem Tage, an welchem die Verbreitung der Nachdruckexemplare zuerst stattgefunden hat.

Der § 50 bestimmt nur über die Verjährung des Anspruches auf Schadensersatz und die Verjährung der Strafverfolgung wegen widerrechtlicher Vervielfältigung (Nachdruck). Die Verjährung des Anspruches auf die Bereicherung ist im § 852 BGB. geregelt, und über die Dauer der Zulässigkeit des Antrages auf Vernichtung ist im § 52 Bestimmung getroffen.

Wegen der Verjährung des Anspruches auf Schadensersatz und der Strafverfolgung wegen widerrechtlicher Verbreitung oder Aufführung sowie wegen widerrechtlichen Vortrages und widerrechtlicher öffentlicher Mitteilung des wesentlichen Inhaltes eines Werkes s. § 51.

Innerhalb der Verjährungsfrist bleiben der Anspruch auf Schadensersatz stets und die Strafverfolgung wegen widerrechtlicher Vervielfältigung so lange zulässig, als die Antragsfrist noch besteht, selbst wenn die Schutzfrist inzwischen ihr Ende erreicht haben sollte.

Wegen der Unterbrechung und Hemmung der Verjährung des zivilrechtlichen Schadensersatzanspruches s. §§ 202 ff. BGB. Durch Schritte, welche der Berechtigte zur Erlangung einer Buße unternimmt, wird diese Verjährung nicht unterbrochen (Urt. des RG. vom 8. Mai 1886, Entsch. Ziv. Bd. 16 S. 6).

Wegen der Unterbrechung und des Ruhens der Verjährung der Strafverfolgung s. §§ 68, 69 StGB.

Die Verjährung beginnt stets mit dem Tage, an welchem die Verbreitung zuerst stattgefunden hat, d. h. dieser Tag wird in die Verjährungsfrist mit eingerechnet, so daß die Verjährung mit dem Beginne des dem Anfangstage derselben entsprechenden Kalendertages ihr Ende erreicht. Vgl. § 67 Abs. 4 StGB., § 188 Abs. 2 BGB. und Urt. des RG. vom 25. Juni 1886, Rechtspr. Str. Bd. 8, S. 493. Wegen des Begriffes der Verbreitung s. oben Anm. zu § 11. Im Sinne des § 50 Abs. 2 hat die Verbreitung stattgefunden, wenn die Nachdrucksexemplare einem bei ihrer widerrechtlichen Herstellung nicht beteiligten Dritten übergeben sind (Urt. des RG. vom 22. Dezember 1884, Entsch. Str. Bd. 11 S. 333), Der Tag der ersten Verbreitung läßt sich, wie bei der Kommissionsberatung des Gesetzes zutreffend hervorgehoben wurde, in den meisten Fällen unschwer bestimmen, und wenn dies einmal nicht möglich sein sollte, so wird das Gericht den ersten Tag des Jahres, in dem sicher die erste Verbreitung stattgefunden hat, als entscheidend annehmen müssen (KommBer. S. 75).

Der Zeitpunkt, zu welchem der Berechtigte von dem Eingriffe in sein Urheberrecht Kenntnis erhalten hat, kommt für die Berechnung der Verjährungsfrist nicht in Betracht.

§ 51.

Der Anspruch auf Schadensersatz und die Strafverfolgung wegen widerrechtlicher Verbreitung oder Aufführung sowie wegen widerrechtlichen Vortrags verjähren in drei Jahren. Das Gleiche gilt in den Fällen der §§ 36, 39.

Die Verjährung beginnt mit dem Tage, an welchem die widerrechtliche Handlung zuletzt stattgefunden hat.

Der § 51 bestimmt über die Verjährung des Anspruches auf Schadensersatz und der Strafverfolgung wegen widerrechtlicher Verbreitung oder Aufführung sowie wegen widerrechtlichen Vortrages und widerrechtlicher öffentlicher Mitteilung des wesentlichen Inhaltes eines Werkes (Fälle der §§ 36, 39). Vgl. im übrigen zu Abs. 1 die Anm. zu § 50 Abs. 1.

Die Verjährung beginnt in den Fällen des § 51 stets mit dem Tage, an welchem die widerrechtliche Handlung zuletzt stattgefunden hat. Es ist dies namentlich für die öffentliche Aufführung, den öffentlichen Vortrag und die öffentliche Mitteilung von Bedeutung, bei denen meistens eine Mehrheit von selbständigen Handlungen vorliegen wird.

Wenn mehrere Personen eine widerrechtliche Verbreitung, Aufführung usw. vorgenommen haben, so läuft die Verjährung für jeden besonders.

Bei Berechnung der Frist wird der Tag der letzten rechtswidrigen Handlung in die Frist eingerechnet, so daß die Verjährung auch hier wie in den Fällen des § 50 mit dem Beginne des dem Anfangstage derselben entsprechenden Kalendertages ihr Ende erreicht (§ 188 Abs. 2 BGB.; § 67 Abs. 4 StGB.). S. oben Anm. zu § 50.

§ 52.

Der Antrag auf Vernichtung der widerrechtlich hergestellten oder verbreiteten Exemplare sowie der zur widerrechtlichen Vervielfältigung ausschließlich bestimmten Vorrichtungen ist so lange zulässig, als solche Exemplare oder Vorrichtungen vorhanden sind.

Vgl. die Anmerkungen zu § 42. Der Antrag auf Vernichtung ist von den Fristen der §§ 50 und 51 sowie von der Frist zur Stellung des Strafantrages (§ 61 StGB.) unabhängig; er ist an keinerlei Frist gebunden und so lange zulässig, als widerrechtlich hergestellte oder verbreitete Exemplare oder zur widerrechtlichen Vervielfältigung ausschließlich bestimmte Vorrichtungen im Eigentume der an der Herstellung oder Verbreitung beteiligten Personen oder deren Erben noch vorhanden sind (§ 42 Abs. 2). Der Antrag kann deshalb auch dann noch gestellt werden, wenn der Schutz des betreffenden Werkes gegen widerrechtliche Vervielfältigung bereits aufgehört hat. (Urt. des RG. vom 12. Februar 1895, Entsch. Str. Bd. 27 S. 22).

§ 53.

Die Verjährung der nach dem § 44 strafbaren Handlung beginnt mit dem Tage, an welchem die erste Veröffentlichung stattgefunden hat.

Die nach § 44 strafbare Handlung der Unterlassung der deutlichen Quellenangabe ist eine Übertretung und verjährt deshalb nach § 67 Abs. 3 StGB. in drei Monaten. Die Berechnung der Frist erfolgt ebenso wie in den Fällen der §§ 50 und 51 in der Weise, daß der Tag der ersten Veröffentlichung, d. h. des Erscheinens im Handel, in die Frist eingerechnet wird.

Fünfter Abschnitt.

Schlußbestimmungen.

§ 54.

Den Schutz genießen die Reichsangehörigen für alle ihre Werke, gleichviel ob diese erschienen sind oder nicht.

Reichsangehörige sind diejenigen Personen, welche die Staatsangehörigkeit in einem deutschen Bundesstaate oder die Landesangehörigkeit in Elsaß-Lothringen besitzen oder die Naturalisation in einem Schutzgebiete des Deutschen Reiches erhalten haben. Ausschließlich auf Grund dieses seines deutschen Indigenates und ohne Rücksicht darauf, ob er selbst im Deutschen Reiche oder außerhalb desselben seinen Wohnsitz oder seine Niederlassung hat, genießt der reichsangehörige Urheber den Schutz des vorliegenden Gesetzes für alle seine Werke, gleichviel ob dieselben bereits erschienen sind oder nicht und ohne Rücksicht darauf, ob sie im Gebiete des Deutschen Reiches oder im Auslande erschienen sind. Voraussetzung ist nur, daß der Urheber das deutsche Indigenat in demjenigen Zeitpunkt besitzt, in welchem der rechtswidrige Eingriff in sein Urheberrecht erfolgt. Hat aber der Reichsangehörige einmal als solcher für sein Werk den Schutz des Gesetzes erlangt, dann verliert er diesen Schutz auch nicht dadurch, daß er das deutsche Indigenat später wieder aufgibt oder verliert, und ebenso bleibt sein durch das Indigenat erworbenes Schutzrecht bestehen, wenn er seine Rechte an einen Ausländer überträgt.

Deutsche juristische Personen, die nach § 3 als Urheber eines von ihnen herausgegebenen Werkes anzusehen sind, genießen für dieses Werk den Schutz des Gesetzes auch dann, wenn der Verfasser nicht Angehöriger des Deutschen Reiches ist, und wenn mehrere ein Werk gemeinsam in der Weise verfaßt haben, daß ihre Arbeiten sich nicht trennen lassen (§ 6), so ist dieses Werk nach Maßgabe des Gesetzes geschützt, wenn auch nur einer der mehreren Mitarbeiter zur Zeit der rechtswidrigen Verletzung des Urheberrechtes Reichsangehöriger ist. In den Fällen des § 4 (Sammelwerk) und des § 5 (Verbindung eines Schriftwerkes mit einem Werke der Tonkunst) ist der Schutz der einzelnen Beiträge von der Reichsangehörigkeit der einzelnen zusammenwirkenden Urheber abhängig.

§ 55.

Wer nicht Reichsangehöriger ist, genießt den Schutz für jedes seiner Werke, das im Inland erscheint, sofern er nicht das Werk selbst oder eine Übersetzung an einem früheren Tage im Auslande hat erscheinen lassen. Für den im § 2 Abs. 2 bestimmten Schutz ist an Stelle des Erscheinens die Vervielfältigung der Vorrichtung maßgebend.

Unter der gleichen Voraussetzung genießt er den Schutz für jedes seiner Werke, das er im Inland in einer Übersetzung erscheinen läßt; die Übersetzung gilt in diesem Falle als das Originalwerk.

Maßgebend für den Schutz des literarischen oder musikalischen Werkes eines Ausländers im Inlande ist lediglich das Erscheinen im Inlande. Eine sonstige Veröffentlichung bleibt hierauf ohne Einfluß; das Werk gewinnt also dadurch, daß es im Inlande zur öffentlichen Aufführung oder zum öffentlichen Vortrage gelangt, bevor es im buchhändlerischen Verlage herausgegeben wird, noch keinen Schutz. Andererseits wird der Schutz einem Werke, das im Inlande zuerst erscheint, selbst dann zu Teil, wenn es bereits im Auslande aufgeführt war (Mot. S. 43).

Das Erscheinen muß aber auch tatsächlich im Inlande geschehen sein; die nur zum Schein erfolgte Angabe eines inländischen Verlegers auf dem Werke des Ausländers (Deckfirma) kann ihm den Schutz des vorliegenden Gesetzes nicht verschaffen. Im übrigen ist es gleichgültig, ob das Werk von einem inländischen Verleger herausgegeben wird oder im Kommissionsverlage oder im Selbstverlage erscheint. Stets aber kommt nur ein Erscheinen in Betracht, welches der Urheber oder sein Rechtsnachfolger selbst bewirkt hat (§ 35).

Das Werk des Ausländers darf ferner, wenn es den Schutz des vorliegenden Gesetzes genießen will, nicht auf Veranlassung des Urhebers oder seines Rechtsnachfolgers bereits an einem früheren Tage im Auslande erschienen sein, und zwar gilt dies nicht nur für das gesamte Werk, sondern auch für dessen einzelne Bände und Lieferungen. Erscheint das Werk (Band, Lieferung) an einem und demselben Tage im Inlande und im Auslande, so muß es als ein im Inlande erschienenes und geschütztes Werk angesehen werden.

Für den Schutz der von Ausländern hergestellten Vorrichtungen zur mechanischen Wiedergabe ist der Natur des zu schützenden Gegenstandes wie dem Zwecke des § 2 Abs. 2 entsprechend nicht wie bei literarischen und musikalischen Werken Ort und Zeit des Erscheinens, sondern Ort und Zeit der Vervielfältigung der zu schützenden Vorrichtung maßgebend. Nach dem Entwurfe des Gesetzes vom 22. Mai 1910 sollte Ort und Zeit der Herstellung maßgebend sein; bei den Kommissionsberatungen wurde aber darauf hingewiesen, daß, wenn ein in Deutschland domizilierender Industrieller den Vortrag eines Künstlers, der nicht Deutscher sei, im Auslande aufnehmen lasse, die Herstellung als im Auslande erfolgt angesehen werden müsse und der deutsche Industrielle dann, auch wenn das Urheberrecht (Bearbeitungsrecht im Sinne des § 2 Abs. 2) auf ihn übergehe, keinen Schutz für seine im Inlande hergestellten Vervielfältigungen erlangen werde. Um dieses vom Gesetzgeber nicht gewollte Ergebnis zu verhüten, ist dann im Satz 2 des § 55 Abs. 1, der durch das Gesetz vom 22. Mai 1910 eingefügt ist, an Stelle des Erscheinens nicht die Herstellung, sondern die Vervielfältigung, die voraussichtlich im inländischen Etablissement des Industriellen erfolgen wird, für maßgebend erklärt.

Wenn der Ausländer sein Werk weder im Original noch in einer Übersetzung an einem früheren Tage im Auslande hat erscheinen lassen, so genießt er nach Abs. 2 den Schutz des vorliegenden Gesetzes auch dann, wenn er selbst oder sein Rechtsnachfolger (§ 35) das Werk im Inlande in einer Übersetzung erscheinen läßt. Die Übersetzung gilt dann als das Originalwerk; wie die Übersetzung ist dann auch das Original selbst in Deutschland geschützt.

§ 56.

Die Rolle für die im § 31 Abs. 2 vorgesehenen Eintragungen wird bei dem Stadtrate zu Leipzig geführt. Der Stadtrat bewirkt die Eintragungen, ohne die Berechtigung des Antragstellers oder die Richtigkeit der zur Eintragung angemeldeten Tatsachen zu prüfen.

Wird die Eintragung abgelehnt, so steht den Beteiligten die Beschwerde an den Reichskanzler zu.

Die Eintragung in die Eintragsrolle begründet keine Vermutung dafür, daß sie wirklich von dem Berechtigten erfolgt und tatsächlich richtig ist. Ein zivilrechtlicher Anspruch auf Berichtigung einer angeblich unrichtigen Eintragung ist nicht gegeben und ebensowenig kann ein solcher Anspruch auf Eintragung gegen den Stadtrat zu Leipzig erhoben werden. Nur die Beschwerde an den Reichskanzler steht den Beteiligten im letzteren Falle zu. Diese Beschwerde ist an keine Frist geknüpft; wird derselben stattgegeben, so muß die Eintragung mit dem Datum der Anmeldung erfolgen.

§ 57.

Der Reichskanzler erläßt die Bestimmungen über die Führung der Eintragsrolle. Die Einsicht der Eintragsrolle ist jedem gestattet. Aus der Rolle können Auszüge gefordert werden; die Auszüge sind auf Verlangen zu beglaubigen.

Die Eintragungen werden im Börsenblatte für den deutschen Buchhandel und, falls das Blatt zu erscheinen aufhören sollte, in einer anderen vom Reichskanzler zu bestimmenden Zeitung öffentlich bekannt gemacht.

Die im § 57 erwähnten Bestimmungen des Reichskanzlers über die Führung der Eintragsrolle für Werke der Literatur, der Tonkunst und der bildenden Künste sind unter dem 13. September 1901 erlassen und im Zentralbl. f. d. D. R. 1901 S. 335 abgedruckt. Dieselben lauten:

§ 1. Für die im § 31 Abs. 2 des Gesetzes, betreffend das Urheberrecht an Werken der Literatur und der Tonkunst, vom 19. Juni 1901 (RGBl. S. 227) und im § 9 des Gesetzes, betreffend das Urheberrecht an Werken der bildenden Künste, vom 9. Januar 1876 (RGBl. S. 4) vorgesehenen Eintragungen des Namens des Urhebers wird eine gemeinsame Eintragsrolle bei dem Stadtrate zu Leipzig geführt.

§ 2. Der Antrag auf eine Eintragung ist schriftlich oder zu Protokoll bei dem Stadtrate zu Leipzig zu stellen. In dem Antrage ist außer dem Namen des Urhebers und der Bezeichnung des Werkes anzugeben, wann und in welcher Form die erste Veröffentlichung des Werkes erfolgt ist.

Der Vorlegung des Werkes selbst bedarf es nicht.

§ 3 Die Eintragsrolle wird als Fortsetzung der bisherigen Eintragsrolle Abteilung A (Bestimmungen vom 29. Februar 1876, Zentralbl. f. d. D. R. S. 119) in zwei gleichlautenden Exemplaren nach dem anliegenden Formular 1 geführt. Das eine Exemplar wird unter sicherem Verschlusse gehalten, das zweite Exemplar zur öffentlichen Einsicht ausgelegt.

In der ersten Spalte der Eintragsrolle ist die laufende Nummer der Eintragung zu vermerken. Die erste Eintragung erfolgt unter der Nummer, welche auf die letzte laufende Nummer in der bisherigen Eintragsrolle Abteilung A folgt.

In der zweiten Spalte ist der Tag der Anmeldung einzutragen.

In der dritten Spalte sind einzutragen: der angemeldete Name des Urhebers, das Werk unter Angabe des Titels oder einer sonstigen

Anlage 1.

Eintragsrolle.

Laufende Nr.	Tag der Anmeldung	Gegenstand der Eintragung

Anlage 2.

Eintragsschein.

Es wird hierdurch amtlich bescheinigt, daß in der Eintragsrolle zu Leipzig Nr. .... folgende Eintragung bewirkt worden ist:

....

(Einzurücken der Wortlaut der Eintragung aus der dritten Spalte.)

....

....

Tag der Anmeldung:

Leipzig, den ....

(Unterschrift.)

Bezeichnung, der Zeitpunkt der ersten Veröffentlichung des Werkes, sowie die Form, in welcher diese erfolgt ist.

§ 4. Die eingehenden Anträge sowie die erlassenen Verfügungen werden in einem Aktenstücke vereinigt.

Zu der Eintragsrolle wird das alphabetische Register (§ 4 der Instruktion vom 7. Dezember 1870, Zentralbl. f. d. D. R. 1876 S. 120) in der bisherigen Weise fortgeführt.

§ 5. Der zum Nachweise der Eintragung dienende Eintragsschein wird dem Antragsteller nur auf besonderes Verlangen erteilt. Er ist nach dem Formular 2 auszufertigen.

§ 6. Die Ausfertigungen der Eintragsscheine und sonstiger auf die Eintragung bezüglichen Verfügungen erhalten die Unterschrift: Der Stadtrat zu Leipzig.

§ 7. Die Erhebung der für jede Eintragung, für jeden Eintragsschein sowie für jeden sonstigen Auszug aus der Eintragsrolle zu entrichtenden Gebühr von 1,50 Mark steht dem Stadtrate zu Leipzig zu.

Die Gebühren sind von dem Antragsteller im voraus zu zahlen.

§ 8. Diese Bestimmungen treten mit dem 1. Januar 1902 in Wirksamkeit. Gleichzeitig treten die Instruktion über die Führung der Eintragsrolle vom 7. Dezember 1870 und die Bestimmungen über die Führung der Eintragsrolle für Werke der bildenden Künste vom 29. Februar 1876 (Zentralbl. f. d. D. R. 1876, S. 119, 120) außer Kraft.

§ 58.

Eingaben, Verhandlungen, Bescheinigungen und sonstige Schriftstücke, welche die Eintragung in die Eintragsrolle betreffen, sind stempelfrei.

Für jede Eintragung, für jeden Eintragsschein sowie für jeden sonstigen Auszug aus der Eintragsrolle wird eine Gebühr von 1,50 Mark erhoben; außerdem hat der Antragsteller die Kosten für die öffentliche Bekanntmachung der Eintragung zu entrichten.

§ 59.

In bürgerlichen Rechtsstreitigkeiten, in welchen durch Klage oder Widerklage ein Anspruch auf Grund der Vorschriften dieses Gesetzes geltend gemacht ist, wird die Verhandlung und Entscheidung letzter Instanz im Sinne des § 8 des Einführungsgesetzes zum Gerichtsverfassungsgesetze dem Reichsgerichte zugewiesen.

Nach § 8 des Einführungsgesetzes zum Gerichtsverfassungsgesetze kann durch die Gesetzgebung eines Bundesstaates, in welchem mehrere Oberlandesgerichte errichtet sind, die Verhandlung und Entscheidung der zur Zuständigkeit des Reichsgerichts gehörenden Revisionen und Beschwerden in bürgerlichen Rechtsstreitigkeiten einem obersten Landesgerichte zugewiesen werden. Auf bürgerliche Rechtsstreitigkeiten, welche durch besondere Reichsgesetze dem Reichsgericht zugewiesen werden, soll jedoch diese Vorschrift keine Anwendung finden. Im § 59 ist nun in den b ü r g e r l i c h e n R e c h t s s t r e i t i g k e i t e n, in welchen durch Klage oder Widerklage ein Anspruch auf Grund der Vorschriften des vorliegenden Gesetzes geltend gemacht wird, für die Verhandlung und Entscheidung in letzter Instanz das Reichsgericht für zuständig erklärt.

Wegen der Zuständigkeit der Gerichte in S t r a f s a c h e n, welche die unzulässige Vervielfältigung usw. betreffen, s. die Anmerkungen zu den §§ 38 ff.

§ 60.

Einem nachgelassenen Werke, das bei dem Inkrafttreten dieses Gesetzes noch nicht veröffentlicht ist, wird die im § 29 vorgesehene Schutzfrist auch dann zuteil, wenn die bisherige Schutzfrist bereits abgelaufen ist.

Nach § 60 soll bei nachgelassenen Werken, d. h. bei solchen Werken, deren Urheber verstorben sind, ohne daß sie selbst ihr Werk veröffentlicht haben, für die Anwendung des vorliegenden Gesetzes der Zeitpunkt der Veröffentlichung des Werkes entscheidend sein. Ist ein solches nachgelassenes Werk am 1. Januar 1902, dem Tage des Inkrafttretens dieses Gesetzes, noch nicht veröffentlicht gewesen, so genießt es nicht nur die Schutzfrist von 30 Jahren nach dem Tode des Urhebers, sondern außerdem auch die weitere Schutzfrist von 10 Jahren seit seiner ersten Veröffentlichung, selbst wenn die bisherige Schutzfrist von 30 Jahren bereits abgelaufen ist.

War das Werk am 1. Januar 1902 bereits veröffentlicht, so wird es nur dreißig Jahre vom Tode des Urhebers an geschützt. Als Veröffentlichung kommt nur die Herausgabe im Buchhandel, die öffentliche Aufführung und der öffentliche Vortrag in Betracht.

§ 61.

Der durch dieses Gesetz gewährte Schutz gegen Aufführung kann nach dessen Inkrafttreten einem Werke der Tonkunst, für welches das Aufführungsrecht bis dahin nicht vorbehalten war, dadurch gesichert werden, daß das Werk nachträglich mit dem Vorbehalte versehen wird. Jedoch ist die Aufführung eines solchen Werkes auch ferner ohne Einwilligung des Urhebers zulässig, sofern nicht bei der Aufführung Noten benutzt werden, die mit dem Vorbehalte versehen sind.

Die ausschließliche Befugnis zur öffentlichen Aufführung eines nach diesen Vorschriften geschützten Werkes steht dem Urheber zu.

Wenn, was kaum anzunehmen ist, der Fall des § 61 jetzt noch vorkommt, so würde der Vorbehalt in der Weise geschehen müssen, daß der Urheber auf dem Titelblatte oder an der Spitze des Werkes sich das Recht der öffentlichen Aufführung vorbehält (§ 50 Abs. 2, Gesetz vom 11. Juni 1870).

§ 62.

Die ausschließlichen Befugnisse des Urhebers eines geschützten Werkes bestimmen sich nach den Vorschriften dieses Gesetzes, auch wenn das Werk vor dessen Inkrafttreten entstanden ist. War jedoch eine Übersetzung oder sonstige Bearbeitung oder eine Sammlung, welche aus den Werken mehrerer Schriftsteller zum Schulgebrauche veranstaltet ist, vor dem Inkrafttreten dieses Gesetzes erlaubterweise ganz oder zum Teil erschienen, so bleibt die Befugnis des Bearbeiters zur Vervielfätigung, Verbreitung und öffentlichen Aufführung unberührt.

§ 63.

Soweit eine Vervielfältigung, die nach dem Inkrafttreten dieses Gesetzes unzulässig ist, bisher erlaubt war, darf der bereits begonnene Druck von Exemplaren vollendet werden. Die vorhandenen Vorrichtungen, wie Formen, Platten, Steine, Stereotypen, dürfen noch bis zum Ablaufe von sechs Monaten benutzt werden. Die Verbreitung der gemäß dieser Vorschriften hergestellten sowie der bereits vor dem Inkrafttreten dieses Gesetzes vollendeten Exemplare ist zulässig.

§ 63 a.

Die Vorschrift des § 12 Abs. 2 Nr. 5 findet keine Anwendung auf Werke der Tonkunst, die bereits vor dem 1. Mai 1909 im Inland erlaubterweise für Vorrichtungen zur mechanischen Wiedergabe benutzt worden sind. Im übrigen finden die Vorschriften des § 63 entsprechende Anwendung; Exemplare, deren Verbreitung hiernach zulässig ist, dürfen auch zu öffentlichen Aufführungen benutzt werden.

Auf Werke der Literatur und der Tonkunst, die vor dem Inkrafttreten der Vorschriften des § 22 entstanden sind, finden diese auch insoweit Anwendung, als die Werke schon bisher einen Schutz gegen mechanische Wiedergabe genossen. Soweit jedoch dem Urheber bisher eine ausschließliche Befugnis zustand, das

Werk zur mechanischen Wiedergabe zu benutzen, bleibt, wenn er die Befugnis einem anderen übertragen hat, dieser sowohl dem Urheber als Dritten gegenüber gemäß den bisherigen Vorschriften zu der Benutzung befugt. Auch wird in solchen Fällen, wenn der Urheber auf Grund des bisherigen Rechtes einem anderen ohne Übertragung der ausschließlichen Befugnis gestattet hat, das geschützte Werk zur mechanischen Wiedergabe zu benutzen, hierdurch für Dritte nicht der Anspruch begründet, daß ihnen gleichfalls eine solche Erlaubnis erteilt werde.

Zur Auslegung der Bestimmungen des § 63 a dienen zunächst die Ausführungen der Motive, welche unter Berücksichtigung der bei den Kommissionsberatungen beschlossenen Änderungen des § 63 a lauten: „Der Grundsatz, wonach auch bei Werken der Tonkunst die mechanische Wiedergabe ausschließlich dem Urheber zusteht, greift mit den in den §§ 22 ff. vorgesehenen Maßgaben zunächst für alle Werke Platz, die nach dem Inkrafttreten der neuen Regelung entstehen."

Was seine Einwirkung auf die vor diesem Zeitpunkte entstandenen Werke anlangt, so geht unser inneres Recht davon aus, daß sich die ausschließlichen Befugnisse des Urhebers nach den neuen Vorschriften bestimmen, auch wenn das Werk vor deren Inkrafttreten entstanden ist (§ 62 Satz 1 des Gesetzes). Die mit Rücksicht auf bestehende Rechte und Interessen erforderlichen Ausnahmen von diesem Grundsatze sind besonders vorgesehen (§ 62 Satz 2, § 63 des Gesetzes). Solcher Ausnahmen bedarf es auch zum Schutze der Industrie der mechanischen Musikinstrumente und Sprechmaschinen hinsichtlich derjenigen Kompositionen, die unter der Herrschaft des bisherigen Rechtes erlaubterweise zur mechanischen Wiedergabe benutzt worden sind. Dabei ist aber in Betracht zu ziehen, daß der gegenwärtige Rechtszustand, wie schon bei dem Zustandekommen des Gesetzes von 1901 für alle beteiligten Kreise genügend erkennbar geworden ist, keineswegs eine endgültige Regelung sein sollte und daß er jedenfalls nicht im weiteren Umfang aufrecht erhalten werden darf, als erforderlich ist, um die Industrie vor Verlusten aus Unternehmungen und Maßnahmen zu bewahren, zu denen sie sich nach Lage der bisherigen Gesetzgebung für berechtigt halten konnte. Auf den vorstehenden Erwägungen beruhen die Ausnahmen, die der Entwurf von dem Grundsatze der ausschließlichen Befugnis des Urhebers, seine Kompositionen zur mechanischen Wiedergabe zu benutzen, vorsieht.

Zunächst wird (§ 63 a Abs. 1 Satz 1) bestimmt, daß die Vorschriften über die in Frage stehende ausschließliche Befugnis des Urhebers keine Anwendung finden auf Werke der Tonkunst, die bereits vor dem 1. Mai

1909 im Inlande erlaubterweise für Vorrichtungen zur mechanischen Wiedergabe benutzt worden sind. Für die Wahl des 1. Mai 1909 war bestimmend, daß jedenfalls von diesem Zeitpunkte an die Beschlüsse der Berliner Urheberrechtskonferenz und deren mögliche Einwirkungen auf den Rechtszustand in Deutschland als den Beteiligten bekannt vorausgesetzt werden dürfen. Bis zu dem genannten Zeitpunkte soll die Tatsache, daß ein Werk der Tonkunst zur mechanischen Wiedergabe benutzt worden ist, zur Folge haben, daß die neue Vorschrift über den erweiterten Schutz des Komponisten auf das Werk keine Anwendung findet. Das vor dem 1. Mai 1909 auf ein mechanisches Musikinstrument erlaubterweise übertragene Werk wird mithin, entsprechend dem bisherigen Rechtszustande, für die ganze Industrie, nicht bloß für den Fabrikanten, der in jenem Zeitpunkte die Benutzung bereits aufgenommen hatte, frei verwertbar sein und bleiben. Auch in der Zeit vom 1. Mai 1909 bis zum Inkrafttreten der neuen Vorschriften kann der Urheber, da bis dahin die Regel des jetzigen § 22 Satz 1 in Kraft bleibt, der vorerst noch erlaubten Übertragung weiterer Kompositionen auf mechanische Musikinstrumente nicht entgegentreten. Mit dem Inkrafttreten der neuen Vorschriften würde jedoch auch in Ansehung dieser Kompositionen an sich der allgemeine Grundsatz des geltenden Rechtes (§ 62 Satz 1), wonach die ausschließliche Befugnis des Urhebers grundsätzlich auch die schon früher entstandenen Werke umfaßt, Geltung erlangen. Damit würde den Betrieben, die unter erheblichen Aufwendungen die Übertragung haben bewirken lassen, von dem bezeichneten Zeitpunkte ab jede weitere Verwertung dieser Übertragungen abgeschnitten sein, was in vielen Fällen zu einer schweren Schädigung der Unternehmungen führen müßte. Mit Rücksicht hierauf sollen (§ 63 a Abs. 1 Satz 2) der neuen Befugnis des Urhebers gegenüber die Einschränkungen, die das geltende Recht gegenüber der Regel des § 62 Satz 1 im § 63 vorsieht, mit der Maßgabe Platz greifen, daß Exemplare, deren Verbreitung hiernach zulässig ist, auch zu öffentlichen Aufführungen benutzt werden dürfen.

Soweit der Entwurf Ausnahmen nicht vorsieht, finden, wie schon hervorgehoben, seine Vorschriften nach der Regel des § 62 Satz 1 des Gesetzes von 1901 auf die vor seinem Inkrafttreten entstandenen Werke der Literatur und der Tonkunst Anwendung. Dies gilt insbesondere von den Vorschriften des neuen § 22 über die Zwangslizenz, und zwar auch insoweit, als solchen Werken schon nach dem bisherigen Rechte (§ 22 Satz 2 des Gesetzes von 1901) in der sogenannten Pianolaklausel ein Schutz gegen mechanische Wiedergabe geboten war (§ 63 a Abs. 2 Satz 1). Die Anwendung der neuen Vorschriften muß hier indessen eine Schranke mit Rücksicht auf bestehende Verträge finden. Hat der Urheber eine ihm nach dem bisherigen Rechte zustehende ausschließliche

Befugnis, das Werk zur mechanischen Wiedergabe zu benutzen, einem anderen übertragen, so soll dieser sowohl dem Urheber als Dritten gegenüber gemäß den bisherigen Vorschriften zu der Benutzung befugt bleiben (§ 63 a Abs. 2 Satz 2). Daneben verlangt die Billigkeit eine weitere Ausnahme zugunsten des Urhebers selbst. Nach bisherigem Rechte erfährt die in Frage stehende ausschließliche Befugnis des Urhebers, soweit sie überhaupt besteht, keinerlei Einschränkung, wenn der Urheber, sei es mittels Übertragung der ausschließlichen Befugnis, sei es mittels bloßer Erteilung einer Erlaubnis, gestattet hat, das geschützte Werk zur mechanischen Wiedergabe zu benutzen. Daß nach dem Inkrafttreten des neuen § 22 Dritte aus der vorher erfolgten Übertragung der ausschließlichen Befugnis dem Urheber gegenüber den Anspruch auf Erteilung einer Zwangslizenz herleiten, ist schon durch die eben erörterte Vorschrift (Abs. 2 Satz 2) ausgeschlossen. Eine Schmälerung des Rechtes des Urhebers, wie sie durch die Pflicht zur Lizenzerteilung eintritt, darf sich aber auch nicht daraus ergeben, daß der Urheber ohne Übertragung seines Rechtes eine Erlaubnis zur mechanischen Wiedergabe erteilt hatte. Demgemäß soll, wie Abs. 2 Satz 3 weiter bestimmt, die unter der Herrschaft des bisherigen Rechtes erfolgte Gestattung der gewerbsmäßigen mechanischen Wiedergabe für Dritte nicht den Anspruch begründen, daß ihnen gleichfalls eine solche Erlaubnis erteilt werde."

Bei den Kommissionsberatungen ist der Inhalt der im Abs. 1 des § 63 a enthaltenen Übergangsbestimmungen im Einverständnis und mit Zustimmung der Regierungsvertreter wie folgt festgelegt:

Es sind drei Zeitabschnitte zu unterscheiden:

a) Die Zeit bis zum 1. Mai 1909. Alle Werke, die bis zum 1. Mai 1909 erlaubterweise (vom Pianola abgesehen) für mechanische Vorrichtungen benutzt worden sind, sind frei, so daß in Ansehung dieser Werke nicht nur die schon hergestellten Vorrichtungen weiter vertrieben und aufgeführt, sondern auch neue Vorrichtungen hergestellt werden können. Die Werke selbst bleiben also für alle Zeiten für die gesamte Industrie der mechanischen Musikinstrumente frei.

b) Die Zeit vom 1. Mai 1909 bis zum Inkrafttreten des Gesetzes vom 22. Mai 1910. Für die in dieser Zeit bewirkten Übertragungen wirkt an sich der Schutz des Gesetzes zugunsten des Tonsetzers zurück. Jedoch sind die in diesem Zeitraum hergestellten Exemplare — im Gegensatz zu den Werken selbst gemäß a) — frei und bleiben frei, wie auch sonst [vgl. c)], in bezug auf diese Zeit der Schutz nach Maßgabe der Grundsätze im § 63 eingeschränkt ist.

c) Die Zeit vom Inkrafttreten des Gesetzes vom 22. Mai 1910 ab. Von da ab finden auf die nicht schon vor dem 1. Mai 1909 erfolgten Übertragungen die Vorschriften des § 63 entsprechende Anwendung, also: begonnene Exemplare dürfen vollendet, die begonnenen Vorrichtungen, die Formen, Platten usw., dürfen noch sechs Monate lang benutzt werden, die Verbreitung der gemäß der Vorschriften des § 63 hergestellten sowie der bereits vor dem Inkrafttreten des Gesetzes vom 22. Mai 1910 vollendeten Exemplare ist zulässig, und diese Exemplare dürfen auch zu öffentlichen Aufführungen benutzt werden.

Zur Erläuterung der Bestimmungen der Sätze 2 und 3 des § 63 a ist endlich bei den Kommissionsberatungen von den Regierungsvertretern hervorgehoben, daß es sich hier um jene ausschließliche Befugnis handle, die der Urheber eines Werkes der Tonkunst bereits auf Grund des früheren § 22 Satz 2 (sog. Pianolaklausel, s. unten) hinsichtlich der mechanischen Wiedergabe durch eine bestimmte Klasse von Musikinstrumenten, die sog. „einwirkungsmöglichen" Instrumente besitze und insbesondere um die Übertragungs- und die Lizenzverträge, die auf Grund dieser ausschließlichen Befugnis unter der Herrschaft des früheren Rechtes nach Maßgabe seiner Vorschriften abgeschlossen seien. Der Satz 2 des § 63 a betreffe den Fall, daß der Urheber die bezeichnete ausschließliche Befugnis als solche einem anderen übertragen habe (vgl. § 8 des Gesetzes); hier entspreche es der gebotenen Rücksicht auf die wohlerworbenen Rechte, daß die Rechtsverhältnisse, wie sie durch den Vertrag nach Maßgabe des früheren Gesetzes begründet seien, von den neuen Grundsätzen der §§ 22 ff. über die Zwangslizenz nicht berührt würden, daß vielmehr insoweit die Rechte der Beteiligten, untereinander wie gegenüber Dritten, sich auch weiterhin nach den bisherigen Vorschriften zu bestimmen hätten. Der Satz 3 beziehe sich auf den Fall, daß der Urheber auf Grund des ihm aus der Pianolaklausel des bisherigen Rechtes zustehenden ausschließlichen Befugnis, ohne diese Befugnis dem Rechte nach zu übertragen, eine bloße Lizenz zur Wiedergabe seines Werkes auf sog. einwirkungsmöglichen Instrumenten erteilt habe.

Der § 22 des Gesetzes vom 19. Juni 1901 lautet in seiner früheren Fassung:

„Zulässig ist die Vervielfältigung, wenn ein erschienenes Werk der Tonkunst auf solche Scheiben, Platten, Walzen, Bänder und ähnliche Bestandteile von Instrumenten übertragen wird, welche zur mechanischen Wiedergabe von Musikstücken dienen. Diese Vorschrift findet auch auf auswechselbare Bestandteile Anwendung, *sofern sie nicht für Instrumente verwendbar sind, durch die das Werk hinsichtlich der Stärke und Dauer des Tones und hinsichtlich des Zeitmaßes nach Art eines persönlichen Vortrages wiedergegeben werden kann*" (Pianolaklausel).

§ 64.

Dieses Gesetz tritt mit dem 1. Januar 1902 in Kraft. Die §§ 1 bis 56, 61, 62 des Gesetzes, betreffend das Urheberrecht an Schriftwerken usw., vom 11. Juni 1870 (Bundes-Gesetzbl. S. 339) treten mit demselben Tage außer Kraft. Jedoch bleiben diese Vorschriften insoweit unberührt, als sie in den Reichsgesetzen über den Schutz von Werken der bildenden Künste, von Photographien, sowie von Mustern und Modellen für anwendbar erklärt werden.

Die in Kraft gebliebenen §§ 57 bis 60 des Gesetzes vom 11. Juni 1870 lauten:

„§ 57. Das gegenwärtige Gesetz tritt mit dem 1. Januar 1871 in Kraft. Alle früheren, in den einzelnen Staaten des Norddeutschen Bundes geltenden, rechtlichen Bestimmungen in Beziehung auf das Urheberrecht an Schriftwerken, Abbildungen, musikalischen Kompositionen und dramatischen Werken treten von demselben Tage ab außer Wirksamkeit.

§ 58. Das gegenwärtige Gesetz findet auf alle vor dem Inkrafttreten desselben erschienenen Schriftwerke, Abbildungen, musikalischen Kompositionen und dramatischen Werke Anwendung, selbst wenn dieselben nach den bisherigen Landesgesetzgebungen keinen Schutz gegen Nachdruck, Nachbildung oder öffentliche Aufführung genossen haben.

Die bei dem Inkrafttreten dieses Gesetzes vorhandenen Exemplare, deren Herstellung nach der bisherigen Gesetzgebung gestattet war, sollen auch fernerhin verbreitet werden dürfen, selbst wenn ihre Herstellung nach dem gegenwärtigen Gesetze untersagt ist.

Ebenso sollen die bei dem Inkrafttreten des Gesetzes vorhandenen, bisher rechtmäßig angefertigten Vorrichtungen, wie Formen, Platten, Steine, Stereotypabgüsse usw., auch fernerhin zur Anfertigung von Exemplaren benutzt werden dürfen.

Auch dürfen die beim Inkrafttreten des Gesetzes bereits begonnenen, bisher gestatteten Vervielfältigungen noch vollendet werden.

Die Regierungen der Staaten des Norddeutschen Bundes werden ein Inventarium über die Vorrichtungen, deren fernere Benutzung hiernach gestattet ist, amtlich aufstellen und diese Vorrichtungen mit einem gleichförmigen Stempel bedrucken lassen. Ebenso sollen alle Exemplare von Schriftwerken, welche nach Maßgabe dieses Paragraphen auch fernerhin verbreitet werden dürfen, mit einem Stempel versehen werden.

Nach Ablauf der für die Legalisierung angegebenen Frist unterliegen alle mit dem Stempel nicht versehenen Vorrichtungen und

Exemplare der bezeichneten Werke, auf Antrag des Verletzten, der Einziehung. Die nähere Instruktion über das bei der Aufstellung des Inventariums und bei der Stempelung zu beobachtende Verfahren wird vom Bundeskanzler-Amte erlassen.

§ 59. Insofern nach den bisherigen Landesgesetzgebungen für den Vorbehalt des Übersetzungsrechts andere Förmlichkeiten und für das Erscheinen der ersten Übersetzung andere Fristen, als im § 6 litt. c. vorgeschrieben sind, hat es bei denselben in betreff derjenigen Werke, welche vor dem Inkrafttreten des gegenwärtigen Gesetzes bereits erschienen sind, sein Bewenden.

§ 60. Die Erteilung von Privilegien zum Schutze des Urheberrechts ist nicht mehr zulässig.

Dem Inhaber eines vor dem Inkrafttreten des gegenwärtigen Gesetzes von dem Deutschen Bunde oder den Regierungen einzelner, jetzt zum Norddeutschen Bunde gehörigen Staaten erteilten Privilegiums steht es frei, ob er von diesem Privilegium Gebrauch machen oder den Schutz des gegenwärtigen Gesetzes anrufen will.

Der Privilegienschutz kann indes nur für den Umfang derjenigen Staaten geltend gemacht werden, von welchen derselbe erteilt worden ist.

Die Berufung auf den Privilegienschutz ist dadurch bedingt, daß das Privilegium entweder ganz oder dem wesentlichen Inhalte nach dem Werke vorgedruckt oder auf oder hinter dem Titelblatt desselben bemerkt ist. Wo dieses nach der Natur des Gegenstandes nicht stattfinden kann, oder bisher nicht geschehen ist, muß das Privilegium, bei Vermeidung des Erlöschens, binnen drei Monaten nach dem Inkrafttreten dieses Gesetzes zur Eintragung in die Eintragsrolle angemeldet und von dem Kuratorium derselben öffentlich bekannt gemacht werden."

Von den übrigen Vorschriften des Gesetzes vom 11. Juni 1870 finden jetzt nur noch gemäß § 14 des Gesetzes, betreffend das Urheberrecht an Mustern und Modellen vom 11. Januar 1876 die §§ 18 bis 36, 38 auf den Musterschutz Anwendung. Die im § 64 erwähnten Reichsgesetze über den Schutz von Werken der bildenden Künste vom 9. Januar 1876 und über den Schutz von Photographien vom 10. Januar 1876 sind inzwischen durch das Kunstschutzgesetz vom 9. Januar 1907 außer Kraft gesetzt.

Urkundlich unter Unserer Höchsteigenhändigen Unterschrift und beigedrucktem Kaiserlichen Insiegel.

Gegeben an Bord M. Y. „Hohenzollern",

Cuxhaven, den 19. Juni 1901.

(L. S.) Wilhelm. Graf von Bülow.

II.

Gesetz über das Verlagsrecht.

Vom 19. Juni 1901 (RGBl. S. 217).

Vorbemerkung.

Der Entwurf des vorliegenden Gesetzes über das Verlagsrecht, der sich auf das Ergebnis von Beratungen stützte, an denen Sachverständige aus den Kreisen der Schriftsteller, Komponisten, Buch- und Musikverleger und der Tagespresse teilgenommen hatten, wurde im Dezember 1900 zugleich mit dem Entwurf des Gesetzes, betreffend das Urheberrecht an Werken der Literatur und der Tonkunst dem Reichstage vorgelegt, einer Kommission von 21 Mitgliedern zur Vorberatung überwiesen und in der von dieser Kommi sion nach eingehenden Beratungen vorgeschlagenen Fassung am 1. Mai 1901 vom Reichstage angenommen. Gleichzeitig mit dem Gesetz, betreffend das Urheberrecht an Werken der Literatur und der Tonkunst wurde sodann das „Gesetz über das Verlagsrecht" am 19. Juni 1901 vom Kaiser vollzogen und am 28. Juni 1901 im RGBl. (Nr. 27 S. 217 ff.) verkündet.

Das Gesetz will, wie in den Motiven besonders hervorgehoben ist, kein wesentlich neues Recht schaffen, sondern nur das in Übung befindliche Recht, wie es durch die Wissenschaft und Rechtsprechung auf Grund der Gepflogenheiten des deutschen Verlagsbuchhandels sich ausgebildet hat, feststellen, bestimmte Streitfragen entscheiden und die einzelnen Vorschriften mit den Grundsätzen des BGB. in Einklang bringen. Soweit das Gesetz keine besonderen Bestimmungen enthält, gelten deshalb auch für das seinen Gegenstand bildende Verlagsrecht die allgemeinen Grundsätze des bürgerlichen Rechtes, und weiterhin geht das Gesetz davon aus, daß seine Vorschriften durch die besonderen Vorschriften des BGB. über den Kauf und den Werkvertrag insoweit ihre Ergänzung finden, als sich nicht aus der eigentümlichen Gestaltung des Verlagsvertrages ein anderes ergibt.

Im übrigen sind die Vorschriften des Gesetzes, abgesehen von der zwingenden Bestimmung des § 36, nur subsidiärer und dispositiver Natur; das Gesetz will und soll nur da zur Anwendung gelangen, wo aus dem Verlagsvertrage der Wille der Parteien nicht mit Sicherheit zu entnehmen ist, und wo sich nicht aus den Vereinbarungen der Parteien oder aus den obwaltenden Umständen ein anderer Parteiwille ergibt.

Was die Anordnung des Stoffes des Gesetzes anlangt, so beginnt das Gesetz im § 1 mit der Bestimmung des wesentlichen Inhaltes des Verlagsvertrages. Hierauf folgen in den §§ 2 bis 9 zunächst Bestimmungen über diejenigen Beschränkungen in der Verwertung eines in Verlag gegebenen Werkes, welche der Verlagsvertrag für den Verfasser nach sich zieht, und über das auf diesen Beschränkungen beruhende, auch gegen Dritte wirkende Verlagsrecht des Verlegers. In den §§ 10 bis 27 sind sodann Bestimmungen getroffen über die aus dem Verlagsvertrage für Verfasser und Verleger sich ergebenden einzelnen Verpflichtungen und § 28 stellt die Übertragbarkeit der Verlagsrechte fest. Die §§ 29 bis 38 enthalten Vorschriften über die Beendigung des Vertragsverhältnisses und über die Folgen, welche eine vertragswidrige Leistung, der Untergang des Vertragsgegenstandes, der Tod des Verfassers sowie der Konkurs des Verlegers nach sich ziehen, und in den §§ 39 bis 47 werden die besonderen Verhältnisse geregelt, welche sich bei Vereinbarungen über ein nicht mehr dem Urheberrechte unterliegendes gemeinfreies Werk, über Beiträge für Zeitungen, Zeitschriften und andere periodische Sammelwerke, sowie über solche Werke, die der Verfasser nach näherer Anweisung eines Bestellers ausarbeitet, gemäß der Natur der Dinge ergeben.

Eine allgemeine Vorschrift über die Anwendung des Gesetzes auf solche Fälle, in denen derjenige, welcher mit dem Verleger den Vertrag abschließt, nicht der Verfasser der Werkes ist (§ 48) sowie eine Vorschrift über die Zuständigkeit des Reichsgerichts bei Streitigkeiten über Ansprüche aus dem Verlagsvertrage (§ 49) und die Feststellung des Inkrafttretens des Gesetzes am 1. Januar 1902 (§ 50) bilden den Schluß.

Die Zusätze, welche der § 2 Abs. 2 des Gesetzes durch Artikel II des Gesetzes vom 22. Mai 1910 zur Ausführung der revidierten Berner Übereinkunft zum Schutze von Werken der Literatur und Kunst vom 13. November 1908 (RGBl. Nr. 29 S. 793) erhalten hat, sind im Texte des Gesetzes berücksichtigt.

Gesetz über das Verlagsrecht.

Vom 19. Juni 1901.

(RGBl. 1901 S. 217.)

In der Fassung der Novelle vom 22. Mai 1910. (RGBl. 1910 S. 793.)

Wir *Wilhelm*, von Gottes Gnaden Deutscher Kaiser, König von Preußen ꝛc. verordnen im Namen des Reiches, nach erfolgter Zustimmung des Bundesrats und des Reichstages, was folgt: L.

§ 1.

Durch den Verlagsvertrag über ein Werk der Literatur oder der Tonkunst wird der Verfasser verpflichtet, dem Verleger das Werk zur Vervielfältigung und Verbreitung für eigene Rechnung zu überlassen. Der Verleger ist verpflichtet, das Werk zu vervielfältigen und zu verbreiten.

Im § 1 hat das Gesetz die Geisteswerke bestimmt, welche *Gegenstand eines Verlagsvertrages* sein können, die *Parteien* bezeichnet, welche bei dem Vertrage in Betracht kommen, und gleichzeitig die *Verpflichtungen* festgelegt, welche für jede Partei bei dem Verlagsvertrage wesentlich sind.

Gegenstand eines Verlagsvertrages im Sinne des § 1 können nur Werke der Literatur oder der Tonkunst sein in dem Sinne und in dem Umfange, wie sie im § 1 des Gesetzes, betreffend das Urheberrecht an Werken der Literatur und der Tonkunst vom 19. Juni 1901 aufgeführt sind. Es gehören also hierher nur:

1. Schriftwerke und solche Vorträge oder Reden, welche dem Zwecke der Erbauung, der Belehrung oder der Unterhaltung dienen,
2. Werke der Tonkunst,
3. solche Abbildungen wissenschaftlicher oder technischer Art, welche nicht ihrem Hauptzwecke nach als Kunstwerke zu betrachten sind, einschließlich der plastischen Darstellungen,

4. choreographische und pantomimische Werke, sofern der Bühnenvorgang schriftlich oder auf andere Weise festgelegt ist.

Die näheren Begriffsbestimmungen dieser Werke sind in den Anmerkungen zu § 1 des Urheberrechtsgesetzes (s. oben S. 2 ff.) gegeben.

Im übrigen bezeichnet das Verlagsrechtsgesetz nicht bloß die geistige Schöpfung selbst als Werk, sondern mehrfach (§§ 9, 27, 33) auch die Handschrift, in welcher sich die Schöpfung verkörpert. Mißverständnisse können hierdurch nicht entstehen, da die eine wie die andere Bedeutung durch den gewöhnlichen Sprachgebrauch gerechtfertigt wird und sich an jeder Stelle aus dem Zusammenhang ergibt, welche gemeint ist.

Verträge über den Verlag von anderen als den vorbezeichneten Werken der Literatur und der Tonkunst fallen nicht unter die Bestimmungen des Verlagsrechtsgesetzes. Dies gilt insbesondere für den Verlag von Werken der bildenden Künste und von Erzeugnissen des Kunstgewerbes sowie für den Verlag von Werken der Photographie, so weit diese nicht zu den Abbildungen wissenschaftlicher oder technischer Art im Sinne des § 1 Ziff. 3 des Urheberrechtsgesetzes zu rechnen sind (s. oben S. 12). Verträge über die Vervielfältigung und Verbreitung derartiger Werke sind nach den Vorschriften des allgemeinen Vertragsrechtes bzw. nach dem für sie bestehenden Gewohnheitsrecht zu beurteilen.

Gegenstand des Verlagsvertrages können übrigens nicht nur bereits fertiggestellte, sondern auch noch zu schaffende Werke der Literatur oder der Tonkunst sein, und ebenso können Verlagsverträge auch über solche Werke geschlossen werden, an denen ein Urheberrecht von vornherein oder wegen Ablaufes ihrer Schutzfrist nicht mehr besteht (§ 39 Abs. 1).

Als **Parteien** stehen sich bei dem Verlagsvertrage der Regel nach der **Verfasser** und der **Verleger** gegenüber. Verfasser ist auch hier, wie nach §§ 2 ff. des Urheberrechtsgesetzes derjenige, dessen geistig schaffender Tätigkeit das Werk seine Entstehung verdankt (Urheber, Miturheber, Herausgeber); Verleger derjenige, welcher die Vervielfältigung und Verbreitung des Werkes, sei es gewerbsmäßig als Buchhändler (Kaufmann im Sinne § 1 Abs. 1 u. 2 Nr. 8 HGB.) oder sonst auf eigene Rechnung übernimmt.

Derjenige, welcher ein Werk in Verlag gibt, braucht nicht notwendig der Verfasser des Werkes zu sein. Der Verlagsvertrag kann vielmehr auch von einem anderen als dem Verfasser, insbesondere von dessen Rechtsnachfolger abgeschlossen werden, und § 48 bestimmt, daß auch in solchem Falle die Vorschriften dieses Gesetzes Anwendung finden sollen.

Eine bestimmte **Form** ist für den Abschluß des Verlagsvertrages nicht vorgeschrieben. Der Abschluß kann schriftlich durch Errichtung einer besonderen Urkunde (Verlagsschein) oder durch briefliche oder telegraphische Vereinbarung und auch mündlich durch ausdrückliche oder stillschweigende Willenseinigung erfolgen. Dies gilt nicht nur für die Fälle, in denen der Verleger den Verlagsvertrag im Betriebe eines Handelsgewerbes, das Verlagsgeschäfte zum Gegenstand hat (§ 1 Abs. 2 Ziff. 8 und § 343 Abs. 1 HGB.), oder im Betriebe eines sonstigen Handelsgewerbes (§ 343 Abs. 2 HGB.) abschließt, sondern auch dann, wenn der Verlagsvertrag kein Handelsgeschäft ist, weil beide Parteien keine Kaufleute sind.

Wesentlicher Bestandteil des Verlagsvertrages ist zunächst die Verpflichtung des Verfassers, das Werk dem Verleger zu überlassen, um es im Wege der Vervielfältigung und Verbreitung auszunutzen.

Auf diese Art der wirtschaftlichen Ausnutzung eines Werkes muß sich der Verlagsvertrag beschränken. Verträge, durch welche der Verfasser einem anderen die Befugnis zur öffentlichen Aufführung eines Bühnenwerkes oder eines Werkes der Tonkunst oder das Recht zum öffentlichen Vortrage oder zur öffentlichen Mitteilung des wesentlichen Inhaltes eines Schriftwerkes vor dessen Erscheinen (§ 11 des Urheberrechtsgesetzes) überträgt, sind keine Verlagsverträge im Sinne des Verlagsrechtsgesetzes, unterliegen vielmehr den Vorschriften des allgemeinen bürgerlichen Rechtes.

Im übrigen sind die Verbindlichkeiten, die bei dem Verlagsvertrage über ein Werk, an dem ein Urheberrecht besteht, dem Verfasser sonst noch obliegen, namentlich die Pflicht, sich selbst während der Dauer des Vertragsverhältnisses der Vervielfältigung und Verbreitung des Werkes in bestimmtem Umfange zu enthalten und sie seitens der Verlegers zu dulden, sowie die Pflicht, dem Verleger das Verlagsrecht zu verschaffen, durch die §§ 2 bis 9 geregelt, während § 39 im Gegensatze hierzu die Stellung des Verfassers bei dem Verlagsvertrage über ein nicht schutzberechtigtes Werk bestimmt.

Wesentlicher Inhalt des Verlagsvertrages ist ferner die den Verpflichtungen des Verfassers gegenüberstehende Verpflichtung des Verlegers zur ordnungsmäßigen Vervielfältigung und Verbreitung des Werkes.

Wenn eine solche Verpflichtung des Verlegers nicht begründet, sondern nur das Recht der Vervielfältigung und Verbreitung vom Verfasser gewährt wird, so liegt kein Verlagsvertrag im Sinne des Gesetzes vor. Das Vertragsverhältnis ist dann nach den allgemeinen Vorschriften des bürgerlichen Rechtes zu beurteilen. Dies gilt namentlich bei Übertragung des Urheberrechtes selbst, für die Fälle, in denen der Verleger die Ausarbeitung eines Werkes nach einem von ihm vorgeschriebenem Plane bestellt, ohne eine Verpflichtung zur Vervielfältigung und Verbreitung zu übernehmen (Bestellungsvertrag § 47 Abs. 1), und für Verträge, inhalts deren sich die Tätigkeit des Verfassers auf die Mitarbeit an enzyklopädischen Unternehmungen oder auf Hilfs- und Nebenarbeiten für das Werk eines anderen oder für ein Sammelwerk beschränkt (§ 47 Abs. 2). Auch kann von einem Verlagsvertrage in den Fällen nicht die Rede sein, wenn Beiträge für eine Zeitung, eine Zeitschrift oder ein sonstiges periodisches Werk geliefert werden, ohne daß der Verleger der Zeitung rc. eine Verbindlichkeit zur Vervielfältigung und Verbreitung übernimmt. Für diese Fälle sind in den §§ 41 bis 46 besondere Bestimmungen getroffen.

Ein weiteres wesentliches Erfordernis des Verlagsvertrages ist es endlich, daß das Werk dem Verleger zur Vervielfältigung und Verbreitung für dessen eigene Rechnung überlassen wird. Der Verleger muß dem Verfasser als selbständiger Unternehmer gegenübertreten, wobei es im übrigen gleichgültig ist, ob dem Verfasser eine Vergütung von bestimmter Höhe oder in Form der Gewinnbeteiligung zugesichert oder eine solche überhaupt nicht gewährt wird (Mot.), der Verfasser vielmehr seinerseits noch einen Zuschuß zu den Druckkosten zahlt.

Der sogenannte Kommissionsverlag, bei welchem der Verleger auf eine bestimmte Vergütung für die von ihm zu besorgende Vervielfältigung und Verbreitung des Werkes angewiesen ist, Gewinn und Verlust aus dem Geschäfte aber dem Verfasser verbleiben, gehört nicht dem Verlagsrechte an; er hat vielmehr bereits durch die Vorschriften des HGB. über das Kommissionsgeschäft (§§ 383 bis 406) und durch die ergänzenden Vorschriften der §§ 611 bis 630, 675 BGB. über den Dienstvertrag seine Regelung gefunden. Im Vergleiche mit dem Verlagsvertrage gelten für den Kommissionsvertrag namentlich folgende in der Begründung des Gesetzes hervorgehobene Besonderheiten:

1. Wer den kommissionsweisen Verlag eines Werkes übernimmt, hat, wenn er, wie dies in der Regel zutrifft, Kaufmann ist, bei der Vervielfältigung und Verbreitung des Werkes mit der Sorgfalt eines ordentlichen Kaufmannes das Interesse des Verfassers wahrzunehmen und dessen Weisungen zu befolgen.
2. Im Falle des Kommissionsverlages werden die Höhe der Auflage, die Form und Ausstattung des Werkes sowie die Höhe des Preises allein vom Verfasser bestimmt; der Verleger hat dabei die Weisungen des Verfassers zu befolgen.
3. Macht der Kommissionsverleger zum Zwecke der Vervielfältigung und Verbreitung Aufwendungen, die er den Umständen nach für erforderlich erachten darf, so ist der Verfasser zum Ersatze verpflichtet.

4. Der Kommissionsverleger erlangt kein ausschließliches Recht zur Vervielfältigung und Verbreitung. Gibt der Verfasser dem Vertrage zuwider das Werk noch anderweit in Verlag, so haftet er allerdings dem Kommissionsverleger für Schadensersatz, kann aber wegen Nachdruckes nicht verfolgt werden. Ebensowenig ist der Kommissionsverleger in der Lage, gegen Dritte, welche das Werk nachdrucken, die Rechte des Urhebers geltend zu machen.
5. Für den Verlust und die Beschädigung der in seiner Verwahrung befindlichen Abzüge ist der Kommissionsverleger verantwortlich, außer, wenn ihn kein Verschulden trifft.
6. Der Kommissionsverleger ist verpflichtet, dem Verfasser über das Geschäft Rechenschaft abzulegen. Wann und wie oft dies zu geschehen hat, bestimmt sich nach der Verkehrssitte.
7. Inwieweit bei der Kündigung des Vertragsverhältnisses eine Frist eingehalten werden muß, ist entsprechend der Lage des Einzelfalles und mit Rücksicht auf die Verkehrssitte zu beurteilen.

Daß auch der Selbstverlag nicht dem Verlagsrechte angehört, versteht sich von selbst.

Die Verpflichtung des Verlegers zur Zahlung einer Vergütung an den Verfasser ist kein wesentlicher Bestandteil des Verlagsvertrages. Nach § 22 gilt aber eine solche Vergütung als stillschweigend vereinbart, wenn die Überlassung des Werkes den Umständen nach nur gegen eine Vergütung zu erwarten ist.

Kein Erfordernis des Verlagsvertrages ist es endlich, wie oben bereits angedeutet, daß der Verleger ein Buchhändler ist und das Werk in Ausübung seines Gewerbebetriebes vervielfältigt und verbreitet. Zwar wird er durch den Verlagsvertrag zur Verbreitung im Wege des Buchhandels verpflichtet, diese Verpflichtung kann aber auch von einer Person erfüllt werden, die nicht Buchhändler ist, ohne daß dadurch die Gültigkeit des Verlagsvertrages berührt wird (Mot.).

Wie jeder andere Vertrag, ist auch der Verlagsvertrag nach § 157 BGB. so auszulegen, wie Treu und Glauben mit Rücksicht auf die im Verlagsbuchhandel übliche Verkehrssitte es erfordern. Die auf eine Bemerkung der Motive (S. 61) gestützte Annahme, daß der Verlagsvertrag im Zweifel zugunsten des Autors, also zuungunsten des Verlegers auszulegen sei, ist irrig. Das Gesetz hat allerdings bei einzelnen seiner Bestimmungen sich nicht mit Unrecht von der Erwägung leiten lassen, daß im geschäftlichem Verkehre zwischen dem Verleger auf der einen und dem Schriftsteller oder Komponisten auf der anderen Seite der Verleger regelmäßig der geschäftserfahrenere und häufig auch der wirtschaftlich stärkere Teil ist; es hat aber keineswegs den Grundsatz festlegen wollen, daß jeder Verlagsvertrag aus diesem Grunde nun auch im Zweifel zugunsten des Verfassers ausgelegt werden solle.

§ 2.

Der Verfasser hat sich während der Dauer des Vertragsverhältnisses jeder Vervielfältigung und Verbreitung des Werkes zu enthalten, die einem Dritten während der Dauer des Urheberrechtes untersagt ist.

Dem Verfasser verbleibt jedoch die Befugnis zur Vervielfältigung und Verbreitung:

1. für die Übersetzung in eine andere Sprache oder in eine andere Mundart;
2. für die Wiedergabe einer Erzählung in dramatischer Form oder eines Bühnenwerkes in der Form einer Erzählung;
3. für die Bearbeitung eines Werkes der Tonkunst, soweit sie nicht bloß ein Auszug oder eine Übertragung in eine andere Tonart oder Stimmlage ist;
4. für die Benutzung des Werkes zum Zwecke der mechanischen Wiedergabe für das Gehör;
5. für die Benutzung eines Schriftwerkes oder einer Abbildung zu einer bildlichen Darstellung, welche das Originalwerk seinem Inhalte nach im Wege der Kinematographie oder eines ihr ähnlichen Verfahrens wiedergibt.

Auch ist der Verfasser zur Vervielfältigung und Verbreitung in einer Gesamtausgabe befugt, wenn seit dem Ablaufe des Kalenderjahres, in welchem das Werk erschienen ist, zwanzig Jahre verstrichen sind.

Im § 2 ist der Umfang festgestellt, in welchem der Verfasser infolge des Verlagsvertrages sich der Vervielfältigung und Verbreitung des Werkes seinerseits zu enthalten und sie dem Verleger zu gestatten hat.

Die Vorschriften des § 2 sind nur dispositiver Natur und kommen deshalb nur zur Anwendung, wenn der Verlagsvertrag selbst keine anderen Bestimmungen enthält. Wenn also z. B. vereinbart ist, daß dem Verfasser auch eine anderweite Herausgabe seines Werkes während der Dauer des Vertragsverhältnisses gestattet sein soll, so behält es hierbei sein Bewenden.

Anderenfalls, d. h. beim Mangel einer derartigen Vereinbarung, hat sich der Verfasser seinerseits während der Dauer des Verlagsvertrages der Vervielfältigung und Verbreitung seines Werkes in dem Umfange zu enthalten, wie sie einem Dritten dem Urheber gegenüber während der Dauer des Urheberrechtes (§§ 29 bis 35 Urheb.-Ges.) verboten ist.

Die Rechte des Verfassers gegenüber dem Verleger während der Dauer des Vertragsverhältnisses ergeben sich also aus den positiven Vorschriften des Urheberrechtsgesetzes vom 19. Juni 1901 im Zusammenhange mit den §§ 2 bis 8 des vorliegenden Gesetzes.

Wie jedem Dritten ist dem Verfasser zunächst jede, nicht bloß die mechanische Vervielfältigung des Werkes in seiner unveränderten Gestalt ohne Einwilligung des Verlegers untersagt (§ 11 Urheb.-Ges.), sofern sie nicht etwa lediglich zum persönlichen Gebrauche und ohne den Zweck der Erzielung einer Einnahme aus dem Werke erfolgt (§ 15 ebenda). Der Verfasser darf aber auch keine Bearbeitung des Werkes ohne Einwilligung des Verlegers vervielfältigen, soweit ihm nicht nach § 2 Abs. 2 (s. unten) das Recht der Bearbeitung vorbehalten ist. Nur die Vervielfältigungen, die nach den §§ 19 bis 24 des Urheberrechts-Gesetzes jedem Dritten gestattet sind, darf der Verfasser ohne Einwilligung des Verlegers vornehmen, insbesondere also einzelne Stellen oder kleinere Teile seines Werkes in einer selbständigen literarischen Arbeit anführen, einzelne Aufsätze von geringem Umfange oder einzelne Gedichte in ein selbständiges wissenschaftliches Werk aufnehmen, sein eigenes Gedicht als Text zu einem neuen Werke der Tonkunst in Verbindung mit diesem wiedergeben, eigene Kompositionen in andere literarische oder wissenschaftliche Arbeiten aufnehmen usw. Desgleichen ist es dem Verfasser nicht verwehrt, sein in Verlag gegebenes Werk zur Hervorbringung einer neuen eigentümlichen Schöpfung zu benutzen (§ 13 Abs. 1 Urheb.-Ges.) und diese letztere ohne Einwilligung des Verlegers des ersten Werkes anderweit in Verlag zu geben. Eine Vertragsverletzung kann jedoch in diesem Falle eintreten, wenn das Erscheinen des neuen Werkes dem ersten Verleger die wirtschaftliche Ausnutzung des ihm in Verlag gegebenen Werkes erschwert und der Verfasser dadurch mit diesem seinem ersten Verleger in einen gegen Treu und Glauben verstoßenden Wettbewerb tritt (Mot.).

Ein Werk, welches der Verfasser einem anderen zum Verlag gegeben hat, darf er selbst ohne Einwilligung des Verlegers nicht in einem Sammelwerke, das nicht zu den in den §§ 19 und 21 Urheb.-Ges. bezeichneten gehört, und grundsätzlich auch nicht in einer Gesamtausgabe seiner Werke vervielfältigen lassen, und ebensowenig ist dem Verfasser die Vervielfältigung des für eine Gesamtausgabe in Verlag gegebenen Werkes in einer Sonderausgabe gestattet.

Hinsichtlich der Vervielfältigung und Verbreitung in einer Gesamtausgabe hat jedoch § 2 Abs. 3 einen besonderen Vorbehalt gemacht (s. unten), und wegen des Vorbehaltes für Beiträge zu einem Sammelwerke, die ohne Vergütung geliefert werden, ist § 3 zu beachten. Hinsichtlich der Verfügung über Beiträge für Zeitungen, Zeitschriften oder sonstige periodische Sammelwerke s. § 42.

Wie jedem Dritten ist es ferner dem Verfasser verboten, ein in Verlag gegebenes Werk ohne Einwilligung des Verlegers seinerseits gewerbsmäßig zu verbreiten (§ 11 Urheb.-Ges.), jedoch ist gemäß § 26 Urheb.-Ges. auch die gewerbsmäßige Verbreitung in denjenigen Fällen zulässig, in denen das Werk nach den §§ 16 bis 24 Urheb.-Ges. ohne Einwilligung des Berechtigten vervielfältigt werden darf. Freiexemplare, die ihm vom Verleger geliefert werden, kann der Verfasser mangels besonderer anderweiter Vereinbarung unbeschränkt, also auch gewerbsmäßig, in seinem eigenen Gewerbebetriebe verbreiten.

Die Pflicht des Verfassers zur Unterlassung der Vervielfältigung und gewerbsmäßigen Verbreitung des Werkes besteht nur für die Dauer des Vertragsverhältnisses, das mit dem Abschlusse des Verlagsvertrages beginnt und mit dem Ablaufe der in diesem etwa bestimmten Zeit oder beim Mangel einer zeitlichen Begrenzung mit dem Zeitpunkte endigt, wo die vertragsmäßig bestimmten Auflagen oder Abzüge vergriffen sind (§ 29). Eine Beendigung des Vertragsverhältnisses tritt ferner ein bei Kündigung des Vertrages oder bei zulässigem Rücktritt von demselben (§§ 18, 30 bis 32, 35, 36 Abs. 3, 45 Abs. 1), sowie infolge Unterganges des Werkes nach erfolgter Ablieferung (§ 34). Durch den Tod oder den Konkurs des Verlegers wird das Vertragsverhältnis nicht beendigt (§§ 28, 36).

Wesentliche Ausnahmen von der Unterlassungspflicht des Verfassers hat das Gesetz im § 2 Absatz 2 bezüglich derjenigen Bearbeitungen des Werkes gemacht, welche im § 14 Urheb.-Ges. im Falle der Übertragung des Urheberrechtes dem Urheber vorbehalten sind.

Auch wenn er sein Werk in Verlag gegeben hat, verbleibt dem Verfasser die Befugnis zur Vervielfältigung und Verbreitung:

1. für jede Art der Übersetzung des Werkes in eine andere lebende oder tote Sprache oder in eine andere Mundart, insbesondere auch für eine in gebundener Form abgefaßte Übersetzung; nicht aber für die Rückübersetzung in die Sprache des Originals, zu der er während der Dauer des Vertragsverhältnisses nicht befugt ist;
2. für die Wiedergabe einer Erzählung in dramatischer Form oder eines Bühnenwerkes in der Form einer Erzählung, nicht aber für sonstige Arten der Wiedergabe eines in Prosa geschriebenen Werkes in Versen und umgekehrt;

3. für die Bearbeitung eines Werkes der Tonkunst, soweit diese Bearbeitung nicht lediglich in einem Auszuge oder in einer Übertragung in eine andere Tonart oder Stimmlage besteht.

Dem Tonsetzer, der sein Werk in Verlag gegeben hat, verbleibt also trotzdem die Befugnis zu allen als neue, eigentümliche Schöpfungen sich darstellenden Bearbeitungen des Werkes oder einzelner Motive oder Melodien desselben, Variationen, Phantasien, Potpourris u. dgl., selbst wenn hierbei Melodien des Originalwerkes erkennbar entnommen und der neuen Arbeit zugrunde gelegt werden. Dasselbe gilt von der Befugnis zu Einrichtungen des Werkes für andere Klangmittel und Instrumente, insbesondere zur Instrumentierung eines ursprünglich nur für eine Singstimme gesetzten Liedes, zur Orchestrierung eines Klavierstückes u. dgl. Dagegen darf der Tonsetzer Bearbeitungen seines Werkes, die dasselbe in seinem wesentlichen Bestande unverändert lassen und nur in Hinzufügung von Fingersatz, Stricharten, Atmungszeichen, Vortragsbezeichnungen u. dgl. oder nur in der Übertragung in eine andere Tonart oder Stimmlage bestehen, ohne Einwilligung des Verlegers nicht vervielfältigen und verbreiten, und dies gilt auch von der Vervielfältigung und Verbreitung bloßer Auszüge oder von Teilen oder einzelnen Nummern eines in Verlag gegebenen Tonwerkes.

Dem Verfasser verbleibt ferner die Befugnis zur Vervielfältigung und Verbreitung:

4. für die Benutzung des Werkes zum Zwecke der mechanischen Wiedergabe für das Gehör,
5. für die Benutzung eines Schriftwerkes oder einer Abbildung zu einer bildlichen Darstellung, welche das Originalwerk seinem Inhalte nach im Wege der Kinematographie oder eines ihr ähnlichen Verfahrens wiedergibt:

zu 4 und 5 lediglich Folgen der Ergänzungen, die § 14 Urheb.-Ges. durch Art. I Nr. 4 des Gesetzes vom 22. Mai 1910 zur Ausführung der revidierten Berner Übereinkunft erfahren hat.

Dem Verfasser verbleibt endlich nach § 2 Abs. 3 die Befugnis zur Vervielfältigung und Verbreitung:

6. seines bereits in Verlag gegebenen Werkes in einer Gesamtausgabe seiner — wenn auch nicht gerade sämtlichen — eigenen Werke, wenn seit dem Ablaufe des Kalenderjahres, in welchem das Werk erschienen ist, zwanzig Jahre verstrichen sind.

Wenn der Verfasser mehrere bereits bei einem anderen als dem Verleger der Gesamtausgabe erschienene Werke in einer Gesamtausgabe vervielfältigen und verbreiten will, so ist der zwanzigjährige Zeitraum vom Ablaufe desjenigen Kalenderjahres zu berechnen, in welchem das letzte in die Gesamtausgabe aufgenommene Werk erschienen ist. Andererseits ist der Verfasser, wenn das Vertragsverhältnis mit seinem ersten Verleger vor Ablauf des zwanzigjährigen Zeitraums endigt, selbstverständlich zu jeder anderweitigen Herausgabe seines Werkes, also auch zur Vervielfältigung in einer Gesamtausgabe ohne weiteres befugt.

§ 3.

Beiträge zu einem Sammelwerke, für die dem Verfasser ein Anspruch auf Vergütung nicht zusteht, dürfen von ihm anderweit verwertet werden, wenn seit dem Ablaufe des Kalenderjahres, in welchem sie erschienen sind, ein Jahr verstrichen ist.

Die in § 3 enthaltene Ausnahme von der im § 2 Abs. 1 vorgeschriebenen Unterlassungspflicht des Verfassers bezieht sich nur auf Beiträge, die für nicht periodische Sammelwerke geliefert werden. Über Beiträge für Zeitungen, Zeitschriften und andere periodische Sammelwerke sind in den §§ 42 ff. besondere Bestimmungen getroffen. Über den Begriff des Sammelwerkes s. die Bemerkungen zu § 4 Urheb.-Ges.

Für die im § 3 gedachten Beiträge darf dem Verfasser ein Anspruch auf Vergütung nicht zustehen, d. h. eine Vergütung weder ausdrücklich vereinbart, noch sonst nach der Vermutung des § 22 Abs. 1 zu erwarten sein. Als Vergütung würde nicht nur eine Geldzahlung, sondern auch jede andere vermögenswerte Leistung und unter Umständen auch die Lieferung von Freiexemplaren in Betracht kommen, wenn sie die im § 25 vorgeschriebene Zahl überschreitet oder wenn es sich um Überlassung einer unverhältnismäßig großen Anzahl von Freiexemplaren eines besonders kostspieligen Werkes handelt.

Über den Begriff des Erscheinens s. Anm. zu § 7 Urheb.-Ges. (S. 23). Entscheidend für die Berechnung der im § 3 bestimmten Frist ist stets nur der Zeitpunkt des tatsächlichen Erscheinens, der oft mit der auf dem Titelblatt angegebenen Jahreszahl nicht übereinstimmt, und bei Sammelwerken, die in Lieferungen erscheinen, kommt es für die Fristberechnung immer nur auf den Zeitpunkt an, in welchem der Einzelbeitrag erschienen ist.

Nach Ablauf der einjährigen Frist können die im § 3 gedachten Beiträge von dem Verfasser beliebig anderweit verwertet, d. h. sowohl gesondert herausgegeben oder in einem anderen periodischen oder nicht periodischen Sammelwerke herausgegeben werden, ohne daß es hierzu der Einwilligung des Verlegers des ersten Sammelwerkes bedarf. Diese Einwilligung würde nur dann erforderlich sein, wenn die Beiträge zur Herstellung eines neuen, dem ersten im wesentlichen gleichen Sammelwerkes verwendet werden sollen.

Im übrigen ist auch die Vorschrift des § 3 nur dispositiver Natur; anderweite Vereinbarungen der Parteien sind unbeschränkt zulässig.

§ 4.

Der Verleger ist nicht berechtigt, ein Einzelwerk für eine Gesamtausgabe oder ein Sammelwerk sowie Teile einer Gesamtausgabe oder eines Sammelwerkes für eine Sonderausgabe zu verwerten. Soweit jedoch eine solche Verwertung auch während der Dauer des Urheberrechtes einem jeden freisteht, bleibt sie dem Verleger ebenfalls gestattet.

Die §§ 4 und 5 bestimmen den Umfang der dem Verleger erlaubten Verwertung des ihm in Verlag gegebenen Werkes. Auch sie sind nur dispositiver Natur und finden deshalb nur Anwendung, soweit nicht ein anderes mit dem Verfasser vereinbart ist. Sie beziehen sich auf alle Werke, die nach § 1 des Gesetzes (s. Anm. zu § 1) Gegenstand eines Verlagsvertrages sein können.

Durch § 4 ist dem Verleger zunächst untersagt, ein Einzelwerk, das er zu einer gesonderten Herausgabe in Verlag erhalten hat, in einer Gesamtausgabe oder in einem — periodischen oder nicht periodischen — Sammelwerke erscheinen zu lassen.

Dem Verleger ist ferner untersagt, Beiträge, die ihm nur zur Vervielfältigung und Verbreitung in einer Gesamtausgabe oder in einem Sammelwerke in Verlag gegeben sind, in einer Sonderausgabe herauszugeben.

Nicht entschieden ist im § 4 die Frage, ob der Verleger ohne Einwilligung des Verfassers den ihm zur Vervielfältigung und Verbreitung in einem bestimmten Sammelwerke überlassenen Beitrag statt in diesem in einem anderen Sammelwerk vervielfältigen kann. Im Interesse des Verfassers wird diese Frage zu verneinen sein ebenso wie die Frage, ob der Verleger den ihm für ein Sammelwerk überlassenen und in diesem veröffentlichten Beitrag außerdem noch für ein anderes Sammelwerk verwenden darf.

Nicht entschieden ist endlich durch § 4 die Frage, ob der Verleger berechtigt ist, auch einzelne Bände einer Gesamtausgabe oder eines größeren ihm als Ganzes überlassenen Werkes zu verkaufen. Die Beantwortung wird im einzelnen Falle davon abhängen, ob diese Art des Verkaufes bei Werken der betreffenden Art zweckentsprechend ist bzw. der im Verlagshandel herrschenden Übung entspricht (§ 14).

Durch Satz 2 des § 4: „soweit eine solche Verwertung auch während der Dauer des Urheberrechts einem jeden freisteht, bleibt sie dem Verleger gleichfalls gestattet" soll klargestellt werden, daß dem Verleger im Verhältnis zu dem Verfasser neben den aus dem Verlagsvertrage sich ergebenden Befugnissen dieselben Rechte zustehen sollen, wie jedem Dritten im Verhältnis zu dem Verfasser. Der Verleger soll also durch den Verlagsvertrag in bezug auf den Nachdruck nicht schlechter gestellt werden wie jeder Dritte, so daß er also z. B. Auszüge aus einem von ihm verlegten Werke in dem durch § 19 Urheb.-Ges. zugelassenen Umfange in einer selbständigen literarischen Arbeit bringen oder kleinere von ihm in Verlag genommene Kompositionen nach dem Erscheinen ebenso wie jeder andere in eine selbständige wissenschaftliche Arbeit aufnehmen darf (§ 21 Urheb.-Ges.). Vgl. KommBer. S. 13.

§ 5.

Der Verleger ist nur zu einer Auflage berechtigt. Ist ihm das Recht zur Veranstaltung mehrerer Auflagen eingeräumt, so gelten im Zweifel für jede neue Auflage die gleichen Abreden wie für die vorhergehende.

Ist die Zahl der Abzüge nicht bestimmt, so ist der Verleger berechtigt, tausend Abzüge herzustellen. Hat der Verleger durch eine vor dem Beginne der Vervielfältigung dem Verfasser gegenüber abgegebene Erklärung die Zahl der Abzüge niedriger bestimmt, so ist er nur berechtigt, die Auflage in der angegebenen Höhe herzustellen.

Unter einer Auflage im Sinne des § 5 ist die Gesamtzahl derjenigen Abzüge zu verstehen, die der Verleger auf einmal herzustellen berechtigt ist.

Diese Gesamtzahl wird bestimmt:

1. durch die zwischen Verfasser und Verleger getroffene Vereinbarung, die entweder eine bestimmte Anzahl von Abzügen feststellen oder die Bestimmung der Zahl der letzteren dem Verleger überlassen kann;
2. in Ermangelung einer solchen Vereinbarung durch § 5 Abs. 2 Satz 1, der dem Verleger das Recht zur Herstellung von tausend Abzügen gibt;
3. durch eine vor dem Beginne der Vervielfältigung, d. h. vor Beginn des Drucksatzes, Stiches 2c. vom Verleger dem Verfasser gegenüber abgegebene Erklärung, welche die Zahl der Abzüge

niedriger als tausend bestimmt. Diese Erklärung ist an eine bestimmte Form nicht gebunden, sie wird aber, wenn sie in Abwesenheit des Verfassers z. B. brieflich abgegeben wird, nach § 130 BGB. erst in dem Zeitpunkte wirksam, in welchem sie ihm zugeht, und sie wird nicht wirksam, wenn dem Verfasser vor oder gleichzeitig mit ihr ein Widerruf zugeht.

Hat der Verleger die Erklärung rechtzeitig abgegeben, so ist er nur berechtigt, die Auflage in der von ihm angegebenen Höhe herzustellen; erfolgt die Erklärung verspätet, so hat der Verleger die gesetzliche Zahl von tausend Abzügen herzustellen.

Wenn keine anderweite Vereinbarung getroffen ist, ist der Verleger nur zu einer Auflage berechtigt.

Dies gilt für alle Werke der Literatur und der Tonkunst, die Gegenstand eines Verlagsvertrages sein können (§ 1).

Ist dem Verleger das Recht zur Veranstaltung mehrerer Auflagen eingeräumt, so gelten im Zweifel, d. h. falls nicht besondere diesbezügliche Vereinbarungen zwischen Verfasser und Verleger getroffen sind, für jede neue Auflage die gleichen Abreden über Höhe der Auflage, Form und Ausstattung der Abzüge, Honorar, Freiexemplare usw. wie für die unmittelbar vorhergehende Auflage.

Wegen der Nichteinrechnung der üblichen Zuschußexemplare und der Freiexemplare in die Zahl der zulässigen Abzüge s. § 6 und wegen Ersatzes für untergegangene Abzüge § 7.

Durch Herstellung einer größeren als der nach § 5 zulässigen Anzahl von Abzügen macht sich der Verleger nach den §§ 36 ff. Urheb.-Ges. schadensersatzpflichtig bzw. strafbar.

§ 6.

Die üblichen Zuschußexemplare werden in die Zahl der zulässigen Abzüge nicht eingerechnet. Das gleiche gilt von Freiexemplaren, soweit ihre Zahl den zwanzigsten Teil der zulässigen Abzüge nicht übersteigt.

Zuschußexemplare, die nicht zum Ersatz oder zur Ergänzung beschädigter Abzüge verwendet worden sind, dürfen von dem Verleger nicht verbreitet werden.

Zuschußexemplare sind diejenigen Exemplare, welche über die Zahl der nach § 5 zulässigen Abzüge hinaus hergestellt werden, um Exemplare, die beim Drucke, beim Heften oder Einbinden beschädigt werden, zu ersetzen oder doch in den beschädigten Teilen zu ergänzen. Die Zahl der erforderlichen Zuschußexemplare hängt von der Art des Druckes und Papieres, sowie von sonstigen Umständen technischer Art ab und läßt sich allgemein nicht festsetzen (Mot.). Mangels anderweiter Vereinbarung sind diese „üblichen" Zuschußexemplare in die Zahl der zulässigen Abzüge nicht einzurechnen. Vorausgesetzt ist hierbei allerdings, daß sie auch tatsächlich zum Ersatze oder zur Ergänzung beschädigter Abzüge verwendet sind. Soweit dies nicht der Fall ist, dürfen sie nach § 6 Abs. 2 vom Verleger nicht verbreitet werden, widrigenfalls er sich nach §§ 36 ff. Urheb.=Ges. schadensersatzpflichtig und strafbar macht.

Freiexemplare sind solche Exemplare, die der Verleger unentgeltlich entweder dem Verfasser überläßt (§ 25) oder zum Zwecke der Besprechung in der Presse oder sonst im Interesse der Empfehlung und Einführung des Werkes verteilt. Auch diese Freiexemplare sind mangels anderweiter Vereinbarung in die Zahl der zulässigen Abzüge nicht einzurechnen, soweit ihre Zahl den zwanzigsten Teil der zulässigen Abzüge nicht übersteigt. Ist dem Verfasser eine größere Anzahl von Freiexemplaren bewilligt, als der zwanzigste Teil der Auflage beträgt, so sind auch diese mehr gelieferten Exemplare im Zweifel nicht einzurechnen.

Nicht zu den Freiexemplaren im Sinne des § 6 gehören die Freiexemplare, die der Verleger dem Sortimenter bei Abnahme einer größeren Anzahl von Exemplaren als Rabatt zu gewähren pflegt (Rabattexemplare), und die Pflichtexemplare, die der Verleger nach landesgesetzlichen Bestimmungen unentgeltlich an staatliche Bibliotheken zu liefern verpflichtet ist.

Die Herstellung und Verbreitung von Freiexemplaren in größerem als dem im § 6 bestimmten Umfange macht den Verleger nach §§ 36 ff. Urheb.=Ges. ersatzpflichtig und strafbar, desgleichen die anderweite Verwertung von Exemplaren, die als Freiexemplare dienen sollten und nicht zu diesem Zweck verwendet worden sind.

§ 7.

Gehen Abzüge unter, die der Verleger auf Lager hat, so darf er sie durch andere ersetzen; er hat vorher dem Verfasser Anzeige zu machen.

Der § 7 gestattet dem Verleger für den Fall, daß die Zuschußexemplare (§ 6) zum Ersatze untergegangener oder, was dem Untergange gleichsteht, durch Beschädigung für den Vertrieb untauglich gewordener Abzüge nicht ausreichen, die letzteren durch andere Abzüge zu ersetzen, ohne daß er hierfür dem Verfasser eine besondere Entschädigung zu entrichten braucht. Es ist hierbei gleichgültig, ob die Abzüge schon versandt und wieder zurückgelangt waren, oder ob der Vertrieb noch nicht begonnen hatte. Immer aber tritt die Ersatzbefugnis nur für solche Abzüge ein, deren Untergang eingetreten ist, während der Verleger sie auf Lager hat, wobei es allerdings nicht darauf ankommt, ob die Abzüge bei dem Verleger selbst oder zu seiner Verfügung bei einem Dritten (Kommissionär, Drucker, Buchbinder) lagern. Gehen dagegen Abzüge, die der Verleger zum Zwecke der Verbreitung versendet hat, während des Transportes oder bei einem Sortimenter unter, so dürfen sie vom Verleger nicht durch andere Abzüge ersetzt werden (Mot.).

Ob der Untergang der Abzüge durch Zufall oder durch fahrlässiges Verschulden des Verlegers herbeigeführt wurde, ist für die Ersatzbefugnis des Verlegers ohne Bedeutung; jedoch ist der Verleger, soweit die Herstellung der neuen Abzüge eine Verzögerung der Verbreitung und damit einen Schaden für den Verfasser herbeiführt, im Falle eines Verschuldens zum Schadensersatze verpflichtet.

Durch eine vorsätzliche Vernichtung oder Unbrauchbarmachung von Abzügen seitens des Verlegers wird selbstverständlich jede Ersatzbefugnis des letzteren ausgeschlossen.

Der Verleger, der von seiner Ersatzbefugnis — eine Ersatz p f l i c h t besteht nicht — Gebrauch machen will, hat hiervon vor Inangriffnahme des Ersatzes dem Verfasser Anzeige zu machen. Unterläßt er diese Anzeige, so wird er allerdings an der Ausführung des Ersatzes nicht gehindert, jedoch kann die Unterlassung einen Schadensersatzanspruch des Verfassers begründen. Ein Widerspruchsrecht ist dem Verfasser nicht gewährt.

Der Ersatz untergegangener Abzüge in einem anderen als dem in § 7 bestimmten Falle oder der Ersatz vorsätzlich vernichteter Abzüge durch den Verleger macht diesen nach §§ 36 ff. Urheb.-Ges. schadensersatzpflichtig und strafbar.

§ 8.

In dem Umfang, in welchem der Verfasser nach den §§ 2 bis 7 verpflichtet ist, sich der Vervielfältigung und Verbreitung zu enthalten und sie dem Verleger zu gestatten, hat er, soweit nicht aus dem Vertrage sich ein Anderes ergibt, dem Verleger das ausschließliche Recht zur Vervielfältigung und Verbreitung (Verlagsrecht) zu verschaffen.

Soweit sich nicht aus dem Verlagsvertrage oder einer sonst zwischen Verfasser und Verleger getroffenen Vereinbarung ein Anderes ergibt, ist der Verfasser verpflichtet, dem Verleger das ausschließliche Recht zur Vervielfältigung und Verbreitung des ihm in Verlag gegebenen Werkes in dem Umfange zu verschaffen, der sich aus den §§ 2 bis 7 ergibt. Der Verfasser muß dem Verleger das Verlagsrecht verschaffen. Es entspricht dies der Vorschrift des § 433 BGB. im Falle des Verkaufes eines Rechtes und daraus ergibt sich, daß der Verfasser, wenn er dieser seiner Verpflichtung, sei es wegen mangelnden eigenen Urheberrechtes, überhaupt nicht oder aus anderen Gründen nicht vollständig nachkommen kann, nach den allgemeinen Grundsätzen über die Gewährleistung wegen eines Mangels im Rechte dem Verleger haftbar wird, soweit dieser nicht von seinem Rücktrittsrechte Gebrauch macht. Vgl. §§ 320 bis 327, 440, 443 ff., 445 BGB.

Eine Verpflichtung des Verfassers zur Verschaffung des Verlagsrechtes tritt jedoch dann nicht ein, wenn nach dem Willen der Parteien ein Werk, an dem ein Urheberrecht nicht besteht, Gegenstand des Verlagsvertrages sein soll (§ 39 Abs. 2).

§ 9.

Das Verlagsrecht entsteht mit der Ablieferung des Werkes an den Verleger und erlischt mit der Beendigung des Vertragsverhältnisses.

Soweit der Schutz des Verlagsrechtes es erfordert, kann der Verleger gegen den Verfasser sowie gegen Dritte die Befugnisse ausüben, die zum Schutze des Urheberrechtes durch das Gesetz vorgesehen sind.

Um die Zweifel zu beseitigen, ob das Verlagsrecht schon mit dem Abschlusse des Verlagsvertrages oder unter Umständen, insbesondere dann, wenn der Verfasser das den Gegenstand des Vertrages bildende Werk erst auszuarbeiten hatte, in einem späteren Zeitpunkte, sei es mit der Fertigstellung, sei es mit der Übergabe des Werkes an den Verleger, zur Entstehung gelangt, ist im § 9 die Bestimmung getroffen, daß das Verlagsrecht erst mit der Ablieferung, d. h. mit der körperlichen Übergabe der Handschrift an den Verleger, entstehen soll. Wird die Handschrift in einzelnen Teilen oder Abteilungen geliefert, so entsteht das Verlagsrecht für jeden gelieferten Teil mit der Lieferung.

Auch diese Bestimmungen sind jedoch nur dispositiver Natur; die Parteien können durch Vereinbarung die Entstehung des Verlagsrechtes auch auf einen früheren oder späteren Zeitpunkt verlegen.

Das Verlagsrecht erlischt notwendigerweise mit der Beendigung des Vertragsverhältnisses (s. oben Anm. zu § 2 S. 136). Das Urheberrecht des Verfassers wird dann von den ihm durch das Recht des Verlegers gezogenen Schranken ohne weiteres frei (Mot.). Selbstverständlich hört das Verlagsrecht auch dann auf, wenn vor der Beendigung des Vertragsverhältnisses die gesetzliche Schutzfrist des Urheberrechtes abläuft und damit dieses selbst endigt. Dagegen bleibt der Verleger, nachdem ihm das Verlagsrecht verschafft ist, zur Ausübung desselben auch dann berechtigt, wenn später an Stelle des Verfassers, der den Vertrag geschlossen hat, ein anderer die Verfügung über das Urheberrecht erlangt. Insbesondere kann ihm das Verlagsrecht dadurch nicht entzogen werden, daß das Urheberrecht durch Sondernachfolge oder im Wege der Zwangsvollstreckung einem Dritten übertragen, oder daß über das Vermögen des Verfassers der Konkurs eröffnet wird (Mot.).

Zur Wahrung des ihm verschafften Verlagsrechtes stehen dem Verleger sowohl gegen Dritte als gegen den Verfasser alle diejenigen Befugnisse zu, die in den §§ 36 ff. Urheb.-Ges. zum Schutze des Urheberrechtes vorgesehen sind. Der Verleger hat also im Falle eines Eingriffes in sein Verlagsrecht einen Anspruch auf Ersatz des ihm verursachten Schadens; er kann bei vorsätzlicher Verletzung seiner Rechte die Strafverfolgung des Täters beantragen, im Strafverfahren eine an ihn zu erlegende Buße verlangen, die Vernichtung der widerrechtlich hergestellten oder verbreiteten Exemplare und der zur widerrechtlichen Vervielfältigung ausschließlich bestimmten Vorrichtungen oder statt der Vernichtung die Zuerkennung des Rechtes der Übernahme der Exemplare und Vorrichtungen beantragen (§§ 36 ff. Urheb.-Ges.).

Diese Befugnisse kann der Verleger gegen Dritte nicht nur soweit er seinerseits das Werk vervielfältigen und verbreiten darf, sondern in dem Umfange ausüben, in welchem der Verfasser sich der Vervielfältigung und Verbreitung zu enthalten hat. So kann er z. B. einen Dritten, der das in Verlag gegebene Werk einem Sammelwerke einverleibt, nach §§ 36 ff. Urheb.-Ges. verfolgen, obwohl ihm selbst die Aufnahme des Werkes in ein Sammelwerk untersagt ist, und kann auch Dritten verbieten, das Werk in einer dem Verfasser nicht vorbehaltenen Bearbeitung zu vervielfältigen und zu verbreiten, obwohl er selbst das Bearbeitungsrecht nicht besitzt.

Die gleichen Befugnisse stehen dem Verleger gegen den Verfasser zu. Er ist demnach, falls der Verfasser z. B. das Werk vertragswidrig vervielfältigt, in der Lage, nicht nur die Ansprüche aus dem Vertrage, sondern auch die Rechtsbehelfe wegen Nachdruckes nach Maßgabe der §§ 36 ff. Urheb.-Ges. geltend zu machen, insbesondere die Vernichtung der widerrechtlich hergestellten oder verbreiteten

Exemplare und je nach den Umständen die Bestrafung des Verfassers zu beantragen (Mot.). Vgl. Urteil des RG. vom 24. März 1884, Entsch. Zivils. Bd. 12 S. 108 (Zulässigkeit der Ansprüche aus dem Verlagsvertrage neben der Verfolgung auf Grund des Urheberrechtsgesetzes).

Wenn an dem in Verlag gegebenen Werke ein Urheberrecht nicht besteht, so kann der Verleger eine anderweite Vervielfältigung und Verbreitung des Werkes durch den Verfasser nach § 39 Abs. 3 nur für die Dauer von sechs Monaten seit der Veröffentlichung des Werkes verfolgen.

§ 10.

Der Verfasser ist verpflichtet, dem Verleger das Werk in einem für die Vervielfältigung geeigneten Zustand abzuliefern.

Kraft des Verlagsvertrages hat der Verfasser das Werk dem Verleger zur Vervielfältigung zu überlassen. Zur Erfüllung dieser Verpflichtung gehört, wie die Motive hervorheben, daß er die Niederschrift, durch die das Werk wiedergegeben wird, dem Verleger in einem Zustande liefert, der die Vervielfältigung ermöglicht. Das Werk muß also druckfertig, insbesondere so beschaffen sein, daß es ohne Schwierigkeiten gelesen werden kann. Ob dies der Fall, ist im einzelnen Falle unter Berücksichtigung des buchhändlerischen Verkehrs und der buchhändlerischen Verkehrssitte zu entscheiden. Entspricht das Werk nicht den nach § 10 zu stellenden Anforderungen, so kann der Verleger dem Verfasser eine angemessene Frist zur Beseitigung der bestehenden Mängel mit der Erklärung bestimmen, daß er die Annahme des Werkes nach dem Ablaufe der Frist ablehne. Nach dem Ablaufe der Frist ist der Verleger berechtigt, vom Vertrage zurückzutreten (§§ 30, 31).

Im übrigen bezieht sich die Vorschrift des § 10 nur auf den äußeren Zustand des Werkes. Nähere Bestimmungen über Inhalt und Eigenschaften des in Verlag gegebenen Werkes hat das Gesetz nicht getroffen. Sind in dem Verlagsvertrage besondere Vereinbarungen hierüber enthalten, so versteht es sich, wie die Motive hervorheben, von selbst, daß der Verfasser verpflichtet ist, ein diesen Vereinbarungen entsprechendes Werk zu liefern. „Bildet den Gegenstand des Verlagsvertrages ein zur Zeit des Abschlusses bereits fertig vorliegendes Werk, so hat der Verfasser das Werk so, wie es beschaffen ist, zu liefern. Handelt es sich um ein von ihm erst herzustellendes Werk, so muß der Verlagsvertrag angeben, welcher Art das Werk sein soll. Läßt sich das aus dem Verlagsvertrag nicht entnehmen, so ist der Vertrag wegen der Unbestimmtheit des Gegenstandes nichtig" (Mot.). Vgl. §§ 633 bis 640 BGB. Entspricht das Werk nicht den vertragsmäßigen Vereinbarungen, so sind die Bestimmungen des § 31 anwendbar.

§ 11.

Ist der Verlagsvertrag über ein bereits vollendetes Werk geschlossen, so ist das Werk sofort abzuliefern.

Soll das Werk erst nach dem Abschlusse des Verlagsvertrages hergestellt werden, so richtet sich die Frist der Ablieferung nach dem Zwecke, welchem das Werk dienen soll. Soweit sich hieraus nichts ergibt, richtet sich die Frist nach dem Zeitraum, innerhalb dessen der Verfasser das Werk bei einer seinen Verhältnissen entsprechenden Arbeitsleistung herstellen kann; eine anderweitige Tätigkeit des Verfassers bleibt bei der Bemessung der Frist nur dann außer Betracht, wenn der Verleger die Tätigkeit bei dem Abschlusse des Vertrages weder kannte noch kennen mußte.

Für die Frage, in welchem Zeitpunkte der Verfasser das Werk an den Verleger abzuliefern hat, ist an erster Stelle der Inhalt des Verlagsvertrages maßgebend. Ist im Verlagsvertrage über die Zeit der Ablieferung keine Bestimmung getroffen, so unterscheidet das Gesetz, ob der Vertrag über ein bereits vollendetes Werk geschlossen ist, oder ob das Werk erst nach dem Abschlusse des Verlagsvertrages hergestellt werden soll.

Im ersteren Falle ist, soweit nicht etwas anderes vereinbart ist, das Werk dem Verleger sofort abzuliefern, wodurch allerdings nicht ausgeschlossen ist, daß dem Verfasser unter Berücksichtigung der buchhändlerischen Verkehrssitte ein nach Treu und Glauben zu bemessender Aufschub gewährt werden muß.

Soll das Werk erst nach dem Abschlusse des Verlagsvertrages hergestellt werden, so kommt für die Bemessung der Ablieferungspflicht mangels anderweiter Vereinbarung in erster Linie der Zweck in Betracht, dem das Werk dienen soll (Festgabe, Jubiläumsschrift u. dgl.), in der Weise, daß die durch diesen Zweck gegebene Frist dem Verfasser voll gewährt wird, andererseits aber auch von ihm nicht überschritten werden darf (Mot.).

Läßt sich jedoch auch aus dem Zwecke, welchem das Werk dienen soll, ein Anhaltspunkt für die Zeit der Ablieferung des Werkes nicht entnehmen, so richtet sich die Ablieferungsfrist nach dem Zeitraume, innerhalb dessen der Verfasser das Werk bei einer seinen Verhältnissen entsprechenden Arbeitsleistung herstellen kann. Für die Arbeitsleistung, die dem Verfasser zugemutet werden kann, sind seine persönlichen Verhältnisse maßgebend, wobei nach den Motiven auch Umstände, die

10*

erst nach dem Abschlusse des Verlagsvertrages eintreten, z. B. Krankheit, Versetzung, besondere Familienverhältnisse u. dgl. Bedeutung gewinnen können. Namentlich gehört zu solchen persönlichen Verhältnissen eine anderweite amtliche oder gewerbliche Tätigkeit des Verfassers, die bei Bemessung der Frist stets zu berücksichtigen ist, wenn der Verleger sie bei Abschluß des Verlagsvertrages kannte oder kennen mußte und die nur dann außer Betracht bleibt, wenn sie dem Verleger zu dieser Zeit nicht bekannt war und nicht bekannt sein mußte.

Die Beweislast dafür, daß er die anderweite Tätigkeit des Verfassers weder kannte noch kennen mußte, trifft den Verleger.

Im übrigen ist der Verfasser, auch wenn der Verleger diesen Nachweis führen kann, nicht gehindert, sich auf seine anderweitige Tätigkeit zum Zwecke der Abwehr von Ansprüchen zu berufen, die der Verleger wegen Verzuges des Verfassers gemäß § 30 geltend machen kann. Ein Verzug liegt nicht vor, wenn die der rechtzeitigen Herstellung des Werkes hinderliche Tätigkeit auf einem Umstande beruht, den der Verfasser nicht zu vertreten hat. Vor Ansprüchen des Verlegers auf Erfüllung oder Schadensersatz ist der Verfasser in diesen Fällen durch die §§ 275, 285, 323 BGB. ausreichend gesichert (Mot.).

Ist die Frist, innerhalb welcher die Ablieferung des Werkes an den Verleger erfolgen soll, im Verlagsvertrage fest bestimmt, so finden selbstverständlich die Vorschriften des § 11 Abs. 2 keine Anwendung. Insbesondere ist dann auch die Berücksichtigung einer anderweiten Tätigkeit des Verfassers ausgeschlossen, jedoch finden auch in diesem Falle die allgemeinen Grundsätze der §§ 275, 285 und 323 BGB. entsprechende Anwendung.

Über den Ort, an welchem das Werk dem Verleger abzuliefern ist, enthält das Gesetz keine besondere Vorschrift. Es entscheidet hierüber zunächst der Inhalt des Verlagsvertrages und, wenn in diesem über den Erfüllungsort nichts bestimmt ist, der § 269 BGB., nach welchem, wenn ein Ort für die Leistung weder bestimmt noch aus den Umständen zu entnehmen ist, die Leistung an dem Orte zu erfolgen hat, an welchem der Schuldner zur Zeit der Entstehung des Schuldverhältnisses seinen Wohnsitz hatte. Der buchhändlerischen Verkehrssitte entspricht es, daß der Verfasser das Werk dem Verleger übersendet.

Wird das Werk ganz oder zum Teil nicht rechtzeitig abgeliefert, so stehen dem Verleger die im § 30 bestimmten Rechte zu.

§ 12.

Bis zur Beendigung der Vervielfältigung darf der Verfasser Änderungen an dem Werke vornehmen. Vor der Veranstaltung einer neuen Auflage hat der Verleger dem Verfasser zur Vornahme von Änderungen Gelegenheit zu geben. Änderungen sind nur insoweit zulässig, als nicht durch sie ein berechtigtes Interesse des Verlegers verletzt wird.

Der Verfasser darf die Änderungen durch einen Dritten vornehmen lassen.

Nimmt der Verfasser nach dem Beginne der Vervielfältigung Änderungen vor, welche das übliche Maß übersteigen, so ist er verpflichtet, die hieraus entstehenden Kosten zu ersetzen; die Ersatzpflicht liegt ihm nicht ob, wenn Umstände, die inzwischen eingetreten sind, die Änderung rechtfertigen.

An seinem in Verlag gegebenen Werke darf der Verfasser auch nach Ablieferung desselben an den Verleger die ihm erforderlich erscheinenden Änderungen bis zur Beendigung der Vervielfältigung, d. h. bis zu dem Zeitpunkte vornehmen, wo die für die Herstellung der Auflage erforderlichen Druckbogen von dem endgültig festgestellten Satze abgezogen sind. Bei Werken, die in Auflagen erscheinen, muß der Verleger selbst vor der Veranstaltung einer jeden neuen Auflage dem Verfasser Gelegenheit zur Vornahme solcher Änderungen geben, ihm also von seiner Absicht, eine neue Auflage des Werkes zu veranstalten, Kenntnis geben und event. eine angemessene Frist zu etwaigen Änderungen gewähren.

Über den Umfang der zulässigen Änderungen hat das Gesetz keine Bestimmung getroffen; es kann aber einem Bedenken nicht unterliegen, daß die Änderungsbefugnis des Verfassers sich in allen Fällen nicht auf die bloße Änderung einzelner Worte oder Sätze beschränkt, sondern sich auch auf die Vornahme von Zusätzen und Streichungen und auch auf die Umarbeitung einzelner Teile des Werkes erstreckt, wenn eine solche im Interesse des Werkes wünschenswert oder geboten erscheint. Eine Grenze hat das Gesetz in dieser Beziehung nur insofern gezogen, als die Änderungen ein berechtigtes Interesse des Verlegers nicht verletzen dürfen. Ob und wann eine solche Verletzung anzunehmen ist, läßt sich nur im einzelnen Falle feststellen. Von wesentlicher Bedeutung wird hierbei die Frage sein, ob die geschäftliche Stellung des Verlegers durch die Änderungen verschlechtert wird, insbesondere z. B. die Fertigstellung des Druckes behindert, das Absatzverhältnis verändert wird usw. Der Nachweis, daß eine Verletzung seiner berechtigten Interessen stattgefunden hat, ist vom Verleger zu führen.

Der Verfasser kann die Änderungen auch durch einen Dritten vornehmen lassen, der selbstverständlich seinerseits ebenfalls die im § 12 Abs. 1 gezogenen Grenzen beachten muß.

Im übrigen ist der Verfasser zur Vornahme von Änderungen nur **befugt**, aber **nicht verpflichtet**. Eine solche Verpflichtung hat das Gesetz selbst für den Fall nicht vorgesehen, daß der Verleger ein Recht auf eine neue Auflage hat. „Daß für zahlreiche Werke, beispielsweise für wissenschaftliche Kommentare, bei jeder neuen Auflage sich das Bedürfnis sachlicher Berichtigungen und Ergänzungen ergeben wird, und daß durch eine unveränderte Auflage die Aussicht auf entsprechenden Absatz erheblich vermindert werden kann, ist nicht zu verkennen. Eben deshalb wird aber den Verfasser regelmäßig schon sein eigenes Interesse veranlassen, das Erforderliche in dieser Hinsicht vorzunehmen. Die Möglichkeit, hier gegen den Verfasser einen Zwang auszuüben, hat das Gesetz dem Verleger nicht eröffnet" (Mot.). Es versteht sich jedoch von selbst, daß im Verlagsvertrage jederzeit dem Verfasser die Verpflichtung auferlegt werden kann, im Falle einer neuen Auflage des in Verlag gegebenen Werkes die erforderlichen Berichtigungen und Verbesserungen des letzteren vorzunehmen.

Der bestehenden Übung entsprechend hat das Gesetz im § 12 Abs. 3 den Verfasser verpflichtet, wenn er nach dem Beginne der Vervielfältigung, d. h. nachdem mit der Herstellung des Satzes begonnen ist, Änderungen an seinem Werk vornimmt, welche das übliche Maß übersteigen, die hieraus dem Verleger entstehenden besonderen Kosten zu ersetzen. Ob das „übliche Maß" der Änderungen überschritten wird, läßt sich nur im Einzelfalle unter Beobachtung der im Verlagshandel herrschenden Übung und insbesondere unter Berücksichtigung des räumlichen Umfanges der Änderungen entscheiden.

Wenn Umstände, die nach dem Beginne der Vervielfältigung eingetreten sind, die Änderungen rechtfertigen, so tritt eine Ersatzpflicht des Verfassers nicht ein, selbst wenn die Änderungen das übliche Maß überschreiten. Als Umstände, welche die Änderungen rechtfertigen können, sind beispielsweise bei juristischen ꝛc. Werken das Erscheinen neuer Gesetze, bei wissenschaftlichen Werken neue Entdeckungen oder Erfindungen, das Erscheinen anderer berücksichtigungswerter Schriften u. dgl. anzusehen. Die Beweislast für das Vorhandensein solcher Umstände trifft den Verfasser, der seine Ersatzpflicht bestreitet.

§ 13.

Der Verleger darf an dem Werke selbst, an dessen Titel und an der Bezeichnung des Urhebers Zusätze, Kürzungen oder sonstige Änderungen nicht vornehmen.

Zulässig sind Änderungen, für die der Verfasser seine Einwilligung nach Treu und Glauben nicht versagen kann.

Die Bestimmung des § 13, daß der Verleger bei der Vervielfältigung eines ihm in Verlag gegebenen Werkes ohne Einwilligung des Verfassers Änderungen an dem Werke selbst ꝛc. nicht vornehmen darf, entspricht dem im § 9 Urheb.-Ges. anerkannten Grundsatze; sie stimmt auch in ihrem Wortlaut mit § 9 a. a. O. überein, sodaß zunächst auf die dort gegebenen Erläuterungen Bezug genommen werden kann. Die Motive zu § 13 bemerken ferner, daß dem Verleger auch unwesentliche Änderungen nicht gestattet sind, und daß er noch weniger Zusätze machen oder Kürzungen vornehmen darf. Der Verleger eines Werkes der Tonkunst ist hiernach nicht berechtigt, den Fingersatz, Stricharten, Atmungszeichen oder Vortragsbezeichnungen zu ändern oder solche Zusätze dem Werke hinzuzufügen. Zulässig sind nur Änderungen, für die der Verfasser seine Einwilligung nach Treu und Glauben nicht versagen kann, wie beispielsweise die Verbesserung unzweifelhafter Schreib- und Stichfehler. Im Falle der Zuwiderhandlung gegen § 13 kann der Verfasser Neudruck der unrichtigen Teile und, wenn der Verleger die Änderungen vorsätzlich vorgenommen hat, auch Bestrafung gemäß § 38 Abs. 2 Urheb.-Ges. verlangen. Es versteht sich von selbst, daß den vorsätzlich oder fahrlässig ändernden Verleger auch die Ersatzpflicht nach § 36 Urheb.-Ges. trifft, und daß der Verfasser auch nach § 42 ff. a. a. O. die Vernichtung der widerrechtlich geänderten Exemplare verlangen kann. Dies alles gilt auch für den Fall, daß der Sortimentsbuchhändler eigenmächtig Änderungen an den ihm zum Vertriebe überlassenen Werken vornimmt. Urt. des RG. vom 10. Juni 1886, Entsch. Zivils. Bd. 18. S. 10 ff.

Im übrigen kann selbstverständlich der Verfasser schon im voraus ausdrücklich oder stillschweigend dem Verleger seine Einwilligung zu Änderungen jeder Art oder nur zu einer bestimmten Art von Änderungen (Rechtschreibung, Interpunktion, Abkürzungen ꝛc.) erteilen. Eine Einschränkung erleiden die Bestimmungen des § 13 bei Beiträgen zu Zeitschriften und sonstigen Sammelwerken, die ohne den Namen des Verfassers erscheinen, indem hier § 44 dem Verleger die Befugnis gibt, an der Fassung solche Änderungen vorzunehmen, welche bei Sammelwerken derselben Art üblich sind.

§ 14.

Der Verleger ist verpflichtet, das Werk in der zweckentsprechenden und üblichen Weise zu vervielfältigen und zu verbreiten. Die Form und Ausstattung der Abzüge wird unter Beobachtung der im Verlagshandel herrschenden Übung sowie mit Rücksicht auf Zweck und Inhalt des Werkes von dem Verleger bestimmt.

Das Gesetz gibt keine näheren Vorschriften darüber, in welcher Weise die Vervielfältigung und Verbreitung eines in Verlag gegebenen Werkes erfolgen soll, verweist vielmehr in dieser Beziehung lediglich auf das, was zweckentsprechend und üblich ist. Die sich hieraus ergebenden Obliegenheiten des Verlegers werden, wie die Motive zutreffend hervorheben, bei den einzelnen Gattungen der Werke, welche Gegenstand des Verlagsvertrages sein können, verschieden sein. „Beispielsweise ist es im Buchverlage gebräuchlich, das Werk auf mechanischem Wege durch Druck zu vervielfältigen, während es im Musikalienverlage bei gewissen Werken, wie Orchesterpartituren, der Übung entsprechen kann, wenn die Vervielfältigung nur durch Abschreiben bewirkt wird." Die zweckentsprechende und übliche Weise der Verbreitung von Verlagswerken geschieht durch Vermittelung des Sortimentsbuchhändlers, bei Lieferungswerken auch durch die des Kolportagebuchhändlers; auch sie wird vorzugsweise durch die im Verlagshandel herrschende Übung und den Zweck und Inhalt des Werkes bestimmt werden.

Über die äußere Einrichtung und Ausstattung des Werkes, die für dessen Absatzfähigkeit wesentlich in Betracht kommt, soll grundsätzlich der Verleger frei bestimmen. Die Erfüllung besonderer Wünsche in dieser Beziehung kann der Verfasser sich natürlich im Verlagsvertrage sichern, und selbstverständlich unterliegt das Bestimmungsrecht des Verlegers dem allgemeinen Grundsatze, wonach die Leistung so zu bewirken ist, wie Treu und Glauben mit Rücksicht auf die Verkehrssitte es erfordern. Der Verleger darf mithin nicht eine Form und Ausstattung wählen, die dem Zwecke und Inhalte des Werkes nicht entspricht, und darf nicht von der im Buchhandel herrschenden Übung abweichen.

Zur Form und Ausstattung der Abzüge gehört namentlich die Wahl des Papiers, des Formates, der Drucktypen, der zur Ausschmückung der einzelnen Blätter vielfach üblichen Zierleisten und der sonstigen typographischen Gestaltung, der Ausstattung des Titelblattes, des Umschlages und des Einbandes usw. Alles dies hat mangels besonderer mit dem Verfasser getroffener Vereinbarung der Verleger innerhalb der oben angegebenen Grenzen zu bestimmen. Dagegen ist er nicht befugt, ohne Einwilligung des Verfassers den Text des Werkes mit Illustrationen zu versehen, da diese der Erläuterung oder Belebung des Textes dienen und deshalb nicht mehr zur äußeren Ausstattung zu rechnen sind (Mot.).

Im Falle der nichtvertragsmäßigen Vervielfältigung oder Verbreitung finden nach § 32 zugunsten des Verfassers die Vorschriften des § 30 entsprechende Anwendung; der Verfasser kann auf vertragsmäßige Erfüllung klagen oder nach Ablauf einer dem Verleger zur Bewirkung der vertragsmäßigen Vervielfältigung und Verbreitung gestellten Frist vom Vertrage zurücktreten.

§ 15.

Der Verleger hat mit der Vervielfältigung zu beginnen, sobald ihm das vollständige Werk zugegangen ist. Erscheint das Werk in Abteilungen, so ist mit der Vervielfältigung zu beginnen, sobald der Verfasser eine Abteilung abgeliefert hat, die nach ordnungsmäßiger Folge zur Herausgabe bestimmt ist.

Die Verpflichtung des Verlegers, das ihm in Verlag gegebene Werk zu vervielfältigen, beginnt erst dann, wenn ihm das Werk vom Verfasser vollständig geliefert ist. Erfolgt die Lieferung stückweise, so ist der Verleger berechtigt, mit der Vervielfältigung so lange zu warten, bis er das ganze Werk erhalten hat, wobei zu beachten ist, daß die nicht sofort erfolgende Lieferung des Titels, Vorworts und Registers nach der im Verlagsbuchhandel herrschenden Übung dem Verleger der Regel nach nicht die Befugnis gewährt, die Vervielfältigung des ihm im übrigen vollständig zugegangenen Werkes bis zur Nachlieferung des Titels ꝛc. auszusetzen.

Wenn vereinbart ist, daß das Werk in Abteilungen, d. h. in einzelnen Bänden, Heften oder Lieferungen, erscheinen soll, so entspricht es dem Zwecke der Vereinbarung, daß jede Abteilung in der hier fraglichen Beziehung als ein Ganzes behandelt wird, und daß demgemäß die Vervielfältigung zu beginnen hat, sobald der Verfasser den betreffenden Teil, der nach ordnungsmäßiger Folge zur Herausgabe bestimmt ist, geliefert hat.

Über das Verbot, Druckschriften, welche in Lieferungen erscheinen, im Hausierhandel zu vertreiben, wenn nicht auf jeder einzelnen Lieferung der Gesamtpreis verzeichnet ist, s. § 56 Nr. 12 Gew.O.

Von der Norm des § 15 abweichende oder die Anwendung desselben ausschließende Vereinbarungen sind selbstverständlich zulässig. Eine besondere Ausnahme von der Vorschrift des § 15 ist außerdem im § 45 des Gesetzes für die Veröffentlichung von Beiträgen getroffen, die für periodische Sammelwerke geliefert werden.

Wegen der Folgen einer Zuwiderhandlung gegen § 15 s. §§ 32, 30.

Hinsichtlich der Zeit, binnen welcher der Verleger die begonnene Vervielfältigung zu vollenden und das vervielfältigte Werk zu verbreiten hat, sind im Gesetze keine Vorschriften gegeben. Es gilt deshalb in dieser Beziehung die allgemeine Bestimmung des § 271 BGB., daß der Verleger, wenn eine Zeit für seine Leistungen weder bestimmt, noch aus den Umständen zu entnehmen ist, die Vervielfältigung und Verbreitung sofort zu bewirken hat. Er muß also den begonnenen Druck des Werkes ohne Unterbrechung zu Ende führen und nach vollendetem Drucke das Werk sofort verbreiten, soweit dies im ordnungsmäßigen Geschäftsgange unter Berücksichtigung der im Verlagsbuchhandel bestehenden Verkehrssitte erfolgen kann.

§ 16.

Der Verleger ist verpflichtet, diejenige Zahl von Abzügen herzustellen, welche er nach dem Vertrag oder gemäß dem § 5 herzustellen berechtigt ist. Er hat rechtzeitig dafür zu sorgen, daß der Bestand nicht vergriffen wird.

Die Zahl der herzustellenden Abzüge ist nicht in das Ermessen des Verlegers gestellt; mangels anderweiter Vereinbarung muß er vielmehr diejenige Zahl von Abzügen, die er herstellen darf, auch wirklich herstellen. Diese Zahl ergibt sich entweder aus dem Verlagsvertrage oder aus § 5 Abs. 2 des Gesetzes. Ist über die Zahl der Abzüge nichts bestimmt, so muß der Verleger also tausend Abzüge herstellen, ist aber andererseits, wenn er durch eine vor dem Beginne der Vervielfältigung dem Verfasser gegenüber abgegebene Erklärung die Zahl der Abzüge niedriger bestimmt hat, nur zur Herstellung dieser geringeren Zahl verpflichtet.

Im übrigen braucht der Verleger die ganze Zahl der zulässigen Abzüge nicht sofort auf einmal herzustellen; er kann vielmehr die Herstellung auch nach und nach vornehmen; nur muß er rechtzeitig dafür Sorge tragen, daß der Bestand nicht vergriffen wird, daß er also, so lange noch Nachfrage nach dem Werke ist, einen zur Befriedigung derselben ausreichenden Vorrat von Abzügen, sei es auf dem eigenen Lager, sei es bei Sortimentern zur Verfügung hat.

Wegen der Folgen der Nichterfüllung der dem Verleger nach § 16 obliegenden Verpflichtungen s. §§ 32, 30 und wegen der Ausnahme bei Beiträgen zu einem Sammelwerke § 43.

§ 17.

Ein Verleger, der das Recht hat, eine neue Auflage zu veranstalten, ist nicht verpflichtet, von diesem Rechte Gebrauch zu machen. Zur Ausübung des Rechtes kann ihm der Verfasser eine angemessene Frist bestimmen. Nach dem Ablaufe der Frist ist der Verfasser berechtigt, von dem Vertrage zurückzutreten, wenn nicht die Veranstaltung rechtzeitig erfolgt ist. Der Bestimmung einer Frist bedarf es nicht, wenn die Veranstaltung von dem Verleger verweigert wird.

Auch dann, wenn im Verlagsvertrage dem Verleger das Recht eingeräumt ist, mehrere Auflagen des ihm in Verlag gegebenen Werkes zu veranstalten, kann der Verfasser vom Verleger die Herstellung einer neuen Auflage nicht verlangen. Der Verleger ist nicht verpflichtet, von seinem Rechte Gebrauch zu machen.

Demgegenüber ist aber dem Verfasser durch § 17 die Möglichkeit gegeben, im Falle der Weigerung des Verlegers, eine neue Auflage zu veranstalten, seinerseits vom Verlagsvertrage zurückzutreten. Der Rücktritt setzt voraus, daß der Verfasser dem Verleger zur Ausübung seines Rechtes eine angemessene Frist bestimmt, d. h. eine Frist, innerhalb welcher der Verleger billigerweise eine neue Auflage herstellen kann. Diese Fristbestimmung kann mündlich oder schriftlich erfolgen, muß aber, wenn sie in Abwesenheit des Verlegers erklärt wird, dem letzteren nach Maßgabe der §§ 130 bis 132 BGB. zugehen. Nach fruchtlosem Ablauf der Frist, d. h. wenn der Verleger nicht innerhalb derselben die neue Auflage hergestellt und den Vertrieb derselben eingeleitet hat, ist der Verfasser berechtigt, vom Vertrage zurückzutreten. Er muß dann aber seinen Rücktritt dem Verleger gegenüber noch ausdrücklich erklären (§§ 349, 130 bis 132 BGB.); der fruchtlose Ablauf der Frist allein kann die Beendigung des Vertragsverhältnisses nicht bewirken.

Wenn der Verleger innerhalb der ihm vom Verfasser gestellten Frist die Erklärung abgibt, daß er die Veranstaltung einer neuen Auflage verweigere, so kann der Verfasser, ohne den Ablauf der Frist abzuwarten, sofort vom Vertrage zurücktreten. Auch diese Rücktrittserklärung muß dem Verleger gegenüber ausdrücklich (§§ 349, 130 bis 132 BGB.) abgegeben werden.

§ 18.

Fällt der Zweck, welchem das Werk dienen sollte, nach dem Abschlusse des Vertrages weg, so kann der Verleger das Vertragsverhältnis kündigen; der Anspruch des Verfassers auf die Vergütung bleibt unberührt.

Das Gleiche gilt, wenn der Gegenstand des Verlagsvertrages ein Beitrag zu einem Sammelwerk ist und die Vervielfältigung des Sammelwerkes unterbleibt.

Wie die Motive hervorheben, muß der Verleger im allgemeinen das von ihm in Verlag genommene Werk vervielfältigen und verbreiten ohne Rücksicht darauf, ob ihm hieraus Vorteil oder Nachteil erwächst, und hieran kann selbst der Umstand nichts ändern, daß die zur Zeit des Vertragsabschlusses vorausgesetzte Verkäuflichkeit des Werkes später ganz oder teilweise wegfällt. Nur dann soll der Verleger zur Veröffentlichung des Werkes nicht gezwungen werden können, wenn der Zweck, welchem das Werk dienen sollte, nach dem Abschlusse des Vertrages weggefallen ist, wenn also z. B. eine Festschrift zwecklos wird, weil das Fest, zu welchem sie erscheinen sollte, nicht stattfinden kann, oder wenn eine Abhandlung über eine brennende Tagesfrage oder eine wissenschaftliche Frage durch plötzlich bekannt gewordene neue Tatsachen oder Entdeckungen wertlos geworden oder ein Gesetzeskommentar durch Aufhebung des betreffenden Gesetzes gegenstandlos geworden ist u. dgl. In solchen Fällen ist der Verleger berechtigt, das Vertragsverhältnis zu kündigen. Die Einhaltung einer Kündigungsfrist ist nicht vorgeschrieben, die Kündigung selbst muß aber nach Maßgabe der §§ 130 bis 132 BGB. erklärt werden, dem abwesenden Verfasser also zugehen. Mit der wirksam erfolgten Kündigung ist das Vertragsverhältnis aufgelöst.

Da die Kündigung im einseitigen Interesse des Verlegers erfolgt, bleibt aber der Anspruch des Verfassers auf die Vergütung unberührt, und zwar muß die Vergütung grundsätzlich auch dann gewährt werden, wenn der Verfasser das Werk noch nicht vollendet oder mit der Herstellung überhaupt noch nicht begonnen hat. Wie die Motive hervorheben, muß aber der Verfasser in diesem Falle — in analoger Anwendung des § 649 BGB. — sich auf die vereinbarte Vergütung dasjenige anrechnen lassen, was er infolge der Aufhebung des Vertrages an Aufwendungen, z. B. an Beschaffung der erforderlichen Literatur, etwa erforderlicher Hilfskräfte u. dgl., erspart oder durch anderweitige Verwendung seiner Arbeitskraft erworben oder zu erwerben böswillig unterlassen hat.

Eine weitere Ausnahme von der Vervielfältigungs- und Verbreitungspflicht des Verlegers ist im § 18 Abs. 2 für die Fälle gemacht, in denen Gegenstand des Verlagsvertrages ein Beitrag zu einem Sammelwerke ist. Da es von dem Vertragsverhältnisse des Verlegers zu dem Herausgeber und, wenn es an einem Herausgeber fehlt, von dem Ermessen des Verlegers abhängt, ob das Sammelwerk gedruckt wird, und nicht angenommen werden kann, daß der Verleger sich zum Abdrucke des Beitrages auch für den Fall hat verpflichten wollen, daß die Vervielfältigung des Sammelwerkes aus irgendeinem Grunde unterbleibt, ist dem Verleger auch hier das Recht gegeben, das Vertragsverhältnis zu kündigen. Daß die Vervielfältigung des Sammelwerkes wegen Wegfall seines Zweckes unterblieben ist, wird hier nicht erfordert, dagegen bleibt der Anspruch des Verfassers auf Vergütung auch in diesem Falle unberührt.

§ 19.

Werden von einem Sammelwerke neue Abzüge hergestellt, so ist der Verleger im Einverständnisse mit dem Herausgeber berechtigt, einzelne Beiträge wegzulassen.

Der Zweck, den ein Sammelwerk als Ganzes verfolgt, macht es, wie die Motive hervorheben, unter Umständen erforderlich, einen Beitrag ganz wegzulassen oder ihn durch die Arbeit eines anderen zu ersetzen. Die Ausschließung des Einzelnen liegt dann im gemeinsamen Interesse des Verlegers und der übrigen Mitarbeiter, deren Interesse dem Verleger gegenüber von dem Herausgeber vertreten wird. Mit Rücksicht hierauf bestimmt § 19, daß der Verleger zur Weglassung einzelner Beiträge bei Herstellung neuer Abzüge eines Sammelwerkes das Einverständnis des Herausgebers einholen muß. Ist der Verleger selbst der Herausgeber, so ist er selbstverständlich berechtigt, einzelne Beiträge nach seinem freien Ermessen ohne weiteres wegzulassen.

Der Zustimmung des Verfassers des wegzulassenden Beitrages oder der übrigen Mitarbeiter an dem Sammelwerke bedarf es nicht.

Die Verfügung über den weggelassenen Beitrag fällt, da das Vertragsverhältnis mit der Weglassung als beendigt anzusehen ist, mit dem Zeitpunkte, in welchem die neuen Abzüge des Sammelwerkes ohne den Beitrag erscheinen, wieder dem Verfasser zu, dessen Anspruch auf die vereinbarte Vergütung selbstverständlich durch die Weglassung nicht berührt wird.

Besondere Bestimmungen hat das Gesetz in den §§ 45 Abs. 2 und 47 Abs. 2 für Beiträge zu periodischen Sammelwerken und zu enzyklopädischen Werken getroffen.

Im übrigen kann die im § 19 dem Verleger gewährte Befugnis durch anderweite Vereinbarung zwischen ihm und dem Verfasser jederzeit ausgeschlossen oder modifiziert werden.

§ 20.

Der Verleger hat für die Korrektur zu sorgen. Einen Abzug hat er rechtzeitig dem Verfasser zur Durchsicht vorzulegen.

Der Abzug gilt als genehmigt, wenn der Verfasser ihn nicht binnen einer angemessenen Frist dem Verleger gegenüber beanstandet.

Die dem Verleger obliegende Verpflichtung, das von ihm in Verlag genommene Werk ordnungsmäßig zu vervielfältigen, begreift die Herstellung eines im wesentlichen fehlerfreien Abdruckes in sich. Der Verleger muß daher grundsätzlich für die erforderliche Korrektur des Abdruckes selbst sorgen und kann hierbei die Mitwirkung des Verfassers nicht verlangen. Dem Verfasser ist in dieser Beziehung, falls nicht besondere abweichende Vereinbarungen mit dem Verleger getroffen sind, weder eine Pflicht auferlegt, noch ein Recht eingeräumt.

Da der Verfasser jedoch der Regel nach ein dringendes Interesse daran hat, vor dem Abschlusse die ordnungsmäßige Vervielfältigung zu prüfen und die Abstellung etwaiger Mängel zu betreiben, ist im § 20 Abs. 1 dem Verleger die Verpflichtung auferlegt, dem Verfasser einen Abzug der auf Grund der Korrektur berichtigten Bogen rechtzeitig, d. h. bevor mit dem Ausdrucken begonnen wird, zur Durchsicht (Revision) vorzulegen.

Eine Verpflichtung des Verfassers, diesen Revisionsabzug durchzusehen oder zu verbessern, besteht nicht; doch kann sie ihm selbstverständlich im Verlagsvertrage auferlegt werden. Ist dies nicht geschehen, so kann der Verleger nur verlangen, daß er eine Sicherheit erhält, ob der Verfasser den Revisionsabzug genehmigt, und deshalb ist im § 20 Abs. 2 bestimmt, daß dieser Abzug als genehmigt gelten soll, wenn der Verfasser ihn nicht binnen einer angemessenen Frist dem Verleger gegenüber beanstandet. Daß der Verleger selbst diese Frist ausdrücklich bestimmt und bezeichnet, ist nicht erforderlich; ihre Angemessenheit ist nach den besonderen Umständen des einzelnen Falles, insbesondere nach dem Umfange des durchzusehenden Materials, der Art des Druckes, der Notwendigkeit zeitraubender Vergleichungen u. dgl. zu beurteilen.

Die Beanstandung kann mündlich oder schriftlich erfolgen, muß aber, wenn sie in Abwesenheit des Verlegers erklärt wird, dem letzteren nach Maßgabe der §§ 130 bis 132 BGB. zugehen.

Bei Beiträgen zu periodischen Sammelwerken ist dem Verleger eine Verpflichtung zur Vorlegung eines Revisionsabzuges nicht auferlegt (§ 43 Abs. 1).

§ 21.

Die Bestimmung des Ladenpreises, zu welchem das Werk verbreitet wird, steht für jede Auflage dem Verleger zu. Er darf den Ladenpreis ermäßigen, soweit nicht berechtigte Interessen des Verfassers verletzt werden. Zur Erhöhung dieses Preises bedarf er stets der Zustimmung des Verfassers.

Da der Absatz des Werkes für Rechnung des Verlegers erfolgt, so soll diesem grundsätzlich auch die Bestimmung des Ladenpreises, d. h. desjenigen Preises, zu welchem das Werk an das Publikum verkauft werden soll, allein zustehen, und zwar nicht nur für die erste, sondern auch für alle folgenden Auflagen. (§ 4 Buchhändl. Verkehrsordnung v. 24. April 1910.) Der Verleger wird hierbei aber stets zu beachten haben, daß er nach § 14 verpflichtet ist, das Werk in der zweckentsprechenden und üblichen Weise zu verbreiten, und daß er deshalb eine solche Verbreitung nicht durch eine übermäßig hohe Preisfestsetzung beeinträchtigen darf. Dem Verfasser steht eine Einwirkung auf die ursprüngliche Preisfestsetzung nicht zu, so weit sie ihm nicht etwa vertragsmäßig eingeräumt ist.

Auch zur Ermäßigung des Ladenpreises ist der Verleger grundsätzlich allein berechtigt. Er braucht zu einer solchen Ermäßigung die Zustimmung des Verfassers nicht einzuholen, jedoch soll er berechtigte Interessen des Verfassers nicht verletzen, insbesondere also das Werk nicht durch eine übermäßige Preisherabsetzung (Ramschverkauf u. dgl.) diskreditieren (KommBer. S. 28), widrigenfalls zugunsten des Verfassers die Vorschriften des § 30 Anwendung finden.

Die Erhöhung des Ladenpreises bedarf dagegen stets der Zustimmung des Verfassers. Eine Beschränkung des Verlegers nach dieser Richtung ist, wie die Motive hervorheben, schon deshalb unerläßlich, weil der Verleger anderenfalls durch einseitige Erhöhung des Preises das dem Verfasser im § 26 eingeräumte Recht, die Bestände des Werkes aufzukaufen, willkürlich würde vereiteln können.

Im übrigen versteht es sich nach allgemeinen Grundsätzen von selbst, daß in denjenigen Fällen, in denen das dem Verfasser vom Verleger zu zahlende Honorar oder der vom Verfasser etwa zu tragende Teil der Kosten der Vervielfältigung und Verbreitung des Werkes von der Höhe des Ladenpreises abhängt, die Preisfestsetzung und jede Preisänderung nur vom Verleger und Verfasser gemeinschaftlich beschlossen werden kann (KommBer. S. 30).

§ 22.

Der Verleger ist verpflichtet, dem Verfasser die vereinbarte Vergütung zu zahlen. Eine Vergütung gilt als stillschweigend vereinbart, wenn die Überlassung des Werkes den Umständen nach nur gegen eine Vergütung zu erwarten ist.

Ist die Höhe der Vergütung nicht bestimmt, so ist eine angemessene Vergütung in Geld als vereinbart anzusehen.

Die Verpflichtung des Verlegers zur Zahlung einer Vergütung ist kein wesentliches Erfordernis des Verlagsvertrages (s. oben S. 133, Anm. zu § 2). Es kommen zahlreiche Verträge vor, bei welchen die Gegenleistung des Verlegers lediglich darin besteht, daß er die Vervielfältigung auf seine Kosten vornehmen läßt; bisweilen muß der Verfasser sogar noch einen Zuschuß leisten (Mot.).

Der Verleger hat also dem Verfasser eine Vergütung nur dann zu leisten, wenn eine solche ausdrücklich oder stillschweigend vereinbart ist.

Eine Vergütung gilt als stillschweigend vereinbart, wenn die Überlassung des Werkes zur Vervielfältigung und Verbreitung den Umständen nach nur gegen eine Vergütung zu erwarten ist. Ob diese Voraussetzung zutrifft, muß im Einzelfalle unter Berücksichtigung der Art und des Umfanges der Arbeit, der schriftstellerischen Bedeutung des Verfassers, der Absatzfähigkeit des Werkes u. dgl. nach der im Verlagsbuchhandel maßgebenden Verkehrssitte beurteilt werden. Trifft aber diese Voraussetzung, die event. der Verfasser beweisen muß, zu, so hat der Verleger die Vergütung zu zahlen, auch wenn er von der Annahme ausging, daß ihm das Werk unentgeltlich überlassen werde.

Die Feststellung der Art der Vergütung unterliegt zunächst der freien Vereinbarung zwischen Verfasser und Verleger. Die Vergütung braucht nicht unbedingt in Geld zu bestehen; wenn aber in dieser Beziehung eine Abrede nicht getroffen ist, so ist nach § 22 Abs. 2 stets eine Vergütung in Geld als vereinbart anzusehen. In den Motiven wird diese Bestimmung damit gerechtfertigt, daß jeder Zweifel darüber ausgeschlossen sein müsse, daß der Verleger mangels einer dahingehenden Abrede seine Verpflichtung zur Gewährung einer Vergütung nicht schon durch Gewährung von Freiexemplaren oder durch ähnliche Leistungen erfüllen kann.

Die Höhe der Geldvergütung bestimmt sich zunächst nach den unter den Parteien getroffenen Vereinbarungen. Fehlt es an solchen, so ist ein „angemessener“ Betrag zu zahlen. Bei Beurteilung dieser Angemessenheit, über die im Streitfalle der Richter — zweckmäßig nach Anhörung von Sachverständigen — zu entscheiden hat, ist wiederum auf die Art und den Umfang der Arbeit, die literarische oder wissenschaftliche Bedeutung des Verfassers, die Herstellungskosten und die Absatzfähigkeit des Werkes sowie namentlich auch auf die für Werke gleicher Art nach buchhändlerischer Übung gebräuchlichen Honorarsätze Rücksicht zu nehmen.

§ 23.

Die Vergütung ist bei der Ablieferung des Werkes zu entrichten. Ist die Höhe der Vergütung unbestimmt oder hängt sie von dem Umfange der Vervielfältigung, insbesondere von der Zahl der Druckbogen, ab, so wird die Vergütung fällig, sobald das Werk vervielfältigt ist.

Wenn nicht zwischen den Parteien eine anderweite Vereinbarung über die Fälligkeit der Vergütung getroffen ist, muß die Entrichtung der Vergütung der Regel nach bei der Ablieferung des in vertragsmäßiger Beschaffenheit fertiggestellten Werkes (Handschrift) erfolgen.

Ausnahmen von diesem Grundsatz finden nur statt:

1. wenn die Höhe der Vergütung unbestimmt ist, der angemessene Betrag der letzteren also erst ermittelt werden muß;
2. wenn die Höhe der Vergütung von dem Umfange der Vervielfältigung, insbesondere von der Zahl der Druckbogen, abhängt.

In diesen beiden Fällen wird die Vergütung erst fällig, sobald die Vervielfältigung des Werkes beendigt ist, d. h. die für die Herstellung der Auflage erforderlichen Druckbogen von dem endgültig festgestellten Satze abgezogen sind.

Inwieweit bei einem in Abteilungen oder Lieferungen erscheinenden Werke die Vergütung nicht für das Werk als Ganzes, sondern je für die einzelne Abteilung zu gewähren ist, richtet sich nach der Absicht der Parteien und nach der Verkehrssitte (Mot.). Dieser Sitte entspricht es, daß die Vergütung nach Herstellung je eines Teiles fällig wird; die Vorschriften des § 23 finden dann auch hier entsprechende Anwendung.

Ort der Leistung, d. h. der Entrichtung der Vergütung ist der Regel nach gemäß § 269 BGB. der Wohnsitz des Verlegers; der letztere hat jedoch eine in Geld bestehende Vergütung nach § 270 Abs. 1 BGB. im Zweifel auf seine Gefahr und seine Kosten dem Verfasser an dessen Wohnsitz zu übermitteln.

§ 24.

Bestimmt sich die Vergütung nach dem Absatze, so hat der Verleger jährlich dem Verfasser für das vorangegangene Geschäftsjahr Rechnung zu legen und ihm, soweit es für die Prüfung erforderlich ist, die Einsicht seiner Geschäftsbücher zu gestatten.

Nach der im deutschen Buchhandel herrschenden Verkehrssitte kommt für die Zeit der Rechnungslegung als Ende des Geschäftsjahres des Verlegers in der Regel die Zeit nach der alljährlich in Leipzig mit dem Sonntag Kantate beginnenden Buchhändlermesse (§ 26 der Buchhändl. Verkehrsordnung v. 24. April 1910) in Betracht. Der Zeitpunkt der im § 24 geforderten jährlichen Abrechnung kann aber selbstverständlich im Verlagsvertrage anderweitig festgestellt werden.

§ 25.

Der Verleger eines Werkes der Literatur ist verpflichtet, dem Verfasser auf je hundert Abzüge ein Freiexemplar, jedoch im ganzen nicht weniger als fünf und nicht mehr als fünfzehn zu liefern. Auch hat er dem Verfasser auf dessen Verlangen ein Exemplar in Aushängebogen zu überlassen.

Der Verleger eines Werkes der Tonkunst ist verpflichtet, dem Verfasser die übliche Zahl von Freiexemplaren zu liefern.

Von den Beiträgen, die in Sammelwerken erscheinen, dürfen Sonderabzüge als Freiexemplare geliefert werden.

Im § 25 ist zunächst die allgemeine Verpflichtung des Verlegers anerkannt, dem Verfasser eines ihm in Verlag gegebenen Werkes Freiexemplare desselben zu liefern. Auf diese Lieferung hat der Verfasser in allen Fällen, insbesondere also auch dann Anspruch, wenn eine Vergütung für das Werk nicht vereinbart ist.

Die Anzahl der zu liefernden Freiexemplare kann zwischen Verfasser und Verleger frei vereinbart werden. Fehlt es an einer solchen Vereinbarung, so hat der Verleger dem Verfasser

1. von einem Werke der Literatur auf je hundert Abzüge ein Freiexemplar, jedoch im ganzen nicht weniger als fünf und nicht mehr als fünfzehn,
2. von einem Werke der Tonkunst die je nach der Gattung des Werkes übliche Zahl von Freiexemplaren

zu liefern.

Bei Werken der Tonkunst steht die Zahl der zu gewährenden Freiexemplare durch allgemeine Übung fest. Die Ziffern sind aber je nach der Gattung des Werkes verschieden und lassen sich im einzelnen gesetzlich nicht feststellen. Das Gesetz hat sich daher damit begnügt, auf jene Übung hinzuweisen.

Bei Werken der Literatur hat der Verleger außerdem dem Verfasser auf dessen Verlangen ein Exemplar in Aushängebogen zu überlassen, um die richtige Ausführung des Druckes zu belegen und dem Verfasser Gelegenheit zu geben, etwa noch erforderliche Berichtigungen vor Abschluß des Druckes an geeigneter Stelle vermerken zu lassen. Korrekturen dürfen in den Aushängebogen vom Verfasser nicht mehr vorgenommen werden.

Von Beiträgen, die in Sammelwerken erscheinen, dürfen als Freiexemplare Sonderabzüge geliefert werden, da der Mitarbeiter an einem Sammelwerke nur Anspruch auf Freiexemplare von seinem einzelnen Beitrage, nicht aber von dem ganzen Sammelwerke hat.

Ist der Beitrag in einer Zeitung erschienen, so kann der Verfasser Freiexemplare überhaupt nicht verlangen (§ 46 Abs. 1).

§ 26.

Der Verleger hat die zu seiner Verfügung stehenden Abzüge des Werkes zu dem niedrigsten Preise, für welchen er das Werk im Betriebe seines Verlagsgeschäfts abgibt, dem Verfasser, soweit dieser es verlangt, zu überlassen.

Um dem Verfasser die Möglichkeit zu gewähren, Exemplare seines eigenen Werkes zu seinem Privatgebrauche zu Vorzugspreisen zu erwerben, die Veranstaltung einer neuen Auflage zu beschleunigen, event. auch die fernere Verbreitung des Werkes zu unterdrücken oder sie einem Dritten zu übertragen, bestimmt § 26, daß der Verleger verpflichtet sein soll, die zu seiner Verfügung stehenden Abzüge des Werkes, d. h. sowohl die noch bei ihm lagernden, als auch die bei den Sortimentern befindlichen, aber von ihnen noch nicht fest abgenommenen Exemplare dem Verfasser auf dessen Verlangen zu dem niedrigsten Preise zu überlassen, für welchen er das Werk im regelmäßigen Betriebe seines Verlagsgeschäftes abzugeben pflegt (Aufkaufsrecht des Verfassers). Ausnahmepreise, zu denen der Verleger das Werk aus besonderen Gründen im Privatverkehr oder sonst im einzelnen Falle abgegeben hat, bleiben hierbei außer Betracht. Dagegen kann der Verfasser, wenn das Werk vom Verleger im Auslande regelmäßig zu einem billigeren Preise als im Inlande verkauft wird, auch für sich die Berechnung des billigeren Preises verlangen.

Bei Sammelwerken steht das Recht des Aufkaufes nicht dem Verfasser eines einzelnen Beitrages, sondern nur sämtlichen Mitarbeitern gemeinschaftlich zu.

Auf Zeitungen, Zeitschriften und andere periodische Werke findet § 26 keine Anwendung (§ 46 Abs. 2).

Das dem Verfasser im § 26 gewährte Aufkaufsrecht geht selbstverständlich auch auf dessen Erben und sonstigen Rechtsnachfolger über.

Im übrigen enthält auch § 26 nur dispositives Recht; das Aufkaufsrecht des Verfassers kann im Verlagsvertrage ausgeschlossen oder z. B. durch Festsetzung eines bestimmten Vorzugspreises beschränkt werden.

§ 27.

Der Verleger ist verpflichtet, das Werk, nachdem es vervielfältigt worden ist, zurückzugeben, sofern der Verfasser sich vor dem Beginn der Vervielfältigung die Rückgabe vorbehalten hat.

Das „Werk" bedeutet hier die Handschrift, die der Verfasser dem Verleger zum Zwecke der Vervielfältigung abgeliefert hat. Zur Rückgabe dieser Handschrift an den Verfasser ist der Verleger nach beendeter Drucklegung nur dann verpflichtet, wenn der Verfasser vor Beginn der Vervielfältigung, d. h. vor Beginn der Herstellung des Drucksatzes, Stiches rc. dem Verleger deutlich zu erkennen gegeben hat, daß er auf die Rückgabe der Handschrift Wert lege und diese Rückgabe wünsche.

Der § 27 findet Anwendung auf alle Handschriften, sowohl von Schriftwerken und von Werken der Tonkunst, als auch von Abbildungen wissenschaftlicher oder technischer Art und von schriftlich oder sonst festgelegten choreographischen oder pantomimischen Werken, desgl. auch auf Handschriften von Beiträgen für Zeitungen, Zeitschriften oder sonstige periodische Sammelwerke (§ 41). Vertragsmäßige Abweichungen von der Vorschrift des § 27 sind selbstverständlich zulässig.

§ 28.

Die Rechte des Verlegers sind übertragbar, soweit nicht die Übertragung durch Vereinbarung zwischen dem Verfasser und dem Verleger ausgeschlossen ist. Der Verleger kann jedoch durch einen Vertrag, der nur über einzelne Werke geschlossen ist, seine Rechte nicht ohne Zustimmung des Verfassers übertragen. Die Zustimmung kann nur verweigert werden, wenn ein wichtiger

Grund vorliegt. Fordert der Verleger den Verfasser zur Erklärung über die Zustimmung auf, so gilt diese als erteilt, wenn nicht die Verweigerung von dem Verfasser binnen zwei Monaten nach dem Empfange der Aufforderung dem Verleger gegenüber erklärt wird.

Die dem Verleger obliegende Vervielfältigung und Verbreitung kann auch durch den Rechtsnachfolger bewirkt werden. Übernimmt der Rechtsnachfolger dem Verleger gegenüber die Verpflichtung, das Werk zu vervielfältigen und zu verbreiten, so haftet er dem Verfasser für die Erfüllung der aus dem Verlagsvertrage sich ergebenden Verbindlichkeiten neben dem Verleger als Gesamtschuldner. Die Haftung erstreckt sich nicht auf eine bereits begründete Verpflichtung zum Schadensersatz.

In Erledigung der gegen die Zulässigkeit einer Übertragung des Verlagsrechtes vielfach erhobenen Bedenken hat das Gesetz im § 28 die Übertragbarkeit der Rechte des Verlegers grundsätzlich anerkannt. Die Übertragbarkeit soll aber, wie sich aus § 28 Abs. 1 Satz 1 ergibt, zunächst der freien Vereinbarung der Parteien überlassen bleiben. Ihre Zulässigkeit kann also zwischen dem Verfasser und dem Verleger ganz allgemein im Verlagsvertrage oder später vereinbart, andererseits aber auch durch Vereinbarung, sei es ausdrücklich oder stillschweigend, im Verlagsvertrage oder durch ein nachfolgendes Abkommen ausgeschlossen werden. Hat eine solche Ausschließung der Übertragung stattgefunden, so ist jede trotzdem ohne Zustimmung des Verfassers erfolgte Übertragung der Rechte des Verlegers nicht nur dem Verfasser, sondern auch jedem Dritten gegenüber unwirksam, es sei denn, daß es sich um einen gutgläubigen Erwerber handelt, dem beim Erwerbe die erfolgte Ausschließung der Übertragbarkeit ohne seine Schuld unbekannt geblieben war (vgl. §§ 405, 413 BGB.).

Wenn die Übertragbarkeit der Rechte des Verlegers durch eine Vereinbarung zwischen dem Verfasser und dem Verleger nicht ausgeschlossen ist, so kann der letztere seine Rechte ohne Zustimmung des Verfassers frei auf andere übertragen.

Eine Ausnahme hiervon ist im § 28 Abs. 1 Satz 2 nur für den Fall des Vertragsabschlusses über einzelne Werke getroffen. Hier darf die Übertragung stets nur mit Zustimmung des Verfassers erfolgen, die jedoch nur dann verweigert werden darf, wenn ein wichtiger Grund vorliegt. Ob letzteres zutrifft, kann nur im Einzelfalle entschieden werden; der wichtige Grund kann nicht nur in der Person des neuen Verlegers, sondern auch in dessen geschäftlichen Verhältnissen, in der dem Verfasser nicht genehmen Art und Richtung seines Verlagsunternehmens u. dgl. liegen.

Die Zustimmung des Verfassers kann ausdrücklich erklärt, aber auch aus den Umständen gefolgert werden. Sie gilt als erteilt, wenn der Verleger den Verfasser zur Erklärung über dieselbe aufgefordert hat und die Verweigerung von dem Verfasser nicht binnen zwei Monaten nach dem Empfange der Aufforderung dem Verleger gegenüber erklärt wird. Die Erklärung der Verweigerung muß nach §§ 130 bis 132 BGB. erfolgen, wenn sie in Abwesenheit des Verlegers abgegeben wird, demselben also, um wirksam zu sein, zugehen. Die zweimonatliche Erklärungsfrist endigt nach §§ 187 Abs. 1, 188 Abs. 2 und 3 BGB. mit dem Ablaufe desjenigen Tages des zweiten Monats, der durch seine Zahl dem Tage entspricht, an dem der Verfasser die Aufforderung des Verlegers erhalten hat.

Wird die Verweigerung der Zustimmung erklärt, so steht dem Verleger die gerichtliche Klage auf Erteilung der Zustimmung zu. So lange der Verfasser nicht rechtskräftig zu dieser Erteilung verurteilt ist, darf der Erwerber der Rechte des ursprünglichen Verlegers das Werk des Verfassers bei Vermeidung der in den §§ 36 ff. des Urheb.-Ges. festgesetzten zivil- und strafrechtlichen Folgen der Urheberrechtsverletzung weder vervielfältigen noch verbreiten.

Hat der Verleger seine Rechte zulässigerweise, d. h. den Bestimmungen des § 28 Abs. 1 entsprechend auf einen anderen übertragen, so kann nach § 28 Abs. 2 die ihm nach § 1 Satz 2 obliegende Vervielfältigung und Verbreitung auch durch seinen Rechtsnachfolger bewirkt werden.

Durch die Übertragung wird der ursprüngliche Verleger von seiner Verpflichtung dem Verfasser gegenüber nicht befreit. Der Verfasser kann auch weiterhin von ihm die Erfüllung der im Verlagsvertrage übernommenen Leistungen beanspruchen, und zwar ist die Haftung des Verlegers zeitlich unbeschränkt, soweit nicht nach § 194 ff. BGB. Verjährung eintritt. Nach § 28 Abs. 2 haftet aber auch der Rechtsnachfolger des ursprünglichen Verlegers, wenn er diesem gegenüber die Verpflichtung zur Vervielfältigung und Verbreitung des Werkes übernommen hat, dem Verfasser für die Erfüllung aller, auch für künftige Auflagen, aus dem Verlagsvertrage sich ergebenden Verbindlichkeiten neben dem Verleger gemäß §§ 421 bis 425 BGB. als Gesamtschuldner. Der Verfasser kann also nach seinem Belieben von dem ursprünglichen Verleger oder von dessen Rechtsnachfolger die Erfüllung der ihm nach dem Verlagsvertrage zukommenden Leistung ganz oder teilweise verlangen, und beide Personen bleiben ihm so lange verpflichtet, bis die gesamte Leistung erfolgt ist.

Nur auf eine bereits vor der Übertragung begründete Verpflichtung des ursprünglichen Verlegers erstreckt sich die Haftung des Erwerbers (Rechtsnachfolgers) nicht. Es gehören hierher z. B. die Fälle, in denen der ursprüngliche Verleger Exemplare des Werkes über die zulässige Zahl hinaus hergestellt oder an dem Werke unzulässige Änderungen vorgenommen hat.

Die Vererblichkeit der Rechte und Pflichten des Verlegers aus dem Verlagsvertrage ist, wie die Motive hervorheben, unbestritten anerkannt und ergibt sich aus allgemeinen Rechtsgrundsätzen. Besondere Vorschriften hierüber sind deshalb im Gesetz nicht gegeben.

Auch über die Zulässigkeit und die Ausführung der Zwangsvollstreckung in die Rechte des Verlegers enthält das Gesetz keine Bestimmungen. Die Zulässigkeit der Zwangsvollstreckung ist jedoch, da das Verlagsrecht ein Vermögensrecht ist, ebenfalls unbestritten, und ihre Ausführung richtet sich nach den allgemeinen Vorschriften des § 857 ZPO., je nachdem die Rechte des Verlegers nach § 28 übertragbar sind (Abs. 1, 2, 5 a. a. O.) oder ihre Übertragung unzulässig ist (Abs. 3 und 4 a. a. O.). Die Zwangsvollstreckung in die Verlagsbestände, d. h. die vorhandenen Abzüge des Werkes, richtet sich nach § 808 ff. ZPO. Wegen der Zwangsvollstreckung in Forderungen aus dem Verlagsvertrage s. §§ 828 ff. ZPO.

Wegen des Konkurses des Verlegers s. § 36.

§ 29.

Ist der Verlagsvertrag auf eine bestimmte Zahl von Auflagen oder von Abzügen beschränkt, so endigt das Vertragsverhältnis, wenn die Auflagen oder Abzüge vergriffen sind.

Der Verleger ist verpflichtet, dem Verfasser auf Verlangen Auskunft darüber zu erteilen, ob die einzelne Auflage oder die bestimmte Zahl von Abzügen vergriffen ist.

Wird der Verlagsvertrag für eine bestimmte Zeit geschlossen, so ist nach dem Ablaufe der Zeit der Verleger nicht mehr zur Verbreitung der noch vorhandenen Abzüge berechtigt.

Im § 29 sind die Tatsachen hervorgehoben, durch welche das Rechtsverhältnis aus dem Verlagsvertrage regelmäßig, d. h. im Gegensatze zum Rücktritt vom Vertrage und zu sonstigen Ausnahmefällen (§§ 17, 18, 30 bis 38, 45) beendigt wird.

1. Wenn der Verlagsvertrag, sei es infolge freier Vereinbarung oder auf Grund der Vorschriften des § 5 Abs. 1 und 2, auf eine be-

stimmte Zahl von Auflagen oder von Abzügen beschränkt ist, so endigt das Vertragsverhältnis, wenn die Auflagen oder Abzüge vergriffen sind, d. h. wenn sämtliche Exemplare, die der Verleger herzustellen befugt war, abgesetzt worden sind.

Um dem Verfasser die Möglichkeit zu gewähren, sich jederzeit zu vergewissern, ob das Verlagsrecht auf solche Weise erloschen und infolgedessen sein Urheberrecht wieder in volle Wirksamkeit getreten ist, ist dem Verleger im § 29 Abs. 2 die Verpflichtung auferlegt, dem Verfasser auf Verlangen jederzeit darüber Auskunft zu erteilen, ob die einzelne Auflage oder die bestimmte Zahl von Abzügen im vorangegebenen Sinne vergriffen ist. Zur Vorlegung seiner Handelsbücher ist der Verleger nicht verpflichtet, doch wird der Verfasser billigerweise von ihm einen Nachweis über die Zahl der bereits abgesetzten Auflagen oder Abzüge verlangen können.

2. Wird der Verlagsvertrag für eine bestimmte Zeit geschlossen, so endigt er mit Ablaufe der vereinbarten Gültigkeitsdauer. Bis dahin kann der Verleger Auflagen und Abzüge in beliebiger Zahl herstellen, soweit dem nicht anderweite Vereinbarungen entgegenstehen. Nach Ablauf der Vertragsdauer darf er jedoch das Werk nicht weiter vervielfältigen und muß er sich auch der Verbreitung der während der Dauer des Vertrages hergestellten, noch vorhandenen Abzüge enthalten. Zuwiderhandlungen gegen dieses Verbot ziehen die in den §§ 36 ff. Urheb.-Ges. bestimmten zivil- und strafrechtlichen Folgen einer Urheberrechtsverletzung nach sich.

Ist im Verlagsvertrage eine Beschränkung weder in bezug auf die Zahl der Auflagen oder Abzüge noch in bezug auf die Dauer des Vertragsverhältnisses getroffen, so wird es, wie die Motive zutreffend hervorheben, in der Regel im Sinne des Vertrages liegen, daß das Rechtsverhältnis mit dem Zeitpunkte endigt, in welchem der Schutz des Urheberrechtes erlischt. Jedoch kann nach den Umständen des Falles auch eine andere Annahme gerechtfertigt sein, so beispielsweise, wenn der Verlagsvertrag erst kurz vor dem Ablaufe der Schutzfrist des Urheberrechtes geschlossen wird.

Die Unverkäuflichkeit des Werkes kann die Endigung des Vertragsverhältnisses nicht herbeiführen.

§ 30.

Wird das Werk ganz oder zum Teil nicht rechtzeitig abgeliefert, so kann der Verleger, statt den Anspruch auf Erfüllung geltend zu machen, dem Verfasser eine angemessene Frist zur Ablieferung mit der Erklärung bestimmen, daß er die Annahme der Leistung nach dem Ablaufe der Frist ablehne. Zeigt sich schon vor dem Zeitpunkt, in welchem das Werk nach dem Vertrage abzuliefern ist, daß das Werk nicht rechtzeitig abgeliefert werden wird, so kann der Verleger die Frist sofort bestimmen; die Frist muß so bemessen werden, daß sie nicht vor dem bezeichneten Zeitpunkt abläuft. Nach dem Ablaufe der Frist ist der Verleger berechtigt, von dem Vertrage zurückzutreten, wenn nicht das Werk rechtzeitig abgeliefert worden ist; der Anspruch auf Ablieferung des Werkes ist ausgeschlossen.

Der Bestimmung einer Frist bedarf es nicht, wenn die rechtzeitige Herstellung des Werkes unmöglich ist oder von dem Verfasser verweigert wird, oder wenn der sofortige Rücktritt von dem Vertrage durch ein besonderes Interesse des Verlegers gerechtfertigt wird.

Der Rücktritt ist ausgeschlossen, wenn die nicht rechtzeitige Ablieferung des Werkes für den Verleger nur einen unerheblichen Nachteil mit sich bringt.

Durch diese Vorschriften werden die im Falle des Verzuges des Verfassers dem Verleger zustehenden Rechte nicht berührt.

Wird das Werk, d. h. die Handschrift, ganz oder zum Teil nicht rechtzeitig, d. h. nicht innerhalb der im Verlagsvertrage oder sonst ververeinbarten oder der aus § 11 sich ergebenden Frist an den Verleger abgeliefert, so kann der Verleger zunächst:

den Anspruch auf Erfüllung des Vertrages im Wege der gerichtlichen Klage geltend machen.

Er kann also, wenn das Werk vom Verfasser bereits fertiggestellt ist, gegen denselben auf Herausgabe des Werkes klagen und nach erfolgter rechtskräftiger Verurteilung diese Herausgabe nach § 883 ZPO. durch den Gerichtsvollzieher erwirken.

Wenn das Werk erst hergestellt werden soll, so kann der Verleger die Klage auf Herstellung erheben und nach rechtskräftiger Verurteilung des Verfassers gemäß § 283 BGB. demselben zur Bewirkung der Leistung eine angemessene Frist mit der Erklärung bestimmen, daß er die Annahme der Leistung nach dem Ablaufe der Frist ablehne. Nach dem Ablaufe der Frist kann der Verleger Schadensersatz wegen Nichterfüllung verlangen, soweit nicht die Leistung rechtzeitig bewirkt wird; der Anspruch auf Erfüllung ist ausgeschlossen. Die Verpflichtung zum

Schadensersatz tritt nicht ein, wenn die Leistung infolge eines Umstandes unmöglich wird, den der Schuldner nicht zu vertreten hat.

Statt den Anspruch auf Erfüllung im Wege der gerichtlichen Klage geltend zu machen, kann der Verleger aber auch wegen nicht rechtzeitiger Ablieferung des Werkes vom Vertrage zurücktreten, ohne daß es eines Verschuldens des Verfassers bedarf.

Die Ausübung dieses Rücktrittsrechtes muß in der Weise erfolgen, daß der Verleger dem Verfasser eine angemessene, d. h. zur Ablieferung des fertiggestellten Werkes billigerweise ausreichende Frist mit der Erklärung bestimmt, daß er nach dem Ablaufe der Frist die Annahme der Leistung ablehne. Der Verleger kann eine solche Frist nicht nur dann bestimmen, wenn das Werk zu dem für die Ablieferung bestimmten Zeitpunkte tatsächlich nicht abgeliefert ist, sondern auch schon dann, wenn sich vor dem Zeitpunkte, in welchem das Werk nach dem Vertrage oder nach der gesetzlichen Vorschrift des § 11 abzuliefern ist, zeigt, daß das Werk nicht rechtzeitig abgeliefert werden wird. Im letzteren Falle muß die Frist aber so bemessen werden, daß sie nicht vor dem bezeichneten Zeitpunkte abläuft (vgl. § 634 Abs. 1 Satz 2 BGB.). Die Bestimmung der Frist und die Erklärung, daß die Annahme der Leistung nach Ablauf der Frist abgelehnt wird, sind empfangsbedürftige Willenserklärungen, die dem abwesenden Verfasser zugehen müssen (§§ 130—132 BGB.).

Der Bestimmung einer Frist bedarf es nicht, und der Rücktritt des Verlegers vom Vertrage kann sofort erfolgen:

1. wenn die rechtzeitige Herstellung des Werkes unmöglich ist, weil z. B. der Verfasser erkrankt oder sonst tatsächlich an der Fertigstellung des Werkes behindert ist,
2. wenn die rechtzeitige Herstellung des Werkes vom Verfasser aus irgendeinem Grunde dem Verleger gegenüber verweigert wird,
3. wenn der sofortige Rücktritt von dem Vertrage durch ein besonderes Interesse des Verlegers gerechtfertigt wird, z. B. wenn der Verleger ein Interesse an der rechtzeitigen Fertigstellung einer Festschrift oder eines Beitrages zu einem Sammelwerke hat. Ein anderweitiges Interesse des Verlegers außer dem an der rechtzeitigen Ablieferung des Werkes kann nicht in Frage kommen (KommBer.).

Ausgeschlossen ist in allen Fällen der Rücktritt, wenn die nicht rechtzeitige Ablieferung des Werkes für den Verleger nur einen unerheblichen Nachteil mit sich bringt.

Der Rücktritt selbst muß gemäß § 349 BGB. durch eine vom Verleger dem Verfasser gegenüber abzugebende Erklärung erfolgen. Im übrigen sind über die Zeit, zu welcher der Rücktritt erklärt werden muß, über das Verhältnis mehrerer Beteiligter und über die

Wirkungen des Rücktrittes in den §§ 37, 38 dieses Gesetzes und in den §§ 346 bis 356 BGB. die erforderlichen Bestimmungen getroffen.

Im Falle des Rücktrittes vom Vertrage nach Ablauf der bestimmten Frist ist, wie im § 30 Abs. 1 letzter Satz noch ausdrücklich ausgesprochen ist, jeder Anspruch des Verlegers auf Ablieferung des Werkes ausgeschlossen.

Durch die Vorschriften des § 30 Abs. 1 bis 3 werden im übrigen die im Falle des Verzuges des Verfassers dem Verleger nach den allgemeinen Bestimmungen der §§ 284 ff. BGB. zustehenden Rechte nicht berührt. Insbesondere ist hiernach der mit der Ablieferung des Werkes in Verzug befindliche Verfasser verpflichtet, dem Verleger den durch den Verzug entstandenen Schaden zu ersetzen.

§ 31.

Die Vorschriften des § 30 finden entsprechende Anwendung, wenn das Werk nicht von vertragsmäßiger Beschaffenheit ist.

Beruht der Mangel auf einem Umstande, den der Verfasser zu vertreten hat, so kann der Verleger statt des im § 30 vorgesehenen Rücktrittrechts den Anspruch auf Schadensersatz wegen Nichterfüllung geltend machen.

Wenn das vom Verfasser an den Verleger abgelieferte Werk nicht von vertragsmäßiger Beschaffenheit ist, so kann der Verleger, wie im Falle des § 30, auch hier dem Verfasser eine angemessene Frist zur Herstellung vertragsmäßiger Beschaffenheit mit der Erklärung bestimmen, daß er die Leistung nach dem Ablaufe der Frist ablehne.

Zeigt sich schon vor dem Zeitpunkte, in welchem das Werk nach dem Vertrage abzuliefern ist, daß das Werk nicht von vertragsmäßiger Beschaffenheit sein wird, so kann der Verleger die Frist sofort bestimmen; diese Frist muß aber so bemessen werden, daß sie nicht vor der zur Ablieferung bestimmten Frist abläuft. Nach dem Ablaufe der Frist ist der Verleger berechtigt, vom Vertrage zurückzutreten, wenn das Werk nicht inzwischen in vertragsmäßiger Beschaffenheit abgeliefert ist. Durch den Rücktritt wird aber dann der Anspruch des Verlegers auf Herstellung vertragsmäßiger Beschaffenheit ausgeschlossen. Bei der Kommissions-Beratung wurde festgestellt, daß der Ausdruck „vertragsmäßige Beschaffenheit" sich auf den Inhalt des Werkes nur insoweit bezieht, als die planmäßige Abfassung des Werkes darunter begriffen ist, daß aber selbstverständlich, soweit über Inhalt und Eigenschaften des Werkes besondere Vereinbarungen nicht getroffen sind, das Werk seines Inhaltes wegen vom Verleger nicht beanstandet werden kann. Im allgemeinen wird demnach ein Werk als nicht von vertragsmäßiger Beschaffenheit nur dann zu bezeichnen sein, wenn es nicht die vertragsmäßig zugesicherten oder nach Treu und Glauben von einem Werke der betreffenden Art zu erwartenden Eigenschaften hat.

Der Bestimmung einer Frist bedarf es auch hier nicht, wenn

1. die Herstellung vertragsmäßiger Beschaffenheit unmöglich ist,
2. wenn diese Herstellung vom Verfasser dem Verleger gegenüber verweigert wird,
3. wenn der sofortige Rücktritt vom Vertrage durch ein besonderes Interesse des Verlegers gerechtfertigt wird.

Der Rücktritt ist auch hier ausgeschlossen, wenn die nicht vertragsmäßige Herstellung des Werkes für den Verleger nur einen unwesentlichen Nachteil mit sich bringt.

Ein Recht des Verlegers, die aus der nicht vertragsmäßigen Beschaffenheit sich ergebenden Mängel des Werkes selbständig zu beseitigen, ist im Gesetze nicht anerkannt. Der Verleger hat sich also jeder eigenmächtigen Änderung an dem Inhalte des Werkes zu enthalten und darf auch sonstige Änderungen der äußeren Beschaffenheit der Handschrift nur dann vornehmen, wenn der Verfasser sie nach Treu und Glauben nicht würde versagen können (vgl. § 13).

Im Falle des Verzuges des Verfassers hat der Verleger Anspruch auf Schadensersatz. Statt des im § 30 vorgesehenen Rücktrittsrechtes kann er aber auch Schadensersatz wegen Nichterfüllung dann geltend machen, wenn der Mangel der vertragsmäßigen Beschaffenheit auf einem Umstande beruht, den der Verfasser nach §§ 276, 278 BGB. (Vorsatz und Fahrlässigkeit, Verschulden der Personen, deren er sich zur Erfüllung seiner Verbindlichkeiten bedient) zu vertreten hat.

§ 32.

Wird das Werk nicht vertragsmäßig vervielfältigt oder verbreitet, so finden zugunsten des Verfassers die Vorschriften des § 30 entsprechende Anwendung.

Wenn das Werk von dem Verleger nicht vertragsmäßig, d. h. nicht den im Verlagsvertrage getroffenen Vereinbarungen oder den sonst mangels besonderer Vereinbarung zur Anwendung kommenden Vorschriften des vorliegenden Gesetzes (§§ 13 bis 17, 20, 21) entsprechend vervielfältigt oder verbreitet wird, so steht dem Verfasser zunächst der Anspruch auf Erfüllung zu. Er kann diesen Anspruch im Wege der Klage verfolgen und, wenn er die Verurteilung des Verlegers erzielt hat, die Durchführung desselben durch Zwangsvollstreckung betreiben. Er kann aber auch gemäß §§ 283, 325 BGB. Schadensersatz wegen Nichterfüllung beanspruchen oder vom Vertrage zurücktreten, und zwar kann er diese letzteren Rechte im Falle des Verzuges des Verlegers gemäß §§ 326, 327 BGB. auch ohne vorgängige gerichtliche Verfolgung seines Anspruches auf Erfüllung geltend machen.

Unabhängig von diesen Befugnissen hat § 32, entsprechend den im § 31 zugunsten des Verlegers getroffenen Bestimmungen, dem Verfasser das Recht, vom Vertrage zurückzutreten, schon dann gegeben, wenn die nichtvertragsmäßige Vervielfältigung oder Verbreitung des Werkes nicht auf einem Verschulden des Verlegers beruht. In entsprechender Anwendung des § 30 kann der Verfasser dem Verleger eine angemessene Frist zur vertragsmäßigen Vervielfältigung oder Verbreitung des Werkes bestimmen und ihm hierbei zugleich erklären, daß er die Annahme der Leistung nach dem Ablaufe der Frist ablehne. Zeigt sich schon vor dem Zeitpunkte, in welchem die vertragsmäßige Vervielfältigung oder Verbreitung zu bewirken ist, daß eine solche Vervielfältigung oder Verbreitung nicht stattfinden wird, so kann der Verfasser die Frist auch sofort bestimmen; die Frist muß jedoch dann so bemessen sein, daß sie nicht vor dem bezeichneten Zeitpunkte abläuft. Nach dem Ablaufe der Frist ist der Verfasser berechtigt, von dem Vertrage zurückzutreten, wenn nicht das Werk rechtzeitig in vertragsmäßiger Weise vervielfältigt oder verbreitet worden ist. Durch den Rücktritt wird aber dann der Anspruch des Verfassers auf diese Vervielfältigung oder Verbreitung ausgeschlossen.

Eine Fristbestimmung ist nicht erforderlich, wenn

1. die vertragsmäßige Vervielfältigung oder Verbreitung unmöglich ist, oder
2. vom Verleger verweigert wird, oder
3. der sofortige Rücktritt vom Vertrage durch ein besonderes Interesse des Verfassers gerechtfertigt wird.

Der Rücktritt ist ausgeschlossen, wenn die nicht vertragsmäßige Vervielfältigung für den Verfasser nur einen unerheblichen Nachteil mit sich bringt.

Durch die vorstehenden Vorschriften werden die im Falle des Verzuges des Verlegers dem Verfasser erwachsenden Rechte (§§ 284 ff. BGB.) nicht berührt.

Im übrigen finden die Bestimmungen des § 32 auch in dem Falle Anwendung, daß der Verleger mit der Vervielfältigung oder Verbreitung einer neuen Auflage, zu der er sich vertragsmäßig verpflichtet hat nicht rechtzeitig beginnt. Nach § 38 Abs. 2 bleibt jedoch hier der Vertrag trotz des Rücktrittes des Verfassers im Zweifel insoweit aufrecht erhalten, als er sich auf die älteren Auflagen erstreckt (Mot.).

§ 33.

Geht das Werk nach der Ablieferung an den Verleger durch Zufall unter, so behält der Verfasser den Anspruch auf die Vergütung. Im übrigen werden beide Teile von der Verpflichtung zur Leistung frei.

Auf Verlangen des Verlegers hat jedoch der Verfasser gegen eine angemessene Vergütung ein anderes im wesentlichen übereinstimmendes Werk zu liefern, sofern dies auf Grund vorhandener Vorarbeiten oder sonstiger Unterlagen mit geringer Mühe geschehen kann; erbietet sich der Verfasser, ein solches Werk innerhalb einer angemessenen Frist kostenfrei zu liefern, so ist der Verleger verpflichtet, das Werk an Stelle des untergegangenen zu vervielfältigen und zu verbreiten. Jeder Teil kann diese Rechte auch geltend machen, wenn das Werk nach der Ablieferung infolge eines Umstandes untergegangen ist, den der andere Teil zu vertreten hat.

Der Ablieferung steht es gleich, wenn der Verleger in Verzug der Annahme kommt.

Im § 33, dessen Vorschriften übrigens nur dispositiver Natur sind und durch Vereinbarung jederzeit abgeändert werden können, werden lediglich die Folgen bestimmt, die infolge des Unterganges des Werkes, d. h. der Handschrift nach erfolgter Ablieferung derselben an den Verleger eintreten.

Wenn das Werk vor der Ablieferung an den Verleger untergeht, so bestimmen sich die Folgen der hierdurch eintretenden Unmöglichkeit der Erfüllung der durch den Verlagsvertrag begründeten Verbindlichkeiten nach den allgemeinen Grundsätzen, welche das BGB. über die Unmöglichkeit der Leistung gegeben hat. Ist ein schon fertiggestelltes Werk in Verlag gegeben, so wird, wie die Motive zutreffend hervorheben, regelmäßig aus den Umständen zu entnehmen sein, daß nur die vorhandene Handschrift, nicht aber eine neu herzustellende den Gegenstand des Vertrages bilden sollte; alsdann wird durch den Untergang des Werkes die Vertragserfüllung unmöglich. „Im allgemeinen ist jedoch Gegenstand des Verlagsvertrages nicht das körperliche Werk, sondern das Recht zur Vervielfältigung und Verbreitung der geistigen Schöpfung, welche durch das Werk wiedergegeben wird. Hiernach liegt, falls das ganz oder teilweise hergestellte Werk vor der Ablieferung untergeht, ein Fall der Unmöglichkeit der Leistung auf seiten des Verfassers an sich nicht vor. Der Verfasser ist zur Neuherstellung berechtigt und verpflichtet. Kann er infolge des Unterganges seiner Handschrift nicht rechtzeitig liefern, so stehen dem Verleger die im § 30 vorgesehenen Rechte zu. Nur wenn der Verfasser außerstande ist, dem Verleger eine Niederschrift des Werkes, die mit dem untergegangenen übereinstimmt, zu liefern, liegt auf seiner Seite Unmöglichkeit der Erfüllung vor, und es finden dann die Vorschriften der §§ 275, 323 bis 325, 327 des BGB. Anwendung."

Geht das Werk erst nach der Ablieferung an den Verleger durch Zufall unter, so kann der Verleger die Lieferung eines neuen Exemplares der Handschrift nicht verlangen. Daraus folgt weiter, daß beide Teile von der Verpflichtung zur Lieferung frei werden, der Verleger von der Verpflichtung zur Vervielfältigung und Verbreitung und der Verfasser von der Verpflichtung, sich seinerseits der Vervielfältigung und Verbreitung eines Werkes gleicher Art zu enthalten. Trotz des Wegfalles dieser Verpflichtung soll aber nach § 33 Abs. 1 dem Verfasser der Anspruch auf die Vergütung verbleiben, da mit der Ablieferung des Werkes die Gefahr auf den Verleger übergangen ist, und dieser also trotz des Unterganges des Werkes gehalten bleibt, die Vergütung zu entrichten. Vgl. § 644 Abs. 1 Satz 1 BGB.

Im einzelnen ist zu § 33 Abs. 1 zu bemerken, daß es dem Untergange, d. h. der völligen Vernichtung oder dem Verlust des Werkes gleichsteht, wenn dasselbe in einen für die Vervielfältigung nicht mehr geeigneten Zustand geraten ist, die Handschrift sich also beispielsweise aus dem Grunde nicht mehr entziffern läßt, weil die Schrift durch Feuer- und Wasserschäden völlig verwischt oder infolge sonstiger Beschädigung unlesbar geworden ist. Von einem Untergange des Werkes kann aber dann nicht die Rede sein, wenn außer der untergegangenen abgelieferten Handschrift noch eine andere, zweite Niederschrift sich im Besitze des Verlegers oder Verfassers befindet.

Der § 33 Abs. 1 findet nur Anwendung, wenn der Untergang des Werkes durch Zufall erfolgt ist. Über den Fall, wo das Werk nach der Ablieferung infolge eines Umstandes untergegangen ist, den der andere Teil zu vertreten hat, ist im § 33 Abs. 2 Satz 3 Bestimmung getroffen.

Unter der Ablieferung ist die in Erfüllung der vertragsmäßigen Verpflichtung vom Verfasser bewirkte körperliche Hingabe des Werkes an den Verleger und die Empfangnahme des Werkes durch den Verleger zu verstehen. Vgl. Anm. zu § 9 S. 144. Mit der Empfangnahme geht die Gefahr und damit die Haftung für einen durch Zufall erfolgenden Untergang des Werkes auf den Verleger über. Diese Haftung verbleibt bei ihm, auch wenn das Werk gelegentlich einer späteren vorübergehenden Rücksendung an den Verfasser bei diesem untergeht.

Aus Billigkeitsgründen gewährt § 33 Absatz 2 Satz 1 jedem von beiden Teilen für den Fall, daß das Werk nach der Ablieferung durch Zufall untergeht, das Recht, unter bestimmten Voraussetzungen zu verlangen, daß trotz des Unterganges des Werkes der Vertrag durch Lieferung eines neuen Werkes aufrecht erhalten werde.

Gegen eine angemessene Vergütung soll der Verfasser auf Verlangen des Verlegers im Falle des nach erfolgter Ablieferung eingetretenen Unterganges des Werkes ein anderes im wesentlichen übereinstimmendes Werk zu liefern verpflichtet sein, sofern dies auf Grund vorhandener Vorarbeiten oder sonstiger Unterlagen mit geringer Mühe geschehen kann.

Ob dem Verfasser die Lieferung eines neuen Werkes mit geringer Mühe möglich sein würde, kann nur im Einzelfalle unter Berücksichtigung des von neuem zu bearbeitenden Stoffes und der persönlichen Verhältnisse des Verfassers, insbesondere seiner etwaigen anderweiten dienstlichen oder schriftstellerischen Inanspruchnahme, etwa noch vorhandener Vorarbeiten oder sonstiger Unterlagen usw. entschieden werden.

Jedenfalls hat der Verfasser nur ein mit dem ersten Werk im wesentlichen übereinstimmendes Werk zu liefern, und seine Lieferungspflicht tritt in allen Fällen nur dann ein, wenn der Verleger ein diesbezügliches Verlangen an ihn stellt und sich zugleich zur Gewährung einer angemessenen Vergütung erbietet, die der zur Herstellung des neuen Werkes aufzuwendenden Mühewaltung entspricht.

Dem Verfasser selbst ist die Möglichkeit, den Verleger trotz des Unterganges des Werkes zur Erfüllung seiner Vervielfältigungs- und Verbreitungspflicht zu zwingen, dadurch gegeben, daß er sich erbietet, ein mit dem untergegangenen im wesentlichen übereinstimmendes neues Werk innerhalb einer angemessenen Frist kostenfrei, d. h. ohne eine besondere Vergütung für die Nachlieferung, zu liefern. Sollte sich der Verleger weigern, dieses neue Werk an Stelle des untergegangenen zu vervielfältigen und zu verbreiten, so ist der Verfasser berechtigt, auf Erfüllung der Verpflichtung zur Vervielfältigung und Verbreitung zu klagen oder vom Vertrage zurückzutreten und, wenn der Verleger sich im Verzuge befindet, Schadensersatz zu beanspruchen (§§ 30 bis 32).

Die im § 33 Abs. 2 Satz 1 bezeichneten Rechte, den Verlagsvertrag trotz des auf einem Zufall beruhenden Unterganges des Werkes durch Lieferung eines neuen Werkes aufrecht zu erhalten, gewährt § 33 Abs. 2 Satz 2 jedem Teile auch dann, wenn das Werk nach der Ablieferung infolge eines Umstandes untergeht, den der andere Teil zu vertreten hat, wenn also der Untergang des Werkes auf ein Verschulden des Verlegers oder des Verfassers zurückzuführen ist.

Nach § 33 Abs. 3 soll es endlich bei Anwendung der Vorschriften des § 33 der Ablieferung gleichstehen, wenn der Verleger in Verzug der Annahme kommt. Vgl. § 644 Abs. 1 Satz 2 BGB. Es ist hierbei für die Frage des Verzuges ohne Bedeutung, ob der Nichtannahme der angebotenen Ablieferung des Werkes ein Verschulden des Verlegers zugrunde liegt oder nicht; im übrigen ergeben sich die Voraussetzungen des Verzuges aus den Bestimmungen der §§ 293 ff. BGB.

§ 34.

Stirbt der Verfasser vor der Vollendung des Werkes, so ist, wenn ein Teil des Werkes dem Verleger bereits abgeliefert worden war, der Verleger berechtigt, in Ansehung des gelieferten Teiles den Vertrag durch eine dem Erben des Verfassers gegenüber abzugebende Erklärung aufrechtzuerhalten.

Der Erbe kann dem Verleger zur Ausübung des in Abs. 1 bezeichneten Rechtes eine angemessene Frist bestimmen. Das Recht erlischt, wenn sich der Verleger nicht vor dem Ablaufe der Frist für die Aufrechterhaltung des Vertrages erklärt.

Diese Vorschriften finden entsprechende Anwendung, wenn die Vollendung des Werkes infolge eines sonstigen nicht von dem Verfasser zu vertretenden Umstandes unmöglich wird.

Zu § 34 bemerken die Motive: „Stirbt der Verfasser vor der Herstellung des Werkes, so ist diese Leistung infolge eines nicht von dem Schuldner zu vertretenden Umstandes unmöglich. Denn die Leistung des Verfassers ist eine höchst persönliche und kann durch einen Dritten nicht bewirkt werden. Die Erben des Verfassers werden deshalb in einem solchen Falle von der Verpflichtung zur Leistung frei, dürfen aber auch die Gegenleistung nicht fordern: der Verlagsvertrag ist erloschen. Das gleiche gilt, wenn der Verfasser stirbt, nachdem ein Teil des Werkes schon hergestellt ist, da den Gegenstand des Vertrages, sofern die Umstände nicht ein anderes ergeben, lediglich das vollständige Werk bildet. Daß der bereits hergestellte Teil vervielfältigt und verbreitet werde, können also weder die Erben des Verfassers, noch der Verleger verlangen. Nur für die Fälle, in denen der hergestellte Teil dem Verleger schon abgeliefert ist, entspricht es dem mutmaßlichen Willen der Beteiligten, daß der Verleger in Ansehung des gelieferten Teiles an dem Vertrage festhalten darf. Eine Veröffentlichung des unvollendeten Werkes tritt unter den bezeichneten Umständen dem Ansehen des Verfassers nicht zu nahe. Denn durch die Lieferung des Teiles hat er selbst diesen als verlagsfähig anerkannt. Der § 34 Abs. 1 bindet daher die Erben des Verfassers in Ansehung des gelieferten Teiles an den Vertrag, wenn der Verleger ihnen erklärt, daß er den Vertrag aufrecht erhalten wolle. Durch die Vorschrift des Abs. 2 wird den Erben die Möglichkeit gewährt, sich innerhalb angemessener Frist Gewißheit darüber zu verschaffen, ob der Verleger von seinem Rechte Gebrauch machen will oder nicht.

Ähnlich wie im Falle des Todes des Verfassers ist die Sachlage, wenn die Vollendung des Werkes infolge eines sonstigen, nicht vom Verfasser zu vertretenden Umstandes, beispielsweise infolge dauernder Krankheit des Verfassers, unmöglich wird. Im Abs. 3 werden daher die vorangehenden Bestimmungen auf diesen Fall übertragen."

Im einzelnen ist noch folgendes zu bemerken:

Voraussetzung für die Aufrechterhaltung des Vertrages zwischen dem Verleger und den Erben des verstorbenen Verfassers ist die *tatsächlich erfolgte Ablieferung* eines in sich abgeschlossenen, druckreifen Teiles der Handschrift an den Verleger. Der Annahmeverzug des Verlegers (s. § 33 Abs. 3) ist hier der Ablieferung nicht gleichgestellt, und ebensowenig genügt es, daß ein Teil der Handschrift zur Ablieferung bereit liegt.

Die Erklärung, durch welche der Verleger den Erben des verstorbenen Verfassers gegenüber seinen Willen, den Vertrag bezüglich des abgelieferten Teiles des Werkes aufrecht zu erhalten, zu erkennen gibt, ist eine nach §§ 130 bis 132 BGB. empfangsbedürftige Willenserklärung; sie muß also dem abwesenden Erben zugehen.

Im Zweifel wird der Verleger diese Erklärung sofort nach dem Tode des Verfassers den Erben gegenüber abzugeben haben. Erfolgt sie nicht, so können die Erben dem Verleger zur Ausübung des im Abs. 1 bezeichneten Rechtes eine angemessene Frist bestimmen, und wenn sich dann der Verleger nicht vor dem Ablaufe dieser Frist für die Aufrechterhaltung des Vertrages erklärt, so gilt das Vertragsverhältnis auch bezüglich des abgelieferten Teiles für erloschen, und der Erbe erlangt dann auch über diesen Teil, dessen Handschrift ihm vom Verleger zurückgegeben werden muß, freie Verfügung.

Ein Recht, das Werk, für dessen bereits abgelieferten Teil der Vertrag aufrecht erhalten wird, durch eine andere Person vollenden zu lassen und die Fortsetzung als Bestandteil eines und desselben Werkes mit dem Namen des ursprünglichen Verfassers zu veröffentlichen, hat das Gesetz dem Verleger nicht gegeben, weil damit die Gefahr verbunden ist, daß der Name des Verfassers zum Nachteile seines Rufes für die Fortsetzung des Werkes ausgenutzt werde (Mot.); jedoch steht einer Fertigstellung des Werkes durch eine andere Person nichts entgegen, wenn die nicht von dem ursprünglichen Verfasser herrührenden Teile erkennbar als Arbeit eines anderen Verfassers bezeichnet werden.

§ 35.

Bis zum Beginn der Vervielfältigung ist der Verfasser berechtigt, von dem Verlagsvertrage zurückzutreten, wenn sich Umstände ergeben, die bei dem Abschlusse des Vertrages nicht vorauszusehen waren und den Verfasser bei Kenntnis der Sachlage und verständiger Würdigung des Falles von der Herausgabe des Werkes zurückgehalten haben würden. Ist der Verleger befugt, eine neue Auflage zu veranstalten, so findet für die Auflage diese Vorschrift entsprechende Anwendung.

Erklärt der Verfasser auf Grund der Vorschrift des Abs. 1 den Rücktritt, so ist er dem Verleger zum Ersatze der von diesem gemachten Aufwendungen verpflichtet. Gibt er innerhalb eines Jahres seit dem Rücktritte das Werk anderweit heraus, so ist er zum Schadensersatze wegen Nichterfüllung verpflichtet; diese Ersatzpflicht tritt nicht ein, wenn der Verfasser dem Verleger den Antrag, den Vertrag nachträglich zur Ausführung zu bringen, gemacht und der Verleger den Antrag nicht angenommen hat.

Das im § 35 dem Verfasser gegebene Rücktrittsrecht ist nur bis zum Beginne der Vervielfältigung seines in Verlag gegebenen Werkes, also nur bis zur Herstellung des zum Beginne des Druckes erforderlichen Schriftensatzes, Stiches usw. zulässig.

Voraussetzung der Ausübung des Rücktrittsrechtes ist, daß sich neue, beim Abschlusse des Verlagsvertrages objektiv nicht voraussehbare Umstände ergeben haben, welche den Verfasser bei Kenntnis der Sachlage und bei verständiger Würdigung des Falles von der Herausgabe des Werkes nicht bloß bei diesem Verleger, sondern überhaupt zurückgehalten haben würden. Die Motive heben in dieser Beziehung zutreffend hervor, daß zur Geltendmachung des Rücktrittsrechtes der

Umstand nicht genügt, daß etwa für die Person des Verlegers sich Verhältnisse ergeben, die den Verfasser davon abgehalten haben würden, den Vertrag gerade mit diesem Verleger abzuschließen; daß vielmehr zureichende Gründe dargetan werden müssen, die es rechtfertigen, daß der Verfasser von der Herausgabe des Werkes überhaupt Abstand nimmt.

Wenn der Verleger vertragsmäßig zur Veranstaltung neuer Auflagen befugt ist, so steht das Rücktrittsrecht nach § 35 Abs. 1 Satz 2 dem Verfasser auch in Ansehung dieser Auflagen zu. „Denn auch die neue Herausgabe des Werkes kann mit den persönlichen Interessen des Verfassers in Widerspruch treten. Namentlich trifft dies für wissenschaftliche Werke zu, die durch die Ergebnisse neuer Forschungen unter Umständen überholt sind und gleichwohl dem Verleger wegen ihres von früher her fest begründeten Ansehens noch weiterhin Gewinn versprechen" (Mot.).

Der Rücktritt muß durch eine dem Verleger gegenüber abzugebende Erklärung erfolgen (§ 394 BGB.); er bewirkt, wenn er rechtmäßig, d. h. aus den im Abs. 1 angeführten Gründen erfolgt ist, die Auflösung des Vertragsverhältnisses. Der Verleger darf die ihm bereits abgelieferte Handschrift bei Vermeidung der in den §§ 36 ff. Urheb.-Ges. bestimmten zivil- und strafrechtlichen Folgen der Urheberrechtsverletzung nicht vervielfältigen und verbreiten, sondern muß sie dem Verfasser zurückgeben.

Andererseits bestimmt aber § 35 Abs. 2 Satz 1, um einem Mißbrauch des Rücktrittsrechtes vorzubeugen, daß der Verfasser im Falle seines Rücktrittes dem Verleger die von diesem nachweisbar zum Zwecke der Vervielfältigung und Verbreitung gerade dieses Werkes tatsächlich gemachten Aufwendungen zu ersetzen hat, und daß der Verfasser außerdem dem Verleger zum Schadensersatze wegen Nichterfüllung verpflichtet ist, wenn er innerhalb eines Jahres seit Abgabe der Rücktrittserklärung dasselbe oder ein im wesentlichen identisches Werk anderweitig, sei es im Selbstverlage oder bei einem anderen Verleger erscheinen läßt. Der zu ersetzende Schaden umfaßt nach § 252 BGB. auch den dem ursprünglichen Verleger entgangenen Gewinn, der von ihm nach dem gewöhnlichen Laufe der Dinge oder nach den besonderen Umständen, insbesondere nach den getroffenen Anstalten und Vorkehrungen aus dem Erscheinen des Werkes in seinem Verlage erwartet werden konnte (§ 252 BGB.).

Um unbillige Härten gegen den Verfasser zu vermeiden, wenn ihm überhaupt die Möglichkeit abgeschnitten werden sollte, ein Werk desselben Inhaltes später unter vielleicht völlig veränderten Umständen zu veröffentlichen, ist dann aber im § 35 Abs. 2 Satz 2 weiter bestimmt, daß diese Verpflichtung des Verfassers zum Schadensersatz nicht eintreten soll, wenn der Verfasser dem Verleger den Antrag, den ursprünglichen Vertrag nachträglich, d. h. trotz der inzwischen durch den Rücktritt erfolgten Auflösung zur Ausführung zu bringen, gemacht und der Verleger diesen Antrag nicht angenommen hat.

§ 36.

Wird über das Vermögen des Verlegers der Konkurs eröffnet, so finden die Vorschriften des § 17 der Konkursordnung auch dann Anwendung, wenn das Werk bereits vor der Eröffnung des Verfahrens abgeliefert worden war.

Besteht der Konkursverwalter auf der Erfüllung des Vertrages, so tritt, wenn er die Rechte des Verlegers auf einen anderen überträgt, dieser an Stelle der Konkursmasse in die sich aus dem Vertragsverhältnis ergebenden Verpflichtungen ein. Die Konkursmasse haftet jedoch, wenn der Erwerber die Verpflichtungen nicht erfüllt, für den von dem Erwerber zu ersetzenden Schaden wie ein Bürge, der auf die Einrede der Vorausklage verzichtet hat. Wird das Konkursverfahren aufgehoben, so sind die aus dieser Haftung sich ergebenden Ansprüche des Verfassers gegen die Masse sicherzustellen.

War zur Zeit der Eröffnung des Verfahrens mit der Vervielfältigung noch nicht begonnen, so kann der Verfasser von dem Vertrage zurücktreten.

Die Vorschriften des § 36 über den Konkurs des Verlegers sind im Gegensatze zu den sonstigen Bestimmungen des Verlagsrechtsgesetzes zwingender Natur; ihre Anwendung kann durch Vereinbarungen zwischen dem Verfasser und dem Gemeinschuldner nicht ausgeschlossen werden.

Im einzelnen ist die Behandlung des Verlagsverhältnisses im Konkurse des Verlegers unter Berücksichtigung der Eigentümlichkeit dieses Verhältnisses wie folgt geregelt:

Wenn zur Zeit der Eröffnung des Konkursverfahrens (§ 108 Konkursordnung) mit der Vervielfältigung des dem Gemeinschuldner in Verlag gegebenen Werkes noch nicht begonnen, d. h. mit der Herstellung des Satzes, des Stiches usw. noch nicht der Anfang gemacht ist, so kann der Verfasser vom Vertrage zurücktreten (§ 36 Abs. 3). Um eine diesbezügliche Entschließung des Verfassers herbeizuführen, kann ihm der Konkursverwalter zur Erklärung über die Ausübung des

Rücktrittsrechtes eine angemessene Frist setzen. Das Rücktrittsrecht erlischt alsdann, wenn der Verfasser den Rücktritt nicht vor Ablauf dieser Frist erklärt (§ 355 BGB.).

Sobald mit der Vervielfältigung begonnen ist, kann der Verfasser nicht mehr vom Vertrage zurücktreten, und zwar erlischt das Rücktrittsrecht, wenn der Verleger zu mehreren Auflagen befugt ist, bereits mit dem Beginne der Herstellung der ersten Auflage nicht nur für diese, sondern auch für alle folgenden Auflagen.

Im übrigen finden auf das Rücktrittsrecht die §§ 37, 38 dieses Gesetzes und die §§ 346 bis 356 BGB. Anwendung.

Die Forderungen des Verfassers aus dem Rücktritt sind Konkursforderungen; der Verfasser kann jedoch die von ihm dem Gemeinschuldner bereits abgelieferte Handschrift aus der Masse aussondern.

Wenn zur Zeit der Eröffnung des Konkursverfahrens mit der Vervielfältigung des Werkes bereits begonnen ist, und wenn der Verfasser im Falle der noch nicht begonnenen Vervielfältigung von seinem Rücktrittsrechte keinen Gebrauch gemacht hat (§ 36 Abs. 3), so finden die Vorschriften des § 17 der Konkursordnung Anwendung, und zwar auch dann, wenn das Werk bereits vor der Eröffnung des Verfahrens abgeliefert worden war (§ 36 Abs. 1).

Der § 17 der Konkursordnung lautet:

„Wenn ein zweiseitiger Vertrag zur Zeit der Eröffnung des Konkursverfahrens von dem Gemeinschuldner und von dem anderen Teile nicht oder nicht vollständig erfüllt ist, so kann der Konkursverwalter an Stelle des Gemeinschuldners erfüllen und die Erfüllung von dem anderen Teile verlangen.

Der Verwalter muß auf Erfordern des anderen Teiles, auch wenn die Erfüllungszeit noch nicht eingetreten ist, demselben ohne Verzug erklären, ob er die Erfüllung verlangen will. Unterläßt er dies, so kann er auf Erfüllung nicht bestehen."

Der Konkursverwalter hat also die Wahl, ob er die Erfüllung des Vertrages verlangen will oder nicht.

Weigert er die Erfüllung ausdrücklich oder stillschweigend dadurch, daß er auf das Erfordern des Verfassers keine Erklärung abgibt (§ 17 Abs. 2 Konk.-Ord.), so endigt damit das Vertragsverhältnis. Der Verwalter darf das Werk nicht vervielfältigen oder verbreiten lassen und auch die etwa bereits hergestellten Abzüge nicht mehr verbreiten; der Verfasser dagegen kann nun über sein Werk wieder frei verfügen, einen etwaigen Schadensersatzanspruch wegen Nichterfüllung (§ 252 BGB) gegen die Konkursmasse als Konkursgläubiger geltend machen und die Herausgabe der etwa bereits abgelieferten Handschrift verlangen, ohne allerdings die Herausgabe der bereits hergestellten Abzüge beanspruchen zu können.

Verlangt der Verwalter die Erfüllung des Vertrages, so hat er ihn in demselben Umfange, wie der Gemeinschuldner selbst es hätte tun müssen, zu erfüllen und kann andererseits an Stelle des Gemeinschuldners auch vom Verfasser vertragsmäßige Erfüllung verlangen. Er kann aber auch die Rechte des Gemeinschuldners aus dem Verlagsvertrage in demselben Umfange, wie dieser sie nach Inhalt des Vertrages oder nach § 28 Abs. 1 selbst übertragen konnte, auf einen anderen übertragen. Soweit also nicht die Übertragbarkeit durch Vereinbarung ausgeschlossen war, kann der Verwalter das Verlagsgeschäft im ganzen oder einzelne Teile desselben frei veräußern; er bedarf aber ebenfalls der Zustimmung des Verfassers, wenn der Übertragungsvertrag nur über einzelne Werke geschlossen werden soll (§ 28). Der Verfasser kann in diesem Fall seine Einwilligung verweigern, wenn ein wichtiger Grund vorliegt; über die Rechtmäßigkeit der Verweigerung hat eventuell der Prozeßrichter — nicht der Konkursrichter — zu entscheiden (KommBer. S. 53, 54).

Im Falle der Übertragung des Verlagsrechtes auf einen anderen durch den Konkursverwalter haftet, wenn der Erwerber die ihm nunmehr an Stelle des Gemeinschuldners obliegenden Verpflichtungen nicht erfüllt, die Konkursmasse für den vom Erwerber zu leistenden Schadensersatz wie ein Bürge, der auf die Einrede der Vorausklage verzichtet hat (§§ 771, 773 Ziff. 1 BGB.).

Wird das Konkursverfahren aufgehoben (§§ 116, 163 ff. Konk.-Ordg.) oder eingestellt (§§ 202 ff. ebenda), so sind die aus dieser Haftung sich ergebenden Ansprüche des Verfassers gegen die Konkursmasse sicherzustellen (§ 36 Abs. 2 Satz 3). Die Sicherstellung hat nach den Vorschriften der §§ 232 ff. BGB. zu erfolgen.

§ 37.

Auf das in den §§ 17, 30, 35, 36 bestimmte Rücktrittsrecht finden die für das vertragsmäßige Rücktrittsrecht geltenden Vorschriften der §§ 346 bis 356 des Bürgerlichen Gesetzbuchs entsprechende Anwendung. Erfolgt der Rücktritt wegen eines Umstandes, den der andere Teil nicht zu vertreten hat, so haftet dieser nur nach den Vorschriften über die Herausgabe einer ungerechtfertigten Bereicherung.

§ 38.

Wird der Rücktritt von dem Verlagsvertrag erklärt, nachdem das Werk ganz oder zum Teil abgeliefert worden ist, so hängt es von den Umständen ab, ob der Vertrag teilweise aufrecht erhalten bleibt. Es begründet keinen Unterschied, ob der Rücktritt auf Grund des Gesetzes oder eines Vorbehaltes im Vertrag erfolgt.

Im Zweifel bleibt der Vertrag insoweit aufrechterhalten, als er sich auf die nicht mehr zur Verfügung des Verlegers stehenden Abzüge, auf frühere Abteilungen des Werkes oder auf ältere Auflagen erstreckt.

Soweit der Vertrag aufrecht erhalten bleibt, kann der Verfasser einen entsprechenden Teil der Vergütung verlangen.

Diese Vorschriften finden auch Anwendung, wenn der Vertrag in anderer Weise rückgängig wird.

Zur Erläuterung der §§ 37 und 38 bemerken die Motive: „Im Anschluß an die verwandten Vorschriften im § 327 und im § 636 Abs. 1 Satz 1 BGB. bestimmt der § 37 Satz 1, daß in den Fällen, für welche das Gesetz ein gesetzliches Rücktrittsrecht gewährt, die Vorschriften Anwendung finden, die nach dem BGB. für das vertragsmäßige Rücktrittsrecht gelten.

Vermöge dieser Vorschriften (§§ 346 bis 356 BGB. s. unten) beschränkt sich die Wirkung des Rücktrittes nicht darauf, daß das durch den Vertrag begründete Schuldverhältnis für die Zukunft aufgehoben wird; vielmehr wird der Vertrag auch für die Vergangenheit rückgängig gemacht. Diese letztere Folge liegt indessen, wenn zu der Zeit, in welcher der Rücktritt erklärt wird, das Werk schon ganz oder zum Teil abgeliefert ist, häufig nicht in der Absicht der Parteien; auch ist es unter solchen Umständen vielfach kaum möglich, alles, was auf Grund des Vertrages bereits vorgenommen ist, rückgängig zu machen. Namentlich muß, wenn im Falle des § 35 der Verfasser das Rücktrittsrecht für die späteren Auflagen ausübt, der Versuch, die Wirkung auf die schon verbreitete Auflage auszudehnen, regelmäßig zu einer verwickelten Abrechnung führen, aus der sich eine sachgemäße Lösung nicht ergeben kann. In welchem Umfang aber der Vertrag trotz des Rücktrittes aufrecht zu erhalten ist, hängt von den Umständen ab. Eine allgemein gültige Vorschrift läßt sich hierüber nicht treffen. Der § 38 erklärt deshalb an erster Stelle die Lage des einzelnen Falles für maßgebend und stellt außerdem nur eine Vermutung dahin auf, daß der Vertrag insoweit aufrecht erhalten bleibt, als er sich auf die von dem Verleger bereits fest abgesetzten Abzüge, auf frühere Abteilungen des Werkes oder auf ältere Auflagen erstreckt."

Die im § 37 für anwendbar erklärten §§ 346 bis 356 des BGB. lauten:

§ 346. Hat sich in einem Vertrag ein Teil den Rücktritt vorbehalten, so sind die Parteien, wenn der Rücktritt erfolgt, verpflichtet, einander die empfangenen Leistungen zurückzugewähren. Für geleistete Dienste sowie für die Überlassung der Benutzung einer Sache ist der Wert zu vergüten oder, falls in dem Vertrag eine Gegenleistung in Geld bestimmt ist, diese zu entrichten.

§ 347. Der Anspruch auf Schadensersatz wegen Verschlechterung, Unterganges oder einer aus einem anderen Grunde eintretenden Unmöglichkeit der Herausgabe bestimmt sich im Falle des Rücktritts von dem Empfange der Leistung an nach den Vorschriften, welche für das Verhältnis zwischen dem Eigentümer und dem Besitzer von dem Eintritte der Rechtshängigkeit des Eigentumsanspruches an gelten. Das Gleiche gilt von dem Anspruch auf Herausgabe oder Vergütung von Nutzungen und von dem Anspruch auf Ersatz von Verwendungen. Eine Geldsumme ist von der Zeit des Empfanges an zu verzinsen.

§ 348. Die sich aus dem Rücktritt ergebenden Verpflichtungen der Parteien sind Zug um Zug zu erfüllen. Die Vorschriften der §§ 320, 322 finden entsprechende Anwendung.

§ 349. Der Rücktritt erfolgt durch Erklärung gegenüber dem anderen Teile.

§ 350. Der Rücktritt wird nicht dadurch ausgeschlossen, daß der Gegenstand, welchen der Berechtigte empfangen hat, durch Zufall untergegangen ist.

§ 351. Der Rücktritt ist ausgeschlossen, wenn der Berechtigte eine wesentliche Verschlechterung, den Untergang oder die anderweitige Unmöglichkeit der Herausgabe des empfangenen Gegenstandes verschuldet hat. Der Untergang eines erheblichen Teiles steht einer wesentlichen Verschlechterung des Gegenstandes, das von dem Berechtigten nach § 278 zu vertretende Verschulden eines Andern steht dem eigenen Verschulden des Berechtigten gleich.

§ 352. Der Rücktritt ist ausgeschlossen, wenn der Berechtigte die empfangene Sache durch Verarbeitung oder Umbildung in eine Sache anderer Art umgestaltet hat.

§ 353. Hat der Berechtigte den empfangenen Gegenstand oder einen erheblichen Teil des Gegenstandes veräußert oder mit dem Rechte eines Dritten belastet, so ist der Rücktritt ausgeschlossen, wenn bei demjenigen, welcher den Gegenstand infolge der Verfügung erlangt hat, die Voraussetzungen des § 351 oder des § 352 eingetreten sind.

Einer Verfügung des Berechtigten steht eine Verfügung gleich, die im Wege der Zwangsvollstreckung oder der Arrestvollziehung oder durch den Konkursverwalter erfolgt.

§ 354. Kommt der Berechtigte mit der Rückgewähr des empfangenen Gegenstandes oder eines erheblichen Teiles des Gegenstandes in Verzug, so kann ihm der andere Teil eine angemessene Frist mit der Erklärung bestimmen, daß er die Annahme nach dem Ablaufe der Frist ablehne. Der Rücktritt wird unwirksam, wenn nicht die Rückgewähr vor dem Ablaufe der Frist erfolgt.

§ 355. Ist für die Ausübung des Rücktrittsrechts eine Frist nicht vereinbart, so kann dem Berechtigten von dem anderen Teile für die Ausübung eine angemessene Frist bestimmt werden. Das Rücktrittsrecht erlischt, wenn nicht der Rücktritt vor dem Ablaufe der Frist erklärt wird.

§ 356. Sind bei einem Vertrag auf der einen oder der anderen Seite mehrere beteiligt, so kann das Rücktrittsrecht nur von allen und gegen alle ausgeübt werden. Erlischt das Rücktrittsrecht für einen der Berechtigten, so erlischt es auch für die übrigen.

Die im § 37 erwähnten Vorschriften über die Herausgabe einer ungerechtfertigten Bereicherung enthält § 818 BGB., welcher lautet:

Die Verpflichtung zur Herausgabe erstreckt sich auf die gezogenen Nutzungen sowie auf dasjenige, was der Empfänger auf Grund eines erlangten Rechtes oder als Ersatz für die Zerstörung, Beschädigung oder Entziehung des erlangten Gegenstandes erwirbt.

Ist die Herausgabe wegen der Beschaffenheit des Erlangten nicht möglich oder ist der Empfänger aus einem anderen Grunde zur Herausgabe außerstande, so hat er den Wert zu ersetzen.

Die Verpflichtung zur Herausgabe oder zum Ersatze des Werkes ist ausgeschlossen, soweit der Empfänger nicht mehr bereichert ist.

Von dem Eintritte der Rechtshängigkeit an haftet der Empfänger nach den allgemeinen Vorschriften.

Zu § 38 Abs. 4 ist zu bemerken, daß als Fälle, in denen „der Vertrag in anderer Weise rückgängig gemacht wird", der Eintritt einer dem Verlagsvertrage hinzugefügten auflösenden Bedingung (§ 158 Abs. 2 BGB.), der Abschluß eines Erlaßvertrages (§ 397 BGB.), die Unmöglichkeit der Erfüllung nach §§ 275, 279 BGB. oder auch der Rücktritt des Verlegers auf Grund des § 39 Abs. 2 dieses Gesetzes in Betracht kommen können.

Aus vor dem Rücktritte begangenen Vertragsverletzungen können, da infolge des Rücktrittes das ganze Vertragsverhältnis auch für die Vergangenheit erloschen ist, von der Zeit des Rücktrittes an Ansprüche nicht mehr geltend gemacht werden. Dasselbe gilt von Verlagsrechtsverletzungen, die vom Verfasser begangen sind, nicht aber von Urheberrechtsverletzungen des Verlegers, die er, bevor die Auflösung des Vertrages infolge Rücktrittes erfolgte, begangen hat. Sie bleiben als solche mit ihren zivil- und strafrechtlichen Folgen trotz der Auflösung des Vertrages bestehen.

§ 39.

Soll Gegenstand des Vertrages ein Werk sein, an dem ein Urheberrecht nicht besteht, so ist der Verfasser zur Verschaffung des Verlagsrechtes nicht verpflichtet.

Verschweigt der Verfasser arglistig, daß das Werk bereits anderweit in Verlag gegeben oder veröffentlicht worden ist, so finden die Vorschriften des bürgerlichen Rechtes, welche für die dem Verkäufer wegen eines Mangels im Rechte obliegende Gewährleistungspflicht gelten, entsprechende Anwendung.

Der Verfasser hat sich der Vervielfältigung und Verbreitung des Werkes gemäß den Vorschriften des § 2 in gleicher Weise zu enthalten, wie wenn an dem Werke ein Urheberrecht bestände. Diese Beschränkung fällt weg, wenn seit der Veröffentlichung des Werkes durch den Verleger sechs Monate abgelaufen sind.

§ 40.

Im Falle des § 39 verbleibt dem Verleger die Befugnis, das von ihm veröffentlichte Werk gleich jedem Dritten von neuem unverändert oder mit Änderungen zu vervielfältigen. Diese Vorschrift findet keine Anwendung, wenn nach dem Vertrage die Herstellung neuer Auflagen oder weiterer Abzüge von der Zahlung einer besonderen Vergütung abhängig ist.

Wenn nach der Absicht der Parteien Gegenstand des Vertrages ein Werk sein soll, an dem ein Urheberrecht entweder überhaupt niemals bestanden hat oder an dem ein solches wegen Ablaufs der Schutzfrist nicht mehr besteht, so liegt zwar ebenfalls ein Verlagsvertrag im Sinne des § 1 des Gesetzes vor. Der Natur der Sache nach muß aber in diesem Falle die Verpflichtung des Verfassers bzw. Herausgebers wegfallen, dafür einzustehen, daß das Werk nicht bereits anderweit in Verlag gegeben oder veröffentlicht worden ist, denn in zahlreichen Fällen kann, wie die Motive zutreffend hervorheben, der Verfasser oder Herausgeber dies gar nicht feststellen, z. B. wenn es sich um eine neu aufgefundene alte Handschrift handelt. Im § 39 Abs. 1 ist deshalb bestimmt, daß der Verfasser bei Verträgen über Werke, an denen ein Urheberrecht nicht besteht, zur Verschaffung des Verlagsrechtes nicht verpflichtet ist, dem Verleger also das ausschließliche Recht zur Vervielfältigung und Verbreitung nicht zu gewähren braucht (vgl. § 8).

Nur dann, wenn der Verfasser arglistig verschweigt, daß das Werk bereits anderweit in Verlag gegeben oder durch Vortrag, Aufführung usw. veröffentlicht ist, verlangen Treu und Glauben, daß er dem getäuschten Verleger haftet, und diese Haftung soll nach § 39 Abs. 2 erfolgen nach Maßgabe der Vorschriften des bürgerlichen Rechtes, welche für die dem Verkäufer wegen eines Mangels im Rechte obliegende Gewährleistungspflicht gelten. Es kommen hier in Betracht die §§ 440, 442 BGB. und die im § 440 in bezug genommenen Vorschriften der §§ 320 bis 327 BGB., nach welchen der Verleger nicht nur befugt ist, die ihm obliegende Gegenleistung zu verweigern (§ 320 BGB.), sondern auch Schadensersatz wegen Nichterfüllung fordern oder vom Verlagsvertrag zurücktreten kann (§§ 325, 326 BGB.). Die Haftung des Verfassers kann nach § 443 BGB. durch Vereinbarung nicht ausgeschlossen werden.

Da es im Sinne des Vertrages über ein urheberrechtlich nicht geschütztes Werk liegt, daß der Verfasser nicht mit dem Verleger bezüglich des Werkes in einen gegen Treu und Glauben verstoßenden Wettbewerb tritt, schreibt § 39 Abs. 3 Satz 1 vor, daß sich der Verfasser der Vervielfältigung und Verbreitung des Werkes gemäß den Vorschriften des § 2 in gleicher Weise zu enthalten hat, wie wenn an dem Werke ein Urheberrecht bestände. Zuwiderhandlungen können nicht als Rechtsverletzungen im Sinne der §§ 36 ff. Urheb.-Ges. verfolgt werden, sondern nur einen obligatorischen Anspruch auf Unterlassung und Schadensersatz begründen.

Mangels einer abweichenden Bestimmung des Vertrages soll aber, wie im § 39 Abs. 3 Satz 2 bestimmt ist, die Verpflichtung des Verfassers, sich der Vervielfältigung des Werkes zu enthalten, aufhören, wenn seit der Veröffentlichung des Werkes durch den Verleger sechs Monate abgelaufen sind. Zufolge der Veröffentlichung des Werkes ist, wie die Motive hervorheben, jeder Dritte imstande, alsbald einen weiteren Abdruck vorzunehmen, so daß es zur Wahrung der Interessen des Verlegers vollständig genügt, wenn dem Verfasser eine anderweitige Vervielfältigung und Verbreitung des Werkes nur bis zur Veröffentlichung und noch eine kurze Zeit nachher untersagt wird.

„Die Vorschriften des § 40 rechtfertigen sich durch die eigenartigen Zwecke, welchen der über ein gemeinfreies Werk geschlossene

Verlagsvertrag dient. Da ein gemeinfreies Werk von jedermann vervielfältigt und verbreitet werden darf, so steht dem Verleger auch schon vor dem Abschlusse des Verlagsvertrages über ein solches Werk dem Rechte nach die Befugnis zur Herausgabe des Werkes zu. Er ist aber zur Ausübung dieser Befugnis erst imstande, wenn ihm eine Handschrift des Werkes zur Verfügung steht. Durch den Verlagsvertrag über ein gemeinfreies Werk wird daher dem Verleger nur die tatsächliche Möglichkeit gewährt, eine Vervielfältigung vorzunehmen, zu der er dem Rechte nach ohnehin befugt wäre. Daß er durch den Verlagsvertrag diese ihm wie jedem Dritten zustehende Befugnis habe beschränken wollen, läßt sich nicht ohne weiteres annehmen. Auch dem Verfasser wird es regelmäßig nicht darauf ankommen, einen weiteren Abdruck des Werkes, der infolge der Veröffentlichung von jedem Dritten vorgenommen werden kann, gerade dem Verleger zu verwehren; sein Interesse richtet sich, abgesehen von der etwaigen Vergütung, lediglich darauf, daß das Werk zur Veröffentlichung gelangt. Dem Sinne des Vertrages entspricht es daher, daß der Verleger hinsichtlich der Zahl der herzustellenden Abzüge und Auflagen, sowie hinsichtlich der Befugnis, das Werk, nachdem es vertragsmäßig veröffentlicht worden ist, in abgerundeter Form, namentlich in Übersetzung, herauszugeben, im allgemeinen nicht beschränkt wird (§ 40 Satz 1). Eine Abweichung von dieser Regel kann jedoch in der Absicht der Parteien liegen, und eine solche Absicht ist stets anzunehmen, wenn die Herstellung neuer Auflagen oder weiterer Abzüge von der Zahlung einer besonderen Vergütung abhängig ist (§ 40 Satz 2)." In diesem Falle ist also der Verleger nicht befugt, das Werk anderweitig in veränderter Form zu vervielfältigen und zu verbreiten.

§ 41.

Werden für eine Zeitung, eine Zeitschrift oder ein sonstiges periodisches Sammelwerk Beiträge zur Veröffentlichung angenommen, so finden die Vorschriften dieses Gesetzes Anwendung, soweit sich nicht aus den §§ 42 bis 46 ein Anderes ergibt.

„Werden Beiträge für eine Zeitung, eine Zeitschrift oder ein sonstiges periodisches Sammelwerk geliefert, so kann dies im Wege eines wirklichen Verlagsvertrages geschehen. Häufig wird es sich aber nicht um einen solchen, sondern nur darum handeln, daß der Verfasser einfach die Erlaubnis zur Vervielfältigung und Verbreitung gewährt. Im ersten Falle greifen die allgemeinen Grundsätze Platz, wonach der Verleger einerseits zur Vervielfältigung und Verbreitung verpflichtet ist, andererseits ein ausschließliches Recht an dem Beitrage zu beanspruchen hat. Im zweiten Falle bleibt es dem Verleger überlassen, ob er den Beitrag veröffentlichen will; ein ausschließliches Recht erlangt er nicht, vielmehr steht es dem Verfasser frei, den Beitrag sofort anderweit zu verwerten. Bei dem Zusammenhange, welcher zwischen dem zuletzt bezeichneten Rechtsverhältnisse und dem Verlagsvertrage vielfach besteht, erschien es sachgemäß, den Gegenstand im Rahmen des vorliegenden Gesetzes gleichfalls zu regeln. In diesem Sinne sieht § 41 vor, daß die Bestimmungen des Gesetzes mit den Einschränkungen, die sich aus den in den §§ 42 bis 46 getroffenen Sondervorschriften ergeben, auf alle Fälle Anwendung finden, in denen für ein periodisches Sammelwerk Beiträge angenommen werden" (Mot.).

Über den Begriff der Zeitungen und Zeitschriften s. Anmerkung zu § 18 Urheb.-Ges. (S. 52). Als sonstige periodische Sammelwerke kommen diejenigen aus Beiträgen verschiedener Verfasser zusammengesetzten Sammelwerke in Betracht, deren einzelne Nummern, Hefte oder Abteilungen in gewissen gleichen oder ungleichen Zeitabschnitten erscheinen (Kalender, Jahrbücher, Taschenbücher u. dergl.).

Die Annahme der Beiträge für die Zeitungen kann durch den Verleger selbst oder durch den von ihm als sein Vertreter bestellten Herausgeber oder Redakteur erfolgen; letztere müssen jedenfalls nach außen hin stets als vom Verleger zur Annahme der Beiträge bevollmächtigte Personen gelten (§ 164 BGB.).

Durch die in den §§ 42 bis 46 getroffenen Sondervorschriften wird die Anwendung des vorliegenden Gesetzes auf die hier in Rede stehenden Beiträge eingeschränkt bezüglich der in den §§ 2, 3, 8 und 9 festgestellten Verpflichtungen des Verfassers, sich der Vervielfältigung und Verbreitung seiner Arbeit zu enthalten und dem Verleger das Verlagsrecht zu verschaffen; bezüglich des Umfanges des Rechtes und der Pflicht des Verlegers zur Vervielfältigung und Verbreitung und bezüglich der Korrektur (§§ 5 bis 7, 20); bezüglich der Vornahme von Änderungen (§ 13); der Vervielfältigungspflicht des Verlegers (§§ 1, 14, 15, 32) und der Freiexemplare sowie der Pflicht des Verlegers, dem Verfasser Abzüge zum Buchhändlerpreise zu überlassen (§§ 25, 26).

Alle übrigen Bestimmungen des vorliegenden Gesetzes finden auch auf die Beiträge für Zeitungen, Zeitschriften oder sonstige periodische Sammelwerke entsprechende Anwendung, insbesondere also auch die in den §§ 22 bis 24 des Gesetzes über die dem Verfasser zu zahlende Vergütung getroffenen Vorschriften (KommBer. S. 55). Auch der Verfasser eines für eine Zeitung ꝛc. gelieferten Beitrages hat demnach nur dann einen Anspruch auf Vergütung, wenn solche ausdrücklich vereinbart ist oder nach § 22 Abs. 1 als stillschweigend vereinbart gelten muß. Einer bei der Kommissions-Beratung des Gesetzes gemachten

Anregung, dem Verfasser einen Anspruch auf Honorar zu gewähren, sobald sein Beitrag angenommen und abgedruckt sei, und auch für den Fall, daß von einer Zeitung vermischte Nachrichten tatsächlichen Inhalts und Tagesneuigkeiten in der dem Verfasser eigenen Form nachgedruckt seien, dem letzteren einen Honoraranspruch zuzubilligen, ist weitere Folge nicht gegeben worden (KommBer. S. 55, 56).

§ 42.

Sofern nicht aus den Umständen zu entnehmen ist, daß der Verleger das ausschließliche Recht zur Vervielfältigung und Verbreitung erhalten soll, verbleibt dem Verfasser die anderweitige Verfügung über den Beitrag.

Über einen Beitrag, für welchen der Verleger das ausschließliche Recht zur Vervielfältigung und Verbreitung erhalten hat, darf der Verfasser anderweit verfügen, wenn seit dem Ablaufe des Kalenderjahres, in welchem der Beitrag erschienen ist, ein Jahr verstrichen ist. Ist der Beitrag für eine Zeitung geliefert, so steht diese Befugnis dem Verfasser alsbald nach dem Erscheinen zu.

Nach § 42 Abs. 1 soll aus der bloßen Überlassung eines Beitrages an eine Zeitung, eine Zeitschrift oder ein anderes periodisches Sammelwerk nicht gefolgert werden können, daß der Verfasser sich in Ansehung seiner Rechte an dem Beitrage irgend welchen Beschränkungen unterwerfen, insbesondere dem Verleger des Sammelwerkes die ausschließliche Befugnis zum Abdrucke des Beitrages einräumen wolle. Dem Verfasser soll vielmehr der Regel nach die freie anderweitige Verfügung über den Beitrag verbleiben, sofern nicht aus den Umständen zu entnehmen ist, daß der Verleger das ausschließliche Recht zur Vervielfältigung und Verbreitung erhalten soll. Aus den Umständen zu entnehmen ist z. B. der Übergang des Verlagsrechtes auf den Verleger, wenn der Verfasser den Beitrag an eine Zeitung gibt, von der bekannt ist, daß sie die Einräumung des ausschließlichen Vervielfältigungs- und Verbreitungsrechtes ein für allemal in ihren Bedingungen vorgesehen hat (Mot.), oder wenn die Höhe des Honorars, die Art des Beitrages, die Gattung des Sammelwerkes u. dergl. auf die Absicht der Parteien schließen lassen, dem Verleger das ausschließliche Recht an dem Beitrage einzuräumen.

Für Beiträge, deren Abdruck nach § 18 Abs. 3 des Urheb.-Ges. allgemein zulässig ist, also für Mitteilungen vermischter Nachrichten und Tagesneuigkeiten (s. oben S. 52) wird, wie die Motive zutreffend hervorheben, in der Regel das Gegenteil ohne weiteres angenommen werden können, und dies gilt auch für Beiträge, die, wie z. B. die üblichen sogenannten Zeitungskorrespondenzen den Zeitungen gedruckt oder hektographiert übersandt zu werden pflegen. Die für Zeitungen und sonstige periodische Sammelwerke in dieser Beziehung bestehende Verkehrssitte wird hier meist von ausschlaggebender Bedeutung sein.

Ist nun aber dem Verleger durch besondere Vereinbarung mit dem Verfasser das ausschließliche Recht zur Vervielfältigung eines Beitrages eingeräumt oder ist diese Einräumung aus den Umständen zu entnehmen, so muß sich der Verfasser eines für eine Zeitung gelieferten Beitrages, mag sich derselbe als Ausarbeitung wissenschaftlichen, technischen oder unterhaltenden Inhalts oder als bloße Mitteilung einer vermischten Nachricht oder Tagesneuigkeit darstellen, so lange enthalten, bis das Zeitungsblatt, in welchem der Beitrag zum Abdruck gelangte, erschienen, d. h. in einer Mehrheit von Exemplaren dem Publikum zugänglich gemacht ist (§ 42 Abs. 2 Satz 2).

Über Beiträge, die für eine Zeitschrift oder ein sonstiges periodisches Sammelwerk — abgesehen von Zeitungen — geliefert sind, darf dagegen der Verfasser stets erst dann anderweitig frei verfügen, wenn seit dem Ablaufe des Kalenderjahres, in welchem der Beitrag erschienen ist, ein Jahr verstrichen ist.

In beiden Fällen des § 42 Abs. 2 gewährt aber das ausschließliche Vervielfältigungs- und Verbreitungsrecht dem Verleger lediglich die Befugnis, dem Verfasser die anderweite Veröffentlichung zu verbieten, keineswegs aber das Recht, seinerseits den lediglich für den Abdruck in der Zeitung oder Zeitschrift angenommenen Beitrag in jeder beliebigen Form, als Flugblatt, Buch, Broschüre u. dergl. zu veröffentlichen. „Aus dem Wesen des Urheberrechtes als eines grundsätzlich ausschließlichen Verfügungsrechtes geht hervor, daß ein anderer nur solche Befugnisse erwirbt, die der Urheber ihm ausdrücklich überträgt oder deren Gewährung unzweifelhaft aus dem beiderseits gewollten Vertragszwecke zu entnehmen ist" (Urt. des RG. vom 8. Februar 1909, Entsch. Strafs. Bd. 42 S. 194).

Im übrigen sind die Bestimmungen des § 42 nur dispositiver Natur; ihre Anwendung kann durch Vereinbarung zwischen den Parteien beliebig beschränkt werden.

§ 43.

Der Verleger ist in der Zahl der von dem Sammelwerke herzustellenden Abzüge, die den Beitrag enthalten, nicht beschränkt. Die Vorschrift des § 20 Abs. 1 Satz 2 findet keine Anwendung.

„Die §§ 5 bis 8, 17 des vorliegenden Gesetzes gestatten keine Anwendung auf das Verhältnis des Verlegers eines periodischen Sammelwerkes zu seinen Mitarbeitern. Ein solches Sammelwerk erscheint nicht in Auflagen. Namentlich werden Zeitungen und Zeitschriften sofort in der nötigen Zahl gedruckt. Neudrucke werden, wenn sie überhaupt vorkommen, jedenfalls unverändert hergestellt. Ähnlich verhält es sich bei Kalendern und Taschenbüchern. Der bestehenden Übung gemäß bestimmt daher § 43 Satz 1, daß hier der Verleger in der Zahl der herzustellenden Abzüge nicht beschränkt ist.

Zur Veranstaltung einer Sonderausgabe einzelner Beiträge ist aber der Verleger ohne Einwilligung des Verfassers nicht berechtigt. Es folgt dies aus § 4, dessen Wirksamkeit durch § 43 Satz 1 nicht berührt wird.

Durch § 43 Satz 2 ist die Vorschrift des § 20 Abs. 1 Satz 2 des Gesetzes, daß der Verleger rechtzeitig dem Verfasser einen Abzug zur Durchsicht vorlegen soll, für Beiträge zu einer Zeitung, einer Zeitschrift oder einem sonstigen periodischen Sammelwerke außer Anwendung gesetzt, da der Verleger einer Zeitung ꝛc. in der Regel gar nicht in der Lage ist, dem Verfasser vor dem Erscheinen des Beitrages einen Korrekturabzug vorzulegen.

§ 44.

Soll der Beitrag ohne den Namen des Verfassers erscheinen, so ist der Verleger befugt, an der Fassung solche Änderungen vorzunehmen, welche bei Sammelwerken derselben Art üblich sind.

Wenn der Beitrag für eine Zeitung, eine Zeitschrift oder ein sonstiges periodisches Sammelwerk unter dem Namen des Verfassers erscheinen soll, so richtet sich die Zulässigkeit von Änderungen nach § 13 des vorliegenden Gesetzes.

Soll der Beitrag dagegen ohne den Namen des Verfassers erscheinen, so ist durch § 44 dem Verleger die Befugnis gegeben, an der Fassung derartiger Beiträge solche Änderungen vorzunehmen, welche bei Sammelwerken derselben Art üblich sind. Diese Bestimmung entspricht in der Tat dem Bedürfnis für eine etwas freiere Stellung des Verlegers oder Redakteurs periodischer Sammelwerke und ist namentlich durch die Besonderheiten des Zeitungsverlages geboten. Allein auch diese freiere Stellung des Zeitungsverlegers oder Redakteurs findet, wie die Preuß. liter. Sachverständigenkammer sich in einem Gutachten vom 6. März 1908 (abgedruckt bei Huth, Das Recht des Autors. S. 48 ff.) ausgesprochen hat, ihre notwendige Begrenzung in den neben der Vorschrift des § 44 geltenden allgemeinen Vorschriften des § 9 Abs. 2 des Urheberrechtsgesetzes und des § 13 Abs. 2 des Verlagsrechtsgesetzes, die dahin gehen, daß stets nur solche Änderungen zulässig sind, zu denen der Verfasser seine Einwilligung nach Treu und Glauben nicht versagen kann. Es kann deshalb auch die Annahme nicht für zutreffend erachtet werden, daß es in allen Fällen, wo jemand aus freien Stücken einer Zeitung Mitteilungen oder Aufsätze zur Veröffentlichung ohne Namensnennung zusendet, der Übung entspreche, anzunehmen, daß der Verfasser diese Mitteilungen oder Aufsätze der Redaktion als Material zur völlig freien Benutzung und Abänderung überlasse. Es mag eine solche Übung vielleicht bei Mitteilungen von Tagesneuigkeiten u. dergl. berechtigt sein und tatsächlich auch beobachtet werden, namentlich in solchen Fällen, wo kurz vor Schluß der Redaktion eines Blattes noch eine Mitteilung eingeht, die nur bei sofortigem Erscheinen in dem Blatte einen Wert hat, bei der jedoch die Veröffentlichung ohne Änderungen und Kürzungen nicht möglich ist (KommBer. S. 59). Im übrigen aber ist auch von den Herausgebern und Redakteuren von Zeitungen ꝛc. zu beachten, daß § 44 lediglich die Vornahme von Fassungsänderungen, d. h. von solchen Änderungen gestattet, die sich auf die äußere Form des Beitrages, Verbesserung sprachlicher Ungenauigkeiten, Ausmerzung von Fremdwörtern, Milderung zu starker Ausdrücke ꝛc. beziehen, und wenn auch in der Begründung des § 44 hervorgehoben wird, daß hierunter auch Kürzungen der Darstellung zu rechnen seien, so dürfen diese Kürzungen doch jedenfalls nicht einen solchen Umfang annehmen, daß durch sie der wesentliche Bestand, der charakteristische Inhalt des Beitrages aufgehoben wird.

§ 45.

Wird der Beitrag nicht innerhalb eines Jahres nach der Ablieferung an den Verleger veröffentlicht, so kann der Verfasser das Vertragsverhältnis kündigen. Der Anspruch auf die Vergütung bleibt unberührt.

Ein Anspruch auf Vervielfältigung und Verbreitung des Beitrages oder auf Schadensersatz wegen Nichterfüllung steht dem Verfasser nur zu, wenn ihm der Zeitpunkt, in welchem der Beitrag erscheinen soll, von dem Verleger bezeichnet worden ist.

Die Vorschriften des Gesetzes, wonach der Verleger zur Vervielfältigung und Verbreitung eines ihm in Verlag gegebenen Werkes verpflichtet ist und mit der Vervielfältigung alsbald nach dem Empfange des vollständigen Werkes zu beginnen hat, können auf Beiträge für Zeitungen, Zeitschriften und sonstige periodische Sammelwerke nicht ohne weiteres Anwendung finden. „Wenn der Verleger einen ihm zugesandten Beitrag entgegennimmt, so ist deshalb allein noch nicht die Folgerung berechtigt, daß er sich zur Wiedergabe des Beitrages in dem Sammelwerke verpflichten will. Zudem ist der Verleger regelmäßig gar nicht in der Lage, hinsichtlich der Zeit der Veröffentlichung des Beitrages eine bestimmte Verbindlichkeit einzugehen. Auf der anderen Seite ist es aber, falls der Verleger eine solche Verpflichtung nicht übernommen hat, mit der Billigkeit unvereinbar, daß er dem Verfasser die Verfügung über den Beitrag selbst dann vorenthalten darf, wenn die Veröffentlichung innerhalb absehbarer Zeit ausgeschlossen ist oder wenn sie völlig unterbleibt. Das Gesetz gibt deshalb im § 45 Abs. 1 Satz 1 dem Verfasser für den Fall, daß der Beitrag nicht innerhalb eines Jahres nach der Ablieferung an den Verleger veröffentlicht wird, das Recht zur Kündigung des Vertragsverhältnisses" (Mot.).

Die Kündigung, die als empfangsbedürftige Willenserklärung gemäß §§ 130 bis 132 BGB. erfolgen muß, hat zur Folge, daß von dem Zeitpunkte, wo sie dem Verleger gegenüber erklärt wird, das Vertragsverhältnis aufgehoben wird und der Verfasser nunmehr über seinen Beitrag anderweitig frei verfügen kann.

Macht der Verfasser von seinem Kündigungsrechte Gebrauch, so soll er nach § 45 Abs. 1 Satz 2, wie in den Fällen des § 18 trotzdem den einmal erworbenen Anspruch auf die Vergütung behalten. Das von einem zweiten Verleger für die anderweitige Vervielfältigung des Beitrages zu zahlende Honorar braucht er sich auf die vom ersten Verleger trotz der Kündigung zu entrichtende Vergütung nicht anrechnen zu lassen (KommBer. S. 61).

Ist dem Verfasser der Zeitpunkt, in welchem der Beitrag erscheinen soll, sei es bei dessen Ablieferung oder erst später, vom Verleger bezeichnet worden, so verbleibt es bei der Regel, daß der Verfasser im Falle der zu diesem Zeitpunkte nicht erfolgenden Veröffentlichung gegen den Verleger einen Anspruch auf Vervielfältigung und Verbreitung des Beitrages geltend machen oder nach Maßgabe der allgemeinen Grundsätze Schadensersatz wegen Nichterfüllung verlangen kann (§ 45 Abs. 2).

§ 46.

Erscheint der Beitrag in einer Zeitung, so kann der Verfasser Freiexemplare nicht verlangen.

Der Verleger ist nicht verpflichtet, dem Verfasser Abzüge zum Buchhändlerpreise zu überlassen.

Wie die Motive hervorheben, rechtfertigen sich die Vorschriften des § 46, wonach § 25 (Freiexemplare) in Ansehung des Zeitungsverlages und § 26 (Aufkaufsrecht) ganz allgemein bei Beiträgen für alle periodischen Sammelwerke außer Anwendung gesetzt wird, durch die Eigenartigkeit der in Betracht kommenden Verhältnisse.

§ 47.

Übernimmt jemand die Herstellung eines Werkes nach einem Plane, in welchem ihm der Besteller den Inhalt des Werkes sowie die Art und Weise der Behandlung genau vorschreibt, so ist der Besteller im Zweifel zur Vervielfältigung und Verbreitung nicht verpflichtet.

Das Gleiche gilt, wenn sich die Tätigkeit auf die Mitarbeit an enzyklopädischen Unternehmungen oder auf Hilfs- oder Nebenarbeiten für das Werk eines Anderen oder für ein Sammelwerk beschränkt.

Der § 47 behandelt diejenigen Veröffentlichungen, die sich, wie die Motive bemerken, nicht nur in gewerblicher, sondern auch in literarische. Hinsicht ein von dem Verleger ausgehendes Unternehmen darstellenr

Dahin gehören zunächst die Fälle, in denen der Verleger die Ausarbeitung eines Werkes nach einem von ihm entworfenen und durchgearbeiteten, den Inhalt des Werkes sowie die Art und Weise der Behandlung des Stoffes genau vorschreibenden Plane bei dem Verfasser bestellt und letzterer dann nur als Organ für die literarische Ausführung dient. Nach den Bestimmungen des Urheberrechtsgesetzes ist auch im Falle der Ausführung eines solchen Bestellungsvertrages als Urheber des Werkes nicht der Verleger, sondern der Verfasser anzusehen. Ob aber der Vertrag, inhalts dessen der Verfasser die Herstellung des Werkes in der vorerwähnten Weise übernommen hat, als Verlagsvertrag anzusehen ist, der den Verleger zur Vervielfältigung und Verbreitung des Werkes verpflichtet, oder ob für einen solchen Vertrag die Vorschriften des BGB. über den Werkvertrag und den Kauf (§ 651 BGB.) maßgebend sein müssen, kann nur im Einzelfall nach dem Inhalte des Vertrages und der Absicht der Parteien entschieden werden. Das Gesetz hat sich deshalb mit der Bestimmung begnügt, daß in Fällen dieser Art im Zweifel, d. h. wenn aus den Umständen nicht eine andere Absicht der Parteien erhellt, der Besteller des Werkes zur Vervielfältigung und Verbreitung nicht verpflichtet ist. „Hiermit wird, da letztere Verpflichtung einen wesentlichen Bestandteil des Verlagsvertrages bildet, ohne weiteres klargestellt, daß auf einen solchen Vertrag im Zweifel die Bestimmungen des Gesetzes keine Anwendung finden sollen" (Mot.).

Das Gleiche gilt, d. h. der Besteller ist im Zweifel zur Vervielfältigung und Verbreitung nicht verpflichtet, wenn sich die vertragsmäßige Tätigkeit des Verfassers auf die Mitarbeit an enzyklopädischen Unternehmungen oder auf bloße Hilfs- oder Nebenarbeiten, z. B. Beschaffung, Ordnung und Zusammenstellung des Materials, Anfertigung eines Sachregisters oder dgl. für das Werk eines anderen oder für ein Sammelwerk beschränkt. Auch in diesen Fällen ist, selbst wenn der Besteller den Inhalt der Beiträge sowie die Art und Weise der Behandlung nicht genau vorgeschrieben hat, ein Verlagsvertrag nicht anzunehmen, der Verleger also zur Vervielfältigung und Verbreitung nicht verpflichtet.

§ 48.

Die Vorschriften dieses Gesetzes finden auch dann Anwendung, wenn derjenige, welcher mit dem Verleger den Vertrag abschließt, nicht der Verfasser ist.

In dem im § 48 vorgesehenen Fall finden sämtliche Vorschriften des Gesetzes Anwendung, insbesondere also auch die im § 8 über die Verschaffung des Verlagsrechtes gegebenen Bestimmungen.

§ 49.

In bürgerlichen Rechtsstreitigkeiten, in welchen durch Klage oder Widerklage ein Anspruch auf Grund der Vorschriften dieses Gesetzes geltend gemacht ist, wird die Verhandlung und Entscheidung letzter Instanz im Sinne des § 8 des Einführungsgesetzes zum Gerichtsverfassungsgesetze dem Reichsgerichte zugewiesen.

§ 50.

Dieses Gesetz tritt am 1. Januar 1902 in Kraft.

Vergl. § 64 Satz 1 Urheb.-Ges. Für die Rechtsverhältnisse aus Verlagsverträgen, welche vor dem 1. Januar 1902 geschlossen sind, bleiben die bisherigen Gesetze maßgebend.

Urkundlich unter Unserer Höchsteigenhändigen Unterschrift und beigedrucktem Kaiserlichen Insiegel.

Gegeben an Bord M. J. „Hohenzollern".

Cuxhaven, den 19. Juni 1901.

(L. S.) Wilhelm. Graf von Bülow.

I.

Revidierte Berner Übereinkunft
zum Schutze von Werken der Literatur und Kunst.
Vom 13. November 1908.

Die in der Sitzung vom 18. Mai 1909 vom Reichstage angenommene revidierte Berner Übereinkunft vom 13. November 1908 ist dem Reichstage mit einer Denkschrift vorgelegt worden, die mit folgenden allgemeinen Ausführungen beginnt:

Artikel 17 der Berner Übereinkunft, betreffend die Bildung eines internationalen Verbandes zum Schutze von Werken der Literatur und Kunst, vom 9. September 1886 (Reichs-Gesetzbl. 1887 S. 493 ff.) bestimmt, daß diese Übereinkunft zwecks Einführung von Verbesserungen zur Vervollkommnung des Systems des Verbandes periodischen Revisionen unterzogen werden soll, die auf Konferenzen in den einzelnen Verbandsländern zu erfolgen haben.

Die erste dieser Konferenzen hat im Jahre 1896 in Paris stattgefunden. Da damals über einige von der Mehrzahl der Verbandsländer gebilligte Vorschläge die erforderliche Einstimmigkeit nicht zu erzielen war, beschränkte man sich darauf, in zwei besonderen Abkommen, der Pariser Zusatzakte und der Deklaration vom 4. Mai 1896 (Reichs-Gesetzbl. 1897 S. 759, 769), Änderungen und Ergänzungen der ursprünglichen Übereinkunft zusammenzustellen, deren Annahme jedem Verbandsland überlassen blieb. Die einzelnen Staaten waren hiernach in der Lage, sich an dem Verbande lediglich auf Grund der Übereinkunft in der Fassung vom Jahre 1886 zu beteiligen oder sich auch einem der Pariser Abkommen oder beiden anzuschließen. Der Zusatzakte sind alle auf der Konferenz vertretenen Verbandsstaaten *) außer Nor-

---

*) Die Republik Haiti war auf der Pariser Konferenz nicht vertreten, ist aber später den dort getroffenen Vereinbarungen beigetreten.

wegen, der Deklaration alle Verbandsstaaten (einschließlich Norwegens) mit Ausnahme von Großbritannien beigetreten.

Von der Pariser Konferenz wurden ferner die unten abgedruckten Wünsche geäußert *), deren Verwirklichung zu jener Zeit noch nicht möglich erschien. In dem letzten derselben wurde, da der in Paris geschaffene Zustand der Übersichtlichkeit des internationalen Urheberschutzes wesentlichen Abbruch zu tun geeignet ist, angeregt, „daß aus den Beratungen der nächsten Konferenz ein einheitlicher Text der Übereinkunft hervorgehen möge".

Seit 1897 haben sich dem Verbande noch angeschlossen: Japan, Dänemark **) und Schweden; die beiden ersteren sind außerdem auch den zwei Pariser Zusatzübereinkommen beigetreten, Schweden dagegen nur der Pariser Deklaration. Montenegro ist aus dem Verbande ausgeschieden.

Auf der Pariser Konferenz wurde auf den Antrag der Französischen Regierung, mit Zustimmung der deutschen Delegation, beschlossen, die nächste Konferenz innerhalb eines Zeitraums von sechs bis zehn Jahren in Berlin abzuhalten.

In Gemäßheit dieses Beschlusses wurde seitens der Reichsverwaltung zu Beginn des Jahres 1905 mit den Vorbereitungsarbeiten für diese zweite Revisionskonferenz begonnen. Es wurden zunächst die Inter-

---

*) Wünsche der Pariser Urheberrechtskonferenz vom Jahre 1896.

Es ist wünschenswert:

I. Daß die photographischen und die durch ein ähnliches Verfahren hergestellten Erzeugnisse in allen Verbandsländern gesetzlichen Schutz genießen, und daß die Dauer dieses Schutzes mindestens fünfzehn Jahre betrage.

II. Daß die Gesetzgebungen der einzelnen Verbandsländer die Grenzen festsetzen, innerhalb deren die nächste Konferenz den Grundsatz annehmen kann, daß die musikalischen Werke gegen unbefugte Aufführung geschützt werden müssen, auch ohne daß der Urheber gehalten ist, den Vorbehalt anzubringen.

III. Daß die zwischen Verbandsstaaten abgeschlossenen Sonderverträge durch die betreffenden vertragschließenden Teile einer Prüfung unterzogen werden, um diejenigen Vertragsbestimmungen festzustellen, welche als in Gemäßheit des Zusatzartikels zur Berner Übereinkunft noch zu Recht bestehend angesehen werden können; daß das Ergebnis dieser Prüfung durch einen urkundlichen Akt festgestellt und durch Vermittelung des internationalen Bureaus vor dem Zusammentritte der nächsten Konferenz zur Kenntnis der Verbandsstaaten gebracht werde.

IV. Daß in die inneren Gesetzgebungen Strafbestimmungen aufgenommen werden behufs Unterdrückung der unbefugten Aneignung von Namen, Signaturen und Zeichen der Urheber im Gebiete der Werke der Literatur und Kunst.

V. Daß aus den Beratungen der nächsten Konferenz ein einheitlicher Text der Übereinkunft hervorgehen möge.

**) Einschließlich der Faröer, aber ohne Island, Grönland und die Antillen.

essentenkreise um Äußerung ihrer Wünsche ersucht, und das so gewonnene Material in Verbindung mit dem bei den beteiligten Ressorts und beim Berner Internationalen Bureau seit 1896 gesammelten gesichtet und mit Hilfe dieses Bureaus zu Propositionen verarbeitet. Diese Propositionen wurden den verbündeten Regierungen vorgelegt und mit Vertretern dieser Regierungen sowie mit Sachverständigen aus allen beteiligten Kreisen eingehend durchberaten. Die Vorarbeiten konnten mit um so größerer Gründlichkeit durchgeführt werden, als, insbesondere im Hinblick auf die seitens eines Verbandsstaats zur Konferenzfrage eingenommene Haltung, mit Zustimmung der sämtlichen Verbandsstaaten der Beginn der Konferenz um zwei Jahre über den äußersten Termin hinausgeschoben wurde. Dadurch war die Reichsverwaltung auch in den Stand gesetzt, die mit Belgien, Frankreich und Italien in Ausführung des dritten Wunsches der Pariser Konferenz eingeleiteten Verhandlungen zur Revision der mit diesen Ländern bestehenden Sonderverträge noch vor dem Zusammentritte der Konferenz zu Ende zu führen und sich dadurch hinsichtlich einiger wesentlichen Punkte der Zustimmung dieser drei Staaten bei den Verhandlungen auf der Konferenz von vornherein zu versichern. So kamen zustande: die deutsch-französische Übereinkunft vom 8. April 1907 (Reichs-Gesetzbl. S. 419 ff.), die deutsch-belgische Übereinkunft vom 16. Oktober 1907 (Reichs-Gesetzbl. 1908 S. 405 ff.) und die deutsch-italienische Übereinkunft vom 9. November 1907 (Reichs-Gesetzbl. 1908 S. 80 ff.).

Durch die Reichsgesetze vom 19. Juni 1901, betreffend das Urheberrecht an Werken der Literatur und der Tonkunst, (Reichs-Gesetzbl. S. 227 ff.) und vom 9. Januar 1907, betreffend das Urheberrecht an Werken der bildenden Künste und der Photographie, (Reichs-Gesetzbl. S. 7 ff.) war die innere deutsche Gesetzgebung in einem den modernen Prinzipien des Urheberrechts entsprechenden Sinne abgeändert worden.

So gerüstet konnte die Reichsverwaltung, nach vorherigem Benehmen mit dem Internationalen Berner Bureau, dazu schreiten, an alle Verbandsstaaten die Einladungen zu der auf den 14. Oktober 1908 angesetzten Revisionskonferenz nach Berlin ergehen zu lassen, zu deren Beschickung außerdem auch die Regierungen fast aller dem Verbande nicht angehörigen Länder aufgefordert wurden.

Auf der Berliner Konferenz, deren Sitzungen bis zum 14. November 1908 dauerten, waren folgende Verbandsstaaten vertreten:

Belgien, Dänemark, Deutschland, Frankreich, Großbritannien, Italien, Japan, Luxemburg, Monaco, Norwegen, Schweden, die Schweiz, Spanien und Tunis *).

*) Die Republik Haiti war nicht vertreten, hatte aber dem deutschen Auswärtigen Amt die schriftliche Erklärung zugehen lassen, daß sie allen Beschlüssen der Konferenz im voraus zustimme.

Von Ländern, die dem Verbande nicht angehören, waren Vertreter anwesend von Argentinien, Chile, China, Columbien, Ekuador, Griechenland, Guatemala, Liberia, Mexiko, Nikaragua, den Niederlanden, Peru, Persien, Portugal, Rumänien, Rußland, Siam, Uruguay, Venezuela und den Vereinigten Staaten von Amerika.

Die Republik Liberia, die bereits die Übereinkunft von 1886 unterzeichnet, sie aber nicht ratifiziert hatte, hat während der Konferenz ihren Beitritt zum Verband erklärt.

Deutschland ist für seine Kolonien dem Verbande beigetreten, indem es hierbei dem Vorgange Frankreichs, Großbritanniens und Spaniens im Jahre 1886 folgte.

Das der Konferenz unterbreitete Material bestand aus den (vierzehn) Propositionen der Reichsverwaltung und je einer solchen der Französischen und der Japanischen Regierung, die vor Beginn der Konferenz auf die Aufforderung des Berner Bureaus an die Verbandsstaaten hin eingegangen waren. Außerdem wurde in Ausführung des obenerwähnten fünften Wunsches der Pariser Konferenz der Entwurf eines einheitlichen neuen Vertragstextes vorgelegt, in dem die Berner und Pariser Vereinbarungen sowie der Inhalt der deutschen Propositionen in ein Ganzes verschmolzen waren. In einer den zur Konferenz eingeladenen Staaten übermittelten Übersicht über die seit der Pariser Konferenz von 1896 seitens verschiedener Kongresse und Versammlungen ausgesprochenen Wünsche waren u. a. auch die Anregungen wegen des Beitritts weiterer Staaten, insbesondere der Niederlande, Rußlands und der Vereinigten Staaten von Amerika, zum Berner Verband enthalten.

Es handelte sich bei den deutschen Vorschlägen zum Teil um sachliche Erweiterungen der Urheberrechte, die vom Standpunkte der heutigen Anschauungen über internationalen Urheberschutz angezeigt erscheinen, zum Teil um Vereinfachungen zur Abhilfe gegen Unzuträglichkeiten, die sich in der praktischen Handhabung der Übereinkunft fühlbar gemacht haben. Eine Erweiterung des Schutzes wurde in Aussicht genommen einmal hinsichtlich des Gegenstandes, indem vorgeschlagen wurde, die Werke der angewandten Kunst, die Werke der Baukunst, die Photographien sowie die schriftlich festgelegten choreographischen Werke unter den zu schützenden Werken aufzuführen. Andererseits wurde eine Erweiterung des Schutzinhalts angeregt, namentlich durch den Vorschlag der Gleichstellung der Übersetzung mit den übrigen Vervielfältigungsarten, durch Beseitigung des Erfordernisses eines besonderen Vorbehaltes für die Sicherung des Aufführungsrechtes an Werken der Tonkunst und durch Schaffung eines Schutzes dieser Werke gegen die Übertragung auf mechanische Musikinstrumente und die öffentliche Vorführung durch solche Instrumente. Der Verstärkung der Wirkungen des Verbandsschutzes diente vor allem der Vorschlag, den Schutz eines Werkes hinsichtlich der Voraussetzungen und der Dauer des Schutzes von dem Bestehen eines Schutzes im Ursprungsland unabhängig zu gestalten.

Die französische Proposition enthielt den Antrag, in der Übereinkunft die Schutzmöglichkeiten für kinematographische Darstellungen zu regeln, die japanische regte an, die Übersetzungen von Werken japanischer Sprache in europäische Sprachen und umgekehrt von dem Übersetzungsschutze der Übereinkunft auszunehmen.

Dem deutschen Vorschlag entsprechend, sind die Ergebnisse der Konferenz mit der ursprünglichen Berner Übereinkunft von 1886 und mit den Pariser Zusatzvereinbarungen zu einem einheitlichen Texte verarbeitet worden, der, in der Anordnung von der ursprünglichen Übereinkunft mehrfach abweichend, einen systematischen und klaren Aufbau darstellt.

Die Bestimmungen der so entstandenen neuen „revidierten Berner Übereinkunft zum Schutze von Werken der Literatur und Kunst" entsprechen im allgemeinen dem Geiste der deutschen Vorschläge, wenn auch im einzelnen im Interesse der Erzielung der zu jedem Beschlusse der Konferenz erforderlichen Zustimmung aller Verbandsstaaten Zugeständnisse an die Wünsche anderer Länder nicht zu vermeiden waren. Sie stellen zweifellos eine wesentliche Verbesserung des internationalen Urheberrechts dar und können auch vom deutschen Standpunkt aus als günstig und ersprießlich bezeichnet werden.

Von den Änderungen, die nach der neuen Übereinkunft im bisherigen Rechte eintreten sollen, dürfen in sachlicher Hinsicht die folgenden ein besonderes Interesse in Anspruch nehmen: Der Artikel 2 stellt klar, daß die Verbandsstaaten vertragsmäßig verpflichtet sind, die aufgeführten Gattungen von Werken, unbeschadet der Ausnahme im Abs. 4, urheberrechtlich zu schützen. In den Artikeln 4, 6 und 7 wird die Gewährung des internationalen Schutzes von dem Rechte des Ursprungslandes unabhängig gemacht, insoweit nicht die Ungleichheit der Schutzfristen zu einer Ausnahme führt. Das ausschließliche Übersetzungsrecht sowie der Schutz des Tonkünstlers gegen öffentliche Aufführung werden wesentlich verstärkt (vgl. Artikel 8, Artikel 11 Abs. 3). Im Artikel 13 wird die Rechtslage der Komponisten gegenüber der Wiedergabe ihrer Werke durch mechanische Musikinstrumente in anderer Weise wie bisher geregelt. Ein über das geltende Recht hinausgehender Schutz wird auf Vorschlag mehrerer Verbandsländer im Artikel 14 gegen kinematographische Wiedergabe von geschützten Werken sowie zugunsten kinematographischer Erzeugnisse selbst gewährt.

Was die in Deutschland nach Annahme der Konferenzbeschlüsse durch die gesetzgebenden Körperschaften noch weiter zu treffenden Maßnahmen anlangt, so ist zu bemerken, daß sich im allgemeinen die auf der Berliner Konferenz beschlossenen Neuerungen in die innere Urheberschutzgesetzgebung des Reichs ohne weiteres einfügen. In einigen Punkten wird diese aber doch einer Änderung bedürfen. Es muß der Schutz der Werke der Tonkunst gegen mechanische Wiedergabe anderweit geregelt, auch müssen für das Gebiet der Kinematographie neue Vorschriften erlassen werden. Für choreographische und pantomimische Werke bedarf es entsprechend Artikel 2 Abs. 1 eines Zusatzes zum deutschen Gesetze, da sie geschützt werden sollen, wenn der Bühnenvorgang schriftlich oder auf andere Weise festgelegt ist, während das deutsche Recht ihnen nur wenn auf Schriftwerken beruhend Schutz zubilligt. Der neue Artikel 9 gestattet den Abdruck von Zeitungsartikeln nur durch andere Zeitungen und verweist wegen der Rechtsfolgen einer Unterlassung der Quellenangabe auf das innere Gesetz; auch hier werden entsprechende Vorschriften auf dem Wege der Reichsgesetzgebung zu erlassen sein.

Die Fassung der neuen Übereinkunft ist vielfach vereinfacht; auch sind die Bestimmungen der Schlußprotokolle und des Zusatzartikels in die Vertragsurkunde selbst aufgenommen worden.

Die neue Übereinkunft tritt an die Stelle der Abkommen von 1886 und 1896, soweit die Vertragsstaaten sie ratifizieren; sollte der eine oder andere Staat nicht ratifizieren, so bleiben für das Verhältnis zwischen ihm und den anderen Verbandsländern die bisherigen Vertragsakte in Wirksamkeit (vgl. Artikel 27 Abs. 1). Um den Beitritt sämtlicher Staaten zu dem neuen Vertrage zu erleichtern, gestattet der Artikel 27 Abs. 2, noch bei der Ratifikation bestimmte Vorbehalte zu machen. Es darf jeder Staat erklären, daß es für diesen oder jenen Punkt bei der bisher geltenden Bestimmung verbleiben solle; dann tritt ihm gegenüber insoweit das zur Zeit geltende Übereinkommen an die Stelle der beanstandeten Bestimmung des neuen Vertrags. Länder, die dem Verbande nicht angehören, können nach Artikel 25, wenn die neue Übereinkunft in Kraft getreten sein wird, nur dieser beitreten; sie können jedoch in einzelnen Punkten an Stelle dieser oder jener Abmachung der neuen Übereinkunft Bestimmungen der bisherigen Abkommen in gleicher Art annehmen, wie es nach dem eben Bemerkten den Verbandsländern freisteht. Der neue Text bildet also keine starre Einheit, die entweder vollständig angenommen oder abgelehnt werden müßte. Es muß zugegeben werden, daß die hierdurch geschaffene Möglichkeit eines Nebeneinanderbestehens der drei Texte als ein idealer Zustand nicht angesehen werden kann, aber andererseits bietet diese Lösung wohl das einzige Mittel, die Übereinkunft in fortschrittlichem Sinne auszubauen, ohne auf das Mitgehen oder spätere Beitreten solcher Länder zu verzichten, die in einzelnen Punkten an den Bestimmungen der früheren Akte vorläufig noch festhalten zu müssen glauben. Vor allem hat bei dieser Regelung die Hoffnung eine ausschlaggebende Rolle gespielt, daß sämtliche Verbandsländer der in Berlin revidierten Übereinkunft ohne Vorbehalt beizutreten sich bemühen werden, und daß das Vorgehen und die Erfahrungen der die Berliner Akte ratifizierenden Länder allmählich die zunächst zögernden Länder zum Nachfolgen bestimmen werden.

Was in dieser Hinsicht den Beitritt von Nichtverbandsstaaten anlangt, so steht nach den von den Delegierten einiger derselben abgegebenen sympathischen Erklärungen zu hoffen, daß die Berner Union bald das eine oder andere wichtige neue Mitglied zählen wird.

Um der Resolution des Reichstags vom 23. November 1906 gerecht zu werden, wurde deutscherseits darauf Bedacht genommen, die Delegierten der Vereinigten Staaten von Amerika auf die Erschwerungen, denen der deutsche Buch- und Kunsthandel dort unterworfen ist, und auf die Ersprießlichkeit des Ausbaues der inneren nordamerikanischen Gesetzgebung in einem dem Beitritt zur Berner Union günstigen Sinne hinzuweisen. Auch von anderer Seite wurde auf die amerikanischen Delegierten entsprechend einzuwirken gesucht.

In Ausführung eines auf der Konferenz deutscherseits gestellten Antrags wurde für die Angestellten des Berner Bureaus eine Pensionskasse geschaffen. Zu diesem Zwecke soll für die Jahre 1909 bis 1912 der jährliche Beitrag der Verbandsstaaten auf die durch Nr. 5 des Schlußprotokolls zur Berner Übereinkunft *) vorgesehene Summe von 60 000 Franken gebracht, und der nach Abzug der laufenden Kosten des Bureaus verbleibende Rest zur Bildung des Pensionsfonds verwendet werden. Solche, nach gleichen Grundsätzen eingerichtete Kassen bestehen bereits für die anderen internationalen Ämter in Bern.

Als Ort für die nächste Revisionskonferenz, die binnen sechs bis zehn Jahren zusammentreten soll, hat die Berliner Konferenz Rom gewählt.

Die einzelnen Artikel der revidierten Berner Übereinkunft vom 13. November 1908, denen hier die auf sie bezüglichen E r l ä u t e r u n g e n d e r D e n k s c h r i f t beigefügt sind, lauten wie folgt:

Artikel 1.

Die vertragschließenden Länder bilden einen Verband zum Schutze des Urheberrechts an Werken der Literatur und Kunst.

Artikel 1 gibt den ersten Artikel der Berner Übereinkunft vom 9. September 1886 in unveränderter Form wieder.

*) Artikel 23 der neuen Übereinkunft.

Artikel 2.

Der Ausdruck „Werke der Literatur und Kunst" umfaßt alle Erzeugnisse aus dem Bereiche der Literatur, der Wissenschaft oder der Kunst ohne Rücksicht auf die Art oder die Form der Vervielfältigung wie: Bücher, Broschüren und andere Schriftwerke; dramatische oder dramatisch-musikalische Werke, choreographische und pantomimische Werke, sofern der Bühnenvorgang schriftlich oder auf andere Weise festgelegt ist; Werke der Tonkunst mit oder ohne Text; Werke der zeichnenden Kunst, der Malerei, der Baukunst, der Bildhauerei; Stiche und Lithographien; Illustrationen, geographische Karten; geographische, topographische, architektonische oder wissenschaftliche Pläne, Skizzen und Darstellungen plastischer Art.

Den gleichen Schutz wie die Originalwerke genießen, unbeschadet des Urheberrechts an dem Originalwerk, Übersetzungen, Adaptationen, musikalische Arrangements und andere Umarbeitungen eines Werkes der Literatur oder der Kunst sowie Sammlungen aus verschiedenen Werken.

Die vertragschließenden Länder sind verpflichtet, den obengenannten Werken Schutz zu gewähren.

Den Werken der angewandten Kunst wird Schutz gewährt, soweit die innere Gesetzgebung eines jeden Landes dies gestattet.

Im Artikel 2 Abs. 1 hat man die Aufzählung der bisher nach Artikel 4 der Berner Übereinkunft zu schützenden Literatur- und Kunstwerke vorangestellt unter Hinzufügung der choreographischen und pantomimischen Werke sowie der Werke der Baukunst, welche bisher nur einen Schutz nach Nr. 2 des Schlußprotokolls der Berner Übereinkunft und nach Artikel 2 I der Pariser Zusatzakte genossen. Bei den choreographischen und pantomimischen Werken wurde die Bestimmung hinzugesetzt, daß der Bühnenvorgang schriftlich oder auf andere Weise festgelegt sein müsse. Nach bisherigem Rechte bestand ein Schutz nur nach Maßgabe der inneren Gesetzgebung. Der deutsche Vorschlag ging dahin, den Schutz des deutschen Gesetzes (§ 1 des Reichsgesetzes vom 19. Juni 1901) in die Übereinkunft aufzunehmen, wonach choreographische und pantomimische Werke nur als Schriftwerke, d. h. unter der Voraussetzung schriftlicher Festlegung des dramatischen Vorganges, zu schützen sind. Von anderer Seite wurde jedoch darauf hingewiesen, daß der Schutz auch für solche choreographische und pantomimische Werke wünschenswert sei, deren Inhalt auf anderem als schriftlichem Wege festgelegt worden sei, namentlich mit Rücksicht auf die Fortschritte der modernen Reproduktionsverfahren, wie der Kinematographie usw.

Zwecks größerer Deutlichkeit ist endlich der Schlußsatz des alten Artikel 4 unter geringfügiger redaktioneller Abänderung in den Anfang des neuen Artikel 2 aufgenommen.

Im Abs. 2 des Artikel 2 ist beigefügt worden, daß, wie die Originalwerke, so auch Übersetzungen und andere Bearbeitungen sowie Sammlungen aus verschiedenen Werken, den Schutz finden, selbstverständlich unter Vorbehalt des Rechtes der Urheber der Originalwerke.

Bisher waren nach Artikel 6 Abs. 1 der Berner Übereinkunft bereits Übersetzungen geschützt, jedoch nur die „rechtmäßigen". Dadurch, daß jetzt, und zwar auf deutschen Antrag hin, den Übersetzungen schlechthin Schutz gewährt wird, hat namentlich der Übersetzer die Möglichkeit, durch nachträgliche Einholung der Übersetzungserlaubnis vom Urheber oder nach Ablauf der Schutzfrist des Originalwerkes aus seiner Arbeit Nutzen zu ziehen. Das Gleiche gilt auch für die anderen Arten von unerlaubten Bearbeitungen, die bisher des Schutzes entbehrten, soweit sie nicht die Eigenschaft eines neuen Originalwerkes besaßen (vgl. Artikel 12).

Der Abs. 2 des hier in Frage kommenden Artikel 6 der Berner Übereinkunft ist in Wegfall gekommen infolge der völligen Gleichstellung des Übersetzungsrechts mit dem Rechte der Wiedergabe.

Sehr bestritten war es im früheren Rechte, ob die im Artikel 4 der Berner Übereinkunft enthaltene Aufzählung einen obligatorischen Charakter habe, d. h. ob sie besage: die Vertragsstaaten seien verpflichtet, alle diese Werke zu schützen, oder ob sie bloß den Sinn habe: wenn diese Werke nach der inneren Gesetzgebung geschützt werden, dann sollen die Ausländer ebenso wie die Inländer ihren Schutz finden. Ein Hauptfortschritt der Berliner Konferenz ist es, daß man die Zustimmung dazu erreicht hat, dieser Aufzählung — nach Artikel 2 Abs. 3 — einen obligatorischen Charakter zu geben. Es ist hierdurch sämtlichen Vertragsstaaten die Pflicht auferlegt, erforderlichenfalls durch Erweiterung der inneren Gesetzgebung, einen Schutz für alle diese Werke zu gewähren, also namentlich auch für Pantomimen, choreographische Werke und für die Werke der Baukunst.

Für die Erzeugnisse des Kunstgewerbes bestand die Absicht, ein Gleiches zu bestimmen, in der Art, daß Werke der bildenden Künste, auch wenn sie an gewerblichen Erzeugnissen angebracht werden oder solche darstellen, ohne weiteres den Kunstschutz genössen. Angesichts des Widerspruches eines Verbandsstaates hat man sich aber darauf beschränken müssen, im Artikel 2 Abs. 4 festzusetzen, daß der internationale Schutz der Werke der angewandten Kunst nur dann einzutreten hat, wenn in dem betreffenden Lande die Kunstindustrie den Kunstwerkschutz durch die innere Gesetzgebung genießt.

Artikel 3.

Diese Übereinkunft findet auch Anwendung auf Werke der Photographie und die durch ein der Photographie ähnliches Verfahren hergestellten Werke. Die vertragschließenden Länder sind verpflichtet, diesen Werken Schutz zu gewähren.

Bisher ist der internationale Schutz der Photographien und der durch ein ähnliches Verfahren hergestellten Erzeugnisse durch Nr. 1 des Schlußprotokolls von 1886 und Artikel 2 I der Pariser Zusatzakte sowie durch Nr. 1 der Pariser Deklaration geregelt. Dadurch, daß einige Verbandsländer in ihrem Bereiche Photographien überhaupt nicht schützen, erlangten zum Teil die aus diesen Ländern stammenden photographischen Erzeugnisse in anderen Verbandsländern Schutz ohne irgendwelche Gegenleistung. In Erkenntnis dieses Mißstandes hatte die Pariser Konferenz in ihrem ersten Wunsche zum Ausdrucke gebracht, daß alle Verbandsländer den Photographien Schutz angedeihen lassen sollten. Dieser Wunsch ist durch Artikel 3 insoweit verwirklicht worden, als er bestimmt, daß die vertragschließenden Länder den photographischen Werken Schutz zu gewähren verpflichtet sind. Wie dieser Schutz zu verwirklichen ist, ob die Photographien als Kunstwerke oder als Erzeugnisse anderer Art zu schützen sind, überläßt die Übereinkunft den einzelnen Ländern.

Die im Artikel 2 der Pariser Zusatzakte enthaltene Bestimmung, welche die Wiedergabe erlaubter Photographien eines Kunstwerkes für die Dauer des Schutzes des Originalwerkes ausdrücklich verbietet, ist gestrichen worden, weil sie leicht mißverstanden werden kann, bei richtiger Auslegung aber überflüssig ist. Daß ein Kunstwerk, solange es gegen unerlaubte Wiedergabe durch die Übereinkunft geschützt ist, ohne Erlaubnis des Urhebers auch nicht mittelbar, nämlich durch Nachbildung einer Photographie, vervielfältigt werden darf, ist selbstverständlich.

Die Vorschrift der Nr. 1 der Pariser Deklaration, welche den Schutz von der Erfüllung der im Ursprungslande geforderten Förmlichkeiten abhängig macht, wird gegenstandslos. In Zukunft ist in dieser Beziehung Artikel 4 Abs. 2 maßgebend, der prinzipiell das zu schützende Werk von den Förmlichkeiten sowohl des Ursprungslandes als des anderen Landes befreit.

Die Erfüllung des in Paris formulierten ersten Wunsches, den Photographien eine Schutzdauer von 15 Jahren zu sichern, hat sich nicht erreichen lassen. Die photographischen Erzeugnisse genießen daher in jedem Lande die nationale Schutzdauer, ohne daß der Schutz für eine längere Dauer gefordert werden könnte, als die in dem Ursprungslande bestehende (vgl. Artikel 7 Abs. 3).

Artikel 4.

Die einem der Verbandsländer angehörigen Urheber genießen sowohl für die nicht veröffentlichten als für die in einem Verbandslande zum ersten Male veröffentlichten Werke in allen Verbandsländern mit Ausnahme des Ursprungslandes des Werkes diejenigen Rechte, welche die einschlägigen Gesetze den inländischen Urhebern gegenwärtig einräumen oder in Zukunft einräumen werden, sowie die in dieser Übereinkunft besonders festgesetzten Rechte.

Der Genuß und die Ausübung dieser Rechte sind an die Erfüllung irgendwelcher Förmlichkeiten nicht gebunden; dieser Genuß und diese Ausübung sind von dem Bestehen eines Schutzes in dem Ursprungslande eines Werkes unabhängig. Soweit nicht diese Übereinkunft ein anderes bestimmt, richten sich demnach der Umfang des Schutzes sowie die dem Urheber zur Wahrung seiner Rechte zustehenden Rechtsbehelfe ausschließlich nach den Gesetzen des Landes, in welchem der Schutz beansprucht wird.

Als Ursprungsland des Werkes wird angesehen: für die nicht veröffentlichten Werke das Heimatland des Urhebers; für die veröffentlichten Werke dasjenige Land, in welchem die erste Veröffentlichung erfolgt ist, und für die gleichzeitig in mehreren Verbandsländern veröffentlichten Werke dasjenige von diesen Ländern, dessen Gesetzgebung die kürzeste Schutzdauer gewährt. Für die gleichzeitig in einem Nichtverbandsland und in einem Verbandslande veröffentlichten Werke wird letzteres Land ausschließlich als Ursprungsland angesehen.

Unter veröffentlichten Werken sind im Sinne dieser Übereinkunft die erschienenen Werke zu verstehen. Die Aufführung eines dramatischen oder dramatisch-musikalischen Werkes, die Aufführung eines Werkes der Tonkunst, die Ausstellung eines Werkes der bildenden Künste und die Errichtung eines Werkes der Baukunst stellen keine Veröffentlichung dar.

Die Artikel 4 bis 7 enthalten die allgemeinen Grundsätze, nach denen die Übereinkunft den Urhebern Schutz gewährt, und zwar behandeln die Artikel 4, 5 die Rechtsstellung der Verbandsangehörigen, der Artikel 6 die der Urheber, die keinem Verbandslande angehören, der Artikel 7, gemeinsam für beide, die Dauer des Schutzes.

Der Artikel 4 Abs. 1 bedingt, sachlich mit dem geltenden Rechte (Artikel 2 der Berner Übereinkunft in der durch die Pariser Zusatzakte veränderten Form) übereinstimmend, für die Verbandsangehörigen einen Schutz doppelter Art aus. Im allgemeinen, soweit die Übereinkunft nicht ein anderes bestimmt, ist der Verbandsangehörige, was den Schutz des Urheberrechts anlangt, in jedem Lande den dortigen Staatsangehörigen gleich zu behandeln. Für bestimmte Ausübungen des Urheberrechts enthält jedoch die Übereinkunft Vorschriften über den Inhalt des Schutzes selbst. Hierhin gehören die Artikel 8 (Schutz gegen Übersetzung), Artikel 9 (Zeitungsartikel), Artikel 12 (unerlaubte Bearbeitungen), Artikel 13 (mechanische Musikinstrumente), Artikel 14 (Kinematographie). Insoweit genießt der Urheber in jedem anderen Lande den durch die Übereinkunft gewährten Schutz unabhängig von den inneren Gesetzen des Landes, also auch dann, wenn dieser Schutz über den, der den eigenen Angehörigen gewährt ist, hinausgeht. Auf der anderen Seite ist der ausländische Staat zwar berechtigt (zu vergleichen Artikel 19), aber nicht verpflichtet, auch in den besonders geregelten Punkten die Vorschriften seiner inneren Gesetze anzuwenden, sofern sie dem Urheber günstiger sind als die besonderen Schutzbestimmungen der Übereinkunft.

Die Verbandsangehörigen genießen wie bisher nach Artikel 4 Abs. 1 den vertragsmäßigen Schutz sowohl für die unveröffentlichten als für die in einem der Verbandsländer veröffentlichten Werke, während ein Werk, dessen erste Veröffentlichung außerhalb des Verbandes erfolgt, den Schutz verliert. Durch die neue Fassung des Abs. 1 wird ein Zweifel beseitigt, zu dem der bisherige Text Anlaß bot. Er bestimmte, daß die einem der Verbandsländer angehörigen Urheber den Schutz in den übrigen Ländern genießen. Dies wird aber dem besonderen Falle nicht gerecht, daß ein Urheber das Werk nicht in seinem Heimatsstaate, sondern in einem anderen Verbandslande veröffentlicht, wenn also z. B. ein Deutscher sein Buch in Italien erscheinen läßt. In einem solchen Falle würde die bisherige Fassung, wenn sie strikt nach dem

Wortlaut angewendet wird, dahin führen, daß der Deutsche in allen Verbandsländern mit Ausnahme von Deutschland, mithin auch in Italien, Schutz gemäß der Übereinkunft verlangen könnte. Es würde also das in Italien erschienene Werk dort nicht ausschließlich nach dem italienischen Gesetze behandelt werden, sondern unter Umständen, z. B. hinsichtlich des ausschließlichen Übersetzungsrechtes, einen weitergehenden Schutz genießen als die Werke italienischer Schriftsteller. Es ist klar, daß eine Regelung dieser Art von Anfang an nicht der Absicht der Vertragsstaaten entsprach; es sollte vielmehr der Urheber eines veröffentlichten Werkes den Schutz der Übereinkunft in allen Ländern mit Ausnahme des Landes genießen, wo die Veröffentlichung erfolgt ist. Die neue Fassung des Abs. 1, ergänzt durch den Abs. 3, bringt dies zum Ausdrucke. Danach würde der Verbandsangehörige, der sein Werk nicht in seiner Heimat, sondern in einem anderen Verbandslande veröffentlicht, dort nur geschützt, wenn die innere Gesetzgebung ihm Schutz bewilligt. Um diesen Schutz, wie es das Verbandsverhältnis unter den Ländern billigerweise fordert, auf eine vertragsmäßige Grundlage zu stellen, bestimmt der neue Artikel 5, daß die Angehörigen eines der Verbandsländer, die ihre Werke in einem anderen Verbandslande veröffentlichen, in diesem Lande die gleichen Rechte wie die einheimischen Urheber genießen sollen; die besonderen in der Übereinkunft festgesetzten Rechte, von denen der Abs. 1 am Ende spricht, kommen also jenen Urhebern nicht zugute. — Schließlich ist hier, wie überall im neuen Texte, die Erwähnung der Rechtsnachfolger weggeblieben, da es sich nach dem gegenwärtigen Stande des internationalen Urheberrechtes von selbst versteht, daß der vertragsmäßige Schutz auf die Rechtsnachfolger übergeht, gleichviel ob sie einem Verbandslande angehören oder nicht.

Der Abs. 2 des Artikel 4 bringt eine wesentliche Änderung des bestehenden Rechtes: er stellt den Grundsatz auf, daß die vertragsmäßigen Rechte des Urhebers, abgesehen von der einen Ausnahme im Artikel 7 Abs. 2, 3, davon unabhängig sind, welchen Schutz der Urheber in dem Ursprungslande des Werkes genießt. Im großen und ganzen werden freilich schon jetzt die fremden Werke in einem Verbandslande nach den dortigen inneren Gesetzen beurteilt, und es wird nicht darauf Rücksicht genommen, ob, was die Einzelheiten des Schutzes anlangt, der Urheber sich in dem Ursprungslande in gleich günstiger Lage befindet, wie nach den inneren Gesetzen des anderen Landes. Allein diese Regelung ist in dem bisherigen Artikel 2 Abs. 2 durch wichtige Ausnahmen durchbrochen. Einmal wird dem fremden Werke der Schutz nur gewährt, wenn die Bedingungen und Förmlichkeiten erfüllt sind, von denen nach der Gesetzgebung des Ursprungslandes der Schutz abhängt. Sodann braucht das fremde Werk, auch wenn den einheimischen Urhebern eine längere Schutzfrist gewährt ist, doch nur bis zu dem Zeitpunkte geschützt zu werden, bis zu welchem der Schutz im Ursprungslande dauert. Endlich hat aus der eben angeführten Vorschrift die herrschende Meinung die Folgerung gezogen, daß einem fremden Werke der Schutz, der gleichartigen einheimischen Werken zukommt, zu versagen sei, sofern das fremde Werk in seinem Ursprungslande überhaupt nicht zu den geschützten Werken der Literatur und Kunst gehört oder aus bestimmten Gründen wegen seiner Beschaffenheit von Anfang an des Schutzes entbehrte. Es wird also zur Zeit den Gerichten, bei denen ein Urheber den Schutz der Übereinkunft in Anspruch nimmt, in mehrfacher Hinsicht zugemutet, ausländisches Recht anzuwenden, nämlich über die Auslegung von Gesetzen zu entscheiden, die den Schutz des Werkes in seinem Ursprungslande regeln. Es ist klar, daß auf einem so verwickelten und den Gerichten zumeist so fern liegendem Gebiete, wie es der Urheberschutz ist, bei der Auslegung ausländischer Gesetze große Zweifel entstehen, Verzögerungen hervorgerufen werden und auch Mißgriffe unvermeidlich sind. Für den gegenwärtigen Rechtszustand hat man geltend gemacht, daß es grundsätzlich und auch im Interesse des ungehinderten Wettbewerbes, nicht angängig sei, zugunsten des Urhebers die Wiedergabe eines Werkes zu verbieten, das im eigenen Ursprungslande gemeinfrei ist. Im übrigen sei die Unabhängigkeit des Schutzes von dem Rechte des Ursprungslandes nicht vereinbar mit der sachlichen Gegenseitigkeit, welche die Übereinkunft für die Beziehungen der Vertragsstaaten untereinander gewährleisten soll. Die Berliner Konferenz hat diese Gesichtspunkte im allgemeinen nicht für durchgreifend erachtet. Man nahm an, es sei nicht abzusehen, weshalb nicht auf dem Gebiete des bürgerlichen Rechtes jemand im Auslande gemäß den dortigen Gesetzen eines Schutzes teilhaftig sein solle, den ihm die Gesetze seines Heimatstaates versagen; schon jetzt sei der Urheberschutz in seinen Einzelheiten nicht davon abhängig, daß ein gleicher Schutz auch im Ursprungslande bestehe. Was die Gegenseitigkeit betrifft, so nahm zwar die große Mehrheit der Verbandsstaaten an, daß es mit ihr nicht vereinbar sei, die Werke aus Ländern mit kürzerer Schutzfrist bis zum Ablaufe der durch das innere Gesetz festgesetzten Frist zu schützen, während doch die eigenen Werke in jenen Ländern nur während des dort geltenden kürzeren Zeitraumes Schutz genössen. Es wurde deshalb die Frage der Schutzdauer besonderer Regelung im Artikel 7 unterzogen. In allen übrigen Beziehungen aber wurde die Berücksichtigung des im Ursprungslande geltenden Rechtszustandes ausgeschaltet. Demgemäß bringt Abs. 2 zum Ausdrucke, daß die Förmlichkeiten des Ursprungslandes nicht mehr in Betracht kommen, daß also, wenn sie in diesem Lande nicht erfüllt sind, dies zwar ihrem dortigen Schutze, nicht aber dem Schutze in den anderen Verbandsländern entgegensteht. Da schon nach dem bisherigen Rechte in dem Lande, wo der Schutz des fremden Werkes beansprucht wird, das innere Gesetz diesen Schutz nicht von der Erfüllung von Förmlichkeiten abhängig machen kann (Nr. 1 der Pariser Deklaration vom 4. Mai 1896), so ergibt sich nunmehr der Satz, daß der Schutz der Werke in anderen Verbandsländern als in ihrem Ursprungsland überhaupt nicht mehr durch die Erfüllung von Förmlichkeiten bedingt ist. Es gilt dies sowohl für den Genuß als für die Ausübung der Urheberrechte, also auch dann, wenn in einem Lande für die einheimischen Werke nicht sowohl das Bestehen des Urheberrechts selbst als vielmehr das gerichtliche Vorgehen gegen eine Rechtsverletzung von der Beobachtung bestimmter Förmlichkeiten abhängig ist, wie z. B. in Frankreich von der Hinterlegung zweier Exemplare des Werkes.

Der Abs. 2 erwähnt nur noch die Förmlichkeiten, während die bisherige Fassung „Bedingungen und Förmlichkeiten" aufführte. Anlaß zu dieser Weglassung geben Zweifel, die in der Literatur zur Sprache gelangt sind. Man hat die Frage aufgeworfen, ob zu den Bedingungen auch Vorschriften gehören, wie die der §§ 11, 31 des Reichsgesetzes vom 19. Juni 1901, wonach ein Schutz gegen die öffentliche Mitteilung des Inhaltes eines Werkes nur besteht, wenn der Inhalt nicht schon öffentlich mitgeteilt ist, und Werke, die nicht unter dem wahren Namen des Urhebers veröffentlicht sind, nur dann die gewöhnliche Schutzdauer erlangen, wenn der wahre Namen nachträglich kundgegeben wird. Auf der Konferenz herrschte Einstimmigkeit darüber, daß der bisherige Artikel 2 Abs. 2 nur Bedingungen äußerer Natur im Auge habe, wie z. B. das Erfordernis, daß der Urheber eine Wiedergabe des Werkes, um sie als widerrechtlich verfolgen zu können, sich ausdrücklich vorbehalten müsse. Da derartige Bedingungen in Wahrheit auch unter den Begriff der Förmlichkeiten fallen, erschien es angezeigt, sich auf diesen Ausdruck zu beschränken und dadurch dem Mißverständnisse vorzubeugen, als ob auch solche Bedingungen unberücksichtigt bleiben sollten, welche die Wirkungen des Urheberschutzes sachlich beeinflussen. Nach Artikel 9 Abs. 2 ist der Urheberschutz für Zeitungsartikel von dem ausdrücklichen Nachdrucksverbote abhängig; dies stellt aber keine Förmlichkeit im Sinne des Artikel 4, vielmehr eine ausdrückliche Vorbedingung für den Schutz dar. Der Abs. 2 stellt sodann weiter den allgemeinen Grundsatz auf, daß der Genuß und die Ausübung der Urheberrechte von dem Bestehen eines Schutzes in dem Ursprungslande des Werkes unabhängig seien, und schließt hieran die Folgerung, daß für den Umfang des Schutzes sowie für die dem Urheber zustehenden Rechtsbehelfe ausschließlich die Gesetze des Landes, wo der Schutz beansprucht wird, maßgebend sind, soweit nicht die Übereinkunft ein anderes bestimmt. Solche abweichende Bestimmungen finden sich aber lediglich für die Fälle, in denen wie schon bemerkt, die Übereinkunft besondere Rechte der Urheber, unabhängig von den inneren Gesetzen, festsetzt, und für die Frage, wann der Schutz durch Ablauf der Frist erlischt (Artikel 7 Abs. 2, 3).

Der Abs. 3 gibt die bisher im Artikel 2 Abs. 3, 4 enthaltenen Bestimmungen über den Begriff des Ursprungslandes wieder. Durch einen Zusatz ist klargestellt, daß, wenn ein Werk gleichzeitig innerhalb und außerhalb des Verbandes veröffentlicht wird, nur das Verbandsland als Ursprungsland in Betracht kommt.

In den Abs. 4 ist die bisher in Nr. 2 der Deklaration vom 4. Mai 1896 gegebene Erläuterung darüber, was unter Veröffentlichung eines Werkes zu verstehen sei, aufgenommen worden. Als nicht darunter fallend ist jetzt noch die Errichtung eines Werkes der Baukunst erwähnt.

Artikel 5.

Die einem der Verbandsländer angehörigen Urheber, welche ihre Werke zum ersten Male in einem anderen Verbandslande veröffentlichen, genießen in diesem letzteren Lande die gleichen Rechte wie die inländischen Urheber.

Artikel 6.

Die keinem der Verbandsländer angehörigen Urheber, welche ihre Werke zum ersten Male in einem dieser Länder veröffentlichen, genießen in diesem Lande die gleichen Rechte wie die inländischen Urheber und in den anderen Verbandsländern diejenigen Rechte, welche diese Übereinkunft gewährt.

Der Artikel 6, der an die Stelle des zur Zeit geltenden Artikel 3 treten soll, regelt die Rechtsstellung der keinem Verbandslande angehörigen Urheber. Diese genießen für ihre nicht veröffentlichten und für die in einem Lande außerhalb des Verbandes zum ersten Male veröffentlichten Werke keinen Schutz auf Grund der Übereinkunft. Dagegen werden sie für die Werke, die sie zum ersten Male in einem Verbandslande veröffentlichen, ganz ebenso behandelt wie nach den Artikeln 4, 5 die Angehörigen eines Verbandslandes.

Artikel 7.

Die Dauer des durch diese Übereinkunft gewährten Schutzes umfaßt das Leben des Urhebers und fünfzig Jahre nach seinem Tode.

Doch richtet sich, für den Fall, daß diese Dauer nicht gleichmäßig von allen Verbandsländern angenommen sein sollte, die Dauer nach dem Gesetze desjenigen Landes, wo der Schutz beansprucht wird; sie kann aber die in dem Ursprungslande festgesetzte Dauer nicht überschreiten. Die Vertragsländer sind daher nur in dem Maße verpflichtet, die Vorschrift des vorhergehenden Absatzes zur Anwendung zu bringen, wie sich dies mit ihrer inneren Gesetzgebung in Einklang bringen läßt.

Für die Werke der Photographie und die durch ein der Photographie ähnliches Verfahren hergestellten Werke, für die nachgelassenen Werke, für die anonymen und pseudonymen Werke richtet sich die Schutzdauer nach dem Gesetze desjenigen Landes, wo der Schutz beansprucht wird, ohne daß diese Dauer die in dem Ursprungslande des Werkes festgesetzte Dauer überschreiten kann.

Wie bereits zum Artikel 4 bemerkt, hat sich die Mehrheit der beteiligten Staaten gegen die Möglichkeit ausgesprochen, die fremden Werke auch dann ebenso lange wie die einheimischen zu schützen, wenn sie in ihrem Ursprungslande nur eine kürzere Schutzfrist genießen. Andererseits wurde es empfehlenswert gefunden, auch die Schutzdauer, soweit tunlich, von der Gesetzgebung des Ursprungslandes unabhängig zu machen. Eine einfache Lösung würde sich in dieser Hinsicht insoweit bieten, als die Verbandsländer sich verpflichten können, den Schutz, der auf Grund der Übereinkunft beansprucht werden darf, während einer für alle Länder gleichmäßigen Zeitdauer zu gewähren. Zurzeit haben die Gesetze Deutschlands, Japans und der Schweiz eine Schutzfrist von dreißig Jahren, vom Tode des Urhebers an gerechnet. Großbritannien und Italien haben eigenartige Berechnungen der Schutzfrist; n beiden Ländern steht eine Neuregelung des Urheberrechtes bevor. Hierbei wird Italien voraussichtlich zu einer Schutzdauer von fünfzig Jahren nach dem Tode übergehen, während sich für Großbritannien noch nicht beurteilen läßt, wie die Frist begrenzt werden wird. Die übrigen Länder sind nach ihren inneren Gesetzen in der Lage, die fremden Werke bis zum Ablaufe von fünfzig Jahren nach dem Tode zu schützen. Mit Rücksicht hierauf sind in der Übereinkunft zunächst fünfzig Jahre nach dem Tode als gemeinsame Schutzfrist bezeichnet; es wird jedoch im Abs. 2 bestimmt, daß die Länder, deren inneres Gesetz einen so langen Schutz nicht vorsieht, auch den Werken aus den anderen Ländern den fünfzigjährigen Schutz nicht zu gewähren brauchen. Vielmehr bleibt es insoweit bei der bisherigen Regelung, d. h. die Länder mit kürzerer Schutzfrist gewähren Schutz nur für die in ihren Gesetzen bemessene Dauer; dafür erlischt aber auch der Schutz der Werke aus ihrem Gebiet in den Ländern mit längerer Frist schon in dem Zeitpunkt, in welchem die Werke im Ursprungslande gemeinfrei werden.

Im Abs. 3 wird die zuletzt erwähnte Berechnung der Schutzdauer allgemein, also auch für die Länder mit fünfzigjähriger Schutzfrist vorgeschrieben, soweit es sich um Photographien oder die durch ein ähnliches Verfahren hergestellten Werke, sowie um nachgelassene, um anonyme oder pseudonyme Werke handelt. Bei den Photographien war Einverständnis über eine einheitliche Frist nicht erzielt worden. Bei den anderen durch die Ausnahme betroffenen Werken stößt der Versuch, eine gemeinsame Frist abzugrenzen, auf solche Verwicklungen, daß hier nach wie vor das verschiedenartige Landesrecht, zugleich unter Berücksichtigung des Gesetzes des Ursprungslandes, maßgebend bleiben muß. Diese letztere Regelung greift, auch abgesehen von den im Abs. 3 erwähnten Fällen, immer dann Platz, wenn ein Land zwar im allgemeinen einen Schutz bis zum Ablaufe von fünfzig Jahren nach dem Tode gewährt, allein für bestimmte Klassen von Werken oder für bestimmte Ausflüsse des Urheberrechtes, z. B. für das ausschließliche Aufführungsrecht, kürzere Fristen bestimmt. Dies ergibt sich schon aus Abs. 2. Es wäre also auch zulässig, daß die Gesetzgebung eines Verbandslandes zu der fünfzigjährigen Frist überginge, jedoch diese längere Schutzdauer nur den Werken zukommen ließe, die erst nach der Einführung der neuen Frist veröffentlicht werden.

Artikel 8.

Die einem der Verbandsländer angehörigen Urheber nicht veröffentlichter Werke und die Urheber von Werken, welche zum ersten Male in einem dieser Länder veröffentlicht worden sind, genießen in den übrigen Verbandsländern während der ganzen Dauer ihres Rechts an dem Originale das ausschließliche Recht, ihre Werke zu übersetzen oder die Übersetzung zu gestatten.

Im Jahre 1884 war auf der Berner Vorkonferenz als erstrebenswertes Ziel die völlige Gleichstellung des Übersetzungsrechtes mit dem Rechte der Wiedergabe im allgemeinen bezeichnet worden; trotzdem war der Übersetzungsschutz laut Artikel 5 der Berner Übereinkunft nur auf die Dauer von 10 Jahren nach dem ersten Erscheinen des Werkes beschränkt worden.

Ein Fortschritt war im Jahre 1896 zu verzeichnen, indem im Artikel 1 Nr. III der Pariser Zusatzakte die Gleichstellung des Übersetzungrechtes mit dem Rechte der Wiedergabe prinzipiell ausgesprochen wurde, jedoch mit der Einschränkung, daß die Verlängerung des Übersetzungsschutzes auf die Gesamtdauer des Urheberrechtes nur für den Fall gelten solle, daß innerhalb der ersten 10 Jahre nach dem ersten Erscheinen des Originalwerkes eine rechtmäßige Übersetzung in einem der Verbandsländer herausgekommen war. Für diejenigen Sprachen, in denen innerhalb der ersten 10 jährigen Frist eine rechtmäßige Übersetzung nicht erschienen war, wurde die Übersetzung nach Ablauf dieser Frist frei.

Diese Regelung, die gegenwärtig unter allen Verbandsstaaten mit Ausnahme Norwegens und Schwedens (im Verhältnisse zu diesen beiden Ländern gilt noch der 10 jährige Übersetzungsschutz der ursprünglichen Übereinkunft) in Kraft ist, entsprach nicht mehr den Bedürfnissen des literarischen Verkehrs. Die Interessenten wiesen mit Recht darauf hin, daß der Schutz des Urhebers gegen unerlaubte Wiedergabe seines Werkes in fremdsprachigen Ländern nahezu wertlos sei, wenn zur unerlaubten Wiedergabe nicht auch die Übersetzung des Werkes gehöre.

Dieser Strömung hatte man in Deutschland bereits Rechnung getragen, indem sowohl durch das Reichsgesetz vom 19. Januar 1901 als auch durch die mit Belgien, Italien und Frankreich abgeschlossenen Sonderabkommen die Übersetzung den übrigen Vervielfältigungen des Schriftwerkes gleichgestellt worden war.

Hierdurch ergab sich der deutsche Vorschlag zur gleichen Regelung des Übersetzungsschutzes innerhalb der Berner Übereinkunft von selbst.

Indem fast alle auf der Konferenz vertretenen Staaten, mit Ausnahme von Spanien und Japan, die Vorbehalte machten, diesem Vorschlage zustimmten, kann mit Sicherheit darauf gerechnet werden, daß dieser erhebliche Fortschritt des internationalen Übersetzungsschutzes seine baldige Verwirklichung finden wird.

Wenn von seiten der Vertreter einiger Länder, wie z. B. der Niederlande und Rußlands, der Einwand erhoben worden ist, daß die Einführung eines vollkommenen Übersetzungsschutzes dem Beitritte ihrer Länder im Wege stehen könne, so ist darauf zu erwidern, daß solchen Ländern infolge der so elastisch gefaßten Bestimmungen der neuen Übereinkunft die Möglichkeit gegeben ist, zunächst nur den Bestimmungen der ursprünglichen Berner Übereinkunft oder der Pariser Zusatzakte beizutreten und die Erweiterung des Schutzes von den mit diesem Systeme gemachten Erfahrungen abhängig zu machen. Als ein erfreuliches Symptom in letzterer Beziehung ist es zu begrüßen, daß Norwegen und Schweden, die bisher nur das System der ursprünglichen Übereinkunft anerkannt hatten, unter Überspringung der Pariser Akte, ihre Zustimmung zu den deutschen Vorschlägen erklärt haben.

Die im Artikel 8 zum Ausdrucke gekommene Änderung des bisherigen Zustandes zieht von selbst die Unterdrückung des letzten Teiles des Abs. 1 (in der Fassung der Pariser Zusatzakte) sowie der Abs. 2, 3 und 4 des Artikel 5 der Berner Übereinkunft nach sich.

Artikel 9.

Feuilletonromane, Novellen und alle anderen Werke aus dem Bereiche der Literatur, der Wissenschaft oder der Kunst, gleichviel, was ihr Gegenstand ist, welche in Zeitungen oder periodischen Zeitschriften eines Verbandslandes veröffentlicht sind, dürfen in den übrigen Ländern ohne Ermächtigung der Urheber nicht abgedruckt werden.

Mit Ausnahme der Feuilletonromane und der Novellen kann jeder Artikel aus einer Zeitung von einer anderen Zeitung abgedruckt werden, wenn die Wiedergabe nicht ausdrücklich untersagt worden ist. Es ist jedoch die Quelle anzugeben, die Rechtsfolgen der Nichterfüllung dieser Verpflichtung richten sich nach der Gesetzgebung des Landes, in welchem der Schutz beansprucht wird.

Der Schutz dieser Übereinkunft findet keine Anwendung auf Tagesneuigkeiten oder vermischte Nachrichten, welche sich als einfache Zeitungsmitteilungen darstellen.

Der unbedingte Schutz der Veröffentlichungen in periodischen Zeitungen und Zeitschriften ist dahin erweitert worden, daß künftig außer Feuilletonromanen und Novellen auch „alle anderen Werke aus dem Bereiche der Literatur, der Wissenschaft oder der Kunst" geschützt werden. Von den in Zeitungen erschienenen Schriftwerken genießen jedoch nach wie vor nur Feuilletonromane und Novellen unbedingten Schutz, während sonstige Artikel dem freien Abdrucke durch ausdrückliche Untersagung entzogen werden müssen (Abs. 2). Die Artikel politischen Inhalts sind hierbei nicht ausgenommen; auch bei ihnen ist also das Abdrucksverbot, im Gegensatze zum bisherigen Zustande, zulässig. Übrigens ist der Abdruck eines nicht mit dem Verbote versehenen Artikels nur für Zeitungen, nicht in Büchern, Flugschriften und dergleichen gestattet. Diese scheinbare Änderung entspricht der Absicht, die bereits auf der Pariser Konferenz von 1896 der dort beschlossenen Fassung zugrunde lag, und erscheint unbedenklich, da die Befugnis zur Anführung der Artikel in Büchern usw. durch § 19 Nr. 1, 2 des Reichsgesetzes vom 19. Juni 1901 gewahrt wird.

Wie bisher muß nach Abs. 2 bei der erlaubten Entlehnung eines Artikels die Quelle angegeben werden. Hierbei wird die bisher zweifelhafte Frage, welches die Rechtsfolge der Nichtangabe sein soll, dahin entschieden, daß darüber der inneren Gesetzgebung jedes Landes die Bestimmung zustehe. Im Abs. 3 wird in sachlicher Übereinstimmung mit dem geltenden Rechte ausgesprochen, daß ein Schutz von Tagesneuigkeiten und vermischten Nachrichten, die sich als einfache Zeitungsmitteilungen darstellen, durch die Übereinkunft nicht gewährt wird.

Einem Wunsche aus Interessentenkreisen entsprechend, hatte die Reichsverwaltung in der bezüglichen Proposition noch die Aufnahme einer Bestimmung darüber angeregt, daß bei der Wiedergabe von Tagesneuigkeiten, die bei ihrer ersten Veröffentlichung als telegraphische oder telephonische Mitteilungen bezeichnet worden sind, falls sie innerhalb 24 Stunden abgedruckt werden, gleichviel ob sie schutzfähige Werke darstellen oder nicht, die Quelle deutlich angegeben werden müsse. Angesichts des Widerspruchs der Delegierten verschiedener Verbandsstaaten, die mit einer gewissen Berechtigung hervorhoben, daß eine derartige Bestimmung in den Rahmen einer Übereinkunft zum Schutze von Werken der Literatur und Kunst nicht gut passe, wurde der Antrag fallen gelassen.

Artikel 10.

Bezüglich der Befugnis, Auszüge oder Stücke aus Werken der Literatur oder der Kunst zu veröffentlichen, welche für den Unterricht bestimmt oder wissenschaftlicher Natur sind, oder in Chrestomathien aufzunehmen, sollen die Gesetzgebungen der Verbandsländer und die zwischen ihnen bestehenden oder in Zukunft abzuschließenden besonderen Abkommen maßgebend sein.

Artikel 10 ist der unverändert gebliebene Artikel 8 der Berner Übereinkunft, der die erlaubten Entlehnungen zu Lehrzwecken regelt.

Artikel 11.

Die Bestimmungen dieser Übereinkunft finden auf die öffentliche Aufführung dramatischer oder dramatisch-musikalischer sowie auf die öffentliche Aufführung von Werken der Tonkunst Anwendung, gleichviel, ob diese Werke veröffentlicht sind oder nicht.

Die Urheber von dramatischen oder dramatisch-musikalischen Werken werden während der Dauer ihres Rechtes an dem Originale gegen die öffentliche, von ihnen nicht gestattete Aufführung einer Übersetzung ihrer Werke geschützt.

Die Urheber genießen den Schutz dieses Artikels, ohne daß sie verpflichtet wären, bei der Veröffentlichung des Werkes dessen öffentliche Aufführung zu untersagen.

Nach bisherigem Rechte (Artikel 9 Abs. 1, 3 der Berner Übereinkunft) war die öffentliche Aufführung von veröffentlichten oder unveröffentlichten, dramatischen oder dramatisch-musikalischen Werken und ihren Übersetzungen sowie die öffentliche Aufführung von unveröffentlichten Werken der Tonkunst ohne Erlaubnis des Urhebers verboten, während die öffentliche Aufführung bereits veröffentlichter Werke der Tonkunst, welche nicht an der Spitze des Werkes ein ausdrückliches Aufführungsverbot trugen, jedermann freistand. Dem zweiten Wunsche der Pariser Konferenz folgend und nach dem Beispiele der neuen Sonderabkommen mit Belgien, Frankreich und Italien ist das Erfordernis dieses Aufführungsvorbehalts auf deutschen Antrag hin gestrichen worden, so daß künftighin alle musikalischen Werke einen vollen Aufführungsschutz genießen und also insofern den dramatisch-musikalischen Werken gleichstehen. Es bedeutet dies einen ganz erheblichen Fortschritt, da das Erfordernis des Aufführungsvorbehalts zahlreiche Schwierigkeiten tatsächlicher und rechtlicher Natur zur Folge hatte. Insbesondere fehlte es dem Komponisten an der Möglichkeit, die Verleger zur Anbringung des Vorbehaltes anzuhalten, so daß eigentlich das ganze Aufführungsrecht illusorisch war.

Durch die Unterdrückung der Bedingung des Aufführungsvorbehaltes ist man zwar zum gemeinen Rechte zurückgekehrt; es erschien aber trotzdem angebracht, im Abs. 3 des Artikel 11 den künftigen Fortfall des Aufführungsverbotes ausdrücklich zu erwähnen, um damit deutlich zu machen, daß der Aufführungsvorbehalt in dem Einfuhrlande selbst dann nicht gefordert werden kann, wenn das inländische Gesetz ihn für die einheimischen Komponisten fordern sollte. In Deutschland wird bekanntlich für die einheimischen Autoren ein derartiger Vorbehalt nicht erfordert. Es ist zu erwarten, daß auch die Verbandsstaaten, in denen er noch besteht, für die einheimischen Komponisten das Gleiche bestimmen, wodurch ein neuer Schritt zur Vereinheitlichung des Rechtes getan würde.

Der Abs. 2 des Artikel 11 unterscheidet sich vom Abs. 2 des Artikel 9 der Berner Übereinkunft dadurch, daß in Übereinstimmung mit den neuen Bestimmungen über das Übersetzungsrecht der Urheber fortan gegen die öffentliche, nicht genehmigte Aufführung der Übersetzung seines Werkes so lange geschützt wird, als das Recht auf das Originalwerk dauert.

Artikel 12.

Zu der unerlaubten Wiedergabe, auf welche diese Übereinkunft Anwendung findet, gehört insbesondere auch die nicht genehmigte mittelbare Aneignung eines Werkes der Literatur oder Kunst, wie Adaptationen, musikalische Arrangements, Umgestaltung eines Romans, einer Novelle oder einer Dichtung in ein Theaterstück, sowie umgekehrt, u. dgl., sofern die Aneignung lediglich die Wiedergabe dieses Werkes in derselben oder einer anderen Form, mit unwesentlichen Änderungen, Zusätzen oder Abkürzungen darstellt, ohne die Eigenschaft eines neuen Originalwerkes zu besitzen.

Dieser Artikel enthält die Bestimmungen des Artikel 10 der Berner Übereinkunft und der Nr. 3 der Pariser Deklaration, welche den Urheber gegen die nicht genehmigte mittelbare Aneignung schützen, d. h. gegen eine solche, welche das Originalwerk nur unter unwesentlichen Änderungen wiedergibt, ohne daß die Wiedergabe den Charakter eines neuen Originalwerkes trägt.

Auf deutsche Anregung hin ist hinzugefügt worden, daß nicht nur, wie bisher die Umwandlung eines Romans in ein Theaterstück und umgekehrt, sondern auch die Umwandlung von Schriftwerken novellistischer und poetischer Natur in ein Theaterstück und umgekehrt in den Rahmen obiger Bestimmungen fällt.

Abgesehen von einigen, im Interesse größerer Deutlichkeit vorgenommenen, rein redaktionellen Änderungen ist noch zu erwähnen, daß Abs. 2 des Artikel 10, der aussprach, daß die Landesgerichte bei Anwendung des Artikel 10 etwaige Vorbehalte der inländischen Gesetzgebung zu berücksichtigen hätten, von der Berliner Konferenz gestrichen worden ist, weil man allgemein der Ansicht war, daß die Übereinkunft in diesem Punkte über den Landesgesetzen stehen müsse.

Artikel 13.

Den Urhebern von Werken der Tonkunst steht die ausschließliche Befugnis zu: 1. die Übertragung dieser Werke auf Instrumente, welche zu deren mechanischer Wiedergabe dienen, 2.

die öffentliche Aufführung der nämlichen Werke mittels dieser Instrumente zu gestatten.

Vorbehalte und Einschränkungen, die sich auf die Anwendung dieses Artikels beziehen, können durch die innere Gesetzgebung eines jeden Landes, soweit es dabei in Betracht kommt, festgesetzt werden; jedoch ist die Wirkung derartiger Vorbehalte und Einschränkungen ausschließlich auf das Gebiet desjenigen Landes begrenzt, welches sie bestimmt hat.

Die Bestimmung des ersten Absatzes hat keine rückwirkende Kraft und findet daher in einem Verbandslande keine Anwendung auf diejenigen Werke, welche in diesem Lande erlaubterweise vor dem Inkraftsetzen dieser Übereinkunft auf mechanische Instrumente übertragen worden sind.

Die auf Grund der Abs. 2, 3 dieses Artikels vorgenommenen Übertragungen, welche ohne Zustimmung der Beteiligten in ein Land eingeführt werden, wo sie verboten sind, können daselbst beschlagnahmt werden.

Nr. 3 des Schlußprotokolls zur Berner Übereinkunft lautet:

„Es besteht Einverständnis darüber, daß die Fabrikation und der Verkauf von Instrumenten, welche zur mechanischen Wiedergabe von Musikstücken dienen, die aus geschützten Werken entnommen sind, nicht als den Tatbestand der musikalischen Nachbildung darstellend angesehen werden sollen."

Die Auslegung und Durchführung dieser Bestimmung hat im Verkehr der Unionsländer von Anfang an Schwierigkeiten bereitet. Bereits auf der Pariser Konferenz von 1896 wurde von der Französischen Regierung beantragt, von der Anwendung der Nr. 3 ausdrücklich auszunehmen „die Instrumente, die Melodien nur durch Einfügung von durchlochten Bändern oder Scheiben oder anderen vom Instrument unabhängigen Bestandteilen wiedergeben, die getrennt verkauft werden und Musikausgaben mit besonderer Notenschrift darstellen".

Diesem Vorschlage wurde von anderer, namentlich von deutscher Seite widersprochen. Es wurde geltend gemacht, daß die Unterscheidung zwischen festeingefügten und trennbaren Bestandteilen unsicher, und daß die Frage für eine internationale Regelung noch nicht spruchreif sei, vielmehr abzuwarten sein werde, bis die einzelnen Verbandsländer in der Frage Stellung genommen hätten.

In Deutschland wurde die Angelegenheit aus Anlaß der Revision des Gesetzes vom 11. Juni 1870 ausführlich erörtert. Der Entwurf eines Gesetzes, betreffend das Urheberrecht an Werken der Literatur und der Tonkunst, hatte in § 22 (vgl. Nr. 97 der Reichstagsdrucksache 1900/01) teils mit Rücksicht auf die derzeitige Lage der Industrie, teils im Hinblick auf die gesetzlichen Bestimmungen des Auslandes für die mechanischen Musikinstrumente die unentgeltliche Benutzung geschützter Kompositionen freigegeben. Im Reichstag erhielt jedoch der Entwurf die aus der Fassung des § 22 des Gesetzes vom 19. Juni 1901 ersichtliche Einschränkung. Gleichzeitig wurde, nachdem die Regierung erklärt hatte, daß eine weitergehende Berücksichtigung der von den Komponisten und Verlegern geltend gemachten Wünsche nur auf dem Wege internationaler Regelung möglich sei, die folgende Resolution gefaßt:

„Der Reichskanzler wird ersucht, sobald als möglich mit den Ländern der Berner Union in Verhandlung zu treten, um den Urheberrechtsschutz dahin auszudehnen, daß die Übertragung von Musikstücken auf solche Instrumente, die zu deren mechanischer Wiedergabe dienen, ohne Erlaubnis des Urhebers nicht zulässig ist.“

Im Verfolge dieses Beschlusses ist der Berliner Konferenz zu Nr. 3 des Schlußprotokolles die nachstehende Proposition vorgelegt worden:

„Den Urhebern von Werken der Tonkunst oder ihren Rechtsnachfolgern steht in den Verbandsländern, in denen ihre Werke auf Grund dieser Übereinkunft geschützt sind, die ausschließliche Befugnis zu: a) diese Werke auf Bestandteile von Instrumenten zu übertragen, welche zur mechanischen Wiedergabe von Musikstücken dienen; b) die öffentliche Aufführung der Werke mittels dieser Instrumente zu gestatten.

Hat der Urheber das Werk in der oben angegebenen Weise benutzt oder dessen Benutzung gestattet, so kann jeder Dritte gegen eine angemessene Vergütung die Befugnis in Anspruch nehmen, das Werk in der im vorstehenden Absatz unter a) und b) bezeichneten Weise zu übertragen und öffentlich aufzuführen.

Der inneren Gesetzgebung der Verbandsländer bleibt es überlassen, zu bestimmen, in welcher Weise die Höhe der Vergütung im Streitfalle festgesetzt wird.“

In der Begründung war ausgeführt, daß mit Rücksicht auf die technische und wirtschaftliche Entwickelung, welche die Fabrikation der mechanischen Musikinstrumente in den letzten Jahren genommen hat, eine erneute Prüfung der Frage geboten sei, ob sich das dieser Industrie gegenüber dem Komponisten gewährte Ausnahmerecht noch länger aufrecht erhalten lasse. Gleichzeitig wurde auf die zunehmenden Schwierigkeiten hingewiesen, die dem internationalen Verkehr aus der

Verschiedenheit des Rechtszustandes in den einzelnen Verbandsländern erwachsen. Auf der anderen Seite wurde nicht verkannt, daß die von den Komponisten gewünschte Abänderung des bestehenden Rechtes leicht zu der Bildung von Monopolen in der Hand großer Unternehmungen führen könne, und daß dem schwächeren Teile der Industrie gegen eine solche Entwickelung Schutz gewährt werden müsse. Diesem Zwecke sollte der im Abs. 2 vorgeschlagene Lizenzzwang dienen.

Die Konferenz hat diesem Vorschlage im Grundsatze zugestimmt, indem sie den Gedankengang des Abs. 1 des deutschen Vorschlages im Abs. 1 des Artikel 13 festgelegt hat. In bezug auf Abs. 2 des deutschen Vorschlages wurde geltend gemacht, daß der Lizenzzwang den Rechtsanschauungen mancher Länder fremd sei, und daß es sich empfehlen werde, die Gestaltung einer etwaigen Beschränkung des Urheberrechtes im Sinne des deutschen Vorschlags der inneren Gesetzgebung der einzelnen Länder zu überlassen. Dies kommt im Abs. 2 des Artikel 13 zum Ausdrucke. Gleichzeitig wurde im Abs. 3 eine Bestimmung zum Schutze des unter dem geltenden Rechte erworbenen Besitzstandes angefügt.

Daß die gemäß Abs. 2, 3 in den einzelnen Verbandsländern bestehenden Beschränkungen des Urheberrechtes immer nur für das Gebiet dieser Länder Geltung haben können, folgt aus allgemeinen Rechtsregeln. Auf Wunsch der italienischen Regierung ist darüber im Abs. 4 eine besondere Bestimmung aufgenommen worden.

Hervorzuheben ist noch, daß der neue Artikel 13, ebenso wie Nr. 3 des seitherigen Schlußprotokolls, sich lediglich auf die Wiedergabe musikalischer Kompositionen durch mechanische Instrumente bezieht. Die Befugnisse des Urhebers eines Werkes der Literatur gegenüber der unbefugten Wiedergabe des Werkes durch mechanische Instrumente (Sprechmaschinen) richten sich nach den allgemeinen Vorschriften.

Bei den Beratungen sind auch die Wünsche der Industrie zur Sprache gekommen, welche auf den Schutz der Walzen, Bänder, Platten usw. gegen die unbefugte mechanische Nachbildung abzielen. Eine Beschlußfassung ist nicht erfolgt, da diese Frage nicht sowohl dem Gebiete des Urheberrechtes als vielmehr dem des gewerblichen Rechtsschutzes angehört. Die Prüfung, ob ein solcher Schutz, für den von den beteiligten Kreisen gewichtige Gründe geltend gemacht werden, zu gewähren ist, muß daher zunächst der inneren Gesetzgebung vorbehalten bleiben.

Artikel 14.

Die Urheber von Werken aus dem Bereiche der Literatur, der Wissenschaft oder der Kunst haben das ausschließliche Recht, die Wiedergabe und die öffentliche Aufführung ihrer Werke durch die Kinematographie zu gestatten.

Den gleichen Schutz wie Werke der Literatur oder Kunst genießen selbständige kinematographische Erzeugnisse, sofern der Urheber durch die Anordnung des Bühnenvorganges oder die Verbindung der dargestellten Begebenheiten dem Werke die Eigenschaft eines persönlichen Originalwerkes gegeben hat.

Unbeschadet der Rechte des Urhebers am Originale wird die Wiedergabe eines Werkes aus dem Bereiche der Literatur, der Wissenschaft oder der Kunst mittels der Kinematographie wie ein Originalwerk geschützt.

Die vorstehenden Vorschriften finden auch Anwendung auf eine Wiedergabe oder ein Erzeugnis, welche durch ein der Kinematographie ähnliches Verfahren zustande kommen.

Die Wiedergabe szenischer Vorgänge durch die Kinematographie hat eine derartige Entwicklung genommen, daß es angezeigt erschien, die hier in Betracht kommenden Rechtsverhältnisse durch ausdrückliche Vorschriften klarzustellen. Diesem Zwecke dient Artikel 14.

Die Bestimmung im Abs. 1 soll den Urheber dagegen schützen, daß sein Werk ohne seine Erlaubnis von einem andern auf dem Wege der Kinematographie nachgebildet und öffentlich vorgeführt wird. Es ist hier hauptsächlich an den Fall zu denken, daß eine Erzählung oder ein Drama, welche den Gegenstand eines Urheberrechtes bilden, in eine kinematographische Darstellung übertragen und in dieser Form verwertet werden. Auf der anderen Seite ist im Abs. 2 dem kinematographischen Werke selbst, sofern es durch die Kombination der dargestellten Vorgänge oder die Art der Inszenierung in sich eine eigentümliche Schöpfung enthält, ausdrücklich die Eigenschaft eines schutzfähigen Werkes zuerkannt worden. Dem Urheber eines solchen Werkes stehen hiernach gegen dritte Personen die allgemeinen Rechtsbehelfe der Übereinkunft und des inneren Rechtes zur Seite, jedoch kann er, soweit das Werk in das ältere Recht eines anderen Urhebers eingreift, die ihm an sich zustehenden Befugnisse ohne Erlaubnis des an dem Originalwerke Berechtigten nicht ausüben. Das Rechtsverhältnis ist das gleiche, wie im Falle der Übersetzung eines Schriftwerkes, der Herstellung eines Kupferstiches nach einem Gemälde u. dgl. Der Vollständigkeit halber ist im Abs. 3 eine dem Artikel 2 Abs. 2 entsprechende Bestimmung aufgenommen worden.

Im Abs. 4 sind die Grundsätze des Abs. 1 bis 3 auf die der Kinematographie analogen Verfahren, mit denen infolge der Entwicklung der Technik auf diesem Gebiete zu rechnen ist, für anwendbar erklärt worden.

Artikel 15.

Damit die Urheber der durch diese Übereinkunft geschützten Werke bis zum Beweise des Gegenteils als solche angesehen und demgemäß vor den Gerichten der einzelnen Verbandsländer zur Verfolgung der Nachdrucker oder Nachbildner zugelassen werden, genügt es, wenn ihr Name in der üblichen Weise auf dem Werke angegeben ist.

Bei anonymen oder pseudonymen Werken ist der Verleger, dessen Name auf dem Werke angegeben ist, zur Wahrnehmung der dem Urheber zustehenden Rechte befugt. Er gilt ohne weiteren Beweis als Rechtsnachfolger des anonymen oder pseudonymen Urhebers.

Artikel 15 enthält im Abs. 1, 2 die Bestimmungen der Abs. 1, 2 des Artikel 11 der geltenden Übereinkunft über die Prozeßlegitimation. Der dritte Absatz des Artikel 11, wonach die Gerichte fordern können, daß die Erfüllung der im Ursprungslande vorgeschriebenen Förmlichkeiten durch eine amtliche Bescheinigung nachgewiesen werde, ist, da nach Artikel 4 Abs. 2 der neuen Übereinkunft Förmlichkeiten nicht mehr berücksichtigt werden sollen, hinfällig geworden und somit gestrichen.

Artikel 16.

Jedes nachgedruckte oder nachgebildete Werk kann durch die zuständigen Behörden derjenigen Verbandsländer, in welchen das Originalwerk auf gesetzlichen Schutz Anspruch hat, beschlagnahmt werden.

In diesen Ländern kann sich die Beschlagnahme auch auf Vervielfältigungen erstrecken, die aus einem Lande herrühren, wo das Werk keinen Schutz genießt oder aufgehört hat, einen Schutz zu genießen.

Die Beschlagnahme findet statt nach den Vorschriften der inneren Gesetzgebung eines jeden Landes.

Abs. 1, 3 dieses Artikels entsprechen den Abs. 1, 2 des auf der Pariser Konferenz revidierten Artikel 12 der Berner Übereinkunft, wonach jedes nachgedruckte oder nachgebildete Werk in dem Einfuhrland, in welchem das Originalwerk Anspruch auf Schutz hat, von den zuständigen Behörden nach Maßgabe der inneren Gesetzgebung beschlagnahmt werden kann.

Durch den neu hinzugekommenen Abs. 2 wird diese Beschlagnahme ausdrücklich auf solche Nachbildungen für anwendbar erklärt, die aus einem Lande herrühren, wo das Originalwerk nicht oder nicht mehr geschützt ist. Dieser Zusatz beseitigt etwa mögliche Zweifel an der Tragweite des Abs. 1 und hat besondere Bedeutung im Hinblick auf den im Artikel 4 Abs. 2 der neuen Übereinkunft aufgestellten Grundsatz, daß die vertragsmäßigen Rechte des Urhebers unabhängig von dem Schutze des Werkes im Ursprungslande sein sollen.

Artikel 17.

Die Bestimmungen dieser Übereinkunft beeinträchtigen in keiner Beziehung das der Regierung eines jeden Verbandslandes zustehende Recht durch Maßregeln der Gesetzgebung oder inneren Verwaltung die Verbreitung, die Darstellung oder das Feilbieten eines jeden Werkes oder Erzeugnisses zu gestatten, zu überwachen und zu untersagen, für welches die zuständige Behörde dieses Recht auszuüben hat.

Artikel 17 entspricht dem Artikel 13 der Berner Übereinkunft, der die polizeilichen Aufsichtsrechte der Verbandsstaaten über Presse usw. ausdrücklich aufrechterhält. In dem französischen Texte sind die Worte „il est entendu que“ als überflüssig gestrichen worden.

Artikel 18.

Diese Übereinkunft findet Anwendung auf alle Werke, die beim Inkrafttreten der Übereinkunft noch nicht in ihrem Ursprungslande zufolge des Ablaufs der Schutzfrist Gemeingut geworden sind.

Ist jedoch ein Werk infolge des Ablaufs der ihm vorher zustehenden Schutzfrist in dem Verbandslande, in welchem der

Schutz beansprucht wird, bereits Gemeingut geworden, so erlangt es dort auf Grund dieser Übereinkunft nicht von neuem Schutz.

Die Anwendung dieses Grundsatzes erfolgt nach den Abmachungen der zwischen Verbandsländern zu diesem Zwecke abgeschlossenen oder abzuschließenden Sonderabkommen. Mangels derartiger Abmachungen regeln die betreffenden Länder, ein jedes für sich, die Art und Weise dieser Anwendung.

Die vorstehenden Bestimmungen finden entsprechende Anwendung, wenn ein Land dem Verbande neu beitritt und wenn die Schutzdauer in Gemäßheit von Artikel 7 verlängert wird.

Für die Anwendung der Übereinkunft auf die bei ihrem Inkrafttreten bereits vorhandenen Werke ist zurzeit der Artikel 14 des bisherigen Textes, ergänzt durch Nr. 4 des Schlußprotokolls, maßgebend. An die Stelle dieser Bestimmungen soll der Artikel 18 treten, der wiederum davon ausgeht, daß der erweiterte Schutz nicht nur den erst künftig entstehenden Werken, sondern im allgemeinen auch den schon vorhandenen zugute kommt. Wie bisher wird aber im Artikel 18 einerseits diese Regel durch die Abs. 1, 2 von vornherein abgeschwächt, anderseits durch Abs. 3 den einzelnen Verbandsländern gestattet, in Sonderverträgen oder auf dem Wege der inneren Gesetzgebung weitere Ausnahmen zu treffen. Von vornherein ausgeschlossen war bisher die Anwendung neuer Vorschriften auf die Werke, die schon vor deren Inkrafttreten Gemeingut geworden waren. Man könnte geneigt sein, hierunter nicht nur die durch Ablauf der Schutzfrist frei gewordenen Werke einzubegreifen, sondern auch solche Werke, welche wegen der Nichterfüllung von Förmlichkeiten oder aus sonstigen Gründen im Ursprungsland überhaupt des Schutzes entbehren. Mit Rücksicht auf die praktische Bedeutung, die diese Frage wegen des in dem neuen Artikel 4 Abs. 2 ausgesprochenen Grundsatzes erlangt, empfiehlt es sich, sie klar zu entscheiden. Der Artikel 18 Abs. 1 bringt zum Ausdrucke, daß nur da, wo die bisherige Schutzfrist abgelaufen ist, die sogenannte Rückwirkung ausgeschlossen bleibt. In den anderen Fällen liegt kein Anlaß zu einer Bestimmung vor, welche die Anwendung der neuen Schutzvorschriften auf die im Ursprungslande schon gemeinfrei gewordenen Werke grundsätzlich ausschlösse. Vielmehr würde dadurch den Verletzern von Urheberrechten eine Handhabe geboten, auch mittels der unbegründeten Einwendung, daß das Werk infolge der Nichterfüllung von Förmlichkeiten od. dgl. gemeinfrei geworden sei, der Erledigung der Streitsache Schwierigkeiten zu bereiten. Im übrigen bleibt es nach

Abs. 3 jedem Lande vorbehalten, wirklich berechtigte Interessen durch Übergangsvorschriften zu wahren.

Dagegen ist, soweit der Schutz bereits durch Ablauf der Schutzfrist erloschen ist, die Anwendung der neuen Vorschriften noch weiter einzuschränken. Wenn nämlich ein Land mit kürzerer Schutzfrist bis zum Inkrafttreten der Übereinkunft sich der fünfzigjährigen Schutzdauer anschlösse, so würden die in diesem Lande schon gemeinfreien Werke von Urhebern, die schon seit dreißig, aber noch nicht seit fünfzig Jahren verstorben sind, dort von neuem Schutz erlangen. Der Abs. 1 würde dies nicht ausschließen, weil im Ursprungslande das Werk noch Schutz genießt. Da ein solches Wiederaufleben des Schutzes nach abgelaufener Frist mit den Anforderungen des geschäftlichen Verkehrs unvereinbar ist, wird es im Abs. 2 besonders ausgeschlossen.

Nach Abs. 4 sollen die Bestimmungen der Abs. 1 bis 3 wie bisher bei neuen Beitritten zu dem Verband und überdies dann entsprechende Anwendung finden, wenn ein Land erst nach dem Inkrafttreten der neuen Übereinkunft gemäß Artikel 7 die Schutzfrist auf fünfzig Jahre verlängert.

Artikel 19.

Die Bestimmungen dieser Übereinkunft hindern nicht, die Anwendung weitergehender Vorschriften zu beanspruchen, welche von der Gesetzgebung eines Verbandslandes zugunsten der Ausländer im allgemeinen erlassen werden sollten.

Soweit die Übereinkunft den Schutz der Urheber, anstatt deren Gleichbehandlung mit den Inländern vorzuschreiben, durch Festsetzung besonderer Rechte selbständig regelt, besteht eine Verschiedenheit der Ansichten über das Verhältnis zum Landesrecht. Es hat die Auslegung Vertretung gefunden, daß die Vorschriften der Landesgesetze, die in den durch die Übereinkunft selbst geregelten Punkten für die Urheber noch günstiger seien, diesen gleichfalls zugute kommen müßten. Der Artikel 19 stellt diesen Zweifel dahin klar, daß da, wo wie nach Artikel 38 des belgischen Gesetzes vom 22. März 1886 den Ausländern ohne Staatsverträge bestimmte Begünstigungen gewährt werden, die Übereinkunft der Anwendung dieser weitergehenden Vorschriften nicht im Wege steht. Innerhalb des Deutschen Reiches kann dieser Vorbehalt zurzeit praktische Bedeutung nicht gewinnen, da ausländische Werke hier nur in den Grenzen der abgeschlossenen Staatsverträge geschützt werden.

Artikel 20.

Die Regierungen der Verbandsländer behalten sich das Recht vor, mit einander besondere Abkommen zu treffen, soweit als diese Abkommen den Urhebern weitergehende Rechte, als ihnen durch den Verband gewährt werden, einräumen oder Bestimmungen enthalten, welche dieser Übereinkunft nicht zuwiderlaufen. Die Vereinbarungen in bestehenden Abkommen, die mit den eben genannten Bedingungen übereinstimmen, bleiben in Geltung.

Artikel 20 faßt die Bestimmungen des Artikel 15 und des Zusatzartikels der Berner Übereinkunft, welche das Recht der Verbandsstaaten auf Abschluß von Sonderliterarverträgen und die Aufrechterhaltung bestehender Sonderabkommen betreffen, in einem einzigen Artikel zusammen.

Artikel 21.

Das unter dem Namen „Bureau des internationalen Verbandes zum Schutze von Werken der Literatur und Kunst" errichtete internationale Amt wird beibehalten.

Dieses Bureau ist unter den hohen Schutz der Regierung der Schweizerischen Eidgenossenschaft gestellt, welche die Organisation des Bureaus regelt und seinen Dienst beaufsichtigt.

Die Geschäftssprache des internationalen Bureaus ist die französische.

Artikel 21 vereinigt die im Artikel 16 und in Nr. 5 Abs. 1, 2 des Schlußprotokolls der Berner Übereinkunft zerstreut gewesenen Bestimmungen über die Errichtung des Internationalen Bureaus in Bern. Abgesehen von anderen kleinen, rein redaktionellen Änderungen wird in diesem neuen Artikel nicht mehr von der Errichtung, sondern von der Beibehaltung dieses nunmehr bereits seit mehr als zwanzig Jahren bestehenden Amtes gesprochen.

Artikel 22.

Das internationale Bureau sammelt Nachrichten aller Art, welche sich auf den Schutz des Urheberrechts an Werken der

Literatur und Kunst beziehen; es ordnet dieselben und veröffentlicht sie. Es stellt Untersuchungen an, welche von gemeinsamem Nutzen und von Interesse für den Verband sind, und gibt auf Grund der Dokumente, welche ihm die verschiedenen Regierungen zur Verfügung stellen werden, eine periodische Zeitschrift in französischer Sprache über die den Gegenstand des Verbandes betreffenden Fragen heraus. Die Regierungen der Verbandsländer behalten sich vor, nach erfolgter allseitiger Zustimmung das Bureau zur Veröffentlichung einer Ausgabe in einer oder mehreren anderen Sprachen zu ermächtigen, für den Fall, daß sich hierfür ein Bedürfnis durch die Erfahrung herausstellen sollte.

Das internationale Bureau hat sich jederzeit zur Verfügung der Verbandsmitglieder bereit zu halten, um denselben über Fragen, betreffend den Schutz von Werken der Literatur und Kunst, die besonderen Auskünfte zu erteilen, deren sie etwa bedürfen.

Der Direktor des Bureaus erstattet über seine Geschäftsführung einen Jahresbericht, welcher allen Verbandsmitgliedern mitgeteilt wird.

Artikel 22, der die Aufgaben des Internationalen Bureaus in Bern aufzählt, gibt die Bestimmungen von Nr. 5 Abs. 3, 4, Abs. 6 Satz 2 und Abs. 7 (Schlußsatz) des Schlußprotokolls der Berner Übereinkunft wieder.

Artikel 23.

Die Kosten des Bureaus des internationalen Verbandes werden gemeinschaftlich von den vertragschließenden Ländern getragen. Bis zu neuer Beschlußfassung dürfen sie die Summe von sechzigtausend Franken jährlich nicht übersteigen. Diese Summe kann nötigenfalls erhöht werden durch einfachen Beschluß einer der im Artikel 24 vorgesehenen Konferenzen.

Behufs Festsetzung des Beitrages eines jeden Landes zu dieser Gesamtkostensumme werden die vertragschließenden und die etwa später dem Verbande beitretenden Länder in sechs Klassen geteilt, von denen eine jede in dem Verhältnis einer gewissen Anzahl von Einheiten beiträgt, nämlich:

die 1.	Klasse	 25	Einheiten,
„ 2.	„	 20	„
„ 3.	„	 15	„
„ 4.	„	 10	„
„ 5.	„	 5	„
„ 6.	„	 3	„

Diese Koeffizienten werden mit der Zahl der Länder einer jeden Klasse multipliziert, und die Summe der so gewonnenen Ziffern gibt die Zahl der Einheiten, durch welche der Gesamtkostenbetrag zu dividieren ist. Der Quotient ergibt den Betrag der Kosteneinheit.

Jedes Land erklärt bei seinem Beitritt, in welche der oben genannten Klassen es einzutreten wünscht.

Die Schweizerische Regierung stellt das Budget des Bureaus auf, überwacht dessen Ausgaben, leistet die nötigen Vorschüsse und stellt die Jahresrechnung auf, welche allen übrigen Regierungen mitgeteilt wird.

Artikel 23 enthält die Vorschriften der Nr. 5 Abs. 7 bis 11 des Schlußprotokolls der Berner Übereinkunft, betreffend die Deckung der für das Internationale Bureau entstehenden Kosten.

Artikel 24.

Diese Übereinkunft kann Revisionen unterzogen werden behufs Einführung von Verbesserungen, welche geeignet sind, das System des Verbandes zu vervollkommnen.

Derartige, sowie solche Fragen welche in anderen Beziehungen die Entwickelung des Verbandes berühren, sollen auf Konferenzen erörtert werden, welche der Reihe nach in den einzelnen Verbandsländern durch Delegierte derselben abzuhalten sind. Die Regierung des Landes, in welchem eine Konferenz tagen soll, bereitet unter Mitwirkung des internationalen Bureaus die Arbeiten diese Konferenz vor. Der Direktor des Bureaus wohnt den Konferenzsitzungen bei und nimmt an den Verhandlungen ohne beschließende Stimme teil.

Eine jede Änderung dieser Übereinkunft bedarf zu ihrer Gültigkeit für den Verband der einhelligen Zustimmung der Verbandsländer.

Artikel 24 faßt den Wortlaut des Artikel 17 sowie der Nr. 5 Abs. 5 und Abs. 6 Satz 1 des Schlußprotokolls der Berner Übereinkunft, betreffend die Veranstaltung von Revisionskonferenzen, in einem Artikel zusammen.

Artikel 25.

Denjenigen Ländern, welche sich an dieser Übereinkunft nicht beteiligt haben, und welche für ihr Gebiet den gesetzlichen Schutz der den Gegenstand dieser Übereinkunft bildenden Rechte gewährleisten, soll auf ihren Wunsch der Beitritt gestattet sein.

Dieser Beitritt soll schriftlich der Regierung der Schweizerischen Eidgenossenschaft und von dieser allen übrigen Regierungen bekannt gegeben werden.

Derselbe bewirkt von Rechts wegen die Unterwerfung unter alle verpflichtenden Bestimmungen und die Teilnahme an allen Vorteilen dieser Übereinkunft. Er kann jedoch die Bezeichnung derjenigen Bestimmung der Übereinkunft vom 9. September 1886 oder der Zusatzakte vom 4. Mai 1896 enthalten, die diese Länder vorläufig wenigstens an die Stelle der entsprechenden Bestimmungen dieser Übereinkunft zu setzen für nötig halten.

Artikel 26.

Die Verbandsländer haben jederzeit das Recht, dieser Übereinkunft für ihre Kolonien oder auswärtigen Besitzungen beizutreten.

Zu diesem Behufe können sie entweder eine allgemeine Erklärung abgeben, nach welcher alle ihre Kolonien oder Besitzungen in den Beitritt einbegriffen sind, oder diejenigen besonders benennen, welche darin einbegriffen, oder sich darauf beschränken, diejenigen zu bezeichnen, welche davon ausgeschlossen sein sollen.

Diese Erklärung soll schriftlich der Regierung der Schweizerischen Eidgenossenschaft und von dieser allen übrigen Regierungen bekannt gegeben werden.

Den Ländern, die außerhalb des Verbandes stehen, war es bisher gestattet, entweder nur der ursprünglichen Berner Übereinkunft oder auch der Pariser Zusatzakte sowie der Deklaration beizutreten. Wenn in Zukunft nur ein einheitlicher Staatsvertrag besteht, würden die Länder, die dem Verbande beitreten wollen, keine Möglichkeit haben, sich nur dem weniger vorgeschrittenen Urheberschutze zu unterwerfen, wie ihn die bisher geltenden Verträge vorschreiben. Diese Sachlage könnte, insbesondere im Hinblick auf den Schutz gegen Übersetzung, den Beitritt neuer Staaten zum Verbande erschweren. Anderseits besteht kein Grund, den Ländern, die nicht zum Verbande gehören, eine Befugnis zu verschließen, die den Verbandsländern durch Artikel 27 Abs. 2 gewährt wird. Im Artikel 25 Abs. 3 wird einem beitretenden Lande deshalb gestattet, im Verhältnisse zu den anderen Ländern die Anwendung bestimmter Vorschriften des neuen Vertrags in der Art auszuschließen, daß an deren Stelle die entsprechenden Vorschriften der ursprüglichen Übereinkunft oder der Pariser Zusatzakte Geltung erlangen.

Was den Beitritt für Kolonien und auswärtige Besitzungen anlangt, so ergänzt der Artikel 26 im Abs. 3 die bisherige Regelung dahin, daß eine solche Erklärung in gleicher Weise wie der Neubeitritt eines Staates der Regierung der Schweizerischen Eidgenossenschaft schriftlich mitzuteilen ist.

Artikel 27.

Diese Übereinkunft tritt in den Beziehungen zwischen den Verbandsstaaten an Stelle der Übereinkunft von Bern vom 9. September 1886 einschließlich des Zusatzartikels und des Schlußprotokolls vom gleichen Tage sowie der Zusatzakte und der erläuternden Deklaration vom 4. Mai 1896. Die vorgenannten Vertragsakte sollen in den Beziehungen zwischen denjenigen Staaten, die diese Übereinkunft nicht ratifizieren sollten, in Wirksamkeit bleiben.

Diejenigen Staaten, welche diese Übereinkunft unterzeichnet haben, können beim Austausch der Ratifikationsurkunden erklären, daß sie hinsichtlich des einen oder des anderen Punktes durch die Bestimmungen der Übereinkommen, die sie früher unterzeichnet hatten, gebunden zu bleiben wünschen.

Wie sich aus Artikel 27 Abs. 1 ergibt, verlieren mit dem Inkrafttreten der neuen Übereinkunft die Berner Übereinkunft vom 9. September 1886 sowie die Pariser Zusatzakte und die Deklaration vom 4. Mai 1896 ihre Geltung. Dies gilt indessen nur für die gegenseitigen Beziehungen derjenigen Verbandsländer, welche die neue Übereinkunft ratifiziert haben. Sollte die Ratifikation seitens einzelner Verbandsländer nicht erfolgen, so behalten im Verhältnisse zwischen ihnen und den anderen Ländern die bezeichneten Verträge ihre bisherige Wirksamkeit, solange sie nicht gemäß Artikel 20 der Übereinkunft vom 9. September 1886 zufolge der Kündigung eines Landes diesem gegenüber außer Kraft treten. Aber auch den Ländern, welche die neue Übereinkunft ratifizieren, wird durch die Vorschrift des Abs. 2 die Möglichkeit eröffnet, in einzelnen Punkten an den bis dahin im Verbande maßgebenden Grundsätzen festzuhalten. Ebenso wie schon nach Artikel 7 im Verhältnisse zu den Ländern, die sich nicht in der Lage befinden, die fünfzigjährige Schutzfrist anzunehmen, die Dauer des Schutzes sich wie bisher regeln soll, so kann jedes Land noch bei der Ratifikation in der einen oder anderen Frage einen Vorbehalt machen, durch den es den bestehenden Rechtszustand für sich aufrecht erhält. Es kann also ein Land, das nur der Übereinkunft von 1886 beigetreten ist, zwar sich der neuen Übereinkunft anschließen, aber doch für das Übersetzungsrecht die Beschränkung auf einen zehnjährigen Übersetzungsschutz beibehalten. Ein Land, das die Pariser Zusatzakte angenommen hat, ist zwar nicht mehr in der Lage, den Übersetzungsschutz gemäß der Übereinkunft von 1886 einzuschränken; es kann aber andererseits, auch wenn es dem neuen Vertrage im allgemeinen beitritt, die darin enthaltene abermalige Erweiterung des Übersetzungsrechtes ablehnen. Für Deutschland liegt kein Anlaß vor, von der Befugnis zu einem Vorbehalte Gebrauch zu machen. Selbstverständlich sind gegenüber dem Lande, das einen Vorbehalt macht, auch die anderen Länder in dieser Hinsicht nur nach Maßgabe des bisherigen Vertragsverhältnisses gebunden.

Artikel 28.

Diese Übereinkunft soll ratifiziert und die Ratifikationsurkunden sollen in Berlin spätestens am 1. Juli 1910 ausgetauscht werden.

Jeder vertragschließende Teil wird für den Austausch der Ratifikationsurkunden ein einziges Instrument übergeben, das zusammen mit denjenigen der übrigen Staaten in den Archiven der Regierung der Schweizerischen Eidgenossenschaft niedergelegt werden soll. Jeder Teil erhält dafür ein Exemplar des Protokolls über den Austausch der Ratifikationsurkunden, das von den Bevollmächtigten, die am Austausche teilnehmen, unterzeichnet ist.

Artikel 29.

Diese Übereinkunft wird drei Monate nach dem Austausche der Ratifikationsurkunden in Kraft gesetzt werden, sowie für unbestimmte Zeit und im Falle einer Kündigung bis zum Ablauf eines Jahres von dem Tage der Kündigung ab in Wirksamkeit bleiben.

Diese Kündigung soll an die Regierung der Schweizerischen Eidgenossenschaft gerichtet werden. Sie soll nur in Beziehung auf dasjenige Land Wirksamkeit haben, von dem sie ausgegangen ist, während die Übereinkunft für die übrigen Verbandsstaaten weiter in Kraft bleiben soll.

Die Artikel 28 und 29 beziehen sich auf die Bestimmungen über Ratifikation und Inkraftsetzung der Übereinkunft, die bisher im Artikel 21 und in der Nr. 7 des Schlußprotokolls bzw. im Artikel 20 der Berner Übereinkunft enthalten waren.

Die Frist für die Ratifikation ist bis zum 1. Juli 1910 gesetzt worden, um den einzelnen Ländern Zeit zu lassen, ihre Gesetzgebung gegebenenfalls vorher noch abzuändern.

Die Ratifikation der Übereinkunft hat am 9. Juni 1910 stattgefunden; die Übereinkunft ist deshalb am 9. September 1910 in Kraft getreten.

Artikel 30.

Die Staaten, welche in ihre Gesetzgebung die in Art. 7 Abs. 1 dieser Übereinkunft vorgesehene Schutzdauer von fünfzig Jahren einführen, werden davon der Regierung der Schweizerischen Eidgenossenschaft durch eine schriftliche Erklärung Kenntnis geben, die durch diese Regierung alsbald allen anderen Verbandsstaaten mitgeteilt werden wird.

Das Gleiche gilt für die Staaten, welche auf die von ihnen in Gemäßheit der Artikel 25, 26 und 27 gemachten Vorbehalte verzichten.

Zu Urkund dessen haben die betreffenden Bevollmächtigten diese Übereinkunft vollzogen und ihre Siegel beigedrückt.

So geschehen zu Berlin, am 13. November Eintausendneunhundertundacht in einem einzigen Exemplare, das in den Archiven der Regierung der Schweizerischen Eidgenossenschaft niedergelegt werden soll und von dem Abdrücke, gleichmäßig beglaubigt, auf diplomatischem Wege den vertragschließenden Staaten übermittelt werden.*)

Artikel 30 bestimmt, daß die Verbandsstaaten, welche die im Artikel 7 Abs. 1 vorgesehene Schutzdauer von fünfzig Jahren einführen oder welche auf die gemäß den Artikeln 25, 26 und 27 gemachten Vorbehalte verzichten, dies in gleicher Weise, wie es für den Neubeitritt eines Staates im Artikel 25 vorgeschrieben ist, schriftlich anzuzeigen haben.

Dieser Artikel hätte ebensogut den Bestandteil eines Vollziehungsprotokolls bilden können, der Einfachheit halber hat man ihn aber an dieser Stelle in die Übereinkunft selbst aufgenommen.

---

*) Zu den Artikeln 9 Abs. 2; 13 Abs. 2 und 18 Abs. 3 vgl. Artikel 4 des Gesetzes vom 22. Mai 1910 zur Ausführung der revidierten Berner Übereinkunft S. 242.

II.

Gesetz vom 22. Mai 1910

zur Ausführung der revidierten Berner Übereinkunft zum Schutze von Werken der Literatur und Kunst vom 13. November 1908.

(RGBl. 1910 S. 793.)

Wir Wilhelm, von Gottes Gnaden Deutscher Kaiser, König von Preußen &c. verordnen im Namen des Reiches, nach erfolgter Zustimmung des Bundesrates und des Reichstages, was folgt:

Artikel 1.

Das Gesetz, betreffend das Urheberrecht an Werken der Literatur und der Tonkunst, vom 19. Juni 1901 (Reichs-Gesetzbl. S. 227) wird dahin geändert:

1. Der § 1 erhält folgenden Abs. 2:

   Choreographische und pantomimische Werke werden auch dann wie Schriftwerke geschützt, wenn der Bühnenvorgang auf andere Weise als schriftlich festgelegt ist.

2. Der § 2 erhält folgenden Abs. 2:

   Wird ein Werk der Literatur oder der Tonkunst durch einen persönlichen Vortrag auf Vorrichtungen für Instrumente übertragen, die der mechanischen Wiedergabe für das Gehör dienen, so steht die auf diese Weise hergestellte Vorrichtung einer Bearbeitung des Werkes gleich. Das Gleiche gilt, wenn die Übertragung durch Lochen, Stanzen, Anordnung von Stiften oder eine ähnliche Tätigkeit geschieht und die Tätigkeit als eine künstlerische Leistung anzusehen ist. Im Falle des Satz 1 gilt der Vortragende, im Falle des Satz 2 derjenige, welcher die Übertragung bewirkt, als Bearbeiter.

3. Der § 12 Abs. 2 erhält folgende Zusätze:

   5. die Übertragung des Werkes auf Vorrichtungen für Instrumente, die der mechanischen Wiedergabe für das

Gehör dienen, insbesondere auf auswechselbare Scheiben, Platten, Walzen, Bänder und sonstige Zubehörstücke solcher Instrumente;

6. die Benutzung eines Schriftwerkes zu einer bildlichen Darstellung, welche das Originalwerk seinem Inhalt nach im Wege der Kinematographie oder eines ihr ähnlichen Verfahrens wiedergibt.

4. Der § 14 erhält folgende Zusätze:

4. für die Benutzung des Werkes zum Zwecke der mechanischen Wiedergabe für das Gehör (§ 12 Abs. 2 Nr. 5);

5. für die Benutzung eines Schriftwerkes zum Zwecke der kinematographischen Wiedergabe (§ 12 Abs. 2 Nr. 6).

5. Im § 18 Abs. 1 werden hinter den Worten „aus Zeitungen" eingefügt die Worte „in anderen Zeitungen".

6. Der § 20 erhält folgenden Abs. 3:

Die Vorschriften des Abs. 1 finden keine Anwendung, soweit der Text in Verbindung mit der mechanischen Wiedergabe eines Werkes der Tonkunst (§ 12 Abs. 2 Nr. 5) vervielfältigt werden soll.

7. Der § 22 wird durch folgende Vorschriften ersetzt:

§ 22.

Gestattet der Urheber eines Werkes der Tonkunst einem anderen, das Werk zum Zwecke der mechanischen Wiedergabe (§ 12 Abs. 2 Nr. 5) gewerbsmäßig zu vervielfältigen, so kann, nachdem das Werk erschienen ist, jeder Dritte, der im Inland eine gewerbliche Hauptniederlassung oder den Wohnsitz hat, verlangen, daß ihm der Urheber gegen eine angemessene Vergütung gleichfalls eine solche Erlaubnis erteile; für die Entstehung des Anspruchs begründet es keinen Unterschied, ob der Urheber dem anderen die Vervielfältigung mit oder ohne Übertragung der ausschließlichen Befugnis gestattet. Die Erlaubnis wirkt nur in bezug auf die Verbreitung im Inlande und die Ausfuhr nach solchen Staaten, in denen der Urheber keinen Schutz gegen die mechanische Wiedergabe des Werkes genießt. Der Reichskanzler kann durch Bekanntmachung im Reichs-Gesetzblatt für das Verhältnis zu einem Staate, in dem er die Gegenseitigkeit für verbürgt erachtet, bestimmen, inwieweit ein Dritter, auch wenn er im Inlande weder eine gewerbliche Niederlassung noch den Wohnsitz hat, die Erlaubnis verlangen darf und daß die Erlaubnis auch für die Ausfuhr nach jenem Staate wirkt.

Gehört als Text zu dem Werke der Tonkunst ein geschütztes Schriftwerk, dessen Urheber einem anderen gestattet hat, es zum Zwecke der mechanischen Wiedergabe gewerbsmäßig zu vervielfältigen, so finden die Vorschriften des Abs. 1 auch auf den Text Anwendung. An Stelle des Urhebers des Textes ist jedoch der Urheber des Werkes der Tonkunst berechtigt und verpflichtet, die Erlaubnis zu erteilen; er hat, wenn er die Erlaubnis erteilt, dem Urheber des Textes einen angemessenen Teil der Vergütung auszuzahlen.

§ 22 a.

Vorrichtungen, die auf Grund einer gemäß § 22 erteilten Erlaubnis hergestellt sind, dürfen mit der im § 22 Abs. 1 Satz 2 festgesetzten Beschränkung ohne eine weitere Erlaubnis zu öffentlichen Aufführungen benutzt werden. Hat der Urheber vor oder nach dem Inkrafttreten dieser Vorschrift die ausschließliche Befugnis zur Aufführung einem anderen übertragen, so hat er dem anderen einen angemessenen Teil der Vergütung auszuzahlen.

Die Vorschriften des Abs. 1 finden auch dann Anwendung, wenn der Urheber freiwillig einem anderen die Erlaubnis erteilt, das Werk zum Zwecke der mechanischen Wiedergabe zu vervielfältigen.

§ 22 b.

Hat der Urheber die ausschließliche Befugnis zur mechanischen Wiedergabe einem anderen in beschränktem Umfang übertragen, so ist die im § 22 bestimmte Erlaubnis gleichwohl nur von ihm zu erteilen. Im Falle einer unbeschränkten Übertragung ist die Erlaubnis von dem Rechtsnachfolger zu erteilen.

§ 22 c.

Für Klagen, durch die ein Anspruch auf Erteilung der Erlaubnis geltend gemacht wird, sind, sofern der Urheber im Inland keinen allgemeinen Gerichtsstand hat, die Gerichte der Stadt Leipzig zuständig.

Einstweilige Verfügungen können erlassen werden, auch wenn die in den § 935, 940 der ZPO. bezeichneten Voraussetzungen nicht zutreffen.

8. Im § 24 Satz 2 werden die Worte „im § 22" ersetzt durch die Worte „im § 12".

9. Im § 26 wird statt „§§ 16 bis 24" gesetzt „§§ 16 bis 21, 23, 24".

10. Der § 37 erhält folgenden Zusatz:
oder eine bildliche Darstellung, die nach § 12 unzulässig ist, öffentlich vorführt.

11. Im § 38 Abs. 1 Nr. 2 werden hinter den Worten „öffentlich aufführt" eingefügt die Worte „oder eine bildliche Darstellung, die nach § 12 unzulässig ist, öffentlich vorführt".

12. Im § 41 wird hinter dem Worte „aufgeführt" eingefügt das Wort „vorgeführt".

13. Im § 49 Abs. 2 werden hinter den Worten „des im § 43 bezeichneten Rechtes" eingefügt die Worte „ferner in den Fällen des § 22 über den Anspruch auf die Erteilung der Erlaubnis".

14. Der § 55 Abs. 1 erhält folgenden Satz 2:
Für den im § 2 Abs. 2 bestimmten Schutz ist an Stelle des Erscheinens die Vervielfältigung der Vorrichtung maßgebend.

15. Als § 63 a werden folgende Vorschriften eingestellt:

Die Vorschrift des § 12 Abs. 2 Nr. 5 findet keine Anwendung auf Werke der Tonkunst, die bereits vor dem 1. Mai 1909 im Inlande erlaubterweise für Vorrichtungen zur mechanischen Wiedergabe benutzt worden sind. Im übrigen finden die Vorschriften des § 63 entsprechende Anwendung; Exemplare, deren Verbreitung hiernach zulässig ist, dürfen auch zu öffentlichen Aufführungen benutzt werden.

Auf Werke der Literatur und der Tonkunst, die vor dem Inkrafttreten der Vorschriften des § 22 entstanden sind, finden diese auch insoweit Anwendung, als die Werke schon bisher einen Schutz gegen mechanische Wiedergabe genossen. Soweit jedoch dem Urheber bisher eine ausschließliche Befugnis zustand, das Werk zur mechanischen Wiedergabe zu benutzen, bleibt, wenn er die Befugnis einem anderen übertragen hat, dieser sowohl dem Urheber als Dritten gegenüber gemäß den bisherigen Vorschriften zu der Benutzung befugt. Auch wird in solchen Fällen, wenn der Urheber auf Grund des bisherigen Rechtes einem anderen ohne Übertragung der ausschließlichen Befugnis gestattet hat, das geschützte Werk zur mechanischen Wiedergabe zu benutzen, hierdurch für Dritte nicht der Anspruch begründet, daß ihnen gleichfalls eine solche Erlaubnis erteilt werde.

Artikel 2.

Der § 2 Abs. 2 des Gesetzes über das Verlagsrecht vom 19. Juni 1901 (Reichs-Gesetzbl. S. 217) erhält folgende Zusätze:

4. für die Benutzung des Werkes zum Zwecke der mechanischen Wiedergabe für das Gehör;

5. für die Benutzung eines Schriftwerkes oder einer Abbildung zu einer bildlichen Darstellung, welche das Originalwerk seinem Inhalt nach im Wege der Kinematographie oder eines ihr ähnlichen Verfahrens wiedergibt.

Artikel 3.

Das Gesetz, betreffend das Urheberrecht an Werken der bildenden Künste und der Photographie, vom 9. Januar 1907 (Reichs-Gesetzbl. S. 7) wird dahin geändert:

1. Als § 15 a werden folgende Vorschriften eingestellt:

   Ist ein im Wege der Kinematographie oder eines ihr ähnlichen Verfahrens hergestelltes Werk wegen der Anordnung des Bühnenvorganges oder der Verbindung der dargestellten Begebenheiten als eine eigentümliche Schöpfung anzusehen, so erstreckt sich das Urheberrecht auch auf die bildliche Wiedergabe der dargestellten Handlung in geänderter Gestaltung. Der Urheber hat die ausschließliche Befugnis, das Werk öffentlich vorzuführen.

2. Der § 31 erhält folgenden Satz 2:

   Der gewerbsmäßigen Vorführung steht, soweit die Kinematographie oder ein ihr ähnliches Verfahren angewandt wird, die öffentliche Vorführung gleich.

3. Der § 32 Abs. 1 erhält folgenden Satz 2:

   Der gewerbsmäßigen Vorführung steht, soweit die Kinematographie oder ein ihr ähnliches Verfahren angewendet wird, die öffentliche Vorführung gleich.

Artikel 4.

In Ausführung des Artikel 9 Abs. 2, des Artikel 13 Abs. 2 und des Artikel 18 Abs. 3 der revidierten Berner Übereinkunft zum Schutze von Werken der Literatur und Kunst vom 13. November 1908 wird bestimmt:

§ 1.

Wer der Bestimmung des Artikel 9 Abs. 2 Satz 1 der Übereinkunft zuwider es unterläßt, die benutzte Quelle anzugeben, wird nach § 44 des Gesetzes, betreffend das Urheberrecht an Werken der Literatur und der Tonkunst, vom 19. Juni 1901 (Reichs-Gesetzbl. S. 227) bestraft.

§ 2.

Auf die nach Artikel 13 Abs. 1 der Übereinkunft den Urhebern von Werken der Tonkunst zustehenden Befugnisse finden die Vorschriften der §§ 22 bis 22 c und des § 63 a Abs. 2 in der Fassung des gegenwärtigen Gesetzes Anwendung. Die Bestimmung des Artikel 13 Abs. 3 der Übereinkunft bleibt unberührt.

§ 3.

Die im Artikel 18 Abs. 3 der Übereinkunft vorbehaltene Regelung der Anwendung des im Artikel 18 Abs. 1 enthaltenen Grundsatzes erfolgt durch Kaiserliche Verordnung mit Zustimmung des Bundesrats.

Artikel 5.

Dieses Gesetz tritt gleichzeitig mit der revidierten Berner Übereinkunft zum Schutze von Werken der Literatur und Kunst vom 13. November 1908 in Kraft *).

Urkundlich unter Unserer Höchsteigenhändigen Unterschrift und beigedrucktem Kaiserlichen Insiegel.

Gegeben Buckingham Palace London, den 22. Mai 1910.

III.

Übereinkommen

zwischen Deutschland und Frankreich, betreffend den Schutz an Werken der Literatur und Kunst und an Photographien.

Vom 8. April 1907.

(RGBl. 1907 S. 419ff.)

Seine Majestät der Deutsche Kaiser, König von Preußen, im Namen des Deutschen Reichs, und der Präsident der Fran-

*) Die Ratifikation der revidierten Berner Übereinkunft vom 13. November 1908 hat am 9. Juni 1910 zu Berlin stattgefunden. Da diese Übereinkunft somit (s. Art. 29 derselben) am 9. September 1910 in Kraft gesetzt ist, ist auch das Gesetz vom 22. Mai 1910 an diesem Tage in Kraft getreten.

zösischen Republik, gleichmäßig von dem Wunsche beseelt, in wirksamerer Weise in beiden Ländern den Schutz an Werken der Literatur und Kunst zu gewährleisten, haben den Abschluß einer neuen besonderen Übereinkunft zu diesem Zwecke beschlossen und zu Ihren Bevollmächtigten ernannt, nämlich:

Seine Majestät der Deutsche Kaiser, König von Preußen:

Seine Durchlaucht den Fürsten von Radolin, Seinen außerordentlichen und bevollmächtigten Botschafter bei dem Präsidenten der Französischen Republik,

und

der Präsident der Französischen Republik:

Seine Exzellenz Herrn Pichon, Senator, Minister der Auswärtigen Angelegenheiten,

welche, nach gegenseitiger Mitteilung ihrer in guter und gehöriger Form befundenen Vollmachten, folgende Artikel vereinbart haben:

Artikel 1.

Die am 19. April 1883 zwischen Deutschland und Frankreich abgeschlossene Übereinkunft zum Schutze der Werke der Literatur und Kunst wird aufgehoben und durch die gegenwärtige Übereinkunft ersetzt.

Artikel 2.

Zum Zwecke der Ergänzungen der Bestimmungen der Berner Übereinkunft vom 9. September 1886, betreffend die Bildung eines internationalen Verbandes zum Schutze von Werken der Literatur und Kunst, und entsprechend den Festsetzungen der Zusatzakte und der Deklaration von Paris vom 4. Mai 1896 sind die beiden Hohen vertragschließenden Teile über nachstehende Bestimmungen übereingekommen:

§ 1. Den Urhebern von Werken, welche zum ersten Male in dem Gebiete eines der beiden vertragschließenden Teile veröffentlicht worden sind, steht im Gebiete des anderen Teiles während der ganzen Dauer ihres Rechtes an dem Originalwerke das ausschließliche Recht zu, ihre Werke zu übersetzen oder deren Übersetzung zu gestatten, ohne daß es erforderlich wäre, daß der Urheber von seinem ausschließlichen Rechte der Übersetzung innerhalb der im Artikel 5 der Berner Übereinkunft vorgesehenen Frist von zehn Jahren Gebrauch gemacht hat.

§ 2. Die Urheber von Werken, welche zum ersten Male in dem Gebiete eines der beiden vertragschließenden Teile veröffentlicht worden sind, werden im Gebiete des anderen Teiles gegen öffentliche Aufführung ihrer musikalischen Werke ebenso wie die inländischen Urheber geschützt, auch wenn sie die öffentliche Aufführung nicht ausdrücklich untersagt haben.

Artikel 3.

Die gegenwärtige Übereinkunft findet auch auf die bereits vorhandenen Werke Anwendung, sofern sie zur Zeit des Inkrafttretens der gegenwärtigen Übereinkunft in ihrem Ursprungslande noch nicht Gemeingut geworden sind.

War jedoch vor dem Inkrafttreten dieser Übereinkunft eine Übersetzung erlaubterweise ganz oder zum Teil erschienen, so bleibt die Befugnis des Übersetzers zur Vervielfältigung, Verbreitung und Aufführung dieser Übersetzung unberührt.

Von dem Inkrafttreten der gegenwärtigen Übereinkunft an genießt ein bereits veröffentlichtes musikalisches Werk den Schutz, auch wenn es bis dahin mangels eines ausdrücklichen Verbots gegen öffentliche Aufführung nicht geschützt war. Jedoch ist die öffentliche Aufführung eines solchen Werkes ohne Einwilligung des Urhebers zulässig, wenn die Aufführenden Partituren oder Notenblätter benutzen, die einen Verbotsvermerk nicht tragen, und die sich bereits vor dem Inkrafttreten der gegenwärtigen Übereinkunft in ihrem Besitze befunden hatten.

Artikel 4.

Der Genuß der Rechte, welche den Urhebern zustehen, die ihre Werke zum ersten Male in dem Gebiet eines der beiden vertragschließenden Teile veröffentlicht haben, ist von dem Nachweise der Erfüllung irgendwelcher Förmlichkeiten vor den Gerichten des anderen Teiles unabhängig.

Artikel 5.

Die Hohen vertragschließenden Teile sind darüber einverstanden, daß jeder weitergehende Vorteil oder Vorzug, welcher künftighin von seiten eines derselben einer dritten Macht in bezug auf den Schutz an Werken der Literatur und Kunst eingeräumt wird, den Urhebern des anderen Landes oder deren Rechtsnachfolgern ohne weiteres zustatten kommen soll.

Artikel 6.

Die Werke der Photographie und die durch ein der Photographie ähnliches Verfahren hergestellten Werke genießen die durch die Bestimmungen der gegenwärtigen Übereinkunft festgesetzten Vorteile.

Artikel 7.

Die gegenwärtige Übereinkunft soll einen Monat nach dem Austausche der Ratifikationsurkunden in Kraft treten, und ihre Wirksamkeit soll bis zum Ablaufe einer Frist von einem Jahre von dem Tage ab, an welchem sie von einem der Hohen vertragschließenden Teile gekündigt wird, fortdauern.

Artikel 8.

Die gegenwärtige Übereinkunft soll ratifiziert und die Ratifikationsurkunden sollen sobald als möglich in Paris ausgewechselt werden *).

Zu Urkund dessen haben die beiderseitigen Bevollmächtigten die gegenwärtige Übereinkunft vollzogen und ihre Siegel beigedrückt.

---

*) Die vorstehende Übereinkunft ist ratifiziert worden und die Auswechselung der Ratifikationsurkunden hat am 31. Juli 1907 stattgefunden.

So geschehen zu Paris, in doppelter Ausfertigung, den 8. April 1907.

Dem Reichstag ist die vorstehende Übereinkunft s. Z. unterbreitet mit folgender Denkschrift:

Die urheberrechtlichen Beziehungen zwischen Deutschland und Frankreich sind zurzeit durch den Sondervertrag, betreffend den Schutz an Werken der Literatur und Kunst, vom 19. April 1883 (Reichs-Gesetzbl., S. 269 ff.) sowie durch die Berner Übereinkunft vom 9. September 1886 (Reichs-Gesetzbl., 1887, S. 493 ff.) und die Pariser Zusatzübereinkommen hierzu vom 4. Mai 1896 (Reichs-Gesetzbl., 1897, S. 759 ff.) geregelt.

Soweit die Bestimmungen des Sondervertrags sich mit den Abmachungen der Berner Übereinkunft decken, sind sie gegenstandslos geworden; nur jene Bestimmungen des Sondervertrages, welche den Urhebern weitergehende Rechte gewähren, als sie nach der Berner Übereinkunft genießen würden, haben noch praktische Bedeutung (zu vgl. Article additionnel der Berner Übereinkunft).

Eine Erweiterung haben die deutsch-französischen Urheberrechtsbeziehungen durch den Notenwechsel vom 13. Juli/2. Juni 1903 (Reichs-Gesetzbl., S. 307 ff.) erfahren, indem dadurch festgestellt wurde, daß den französischen Urhebern in Deutschland, ebenso wie den deutschen Urhebern in Frankreich, für die ganze Dauer des Schutzes des Originalwerkes das ausschließliche Übersetzungsrecht zustehe. Diese Erweiterung ist auf die Meistbegünstigungsklausel in Artikel 16 des deutsch-französischen Literarvertrags von 1883 im Zusammenhang mit dem Übereinkommen zwischen dem Deutschen Reich und den Vereinigten Staaten von Amerika über den gegenseitigen Schutz der Urheberrechte vom 15. Januar 1892 (Reichs-Gesetzbl., S. 473 ff.) und dem Reichsgesetz vom 19. Juni 1901 (Reichs-Gesetzbl., S. 227 ff.) gegründet.

Auf der Pariser Konferenz zur Revision der Berner Übereinkunft vom Jahre 1896 ist auf den Antrag der deutschen Vertreter der Wunsch angenommen worden, daß die von Deutschland mit den Verbandsstaaten der Berner Übereinkunft geschlossenen Sonderverträge einer Revision dahin unterzogen werden sollen, welche Bestimmungen neben der Berner Übereinkunft als noch zu Recht bestehend angesehen werden könnten. Das Ergebnis dieser Prüfung soll durch einen urkundlichen Akt festgestellt und durch das Berner internationale Bureau noch vor dem Zusammentreten der nächsten internationalen Urheberrechtskonferenz zur Kenntnis der Verbandsstaaten der Berner Union gebracht werden.

Die demgemäß mit der französischen Regierung eingeleiteten Verhandlungen haben zum Abschluß der vorliegenden Übereinkunft vom 8. April 1907 geführt, welche gegenüber dem durch die Berner Übereinkunft geschaffenen Rechtszustande einen Fortschritt schon um deswillen bedeuten dürfte, weil darin den modernen Forderungen auf dem Gebiete des Urheberrechtes, insbesondere hinsichtlich des Schutzes gegen Übersetzung und öffentliche Aufführung, in liberaler Weise Rechnung getragen worden ist.

Zu den einzelnen Artikeln dieser Übereinkunft ist folgendes zu bemerken:

Artikel 1.

Durch Artikel 1 wird die oben erwähnte, bisher in Geltung stehende Übereinkunft vom 19. April 1883 aufgehoben und durch die vorliegende neue Übereinkunft ersetzt.

Artikel 2.

Die Einleitung zu Artikel 2 bezeichnet als Zweck der neuen Übereinkunft ausdrücklich die Ergänzung der Berner Übereinkunft vom 9. September 1886 und der Pariser Zusatzakte vom 4. Mai 1896 sowie der Pariser Deklaration vom gleichen Tage; es werden daher diese internationalen Vereinbarungen lediglich insoweit durch die neue Übereinkunft abgeändert, als diese weitergehende Rechte als die Berner Übereinkunft und die Pariser Vereinbarungen vom 4. Mai 1896 gewährt.

In § 1 des Artikels 2 ist der Schutz gegen Übersetzung geregelt, auf welchen sich Artikel 10 der alten deutsch-französischen Übereinkunft vom 19. April 1883 bezogen hatte. Danach mußte die Übersetzung innerhalb dreier Jahre nach dem Erscheinen des Originalwerkes erschienen sein; unter dieser Voraussetzung war sodann das Originalwerk weitere zehn Jahre vom Erscheinen der Übersetzung an gerechnet gegen Übersetzung geschützt. Die hierdurch getroffene Regelung blieb auch neben der Berner Übereinkunft in deren ursprünglicher Fassung von Bedeutung, da diese zwar keine Frist für das Erscheinen der Übersetzung bestimmte, die Dauer des Schutzes gegen Übersetzung aber allgemein auf zehn Jahre vom Erscheinen des Originalwerkes an gerechnet beschränkte. Während also die deutsch-französische Übereinkunft von 1883 unter Umständen bis zu 13 Jahren Schutz gegen Übersetzung gewährte, beschränkte die Berner Übereinkunft diesen Schutz auf zehn Jahre. Eine Änderung brachte aber die durch die Pariser Zusatzakte erfolgte Abänderung des Artikels 5 der Berner Übereinkunft, indem unter der Bedingung, daß innerhalb zehn Jahren seit Erscheinen des Originalwerkes eine rechtmäßige Übersetzung veröffentlicht worden ist, dem Urheber das ausschließliche Übersetzungsrecht für die ganze Dauer des Schutzes des Originalwerkes gesichert wurde. Da diese Bestimmung weitergehende Rechte als das Abkommen von 1883 enthielt, konnte

Artikel 10 dieses Abkommens weiterhin nicht mehr zur Anwendung gelangen.

Nachdem das Reichsgesetz vom 19. Juni 1901, betreffend das Urheberrecht an Werken der Literatur und der Tonkunst, (Reichs-Gesetzbl. S. 227 ff.) in § 11 und § 12, Abs. 2, Ziff. 1 den Urhebern literarischer Werke das ausschließliche Übersetzungsrecht während der ganzen Dauer des Schutzes des Originalwerkes eingeräumt hatte, traten die Bürger der Vereinigten Staaten von Amerika gemäß Artikel 1 der Übereinkunft zwischen dem Reich und den Vereinigten Staaten von Amerika vom 15. Januar 1892 ebenfalls in den Genuß dieser Rechte. Dieser, den Bürgern der Vereinigten Staaten gewährte unbeschränkte Schutz gegen Übersetzung ist endlich durch den oben erwähnten Notenwechsel vom 13. Juli/2. Juni 1903 auf Grund des Frankreich zustehenden Meistbegünstigungsrechts (Artikel 16 der Übereinkunft von 1883) auch den französischen Urhebern gewährt worden. Nunmehr sollen, entsprechend dem § 1 des Artikels 2 der vorliegenden Übereinkunft, in Zukunft in Deutschland und in Frankreich alle literarischen Werke während der ganzen Dauer des Schutzes des Originalwerkes auch gegen Übersetzung geschützt sein, ohne daß es dazu der Erfüllung irgendwelcher weiteren Voraussetzungen, als der des Schutzes des Originalwerkes bedarf. Der Notenwechsel vom 13. Juli/2. Juni 1903 verliert mit der Aufhebung der bisherigen deutsch-französischen Übereinkunft seine rechtliche Grundlage. Der Schutz steht allen Urhebern, gleichgültig, welchem Staate sie angehören, zu, falls sie nur ihr Werk in einem der beiden Vertragsstaaten verlagsmäßig veröffentlicht (herausgegeben) haben.

§ 2 des Artikel 2 schützt in analoger Weise veröffentlichte musikalische Werke gegen öffentliche Aufführung selbst dann, wenn in Abweichung von Artikel 9, Abs. 3, der Berner Übereinkunft das Verbot der öffentlichen Aufführung nicht ausdrücklich auf dem Werke ausgesprochen ist.

Artikel 3.

Artikel 3 enthält Übergangsbestimmungen, die aus Gründen der Billigkeit und zum Schutze wohlerworbener Rechte für die Durchführung des Artikel 2 zu treffen waren.

Absatz 1 dehnt zunächst die Anwendung der vorliegenden Übereinkunft auf alle bereits erschienenen Werke mit Ausnahme derjenigen aus, welche beim Inkrafttreten der Übereinkunft in ihrem Ursprungslande bereits Gemeingut geworden sind.

Absatz 2 schränkt dies dadurch ein, daß er den Urhebern einer bei Inkrafttreten der vorliegenden Übereinkunft ganz oder teilweise erschienenen autorisierten Übersetzung das Recht zur Vervielfältigung, Verbreitung oder Aufführung dieser Übersetzung sichert.

Absatz 3 gewährt jenen musikalischen Werken, welche bei Inkrafttreten der Übereinkunft wegen des Fehlens des Aufführungsvorbehaltes gegen öffentliche Aufführung nicht geschützt waren, nachträglich diesen Schutz; jedoch soll auch fernerhin die öffentliche Aufführung ohne Genehmigung des Urhebers statthaft sein, wenn die Aufführenden dazu sich solcher Noten bedienen, welche den Aufführungsvorbehalt nicht tragen und nachgewiesenermaßen bereits vor dem Inkrafttreten dieser Übereinkunft in ihrem Besitze gewesen sind.

Artikel 4.

Gemäß Artikel 2 der Berner Übereinkunft in der zurzeit geltenden Fassung ist der Schutz von Werken der Literatur und Kunst von der Erfüllung der Bedingungen und Förmlichkeiten, welche durch die interne Gesetzgebung des Ursprungslandes vorgeschrieben sind, abhängig. Die deutsche und die französische Gesetzgebung kennen allerdings keine Bedingungen und Förmlichkeiten als Voraussetzung des Schutzes; wohl aber ist in Frankreich die Nachdrucksklage an den Nachweis gebunden, daß den Vorschriften über die Hinterlegung des Werkes genügt worden ist. Von dieser Förmlichkeit, die jederzeit mit rückwirkender Kraft nachgeholt werden kann, ist also nicht das Urheberrecht, sondern nur die gerichtliche Geltendmachung dieses Rechtes abhängig.

Um zu verhindern, daß bei der Verfolgung französischer Urheberrechte deutsche Gerichte aus Artikel 11, Abs. 3, der Berner Übereinkunft etwa Anlaß nehmen, die Beibringung einer Bescheinigung über die Erfüllung dieser Förmlichkeiten zu fordern, ist in Artikel 4 ausdrücklich die gerichtliche Geltendmachung der Urheberrechte von dem Nachweise der Erfüllung irgendwelcher Förmlichkeiten unabhängig gemacht worden.

Artikel 5.

In Artikel 5 ist entsprechend dem Artikel 16 der Übereinkunft von 1883 wiederum die gegenseitige Meistbegünstigung auf dem Gebiete des Urheberrechtsschutzes vereinbart worden. Während aber bisher die Meistbegünstigung an die Voraussetzung der Gegenseitigkeit gebunden war, ist, um die verschiedenen Auslegungen, zu welchen die bisherige Bestimmung Anlaß gegeben hatte, für die Zukunft zu vermeiden, diese Voraussetzung in die vorliegende Übereinkunft nicht mehr aufgenommen worden.

Artikel 6.

Artikel 6 sichert die Vorteile der vorliegenden Übereinkunft auch den Photographien und den durch ein der Photographie ähnliches Verfahren hergestellten Werken.

Artikel 7.

Artikel 7 regelt das Inkrafttreten und die Dauer der vorliegenden Übereinkunft in der Weise, daß sie einen Monat nach Austausch der Ratifikationen in Wirksamkeit treten soll und jederzeit mit einjähriger Kündigungsfrist wieder aufgehoben werden kann.

Artikel 8.

Artikel 8 sieht in der üblichen Weise die Ratifikation der Übereinkunft vor.

IV.

Übereinkunft

zwischen Deutschland und Belgien, betreffend den Schutz an Werken der Literatur und Kunst und an Photographien. Vom 16. Oktober 1907.

(RGBl. 1908 S. 405 ff.)

Seine Majestät der Deutsche Kaiser, König von Preußen, im Namen des Deutschen Reiches, und Seine Majestät der König der Belgier, gleichmäßig von dem Wunsche beseelt, in wirksamerer Weise in beiden Ländern den Schutz an Werken der Literatur und Kunst zu gewährleisten, haben den Abschluß einer neuen besonderen Übereinkunft zu diesem Zwecke beschlossen und zu Ihren Bevollmächtigten ernannt, nämlich:

Seine Majestät der Deutsche Kaiser, König von Preußen:

Allerhöchstihren Wirklichen Geheimen Rat, außerordentlichen Gesandten und bevollmächtigten Minister bei Seiner Majestät dem König der Belgier, Herrn Grafen von Wallwitz,

und

Seine Majestät der König der Belgier:

Allerhöchstihren Minister der Auswärtigen Angelegenheiten, Herrn Davignon,

welche, nach gegenseitiger Mitteilung ihrer in guter und gehöriger Form befundenen Vollmachten, folgende Artikel vereinbart haben:

Artikel 1.

Die am 12. Dezember 1883 zwischen Deutschland und Belgien abgeschlossene Übereinkunft zum Schutze der Werke der Literatur und Kunst wird aufgehoben und durch die gegenwärtige Übereinkunft ersetzt.

Artikel 2.

Zum Zwecke der Ergänzung der Bestimmungen der Berner Übereinkunft vom 9. September 1886, betreffend die Bildung eines internationalen Verbandes zum Schutze von Werken der Literatur und Kunst, und entsprechend den Festsetzungen der Zusatzakte und der Deklaration von Paris vom 4. Mai 1896 sind die beiden Hohen vertragschließenden Teile über nachstehende Bestimmungen übereingekommen:

§ 1. Den Urhebern von Werken, welche zum ersten Male in dem Gebiete eines der beiden vertragschließenden Teile veröffentlicht worden sind, steht im Gebiete des anderen Teiles während der ganzen Dauer ihres Rechtes an dem Originalwerke das ausschließliche Recht zu, ihre Werke zu übersetzen oder deren Übersetzung zu gestatten, ohne daß es erforderlich wäre, daß der Urheber von seinem ausschließlichen Rechte der Übersetzung innerhalb der im Artikel 5 der Berner Übereinkunft vorgesehenen Frist von zehn Jahren Gebrauch gemacht hat.

§ 2. Die Urheber von Werken, welche zum ersten Male in dem Gebiete eines der beiden vertragschließenden Teile veröffentlicht worden sind, werden im Gebiete des anderen Teiles gegen öffentliche Aufführung ihrer musikalischen Werke ebenso wie die inländischen Urheber geschützt, auch wenn sie die öffentliche Aufführung nicht ausdrücklich untersagt haben.

Artikel 3.

Die gegenwärtige Übereinkunft findet auch auf die bereits vorhandenen Werke Anwendung, sofern sie zur Zeit des Inkrafttretens der gegenwärtigen Übereinkunft in ihrem Ursprungslande noch nicht Gemeingut geworden sind.

War jedoch vor dem Inkrafttreten dieser Übereinkunft eine Übersetzung erlaubterweise ganz oder zum Teil erschienen, so bleibt die Befugnis des Übersetzers zur Vervielfältigung, Verbreitung und Aufführung dieser Übersetzung unberührt.

Von dem Inkrafttreten der gegenwärtigen Übereinkunft an genießt ein bereits veröffentlichtes musikalisches Werk den Schutz, auch wenn es bis dahin mangels eines ausdrücklichen Verbots gegen öffentliche Aufführung nicht geschützt war. Jedoch ist die öffentliche Aufführung eines solchen Werkes ohne Einwilligung des Urhebers zulässig, wenn die Aufführenden Partituren oder Notenblätter benutzen, die einen Verbotsvermerk nicht tragen, und die sich bereits vor dem Inkrafttreten der gegenwärtigen Übereinkunft in ihrem Besitze befunden hatten.

Artikel 4.

Der Genuß der Rechte, welche den Urhebern zustehen, die ihre Werke zum ersten Male in dem Gebiete eines der beiden vertragschließenden Teile veröffentlicht haben, ist von dem Nachweise irgendwelcher Förmlichkeiten vor den Gerichten des anderen Teiles unabhängig.

Artikel 5.

Die Hohen vertragschließenden Teile sind darüber einverstanden, daß jeder weitergehende Vorteil oder Vorzug, welcher künftighin von seiten eines derselben einer dritten Macht in bezug auf den Schutz an Werken der Literatur und der Kunst eingeräumt wird, den Urhebern des anderen Landes oder deren Rechtsnachfolgern ohne weiteres zustatten kommen soll.

Artikel 6.

Die Werke der Photographie und die durch ein der Photographie ähnliches Verfahren hergestellten Werke genießen die durch die Bestimmungen der gegenwärtigen Übereinkunft festgesetzten Vorteile.

Artikel 7.

Die gegenwärtige Übereinkunft soll einen Monat nach dem Austausche der Ratifikationsurkunden in Kraft treten, und ihre Wirksamkeit soll bis zum Ablaufe einer Frist von einem Jahre von dem Tage ab, an welchem sie von einem der Hohen vertragschließenden Teile gekündigt wird, fortdauern.

Artikel 8.

Die gegenwärtige Übereinkunft soll ratifiziert und die Ratifikationsurkunden sollen sobald als möglich in Brüssel ausgewechselt werden *).

Zu Urkund dessen haben die beiderseitigen Bevollmächtigten die gegenwärtige Übereinkunft vollzogen und ihre Siegel beigedrückt.

So geschehen zu Brüssel, in doppelter Ausfertigung, den 16. Oktober 1907.

V.

Übereinkunft

zwischen Deutschland und Italien, betreffend den Schutz an Werken der Literatur und Kunst und an Photographien.

Vom 9. November 1907.

(RGBl. 1908 S. 80ff.)

Seine Majestät der Deutsche Kaiser, König von Preußen, im Namen des Deutschen Reiches, und Seine Majestät der König von Italien, gleichmäßig von dem Wunsche beseelt, in wirksamerer Weise in beiden Ländern den Schutz an Werken der Literatur und Kunst zu gewährleisten, haben den Abschluß einer

*) Die Übereinkunft ist ratifiziert worden. Die Auswechselung der Ratifikationsurkunden hat am 12. Juni 1908 stattgefunden.

neuen besonderen Übereinkunft zu diesem Zwecke beschlossen und zu Ihren Bevollmächtigten ernannt, nämlich:

Seine Majestät der Deutsche Kaiser, König von Preußen:

Seine Exzellenz den Grafen Anton von Monts, Allerhöchstihren außerordentlichen und bevollmächtigten Botschafter bei Seiner Majestät dem König von Italien,

und

Seine Majestät der König von Italien:

Seine Exzellenz Tommaso Tittoni, Allerhöchstihren Staatsminister der auswärtigen Angelegenheiten,

welche, nach gegenseitiger Mitteilung ihrer in guter und gehöriger Form befundenen Vollmachten, folgende Artikel vereinbart haben:

Artikel 1.

Die am 20. Juni 1884 zwischen Deutschland und Italien abgeschlossene Übereinkunft zum Schutze der Werke der Literatur und Kunst wird aufgehoben und durch die gegenwärtige Übereinkunft ersetzt.

Artikel 2.

Zum Zwecke der Ergänzung der Bestimmungen der Berner Übereinkunft vom 9. September 1886, betreffend die Bildung eines internationalen Verbandes zum Schutze von Werken der Literatur und Kunst, und entsprechend den Festsetzungen der Zusatzakte und der Deklaration von Paris vom 4. Mai 1896 sind die beiden Hohen vertragschließenden Teile über nachstehende Bestimmungen übereingekommen:

§ 1. Den Urhebern von Werken, welche zum ersten Male in dem Gebiet eines der beiden vertragschließenden Teile veröffentlicht worden sind, steht im Gebiet des anderen Teiles während der ganzen Dauer ihres Rechtes an dem Originalwerke das ausschließliche Recht zu, ihre Werke zu übersetzen oder deren Übersetzung zu gestatten, ohne daß es erforderlich wäre, daß der Urheber von seinem ausschließlichen Rechte der Übersetzung innerhalb der im Artikel 5 der Berner Übereinkunft vorgesehenen Frist von zehn Jahren Gebrauch gemacht hat.

§ 2. Die Urheber von Werken, welche zum ersten Male in dem Gebiet eines der beiden vertragschließenden Teile veröffentlicht worden sind, werden im Gebiete des anderen Teiles gegen öffentliche Aufführung ihrer musikalischen Werke auch dann geschützt, wenn sie die Aufführung, auf dem Titelblatt oder an der Spitze des Werkes, nicht ausdrücklich untersagt haben.

Artikel 3.

Die gegenwärtige Übereinkunft findet auch auf die bereits vorhandenen Werke Anwendung, sofern sie zur Zeit des Inkrafttretens der gegenwärtigen Übereinkunft in ihrem Ursprungslande noch nicht Gemeingut geworden sind.

War jedoch vor dem Inkrafttreten dieser Übereinkunft eine Übersetzung erlaubterweise ganz oder zum Teil erschienen, so bleibt die Befugnis des Übersetzers zur Vervielfältigung, Verbreitung und Aufführung dieser Übersetzung unberührt. Die gleiche Befugnis wird dem Übersetzer auch für den Fall vorbehalten, daß eine Übersetzung im Laufe eines Jahres nach dem Inkrafttreten der gegenwärtigen Übereinkunft veröffentlicht wird, und der Urheber des Originalwerkes bei dem Inkrafttreten den Schutz gegen Übersetzung nicht genoß.

Von dem Inkrafttreten der gegenwärtigen Übereinkunft an genießt ein bereits veröffentlichtes musikalisches Werk den Schutz, auch wenn es bis dahin mangels eines ausdrücklichen Verbotes gegen öffentliche Aufführung nicht geschützt war. Jedoch ist die öffentliche Aufführung eines solchen Werkes ohne Einwilligung des Urhebers zulässig, wenn die Aufführenden Partituren oder Notenblätter benutzen, die einen Verbotsvermerk nicht tragen, und die sich bereits vor dem Inkrafttreten der gegenwärtigen Übereinkunft in ihrem Besitze befunden hatten.

Artikel 4.

Die öffentliche Darstellung oder Aufführung eines nach der Berner Übereinkunft oder der gegenwärtigen Übereinkunft geschützten Bühnenwerkes oder Werkes der Tonkunst wird in Italien von Amts wegen durch die Lokalbehörden verboten werden, wenn der Urheber bei dem Königlich Italienischen Ministerium für Landwirtschaft, Industrie und Handel oder bei einer italienischen Konsularbehörde in Deutschland die Erklärung abgegeben hat, daß er die öffentliche Aufführung im voraus jedem verbiete, der nicht durch schriftliche und beglaubigte Bescheinungen seine Einwilligung nachweist. Für diese Erklärung ist die für die italienischen Urheber vorgeschriebene Gebühr zu entrichten, die in die italienische Staatskasse fließt. Die Urheber sind indessen zur Abgabe einer solchen Erklärung nicht verpflichtet. Durch ihre Unterlassung wird keines der den Urhebern durch die italienischen Gesetze, die Berner Übereinkunft und die gegenwärtige Übereinkunft gewährleisteten Rechte beeinträchtigt.

Artikel 5.

Der Genuß der Rechte, welche den Urhebern zustehen, die ihre Werke zum ersten Male in dem Gebiet eines der beiden vertragschließenden Teile veröffentlicht haben, ist von dem Nachweise der Erfüllung irgendwelcher Förmlichkeiten vor den Gerichten des anderen Teiles unabhängig.

Artikel 6.

Die Hohen vertragschließenden Teile sind darüber einverstanden, daß jeder weitergehende Vorteil oder Vorzug, welcher künftighin von seiten eines Derselben einer dritten Macht in bezug auf den Schutz an Werken der Literatur und Kunst eingeräumt wird, den Urhebern des anderen Landes oder deren Rechtsnachfolgern ohne weiteres zustatten kommen soll.

Artikel 7.

Die Werke der Photographie und die durch ein der Photographie ähnliches Verfahren hergestellten Werke genießen die durch die Bestimmungen der gegenwärtigen Übereinkunft festgesetzten Vorteile.

Artikel 8.

Die gegenwärtige Übereinkunft soll einen Monat nach dem Austausche der Ratifikationsurkunden in Kraft treten, und ihre Wirksamkeit soll bis zum Ablaufe einer Frist von einem Jahre von dem Tage ab, an welchem sie von einem der Hohen vertragschließenden Teile gekündigt wird, fortdauern.

Artikel 9.

Die gegenwärtige Übereinkunft soll ratifiziert, und die Ratifikationsurkunden sollen sobald als möglich in Rom ausgewechselt werden *).

Zu Urkund dessen haben die beiderseitigen Bevollmächtigten die gegenwärtige Übereinkunft vollzogen und ihre Siegel beigedrückt.

So geschehen zu Rom, in doppelter Ausfertigung, den 9. November 1907.

Die zugleich mit den vorstehenden beiden Abkommen mit Belgien und Italien dem Reichstag vorgelegte Denkschrift lautet:

Wie bereits in der Denkschrift zur neuen deutsch-französischen Urheberrechtsübereinkunft vom 8. April 1907 (Reichstags-Drucksache Nr. 392 der 12. Legislaturperiode, I. Session 1907) ausgeführt worden ist, hat die zu Paris im Jahre 1896 zur Revision der Berner internationalen Übereinkunft vom 9. September 1886 (Reichs-Gesetzbl., 1887, S. 493 ff.) abgehaltene Konferenz auf den Antrag der deutschen Vertreter den Wunsch angenommen, daß die zwischen Verbandsstaaten der Berner Übereinkunft geschlossenen Sonderverträge einer Revision dahin unterzogen werden sollen, welche Bestimmungen neben der Berner Übereinkunft als noch zu Recht bestehend angesehen werden können. Das Ergebnis dieser Prüfung soll durch einen urkundlichen Akt festgestellt und durch das Berner internationale Bureau noch vor dem

*) Die Übereinkunft ist ratifiziert worden. Die Auswechselung der Ratifikationsurkunden hat am 25. Februar 1908 stattgefunden.

Zusammentreten der nächsten internationalen Urheberrechtskonferenz zur Kenntnis der Verbandsstaaten der Berner Union gebracht werden.

Nachdem die demgemäß von uns mit der französischen Regierung eingeleiteten Verhandlungen zum Abschlusse der vorerwähnten Übereinkunft geführt haben, sind nunmehr auch die behufs Abänderung der Übereinkommen mit Belgien vom 12. Dezember 1883 und mit Italien vom 20. Juni 1884 (Reichs-Gesetzbl., 1884, S. 173 ff. und S. 193 ff.) vereinbarten vorliegenden beiden neuen Abkommen vom 16. Oktober und vom 9. November 1907 unterzeichnet worden.

Die Übereinkunft mit Belgien schließt sich dem Wortlaute der Vereinbarung mit Frankreich genau an.

Das Gleiche gilt, abgesehen von den neu aufgenommenen Vorschriften im Artikel 3 Abs. 2 Satz 2 und im Artikel 4, von dem Abkommen mit Italien; nur im Artikel 2 § 2 wurde, einem italienischerseits geäußerten Wunsche entsprechend, der Schluß etwas anders gefaßt, und im Artikel 3 Abs. 2 Satz 1 ist auf Anregung Italiens der allein maßgebende französische Text insofern geändert, als die Worte „avec autorisation" durch das Wort „licitement" ersetzt worden sind. In der neuen Bestimmung des Artikel 3 Abs. 2 Satz 2 wird, um auch die Interessen eines Übersetzers zu wahren, der seine Arbeit bis zum Inkrafttreten der neuen Übereinkunft noch nicht vollendet hatte, die im Artikel 3 Abs. 2 Satz 1 dem Übersetzer gesicherte Befugnis, die Übersetzung auch weiterhin zu vervielfältigen, zu verbreiten oder aufzuführen, auf den Fall ausgedehnt, daß die Übersetzung erst nach diesem Zeitpunkte, jedoch vor Ablauf eines Jahres erscheint. Vorausgesetzt wird dabei, daß der Urheber des Originalwerkes bei dem Inkrafttreten den Schutz gegen Übersetzung nicht genoß. Diese Ausdehnung entspricht einem Wunsche der Italienischen Regierung. Der neue Artikel 4 beruht darauf, daß nach der italienischen Gesetzgebung die öffentliche Aufführung eines geschützten Bühnenwerkes oder Werkes der Tonkunst durch die Ortsbehörde verboten wird, wenn nicht die Einwilligung des Berechtigten zu der Aufführung beigebracht ist. Inwieweit dieser Rechtsbehelf auch für ausländische Urheber auf Grund der Berner Übereinkunft nutzbar gemacht werden kann, erscheint im Hinblick auf die dabei zu beobachtenden Verwaltungsvorschriften zweifelhaft. Die Bestimmungen des Artikel 4 regeln diese Frage und ermöglichen es den deutschen Beteiligten, sich den erwähnten Schutz zu sichern.

Was Deutschland anlangt, so ist es durch den Abschluß der vorliegenden beiden Abkommen sowie desjenigen mit Frankreich dem eingangs erwähnten Wunsche der Pariser Konferenz vom Jahre 1896 gerecht geworden, da weitere Sonderverträge zwischen ihm und Verbandsstaaten der Berner Union nicht bestehen.

VI.

Übereinkommen,

betreffend den Schutz der Urheberrechte an Werken der Literatur, Kunst und Photographie, zwischen dem Deutschen Reiche und Österreich-Ungarn.

Vom 30. Dezember 1899.

(RGBl. 1901 S. 131 ff.)

Seine Majestät der Deutsche Kaiser, König von Preußen, im Namen des Deutschen Reichs, einerseits, und Seine Majestät der Kaiser von Österreich, König von Böhmen ꝛc. und Apostolischer König von Ungarn, andererseits, von dem Wunsche beseelt, die Urheberrechte an Werken der Literatur, Kunst und Photographie in den beiderseitigen Staatsgebieten in wirksamer Weise zu sichern, haben beschlossen, zu diesem Behuf ein besonderes Übereinkommen zu treffen und demgemäß zu Ihren Bevollmächtigten ernannt:

Seine Majestät der Deutsche Kaiser, König von Preußen:

Allerhöchstihren Staatsminister, Staatssekretär des Auswärtigen Amtes Herrn Bernhard Grafen von Bülow,

und

Seine Majestät der Kaiser von Österreich, König von Böhmen ꝛc. und Apostolischer König von Ungarn:

Allerhöchstihren Kämmerer und Wirklichen Geheimen Rat ꝛc. ꝛc., außerordentlichen und bevollmächtigten Botschafter bei Seiner Majestät dem Deutschen Kaiser, König von Preußen, Herrn Ladislaus Szögyény-Marich von Magyar-Szögyén und Szolgaegyháza,

welche, nachdem sie sich gegenseitig ihre Vollmachten mitgeteilt und dieselben in guter und gehöriger Ordnung befunden, die folgenden Artikel vereinbart haben:

Artikel 1.

Jedes Werk der Literatur, der Kunst und der Photographie, welches in den Staatsgebieten eines der vertragschließenden Teile einheimisch ist, wird in den Staatsgebieten des anderen Teiles, wenn es nicht auch dort als einheimisch anzusehen ist, den dort für Werke gleicher Art durch die inländische Gesetzgebung jeweils gewährten Schutz auf Grund dieses Übereinkommens genießen.

Der vertragsmäßige Schutz wird jedoch nicht gewährt, wenn das Werk dort, wo es einheimisch ist, überhaupt keinen gesetzlichen Schutz genießt. Er soll ferner nicht länger bestehen, als der gesetzliche Schutz dort dauert, wo das Werk einheimisch ist.

Artikel 2.

Als einheimisch gilt ein Werk, wenn auf dasselbe vermöge seines Erscheinungsorts oder vermöge der Staatsangehörigkeit oder des Wohnsitzes seines Urhebers die betreffende inländische Gesetzgebung Anwendung findet.

Artikel 3.

Im Verhältnisse zwischen dem Deutschen Reiche und den im Österreichischen Reichsrate vertretenen Königreichen und Ländern ist der vertragsmäßige Schutz von der Erfüllung nur der Bedingungen und Förmlichkeiten abhängig, welche durch die Gesetzgebung des Teiles vorgeschrieben sind, in dessen Gebiete das betreffende Werk einheimisch ist.

Dagegen ist im Verhältnisse zwischen den Ländern der Ungarischen Krone und dem Deutschen Reiche der vertragsmäßige Schutz davon abhängig, daß hinsichtlich der Bedingungen und Förmlichkeiten nicht nur den Gesetzen und Vorschriften des vertragschließenden Teiles, in dessen Gebiete das Werk einheimisch ist, sondern auch den Gesetzen und Vorschriften des anderen Teiles, in dessen Gebiete der vertragsmäßige Schutz gewährt werden soll, entsprochen worden ist.

Als Bedingungen und Förmlichkeiten im Sinne dieses Artikels sind insbesondere der Vorbehalt des Übersetzungsrechtes und der Beginn der Übersetzung innerhalb einer bestimmten Frist anzusehen; das Gleiche gilt von dem Vorbehalte des Rechtes der öffentlichen Aufführung bei musikalischen Werken.

Artikel 4.

Das ausschließliche Übersetzungsrecht dauert hinsichtlich der Sprachen, in denen nicht eine rechtmäßige und vollständige Übersetzung herausgegeben worden ist, keinenfalls länger als drei Jahre nach der Herausgabe des Werkes.

Bezüglich der Sprachen, in denen eine solche Übersetzung rechtzeitig herausgegeben ist, endigt das Übersetzungsrecht erst fünf Jahre nach dieser Herausgabe.

Bei Berechnung der Fristen ist das Kalenderjahr der Herausgabe des Werkes oder der Übersetzung nicht mitzuzählen.

Artikel 5.

Die durch dieses Übereinkommen gewährleisteten Rechte stehen nicht nur den Urhebern, sondern auch ihren Rechtsnachfolgern, mit Einschluß der Verleger zu, gleichviel ob das Urheberrecht als solches oder nur zur Ausübung auf den Rechtsnachfolger übergegangen ist.

Damit die Urheber bis zum Beweise des Gegenteiles als solche angesehen und demgemäß von den Gerichten der vertragschließenden Teile zur Verfolgung ihrer Rechte zugelassen werden, genügt es, wenn ihr Name in der üblichen Weise auf dem Werke angegeben ist.

Bei anonymen oder pseudonymen Werken ist der Herausgeber, und wenn ein solcher nicht oder nicht mit seinem wahren Namen angegeben ist, der Verleger berechtigt, die dem Urheber zustehenden Rechte wahrzunehmen.

Der Herausgeber und der Verleger gelten in diesen Fällen ohne weiteren Beweis als Rechtsnachfolger des anonymen oder pseudonymen Urhebers.

Artikel 6.

Die Bestimmungen des gegenwärtigen Übereinkommens sollen in keiner Beziehung das jedem der beiden vertragschließenden Teile zustehende Recht beeinträchtigen, durch Maßregeln der Gesetzgebung oder inneren Verwaltung die Verbreitung, die Aufführung, die Ausstellung oder das Feilbieten eines jeden Werkes oder Erzeugnisses zu überwachen oder zu untersagen.

Jedem der beiden vertragschließenden Teile bleibt gleicherweise das Recht gewahrt, im eigenen Gebiete die Einfuhr solcher Werke zu verbieten, welche nach seinen inneren Gesetzen oder in Gemäßheit seiner Verabredungen mit anderen Mächten als unerlaubte Wiedergabe erklärt sind oder erklärt werden.

Artikel 7.

Die Bestimmungen dieses Übereinkommens sollen auch auf die vor Beginn der Wirksamkeit desselben vorhandenen Werke Anwendung finden. Jedoch können begonnene Vervielfältigungen und Nachbildungen, deren Herstellung bisher nicht verboten war, vollendet und gleich den bereits erlaubterweise hergestellten verbreitet werden.

Desgleichen können die Vorrichtungen zur Vervielfältigung oder Nachbildung (Abdrücke, Abgüsse, Platten, Steine und Formen), deren Herstellung bisher nicht verboten war, zu besagtem Zwecke noch während eines Zeitraums von vier Jahren, vom Beginne der Wirksamkeit des gegenwärtigen Übereinkommens an, benutzt werden.

Die Verbreitung solcher Vervielfältigungen oder Nachbildungen und die fernere Benutzung der bezeichneten Vorrichtungen ist aber nur dann gestattet, wenn diese Gegenstände infolge eines von der beteiligten Partei binnen drei Monaten nach Beginn der Wirksamkeit des gegenwärtigen Übereinkommens gestellten Ansuchens in einem Inventare verzeichnet und mit einem besonderen Stempel versehen worden sind. Die näheren Bestimmungen hierüber werden durch die Verwaltungsbehörden getroffen.

Die vor Beginn der Wirksamkeit des gegenwärtigen Übereinkommens rechtmäßig zur Aufführung gebrachten dramatischen, musikalischen und dramatisch-musikalischen Werke können auch ferner frei aufgeführt werden.

Artikel 8.

Das gegenwärtige Übereinkommen wird durch zehn Jahre von dem Tage ab, an welchem es in Wirksamkeit tritt, in Kraft bleiben.

In dem Falle, daß keiner der vertragschließenden Teile zwölf Monate vor dem Ablaufe des zehnjährigen Zeitraums das gegenwärtige Übereinkommen aufkündigt, bleibt dasselbe in Kraft bis zum Ablauf eines Jahres, von dem Tage ab gerechnet, an welchem einer der vertragschließenden Teile die Kündigung erklärt.

Artikel 9.

Das gegenwärtige Übereinkommen soll ratifiziert, und die Ratifikationsurkunden sollen sobald als möglich in Berlin ausgetauscht werden; es wird mit Beginn des fünfzehnten Tages nach dem Tage, an welchem der Austausch der Ratifikationen erfolgt ist, in Wirksamkeit treten *).

Zu Urkund dessen haben die beiderseitigen Bevollmächtigten das Übereinkommen unterzeichnet und mit ihrem Wappen gesiegelt.

So geschehen in zweifacher Ausfertigung in Berlin, am 30. Dezember 1899.

*) Der Austausch der Ratifikationsurkunden hat am 9. Mai 1901 stattgefunden. Das Übereinkommen ist am 24. Mai 1901 in Kraft getreten.

Schlußprotokoll.

Im Begriffe, zur Vollziehung des unter dem heutigen Datum abgeschlossenen Übereinkommens zu schreiten, haben die unterzeichneten Bevollmächtigten das Nachstehende verabredet:

Zu Artikel I und II.

In betreff des Verhältnisses zwischen den im Österreichischen Reichsrate vertretenen Königreichen und Ländern und dem Deutschen Reiche andererseits besteht Einverständnis darüber:

1. daß die in dem einen Gebiete erschienenen Werke inländischer Urheber in dem anderen Gebiete nicht als einheimisch gelten und deshalb nur den vertragsmäßigen Schutz genießen;
2. daß einem Werke, soweit dasselbe durch die Gesetzgebung des einen Teiles nur vermöge seines Erscheinens geschützt wird, der vertragsmäßige Schutz nur dann zukommt, wenn es auch nach der inländischen Gesetzgebung des anderen Teiles als in dem Gebiete des ersteren Teiles erschienen gilt.

Das gegenwärtige Protokoll, welches ohne besondere Ratifikation, durch die bloße Tatsache der Auswechselung der Ratifikationen des Übereinkommens, auf welches es sich bezieht, als von den vertragschließenden Teilen gebilligt und bestätigt anzusehen ist, wurde in doppelter Ausfertigung am 30. Dezember 1899 zu Berlin unterzeichnet.

Dem Reichstage ist s. Z. das vorstehende Übereinkommen vorgelegt mit folgender Denkschrift:

Im Jahre 1891 brachten die Abgeordneten Freiherr von Stauffenberg und Siegle im Reichstage eine Interpellation ein, in welcher sie die Anfrage stellten, ob die Reichsregierung geneigt sei, mit Österreich-Ungarn ein Urheberrechtsübereinkommen abzuschließen.

Das Verhältnis Deutschlands zu Österreich-Ungarn auf dem Gebiete des Urheberrechts war damals folgendes.

In Gemäßheit der Bestimmungen des § 62 des Reichsgesetzes vom 11. Juni 1870, betreffend das Urheberrecht an Schriftwerken, Abbildungen, musikalischen Kompositionen und dramatischen Werken, und des § 21 des Reichsgesetzes vom 9. Januar 1876, betreffend das Urheberrecht an Werken der bildenden Künste, sowie des § 38 des Österreichischen

Patents vom 19. Oktober 1846 genossen zwar die Werke des einen Staates im Gebiete des anderen Teiles den Schutz der einheimischen Gesetzgebung, weil jedoch das Schutzverhältnis sich nur auf diejenigen Landesteile erstreckte, welche ehemals zum Deutschen Bunde gehörten, so herrschte, da Österreich-Ungarn dem Berner internationalen Übereinkommen zum Schutze der Urheberrechte nicht beigetreten war, und das ungarische Urheberrechtsgesetz vom 26. April 1884 im § 79 Abs. 2 seine Anwendung auf ausländische Werke grundsätzlich ausschloß, in den Beziehungen zwischen den nicht zum früheren Deutschen Bunde gehörigen Provinzen und Ländern ein vertragloser Zustand.

Wenngleich diese Gestaltung der Verhältnisse — von den Urheberrechtsbeziehungen zu Ungarn abgesehen — seitens der deutschen Interessenten wohl nicht allzuschwer empfunden worden sein dürfte, erschien es doch für uns wünschenswert, eine Klarstellung der Urheberrechte im Verhältnisse zu den im Österreichischen Reichsrate vertretenen Ländern und einen Schutz der Rechte der deutschen Urheber in Ungarn herbeizuführen.

Regierungsseitig wurde daher aus der erwähnten Interpellation gern Veranlassung genommen, bei der Österreichisch-Ungarischen Regierung anzufragen, ob sie zum Eintritt in Verhandlungen über den Abschluß eines Urheberrechtsübereinkommens bereit sei. Von Österreich-Ungarn wurde daraufhin eine zustimmende Antwort erteilt und zugleich als Grundlage für die einzuleitenden Verhandlungen die unter dem 8. Juli 1890 von Österreich-Ungarn mit Italien geschlossene Urheberrechtskonvention bezeichnet, welche sich als bloßes Reziprozitätsabkommen darstellt.

Der Abschluß eines solchen Reziprozitätsabkommens wäre an sich auch zu einer befriedigenden Regelung unseres Verhältnisses zu Ungarn ausreichend gewesen, allein den im Österreichischen Reichsrate vertretenen Königreichen und Ländern gegenüber ließ es keinen genügenden Schutz der gegenseitigen Interessen erhoffen; denn damals galt in dieser Reichshälfte noch das oben erwähnte Allerhöchste Patent vom 19. Oktober 1846, welches vielfach den neueren Anschauungen auf dem Gebiete des Urheberrechts nicht mehr entsprach. Es ergab sich daher für uns die Notwendigkeit, beim Abschluß eines Urheberrechtsübereinkommens mit Österreich-Ungarn über den Rahmen eines Reziprozitätsabkommens hinauszugehen und materielle Änderungen gegenüber den Bestimmungen des Österreichischen Patents vom Jahre 1846 anzustreben.

Mit Rücksicht darauf jedoch, daß der inzwischen bekannt gewordene Entwurf eines neuen Urheberrechtsgesetzes für die im Österreichischen Reichsrate vertretenen Königreiche und Länder die Hauptmängel des Patents von 1846 zu beseitigen und sich den neueren Anschauungen anzupassen versprach, erschien es, nachdem ein Versuch, die Wirkungen des Übereinkommens einstweilen auf Ungarn zu beschränken, nicht zum Ziele geführt hatte, angezeigt, zunächst abzuwarten, ob und in welcher Gestalt dieser Entwurf zum Gesetze erhoben werden würde.

Wenn nun auch infolgedessen die Verhandlungen über das Urheberrechtsabkommen nicht weiter fortgesetzt wurden, so gab uns doch ein spezieller Fall Veranlassung, noch vor der Abänderung der österreichischen Urheberrechtsgesetzgebung für eine Ausdehnung des bisherigen Schutzes in einer bestimmten Richtung einzutreten.

Nach § 22 des Österreichischen Patents stand nämlich das Recht zur Aufführung dramatischer und musikalischer Werke den Erben und Rechtsnachfolgern des Urhebers nur bis zum Ablauf einer zehnjährigen Frist nach dem Tode des Autors zu. Auf Grund dieser Bestimmung wäre daher die Wagnersche Oper „Parsifal", welche nach dem ausdrücklichen Willen Richard Wagners während der Dauer des ihr in Deutschland gewährten Schutzes nur in Bayreuth aufgeführt werden sollte, mit dem Beginne des Jahres 1894 für Cisleithanien zur Aufführung frei geworden.

Dem auf Ersuchen der Interessenten von uns hierwegen in Wien ausgesprochenen Wunsche um Verlängerung der Schutzfrist wurde in zuvorkommendster Weise dadurch entsprochen, daß für Cisleithanien durch ein besonderes (Übergangs-) Gesetz vom 26. April 1893 diese Frist hinsichtlich der Aufführung damals noch nicht freigewordener Bühnenwerke um zwei Jahre verlängert worden ist.

Am 26. Dezember 1895 war der Entwurf des neuen Urheberrechtsgesetzes für die im Österreichischen Reichsrate vertretenen Königreiche und Länder im wesentlichen ohne Änderung zum Gesetze geworden und damit eine dem Stande der neueren Anschauungen entsprechende Unterlage für die Fortsetzung der Verhandlungen geschaffen.

Da es außerdem als ausgeschlossen gelten mußte, daß Österreich-Ungarn, welches auch die Beteiligung an der Pariser internationalen Urheberrechtskonferenz vom Frühjahr 1896 abgelehnt hatte, in absehbarer Zeit den Berner und Pariser internationalen Abmachungen beitreten werde, wurden im Jahre 1897 die Verhandlungen wegen Abschlusses eines Sonderabkommens wieder aufgenommen.

Als Grundlage dafür diente, nachdem nunmehr infolge der Neuregelung der cisleithanischen Urheberrechtsgesetzgebung die früher vorhanden gewesenen Bedenken hiergegen im wesentlichen behoben waren, das Schema des oben erwähnten österreichisch-ungarisch-italienischen Übereinkommens, das österreichisch-ungarischerseits erneut hierzu in Vorschlag gebracht worden war.

Das Ergebnis dieser Verhandlungen ist enthalten in dem Texte des vorliegenden Übereinkommens, welches mit Genehmigung der beiderseitigen Regierungen am 30. Dezember 1899 zu Berlin unterzeichnet worden ist.

Im allgemeinen ist dazu folgendes zu bemerken:

Der Schwerpunkt des Übereinkommens, welches sich, wie sich aus vorstehendem ergibt, in der Hauptsache in der Form eines Reziprozitätsabkommens zu halten hatte, liegt in der Regelung unserer Urheberrechtsbeziehungen zu Ungarn; es wird durch dasselbe der bisherige schutzlose Zustand beseitigt und an seine Stelle für das ausländische Werk der volle Schutz gesetzt, welchen die beiderseitigen inneren Gesetzgebungen dem inländischen Werke gewähren. Aber auch für unser Urheberrechtsverhältnis zur anderen Reichshälfte der Habsburgischen Monarchie muß das Übereinkommen als ein Fortschritt bezeichnet werden, insofern es die Zweifel und Mängel beseitigt, welche sich aus dem bisherigen Zustand ergeben haben, und indem es das geistige Eigentum auch in jenen Provinzen und Ländern schützt, welche nicht zum früheren Deutschen Bunde gehört haben.

Das neue Übereinkommen geht aber auch inhaltlich über die Grenzen hinaus, in welchen bisher Schutz gewährt wurde, indem es außer den Werken der Literatur und Kunst noch die Werke der Photographie in den Kreis seiner Geltung einbezieht.

Eine prinzipielle Einschränkung erfährt der Grundsatz der Gegenseitigkeit nur dadurch, daß das Übereinkommen die Dauer des im fremden Lande gewährten Schutzes auf die Dauer des Schutzes im Ursprungslande beschränkt. Diese Ausnahme erklärt sich aus Gründen der Billigkeit; denn die Nichtaufnahme einer solchen Beschränkung hätte zur Folge, daß der fremde Staat gezwungen wäre, in seinem Gebiete ein Werk zu schützen, welchem das Heimatland keinen Schutz mehr gewährt. Ein solcher Fall würde z. B. bei Werken der Photographie vorliegen, welche in Deutschland fünf Jahre, in Cisleithanien dagegen zehn Jahre geschützt werden.

Im einzelnen waren für die Fassung der Artikel und für die Abweichungen, welche das vorliegende Übereinkommen von dem von Österreich-Ungarn vorgeschlagenen Schema aufweist, die nachstehenden Gesichtspunkte maßgebend:

Zu Artikel I und II sowie zum Schlußprotokolle.

Nach Artikel I besteht die Voraussetzung des vertragsmäßigen Schutzes in einem Lande darin, daß das schutzsuchende Werk im anderen Lande „einheimisch“ ist. Die Verschiedenheit der geltenden Urheberrechtsgesetzgebung in Deutschland und den beiden Reichshälften Österreich-Ungarns machte es dabei erforderlich, den Begriff „einheimisch“ zu umgrenzen. Dies geschah zunächst im Artikel II des Übereinkommens.

Dabei ergab sich die fernere Notwendigkeit gegenüber der verschiedenen Terminologie der einzelnen Gesetzgebungen klarzustellen, was unter dem Begriff „Erscheinen" zu verstehen sei, welcher eine der verschiedenen Voraussetzungen dafür bildet, daß ein Werk als „einheimisch" zu gelten hat. Während nämlich die ungarische Gesetzgebung hinsichtlich dieses Begriffs völlig mit der deutschen Gesetzgebung übereinstimmt und ein Werk nur dann als „erschienen" betrachtet, wenn es verlagsmäßig erschienen ist, gilt in den im Österreichischen Reichsrate vertretenen Königreichen und Ländern nicht nur das verlagsmäßig erschienene, sondern auch das öffentlich aufgeführte musikalische oder Bühnenwerk, sowie das öffentlich ausgestellte Werk der bildenden Kunst und der Photographie als „erschienen" und genießt dort den Schutz des Gesetzes, der ihm nach der deutschen (wie auch nach der ungarischen) Gesetzgebung versagt ist. Für solche Werke, welche zwar in Cisleithanien als „erschienen" gelten, nicht aber auch in Deutschland, mußte daher eine Ausnahmebestimmung getroffen werden, durch welche der Möglichkeit vorgebeugt werden soll, daß z. B. die nicht verlagsmäßig erschienene, aber auf einer österreichischen Bühne aufgeführte Oper eines Niederländers in Deutschland schutzberechtigt würde; diese Ausnahmebestimmung ist in Ziffer 2 des Schlußprotokolls enthalten.

Auch der in Ziffer 1 des Schlußprotokolls vorgesehene Fall betrifft nur unsere Urheberrechtsverhältnisse zu Cisleithanien. § 2 des für diese Reichshälfte erlassenen neuen Urheberrechtsgesetzes bestimmt nämlich, daß dieses Gesetz im vollen Umfang auf alle in Deutschland erschienenen Werke unter der Voraussetzung der Gegenseitigkeit Anwendung finde. Da infolgedessen die in Deutschland erschienenen Werke deutscher Urheber an sich in Cisleithanien als „einheimisch" gelten, so würden dieselben nach Abs. 1 des Artikels I dieses Übereinkommens von dem vertragsmäßigen Schutze ausgeschlossen sein und lediglich den Schutz der inneren Gesetzgebung genießen. Um solchen Werken den vertragsmäßigen Schutz und nur den vertragsmäßigen Schutz zu sichern, wurde die in Ziffer 1 des Schlußprotokolls enthaltene Vereinbarung getroffen. Auf in Deutschland erschienene Werke ausländischer Urheber bezieht sich diese Vereinbarung nicht. Sind also solche Werke auch in Cisleithanien erschienen und deshalb dort ebenfalls einheimisch, so findet auf sie auch fernerhin das österreichische Gesetz und nicht das vorliegende Übereinkommen Anwendung.

Wie schon oben hervorgehoben worden ist, treffen die Gründe, welche zu den in das Schlußprotokoll aufgenommenen Bestimmungen Veranlassung gegeben haben, im Verhältnisse zwischen uns und den Ländern der Ungarischen Krone nicht zu. Dagegen ist im Hinblick auf § 79 b des ungarischen Urheberrechtsgesetzes von 1884 in Artikel II des vorliegenden Übereinkommens der Wohnsitz des Urhebers auch als eine der verschiedenen Voraussetzungen der Anwendung der inländischen Gesetzgebung aufgenommen worden. Unsere Weigerung, eine derartige Bestimmung in das Abkommen aufzunehmen, hätte für Ungarn einen Eingriff in seine innere Gesetzgebung erforderlich gemacht. Da nun einerseits nicht anzunehmen war, daß Ungarn unter diesen Umständen einem Vertragsabschlusse geneigt sein würde, andererseits aber die aus der Aufnahme dieser Bestimmung für uns sich ergebenden Konsequenzen kaum allzu schwerwiegender Natur sein dürften, hat man unsererseits geglaubt, dem bezüglichen Wunsche Ungarns nicht entgegentreten zu sollen.

Zu Artikel III.

Die Verschiedenheit der Gesetzgebungen in den beiden Reichshälften Österreich-Ungarns hat zu der Notwendigkeit geführt, für die Erfüllung der Bedingungen und Förmlichkeiten, an welche die Gewährung des Schutzes gebunden sein soll, für Cis- und für Transleithanien besondere Bestimmungen zu treffen.

Während es hinsichtlich der im Österreichischen Reichsrate vertretenen Königreiche und Länder genügt, wenn für das zu schützende Werk die Bedingungen und Förmlichkeiten seines Ursprungslandes erfüllt sind, müssen im Verhältnisse zu Ungarn stets sowohl die Bedingungen und Förmlichkeiten des Ursprungslandes, wie die des schutzgewährenden Landes erfüllt werden, da Ungarn grundsätzlich nur den registrierten Werken Übersetzungsschutz gewährt.

Zugleich erschien es geboten, im Abs. 3 den Vorbehalt des Übersetzungsrechtes sowie den Beginn der Übersetzung ausdrücklich als „Bedingung und Förmlichkeit" zu erklären, um dadurch jeden Zweifel über die Auslegung auszuschließen.

Zu Artikel IV.

Dieser Artikel ist dem österreichisch-ungarischerseits vorgelegten Vertragsentwurfe erst im Laufe der Verhandlungen eingefügt worden.

Sein Inhalt trifft materielle Bestimmungen, welche von dem sonst grundsätzlich festgehaltenen Prinzipe der formellen Gegenseitigkeit abweichen. Diese Abweichung erschien gerade beim Übersetzungsschutz im Hinblick auf die Möglichkeit geboten, daß die Gesetzgebung in einem der beiden kontrahierenden Staaten in diesem Punkte später einen weitergehenden Schutz als den zurzeit bestehenden gewähren würde. Aber auch jetzt schon sind die Voraussetzungen für den Schutz gegen Übersetzung verschiedenartig geregelt. In Deutschland und Ungarn muß die vorbehaltene Übersetzung ein Jahr nach Erscheinen des Originalwerkes begonnen und binnen drei Jahren vollendet sein, worauf das Werk weitere fünf Jahre gegen Übersetzung geschützt wird; nach der Gesetzgebung für die im Österreichischen Reichsrate vertretenen

Königreiche und Länder, welche eine Frist für den Beginn der Übersetzung nicht kennt, muß die vorbehaltene Übersetzung binnen drei Jahren vollendet sein, damit das Werk von diesem Zeitpunkte an einen weiteren fünfjährigen Schutz gegen Übersetzung genießen kann.

Diese Verschiedenheit der inneren Gesetzgebung, welche noch eine weitere Ausdehnung erfahren kann, drängte zu einer materiellen Vereinbarung über den Übersetzungsschutz.

Bei der Festsetzung der Schutzfristen war zu berücksichtigen, daß eine längere Frist als drei Jahre für die Vollendung und eine längere Schutzfrist als fünf Jahre nach vollendeter Übersetzung dazu geführt hätte, daß ein fremdes Werk auf Grund des Übereinkommens einen längeren Schutz genießen würde, als das einheimische Werk auf Grund der inneren Gesetzgebung, und daß daher dieselbe Handlung gegen einen fremden Urheber begangen strafbar, gegen den inländischen Urheber begangen jedoch straflos wäre.

Das unsererseits angestrebte Ziel, eine materielle Regelung des Übersetzungsschutzes, wie ihn die Berner Konvention und die Pariser Zusatzakte enthält, herbeizuführen, konnte nicht erreicht werden, da Österreich-Ungarn insbesondere Cisleithanien, mit Rücksicht auf seine vielsprachige Bevölkerung, ein überwiegendes Interesse daran hat, sich die Möglichkeit zu erhalten, gute Werke seinen verschiedenen Völkerschaften rasch und in guten billigen Übersetzungen zugänglich machen zu können.

Aus diesen Erwägungen entstanden die beiden ersten Absätze des Artikels IV.

Im dritten Absatz ist die Fristberechnung in Übereinstimmung mit der inneren Gesetzgebung geregelt worden.

Zu Artikel V bis IX.

Zu diesen Artikeln ist nichts Besonderes zu bemerken. Ihre Bestimmungen entsprechen den Abmachungen, welche in den betreffenden Punkten auch in anderen Literarverträgen des Reiches getroffen worden sind. Nur zu Artikel VII wäre noch hervorzuheben, daß sein Inhalt sich mit den in den Urheberrechtsübereinkommen des Reichs stets wiederkehrenden Bestimmungen über den Schutz solcher Abdrucke und Nachbildungen decken, welche bei Beginn der Wirksamkeit des Übereinkommens erlaubterweise begonnen waren. Die Gewährung eines derartigen Schutzes erscheint erforderlich, um die Beteiligten vor unverschuldetem materiellen Schaden zu bewahren.

VII.

Übereinkommen

zwischen dem Deutschen Reiche und den Vereinigten Staaten von Amerika über den gegenseitigen Schutz der Urheberrechte.

Vom 15. Januar 1892.

(RGBl. 1892 S. 473 ff.)

Seine Majestät der Deutsche Kaiser, König von Preußen, im Namen des Deutschen Reiches, und der Präsident der Vereinigten Staaten von Amerika, von dem Wunsche geleitet, den beiderseitigen Staatsangehörigen den vollen Genuß der in beiden Ländern geltenden gesetzlichen Bestimmungen bezüglich des Schutzes der Urheberrechte zu verschaffen, sind übereingekommen, zu diesem Behufe ein Abkommen abzuschließen und haben zu ihren Bevollmächtigten ernannt:

Seine Majestät der Deutsche Kaiser, König von Preußen:

Allerhöchstihren Geschäftsträger bei der Regierung der Vereinigten Staaten von Amerika, Alfons Mumm von Schwarzenstein,

und

der Präsident der Vereinigten Staaten von Amerika:

den Staatssekretär der Vereinigten Staaten James G. Blaine,

welche mit den erforderlichen Vollmachten versehen unter Vorbehalt der Ratifikation nachstehendes Abkommen abgeschlossen haben:

Artikel 1.

Die Bürger der Vereinigten Staaten von Amerika sollen im Deutschen Reiche den Schutz des Urheberrechts bezüglich der Werke der Literatur und Kunst sowie den Schutz der Photographien gegen unbefugte Nachbildung auf derselben Grundlage genießen, wie solcher den Reichsangehörigen gesetzlich zusteht.

Artikel 2.

Dagegen übernimmt die Regierung der Vereinigten Staaten die Verpflichtung, daß der Präsident der Vereinigten Staaten in Gemäßheit der Sektion 13 der Kongreßakte vom 3. März 1891 die hierin vorgesehene Proklamation behufs Ausdehnung der Bestimmungen dieses Gesetzes auf deutsche Reichsangehörige erlassen wird, sobald der Staatssekretär amtlich davon in Kenntnis gesetzt worden ist, daß deutscherseits das gegenwärtige Abkommen die erforderliche gesetzgeberische Genehmigung erhalten hat.

Artikel 3.

Das gegenwärtige Abkommen soll ratifiziert und die Ratifikationsurkunden sollen sobald als möglich in Washington ausgetauscht werden *).

Das Abkommen tritt mit dem Ablaufe von drei Wochen von dem Tage des Austausches der Ratifikationsurkunden ab in Kraft und findet nur auf die zur Zeit seines Inkrafttretens noch nicht veröffentlichten Werke Anwendung. Dasselbe bleibt in Wirksamkeit bis zum Ablaufe von drei Monaten nach erfolgter Kündigung seitens eines der vertragschließenden Teile.

Vollzogen zu Washington in zweifacher Ausfertigung in deutscher und englischer Sprache am 15. Januar 1892.

Dem Reichstage ist das vorstehende Übereinkommen s. Z. vorgelegt mit folgender Denkschrift:

Während früher in den Vereinigten Staaten von Amerika fremde Urheber für ihre literarischen und künstlerischen Erzeugnisse keinen Schutz genossen, hat sich in diesem Zustande seit dem 1. Juli v. J. insofern

*) Das Übereinkommen ist ratifiziert worden und die Auswechselung der Ratifikations-Urkunden hat am 15. April 1892 in Washington stattgefunden. An demselben Tage hat der Präsident der Vereinigten Staaten die im Art. 2 erwähnte Proklamation erlassen. Das Übereinkommen ist am 6. Mai 1892 in Kraft getreten.

eine Änderung vollzogen, als durch das zu jenem Zeitpunkt in Kraft getretene, am 3. März v. J. erlassene neue nordamerikanische Urheberrechtsgesetz, die sogenannte Copyright Act, die Möglichkeit gegeben worden ist, einen derartigen Schutz in Nordamerika auch Ausländern unter gewissen Voraussetzungen zu gewähren.

Nach Sektion 13 des genannten Gesetzes soll dasselbe auf die Angehörigen fremder Staaten dann Anwendung finden, wenn entweder der betreffende fremde Staat, um dessen Angehörige es sich handelt, an einem internationalen Vertrage beteiligt ist, welcher die Gegenseitigkeit des Urheberrechtsschutzes gewährleistet und dem die Vereinigten Staaten von Amerika nach den darin enthaltenen Bestimmungen nach Belieben als vertragschließender Teil beitreten können, oder wenn der betreffende fremde Staat den Bürgern der Vereinigten Staaten den Schutz des Urheberrechtes auf im wesentlichen derselben Grundlage gewährt, wie den eigenen Angehörigen. Das Vorhandensein einer dieser beiden Voraussetzungen muß durch Proklamation des Präsidenten der Vereinigten Staaten festgestellt werden.

Mit Rücksicht auf diese Vorschriften des neuen Gesetzes wurde vor dem Inkrafttreten des letzteren von der Kaiserlichen Regierung der Versuch gemacht, unter Berufung auf die Betheiligung Deutschlands an der am 9. September 1886 in Bern geschlossenen Übereinkunft, betreffend die Bildung eines internationalen Verbandes zum Schutze von Werken der Literatur und Kunst (Reichs-Gesetzbl. 1887 S. 493), und unter Hinweis auf die Bestimmungen der deutschen Gesetzgebung im § 61 Absatz 2 des Reichsgesetzes vom 11. Juni 1870 (Reichs-Gesetzbl. S. 339) und im § 20 Absatz 2 des Reichsgesetzes vom 9. Januar 1876 (Reichs-Gesetzbl. S. 4) für Reichsangehörige die Vorteile der Copyright Act zu erwirken. Die nordamerikanische Regierung erklärte jedoch, daß die Zugehörigkeit Deutschlands zu dem Berner Verbande zur Erlangung dieser Vorteile deshalb nicht für ausreichend erachtet werden könne, weil eingezogene Erkundigungen es wahrscheinlich erscheinen ließen, daß ein Beitritt der Vereinigten Staaten zu dem Berner Vertrage nicht ohne eine Änderung der nordamerikanischen Gesetzgebung möglich sei. Die nordamerikanische Regierung würde daher zu einer Ausdehnung der Copyright Act auf deutsche Urheber nur in dem Falle in der Lage sein, wenn nach deutschem Recht nordamerikanische Staatsangehörige bezüglich des Schutzes von literarischen und künstlerischen Werken mit den Inländern vollkommen gleichgestellt wären.

Eine derartige vollkommene Gleichstellung der Ausländer mit den Inländern sieht die deutsche Gesetzgebung nicht vor; hierzu bedarf es des Abschlusses eines internationalen Vertrages. Es konnte zweifelhaft sein, ob die Vorteile der Copyright Act eine vertragsmäßige Gleichstellung der nordamerikanischen Staatsangehörigen mit den Inländern rechtfertigen, zumal da in dem nordamerikanischen Gesetz für Bücher, Photographien, Farbendrucke und Lithographien, welche in Nordamerika Schutz erlangen sollen, die erschwerende Bedingung gestellt ist, daß von denselben zwei innerhalb der Grenzen der Vereinigten Staaten hergestellte Exemplare hinterlegt werden müssen. Es wurden deshalb zunächst die Anschauungen des durch diese Bestimmung am meisten betroffenen deutschen Buchhandels ermittelt, und nachdem von seiten desselben, ähnlich wie dies schon früher seitens der Interessenten des deutschen Kunstverlag-, Karten- und Musikalienhandels geschehen, der Abschluß eines Vertrages mit Nordamerika befürwortet worden war, erhielt der Kaiserliche Geschäftsträger in Washington Auftrag zur Einleitung entsprechender Verhandlungen.

Nach der Entwickelung, welche das Urheberrecht und insbesondere der Schutz fremder Autoren in den Vereinigten Staaten genommen hat, mußte dabei allerdings von vornherein darauf verzichtet werden, nach Analogie der deutscherseits mit anderen Staaten geschlossenen Literarkonventionen einen Versuch zu einer vertragsmäßigen Abänderung der inneren Gesetzgebung Nordamerikas zu machen. Als Inhalt der Übereinkunft konnte vielmehr nur eine gegenseitige Zusicherung in Aussicht genommen werden, dahin gehend, daß die nordamerikanischen Staatsangehörigen in Deutschland einen mit den Inländern gleichen Schutz ihrer Urheberrechte und dafür die Reichsangehörigen in den Vereinigten Staaten den Schutz der Copyright Act genießen sollen. Auf dieser Grundlage ist unter dem 15. Januar d. J. die vorliegende Übereinkunft in Washington abgeschlossen worden, zu deren Bestimmungen im einzelnen folgendes zu bemerken ist:

Zu Artikel 1.

Durch den Ausdruck: „Schutz des Urheberrechtes bezüglich der Werke der Literatur und Kunst, sowie Schutz der Photographien gegen unbefugte Nachahmung", welcher in ähnlicher Weise, wenigstens soweit es sich um Werke der Literatur und Kunst handelt, in den Literarverträgen Deutschlands mit Frankreich (Reichs-Gesetzbl. 1883 S. 269), Belgien (Reichs-Gesetzbl. 1884 S. 173) und Italien (Reichs-Gesetzbl. 1884 S. 193) Anwendung gefunden hat, werden alle Gegenstände getroffen, in bezug auf welche Reichsangehörige durch die Reichsgesetze vom 11. Juni 1870 (Bundes-Gesetzbl. S. 339), vom 9. Januar 1876 (Reichs-Gesetzbl. S. 4) und vom 10. Januar 1876 (Reichs-Gesetzbl. S. 8) geschützt sind und bezüglich deren sie künftig in den Vereinigten Staaten Schutz genießen würden.

Zu Artikel 2.

Die Gewährung des Schutzes in den Vereinigten Staaten hat, wie bereits erwähnt, den Erlaß einer Proklamation seitens des Präsidenten zur Voraussetzung. Die Verbindlichkeit Nordamerikas ist deshalb in der Weise zum Ausdruck gelangt, daß der Präsident sich zum Erlaß einer solchen Proklamation verpflichtet. Die Proklamation kann erst dann erfolgen, wenn das Übereinkommen in Deutschland die Genehmigung der gesetzgebenden Körperschaften erhalten hat und somit die Ausführung desselben feststeht. Dagegen bedarf es in Nordamerika nicht der Zustimmung des Senats oder des Repräsentantenhauses, sondern der Präsident ist zum Erlaß der Proklamation kraft der ihm durch die Copyright Act übertragenen Vollmacht berechtigt.

Zu Artikel 3.

Da die Copyright Act jede Rückbeziehung auf bereits veröffentlichte Werke ausschließt, indem sie in Sektion 3 nur denjenigen zur Inanspruchnahme des Urheberrechtes für berechtigt erklärt, welcher an oder vor dem Tage der Veröffentlichung des Werkes im In- oder Auslande die in dem nordamerikanischen Gesetze vorgeschriebenen Förmlichkeiten erfüllt hat, mußte durch eine Bestimmung in dem Abkommen Vorsorge dafür getroffen werden, daß in Deutschland nordamerikanische Werke nicht einen in die Vergangenheit rückwirkenden Schutz erhielten und daß nicht die bezüglich solcher Werke etwa früher erlaubterweise vorgenommenen Nachdruckshandlungen durch das Abkommen unter Strafe gestellt würden. Zu diesem Zwecke ist die Vorschrift aufgenommen worden, daß das Abkommen nur auf die zur Zeit seines Inkrafttretens noch nicht veröffentlichten Werke Anwendung finden soll.

Der Urheberschutz in den Vereinigten Staaten von Amerika ist jetzt durch das Gesetz, betreffend Ausübung und Vereinheitlichung der Urheberrechtsgesetzgebung (Act to amend and consolidate the acts respecting copyright) vom 4. März 1909 geregelt worden.

Durch dieses Gesetz (the copyright law of the United States of America), welches am 1. Juli 1909 in Kraft getreten ist, sind die für die Erlangung des Urheberschutzes in den Vereinigten Staaten von Amerika durch deutsche Urheber bisher vorgeschriebenen Bedingungen und Förmlichkeiten wesentlich erleichtert und vereinfacht worden.

Zunächst ist der sogenannte Herstellungszwang (manufacturing clause) beseitigt. Nach § 15 des Gesetzes vom 4. März 1909 brauchen deutsche Bücher, wie alle sonstigen in irgend einer anderen als der englischen Sprache geschriebenen Bücher fremden Ursprungs, nicht mehr in den Vereinigten Staaten gesetzt und gedruckt zu werden, um gegen Nachdruck in Amerika geschützt zu sein.

Zur Erlangung des Urheberschutzes ist dann weiter nur erforderlich, daß zwei Exemplare der besten Ausgabe des Werkes möglichst bald nach der Veröffentlichung (promptly) dem „Register of Copyrights, Washington, D. C., U. S. A.“ zur Hinterlegung eingesendet werden mit einem Begleitbrief, in welchem die Eintragung des Buches auf Grund des Gesetzes vom 4. März 1909 verlangt und die Staatszugehörigkeit des Urhebers sowie der Name, die Staatszugehörigkeit und die Adresse der um den Urheberschutz nachsuchenden Person und das Datum der Veröffentlichung des Buches angegeben wird. Ferner ist eine Gebühr von 1 Dollar in einer internationalen Postanweisung, zahlbar an den Register of Copyrights, Washington, D. C., U. S. A. beizulegen. Für diese Gebühr erfolgt die Eintragung und wird eine Bescheinigung darüber erteilt, daß die Eintragung für die erste Schutzdauer von 28 Jahren erfolgt ist. Maßnahmen zur Erlangung der Erneuerung der Schutzfrist können erst 27 Jahre nach der Veröffentlichung getroffen werden.

Die zur Eintragung einzureichenden Exemplare des Buches müssen auf der Vorderseite oder Rückseite des Titelblattes den im Gesetze vom 4. März 1909 vorgeschriebenen Vorbehalt tragen, nämlich:

„Copyright, 29 . . . , by . . . “ (Name des Gesuchstellers)

oder in abgekürzter Form:

„Copr., 29 . . . , by . . . “ (desgl.).

Diese Exemplare sind mit vorbezahltem Porto einzuliefern. Alle übrigen Auslagen werden durch die vorerwähnte Gebühr von 1 Dollar bestritten.

Alles Nähere ist aus den Bestimmungen des Gesetzes vom 4. März 1909 selbst zu entnehmen. Professor Dr. Ernst Röthlisberger in Bern hat eine vortreffliche deutsche Übersetzung dieses Gesetzes veranstaltet, die in der Nr. 119 des Börsenblattes für den Deutschen Buchhandel vom 26. Mai 1909 veröffentlicht ist. Vergl. auch den zusammenfassenden Überblick über das neue Gesetz vom Professor Dr. Ernst Röthlisberger in den Nummern 67 und 69 des Börsenblattes vom 23. und 25. März 1909.

Sachregister.

(Die Zahlen bezeichnen die Seiten.)

A.

C.

D.

E.

J.

K.

L.

M.

N.

O.

P.

Q.

R.

S.

T.

U.

V.

W.

Z.

Druck von Georg Reimer, Berlin W 35.

FSC
www.fsc.org
MIX
Papier | Fördert
gute Waldnutzung
FSC® C083411

Kolibri 360 GmbH
Ferdinand-Jühlke-Straße 7
99095 Erfurt, Deutschland
produktsicherheit@kolibri360.de